儒家礼乐教化思想与当代德性教育关系研究

张斯珉　著

吉林大学出版社

·长春·

图书在版编目（CIP）数据

儒家礼乐教化思想与当代德性教育关系研究／张斯珉著. -- 长春：吉林大学出版社，2021.10
ISBN 978-7-5692-9071-4

Ⅰ.①儒… Ⅱ.①张… Ⅲ.①儒家教育思想-关系-德育工作-研究-中国 Ⅳ.①G40-09②G41

中国版本图书馆 CIP 数据核字（2021）第 207963 号

书　　名　儒家礼乐教化思想与当代德性教育关系研究
RUJIA LI-YUE JIAOHUA SIXIANG YU DANGDAI DEXING JIAOYU GUANXI YANJIU

作　者　　张斯珉　著
策划编辑　黄忠杰
责任编辑　闫竞文
责任校对　王宁宁
装帧设计　周香菊
出版发行　吉林大学出版社
社　址　　长春市人民大街 4059 号
邮政编码　130021
发行电话　0431-89580028/29/21
网　址　　http：//www.jlup.com.cn
电子邮箱　jdcbs@jlu.edu.cn
印　刷　　三美印刷科技（济南）有限公司
开　本　　787mm×1092mm　1/16
印　张　　17
字　数　　390 千字
版　次　　2021 年 10 月　第 1 版
印　次　　2021 年 10 月　第 1 次
书　号　　ISBN 978-7-5692-9071-4
定　价　　78.00 元

前　言

　　2012 年 11 月 29 日，中共中央总书记习近平在参观《复兴之路》大型主题展览时正式提出了"中国梦"——"实现中华民族的伟大复兴，就是中华民族近代以来最伟大的梦想"。而中华民族伟大复兴的标志，就是"两个一百年"的奋斗目标，即"到中国共产党成立 100 周年时全面建成小康社会，到新中国成立 100 周年时建成富强民主文明和谐的社会主义现代化国家"。而在党的十九大当中，党中央综合分析了国际国内形势和我国发展条件，对从 2020 年全面建成小康社会目标实现之后直至本世纪中叶我国的发展历程又做了新的两个阶段的安排，"第一个阶段，从 2020 年到 2035 年，在全面建成小康社会的基础上，再奋斗 15 年，基本实现社会主义现代化；第二个阶段，从 2035 年到本世纪中叶，在基本实现现代化的基础上，再奋斗 15 年，把我国建成富强民主文明和谐美丽的社会主义现代化强国"①。这可以视作党中央对"中国梦"的最新阐释，它对"中国梦"的核心内涵——国家富强、民族振兴和人民幸福做了进一步的细化与说明。习近平总书记还强调，这个梦想既"凝聚了几代中国人的夙愿"，同时又是"每一个中华儿女的共同期盼"。也就是说，中国梦既是国家之梦、民族之梦，同时更是个人之梦，它与每一个中华儿女的命运息息相关，更为每一名青少年学子指明了人生的奋斗方向。总书记充分重视青少年工作，对青少年给予厚望，特别指出："'士不可以不弘毅，任重而道远。'国家的前途，民族的命运，人民的幸福，是当代中国青年必须和必将承担的重任。"② 而在党的十九大报告的结尾处，习总书记更是全面论述了中国梦的实现与青少年的密切关系：

　　　　青年兴则国家兴，青年强则国家强。青年一代有理想、有本领、有担当，国家就有前途，民族就有希望。中国梦是历史的、现实的，也是未来的；是我们这一代的，更是青年一代的。中华民族伟大复兴的中国梦终将在一代代青年的接力奋斗中变为现实。全党要关心和爱护青年，为他们实现人生出彩搭建舞台。广大青年要坚定理想信念，志存高远，脚踏实地，勇做时代的弄潮儿，在实现中国梦的生动实践中放飞青春梦想，在为人民利益的不懈奋斗中书写人生华章！③

---

　　① 《十九大党章修正案学习问答》，党建读物出版社 2017 年版，第 48 页。
　　② 习近平：《致全国青联十二届全委会和全国学联二十六大的贺信》，《习近平关于青少年和共青团工作论述摘编》，中央文献出版社 2017 年版，第 9 页。
　　③ 习近平：《在中国共产党第十九次全国代表大会上的报告》，人民出版社 2017 年版，第 70 页。

习总书记在此特别强调，中国梦归根结底要靠一代代人的不懈奋斗来实现，而青年正是完成这一伟大征程的后备军。因此，我们必须要加强对青年的教育引导，使得他们把国家的发展强大和个人的成长进步有机地结合起来，在为民族复兴不懈奋斗的同时实现自己的人生价值。而作为教育工作者，我们每一个人都必须认真思考，作为国家的未来、民族的希望的青少年能否以及如何来承担起这一重任。在笔者看来，要实现党和国家对青少年的殷切期望，就必须下大力气提升他们的受教育水平，使得他们在思想道德、知识技能以及心理状态等各个方面做好准备来迎接时代的挑战。因此从某种意义上说，"中国梦"的提出使得青少年的教育问题被提升到决定国家和民族能否实现复兴能否重新屹立于世界民族之林的战略性高度。

对此，习近平总书记有着深刻的洞见，因而他对于青少年的教育问题极为关心，倾注了大量的心血。2018年9月10日，在我国第三十四个教师节来临之际，党中央召开了全国教育大会。在会上，习总书记发表了重要讲话，将教育事业定位为"国之大计，党之大计"，充分肯定了教育工作所具有的全局性、战略性的地位。而对于教育的实质，习总书记指出是"培养什么人，怎样培养人，为谁培养人"的问题。这一论断一方面说明归根到底，教育是一个以人为本的崇高事业，其最终目的是促进青少年的全面发展，从而为社会主义现代化事业源源不断地输送德智体美劳全方位发展的建设者和接班人，为中华民族的伟大复兴提供充足的人才和智力资源。另一方面，将"为谁培养人"作为教育的核心目标则凸显了习近平总书记对教育的道德属性和政治属性的重视和强调，即我们通过教育所培养的人才决不能只有才华而没有德性，更不能培养一批放弃和漠视自己所应承担时代和民族责任、一心只注重一己私利的"精致的利己主义者"。这是由教育在当今时代所取得的战略性地位所决定的。当今世界的发展越来越昭示了这样一个道理，即国家的竞争归根结底是人才的竞争，在当今这样一个全球化、信息化高速发展的时代，一个国家要实现社会各个领域的全面发展，就需要越来越多德才兼备的人才，这使得教育在当今社会中扮演着越来越重要的角色。因此，如何结合我国的实际情况，在马克思主义的指导下，充分地继承和发展我们党实践多年且富有成效的教育理念和思想，传承和发扬中华优秀传统文化中蕴含的悠久和深厚的教育观念，批判性吸收西方资产阶级的教育学说，从而走出一条具有中国特色、能够与新时代中国特色社会主义的发展相适应的社会主义教育之路，就成为了摆在所有教育工作者面前的一项重要课题。

习近平总书记指出，要办好社会主义教育，就需要"坚持党对教育事业的全面领导，坚持把立德树人作为根本任务，坚持优先发展教育事业，坚持社会主义办学方向，坚持扎根中国大地办教育，坚持以人民为中心发展教育，坚持深化教育改革创新，坚持把服务中华民族伟大复兴作为教育的重要使命，坚持把教师队伍建设作为基础工作。"① 笔者认为，坚持党对教育事业的全面领导和坚持社会主义办学方向确保了我国教育的政治方向和基本性质，坚持把服务中华民族伟大复兴作为教育的重要使命为新时代教育工作赋予了极为崇高的意义，坚持扎根中国大地办教育和坚持以人民为中心发展教育确立了我国教育的基本立足点和着眼点，坚持优先发展教育凸显了教育在党和国家工作中的重要地位，坚持深化教育改革创新和坚持把教师队伍建设作为基础工作为我国的教育事业的发展提供了重要条件，而坚持把立德

---

① 习近平：《在全国教育大会上的讲话》，http://www.njpi.edu.cn/xjw/67/4c/c3375a26444/page.htm.

树人作为根本任务则体现了我国教育的着力点和落脚点。毕竟，教育是属人的事业，而一个人的德性高低直接决定了其未来的人生选择以及他能否成为一个对社会有贡献的人。只有丰富的知识、精湛的技艺而缺乏高尚的品德，则前者不但不能发挥积极作用，反而会为其作恶提供便利。因此，习近平总书记特别将德育从其他诸多教育门类中提出来单独加以强调，其目的就是为了凸显德育对个人成长起到的不可取代的作用。作为新时代的教育工作者，我们必须在任何时候都将德育放在教育整体工作的优先地位，下大力气来探索有效的德育发展道路，以此来确保立德树人这一教育的根本目标能够实现。

而要实现立德树人的根本任务，需要我们在学生中积极地培育和践行社会主义核心价值观，而这一过程又离不开对中华优秀传统文化的创造性转化和创新性发展。习近平总书记指出："历史和现实都表明，核心价值观是一个国家的重要稳定器，能否构建具有强大感召力的核心价值观，关系社会和谐稳定，关系国家长治久安。"[1] 而核心价值观之所以有如此重要的作用，是因为核心价值观"实际上回答了我们要建设什么样的国家、建设什么样的社会、培育什么样的公民的重大问题"[2]，也是因为"任何一个社会都存在多种多样的价值观念和价值取向，要把全社会意志和力量凝聚起来，必须有一套与经济基础和政治制度相适应、并能形成广泛社会共识的核心价值观。否则，一个民族就没有赖以维系的精神纽带，一个国家就没有共同的思想道德基础。培育和弘扬核心价值观，有效整合社会意识，是社会系统得以正常运转、社会秩序得以有效维护的重要途径，也是国家治理体系和治理能力的重要方面"[3]。这说明提出核心价值观是为了确立国家的发展趋势、社会的前进方向和公民的个人操守这些事关国家与民族未来走向的重大问题。核心价值观具体的作用对象是个人，它所整合和凝聚的是全社会的整体力量，而它最终的目的却是服务于整个国家的长治久安。可以说，在价值观这一领域，个人、社会和国家间构成了休戚相关、荣辱与共的共同体关系；没有共同的价值纽带，同一国家或社会内部的个体在精神思想层面只能表现为貌合神离甚至针锋相对的关系，而以这样的个人所组成的社会与国家也不可能具备真正的凝聚力和向心力。反之，如果一个社会的绝大多数成员有着相同或相近的价值观念、是非标准、道德信念和意志品质，那么他们在精神上就能够形成统一的整体，而由这样的个人所组成的社会与国家能够向世人呈现出万众一心、众志成城的精神风貌，从而为国家和民族的发展注入强大的精神力量，使之能够有信心、有决心去克服前进道路上的一切艰难险阻。众所周知，国家和民族的发展从来都不是一帆风顺的，一直会伴随着各种各样未知的风险与挑战，而要战胜这些艰难困苦，不断取得新的更大的发展成就，就必须要求全体中国人民在精神思想上能够高度地团结起来，而这必须依赖于核心价值观的培育和弘扬。

习近平总书记不仅充分认识到价值观念和思想文化的正面引导作用，还深刻地洞察到当今时代我们的国家和社会所出现和存在的诸多问题归根结底都是思想文化上的问题。

[1] 习近平：《在十八届中央政治局第十三次集体学习时的讲话》，《习近平关于社会主义文化建设论述摘编》，中央文献出版社 2017 年版，第 106 页。

[2] 习近平：《青年要自觉践行社会主义核心价值观》，《习近平关于青少年和共青团工作论述摘编》，中央文献出版社 2017 年版，第 25 页。

[3] 习近平：《在十八届中央政治局第十三次集体学习时的讲话》，《习近平关于社会主义文化建设论述摘编》，中央文献出版社 2017 年版，第 106 页。

在《在文艺工作座谈会上的讲话》中，总书记明确指出："改革开放以来，我国经济发展很快，人民生活水平提高也很快。同时，我国社会正处于思想大活跃、观念大碰撞、文化大交融的时代，出现了不少问题。其中比较突出的一个问题就是一些人价值观缺失，观念没有善恶，行为没有底线，什么违反党纪国法的事情都敢干，什么缺德的勾当都敢做，没有国家观念、集体观念、家庭观念，不讲对错，不问是非，不知美丑，不辨香臭，浑浑噩噩，穷奢极欲。现在社会上出现的种种问题病根都在这里。这方面的问题如果得不到有效解决，改革开放和社会主义现代化建设就难以顺利推进。"① 这段讲话体现出习近平总书记对思想文化及价值观建设的重要性的充分认识。的确，正如总书记所言，我国现阶段出现了不少社会问题，一些人为所欲为甚至无恶不作。而行为是受到思想意识和价值观念支配的，行为上的问题一定要到思想领域去寻找原因。改革开放以来，随着对外交流的深化，外部世界的各种价值观念都传入中国。面对思想文化领域的复杂局面，一部分人放松甚至放弃了精神上的自我修养，对良莠不齐的社会思潮不加辨别地全盘接受，甚至有意接受一些外来的消极、颓废、落后乃至反动的价值观念，放弃了马克思主义的原则与立场，拒斥了中华优秀传统文化中蕴含的宝贵精神财富。而根据历史唯物主义的基本原理，社会意识对社会存在具有反作用，精神领域的问题最终一定会表现为行为上的恶，造成严重且恶劣的社会影响。因此，总书记特别强调、"（物质文明与精神文明）两个文明都搞好才是中国特色社会主义。邓小平同志早就告诫我们：风气如果坏下去，经济搞成功又有什么意义？会在另一方面变质！"②

习近平总书记的讲话不仅为我们阐明了培育和弘扬核心价值观的意义，而且指明了核心价值观在内容上的要求，即"必须与经济基础和政治制度相适应，并能形成广泛社会共识"。笔者认为，习总书记的这一观念指明了核心价值观主要应当包含两个维度："与经济基础和政治制度相适应"意味着核心价值观有着鲜明的政治属性，因而它必须以马克思列宁主义为指导，必须包含中国共产党团结带领全国各族人民在革命、建设和改革等不同的历史时期所开创的所有宝贵的精神财富；"能形成广泛社会共识"则指明了核心价值观所具有的社会文化基础，要求它必须以人民群众喜闻乐见的形式传递正能量，必须与最广大人民群众的心理习惯与文化传统相适应。而作为这样一个有着悠久历史和灿烂文化的国家，我国的核心价值观必须具有民族性，必须有中国风格、中国气派，必须真正能够扎根于中华大地的文明传统。因此，面对在全球化时代价值领域纷繁复杂的现实，我们必须旗帜鲜明地展现出自身的态度，必须在立足于马克思列宁主义的基础上，充分尊重和吸收中华优秀传统文化，做出既能够展现我们的国家性质和时代特点，又具有中国风格、中国气派和中国意蕴的回答，以使得全国人民在思想价值领域凝聚起最为广大的共识。也就是说，核心价值观是全社会在思想价值领域的"最大公约数"，是"多中之一""多中之主流"，它为全民族奠定基本的精神坐标，对社会的发展起着举足轻重的作用。正如习近平总书记所指出的，一个社会存在多种多样的价值观念和取向是一个

---

① 习近平：《在文艺工作座谈会上的讲话》，《习近平关于社会主义文化建设论述摘编》，中央文献出版社 2017 年版，第 8 页。

② 习近平：《在文艺工作座谈会上的讲话》，《习近平关于社会主义文化建设论述摘编》，中央文献出版社 2017 年版，第 9 页。

需要我们面对的现实状况，但对于这些千差万别甚至良莠不齐的价值观，我们却不能等而视之，更不能不加辨别地全盘接受，而必须从中区分出积极、正确、值得提倡的价值观与消极、错误、需要批判的价值观，并对前者加以大力地培育和弘扬，以此来为全体社会成员，特别是青少年树立应当遵循的行为规范和价值范导。一个民族如果缺少了核心价值观，就意味着它缺少共同的精神纽带，就意味着这个民族的成员之间只具有一些外在的共同之处（如相貌、语言及生活习惯），而在精神指向、价值标准和道德选择上并无一致性，这样的民族是没有凝聚力的，不可能团结一致面对发展过程中的诸多挑战，更不可能真正屹立于世界民族之林。因此，为了实现中华民族的伟大复兴，我们必须要建构起能够在思想上凝聚全社会共识的核心价值观来作为实现"中国梦"的精神保障。

习近平总书记特别强调核心价值观与中华优秀传统文化之间的内在联系。他在党的十九大报告中特别指出：

> 社会主义核心价值观是当代中国精神的集中体现，凝结着全体人民共同的价值追求。要以培养担当民族复兴大任的时代新人为着眼点，强化教育引导、实践养成、制度保障，发挥社会主义核心价值观对国民教育、精神文明创建、精神文化产品创作生产传播的引领作用，把社会主义核心价值观融入社会发展各方面，转化为人们的情感认同和行为习惯。坚持全民行动、干部带头，从家庭做起，从娃娃抓起。深入挖掘中华优秀传统文化蕴涵的思想观念、人文精神、道德规范，结合时代要求继承创新，让中华文化展现出永久魅力和时代风采。[①]

习总书记此论充分诠释了核心价值观与中华优秀传统文化之间的紧密关系。核心价值观是当代中国精神的集中体现，孕育它的沃土当然是我们当下这个飞速发展、日新月异的时代，是中华民族迈向伟大复兴征程中所展现的自强不息、顽强拼搏、敢为人先的精神品质。然而，这些思想的产生不仅有现实基础，还有厚重的历史文化根源。作为世界上唯一一个没有中断文化传承的文明古国，中华文明能够延续至今，并且越发地展现出强大的生机与活力，这本身就意味着我们的文化基因中具有与人类文明发展的内在逻辑相一致的思想和理论资源，并且这些资源是以我国文明的独特形式表现出来的，因而兼具民族性和人类性。它既是中华民族独特的精神标识，又是支撑今天的中国克服前行道路上种种困难的重要的精神养料。而社会主义核心价值观正是对中华优秀传统文化的思想和理论精髓的吸收、提炼和升华，是传统文化的现代形式。更准确地说，是在马克思主义理论的指导下，对中华优秀传统文化的创造性转化和创新性发展。两者间有着十分紧密的联系。

正是在这个意义上，习近平总书记特别指出："培育和弘扬社会主义核心价值观必须立足中华优秀传统文化。牢固的核心价值观，都有其固有的根本。抛弃传统、丢掉根本，就等于割断了自己的精神命脉。对我们来说，博大精深的中华优秀传统文化是我们在世界文化激荡中站稳脚跟的根基。"[②] 面对今天这个全世界交流愈发频繁，人类文明的相互

---

① 习近平：《在中国共产党第十九次全国代表大会上的报告》，人民出版社 2017 年版，第 42 页。
② 习近平：《在十八届中央政治局第十三次集体学习时的讲话》，《习近平关于社会主义文化建设论述摘编》，中央文献出版社 2017 年版，第 107－108 页。

融通愈发深入的时代，我们每个人都会追问一个令人困惑的问题，即"我到底是谁"，如何确定我的社会和文化身份。毫无疑问，中国人是我们共同的身份标识。然而，对于我们这样一个有着五千年悠久历史和灿烂文化的民族，中国人这个身份背后意味着共同的文明记忆、价值导向、风俗习惯和境界追求，这其中有许多内容具有超越时代的永恒性价值，值得我们吸收、继承和发展，以此来彰显中国人独特的精神特质，确立中国人共同的精神坐标，传承赓续中国的文明火种，从而形成全民族的精神纽带，使得全中国人民在精神和心理上团结一致。正如习近平总书记所说，"中华文明绵延数千年，有其独特的价值体系。中华优秀传统文化已经成为中华民族的基因，植根在中国人内心，潜移默化影响着中国人的思想方式和行为方式。今天，我们提倡和弘扬社会主义核心价值观，必须从中汲取丰富营养，否则就不会有生命力和影响力。"①

习总书记进一步指出，中华优秀传统文化"不论过去还是现在，都有其鲜明的民族特色，都有其永不褪色的时代价值。这些思想和理念，既随着时间推移和时代变迁而不断与时俱进，又有其自身的连续性和稳定性。我们生而为中国人，最根本的是我们有中国人的独特精神世界，有百姓日用而不觉的价值观。我们提倡的社会主义核心价值观，就充分体现了对中华优秀传统文化的传承和升华。"② 这意味着中华优秀传统文化中某些思想和理念有着超越时代的普遍意义和永恒价值，如"和而不同""大道之行，天下为公""天行健，君子以自强不息""天下兴亡，匹夫有责""出入相友，守望相助""老吾老以及人之老，幼吾幼以及人之幼""人而无信，不知其可也"等。这些观念在今天显然未曾过时，它们仍然能有效指导人们的日常生活，规范人们的言行举止，凸显中国人对人生意义、生命价值、人生目的和是非善恶等思想道德领域的关键性问题的独到理解，构成了"中国人独特的精神世界"。而社会主义核心价值观中的很多内容同样包含着上述理念，甚至就是中华优秀传统文化在中国特色社会主义中的现代形式，与优秀传统文化有着极为密切的关联。

正因为如此，习总书记将中华优秀传统文化视作中国特色社会主义文化的重要组成部分，对它的传承与发展极为重视，反复强调："中国特色社会主义文化，源自于中华民族五千多年文明历史所孕育的中华优秀传统文化，熔铸于党领导人民在革命、建设、改革中创造的革命文化和社会主义先进文化，植根于中国特色社会主义伟大实践。发展中国特色社会主义文化，就是以马克思主义为指导，坚守中华文化立场，立足当代中国现实，结合当今时代条件，发展面向现代化、面向世界、面向未来的，民族的科学的大众的社会主义文化，推动社会主义精神文明和物质文明协调发展。"③ "中华民族有着深厚文化传统，形成了富有特色的思想体系，体现了中国人几千年来积累的知识智慧和理性思辨。这是我国的独特优势。中华文明延续着我们国家和民族的精神血脉，既需要薪火相传、代代守护，也需要与时俱进、推陈出新。要加强对中华优秀传统文化的挖掘和阐发，使中华民族最基本的文化基因与当代文化相适应、与现代社会相协调，把跨越时空、超

---

① 习近平：《青年要自觉践行社会主义核心价值观》，《习近平关于社会主义文化建设论述摘编》，中央文献出版社 2017 年版，第 115 页。

② 习近平：《青年要自觉践行社会主义核心价值观》，《习近平关于社会主义文化建设论述摘编》，中央文献出版社 2017 年版，第 116 页。

③ 习近平：《在中国共产党第十九次全国代表大会上的报告》，人民出版社 2017 年版，第 41 页。

越国界、富有永恒魅力、具有当代价值的文化精神弘扬起来。要推动中华文明创造性转化、创新性发展，激活其生命力，让中华文明同各国人民创造的多彩文明一道，为人类提供正确精神指引。"① 这意味着继承和发展中华优秀传统文化绝不意味着我们选择了一条抱残守缺的保守主义道路，换言之，中华优秀传统文化不能与封建和落后划等号。相反，正确对待中华优秀传统文化的态度是推动其创造性转化与创新性发展，使之能够适应当今社会，能够满足当今社会的需要。但是无论如何，作为国家和民族的精神血脉，中华优秀传统文化所蕴含的中华文明的底色不能丧失，发展它的目的不是用西方的东西来取代它，而是使得它的文化基因能够得到传承与延续，从而在这一全球化的时代为全人类提供中国人对宇宙、人生和世界的独特认识，进而为人类解决当今面临的诸多生存挑战奉献中国方案和中国智慧。

而进一步分析我们可以发现，上述这些理念大多属于儒家的思想范畴，这是由儒家的思想特点和价值追求所决定的。众所周知，中国的传统文化主要是由儒释道三家构成，其中道家追求绝对自由和逍遥无待的人生理想，热衷于隐居避世和调息养生，面对社会责任往往采取拒斥态度（这一点以庄子为代表，特别是庄子得知楚王请他去做官以后的反应，即"吾将曳尾于涂中"）。这一观念固然源自春秋战国时期诸侯纷争的混乱现实，因而可以得到后人的"同情和理解"。但无论如何，面对乱世一味选择逃离现实，遁入个人的小天地的想法无法从根本上终结乱世而开辟一个美好未来。因而道家的主张可以作为个人在乱世中的消极选择，而无法成为对全社会具有普遍有效性的价值范导，这也是道家在中国传统思想中始终无法成为主流的原因。佛教从来源上讲是一种域外的思想文化，并非中国所本有（当然必须承认的是，汉传佛教作为印度佛教与中国本土文化融合的产物，其中国化的程度是非常高的，已经成为中华传统文化中不可或缺的一部分）。从内容上讲，由于佛教以因缘聚合为诸法产生的原因，从根本上否定世界的真实存在性，即认为现实世界不过是因缘和合而成的幻象，实质上是不存在的，因而它所追求的只能是超越现世的解脱之道，它所能做的也只能是遁入空门、打坐参禅。显然，佛教文化的这一特点决定了它更为忽视人们对现实社会所应承担的责任，因而虽然佛教在我国曾经一度十分兴盛，但是亦从未成为中国文化的主流。

与佛道两家不同，儒家强调人们应当积极"入世"，即勇敢地承担起现世责任，通过自身的努力变革现实世界，使之变得更美好。"入世"的文化基调使得儒者乃至整个中国文化在很早的时候就摆脱了宗教性，放弃了对虚无缥缈的彼岸世界的追求，而将生命的重心全都放在此岸的现实世界。但这并不意味着儒家没有信仰，其信仰的对象是"天道"，是整个世界的根本法则。但儒者认为，这一法则虽被称为"天道"，但并不意味着它只存在于天上，与人们的现实生活没有关联。相反，儒家很早就强调"天道远，人道迩"，"天视自我民视，天听自我民听"，认为天道表现在老百姓的日用常行之中，因而无论是对统治者而言，还是对普通百姓来说，真正的"敬天法祖"都不仅仅是对上天和祖先的恭敬祭祀，而是尊崇天道和祖宗的教诲，把现世的社会治理好，把现世的生活过好。因此，儒家既不像道家那样追求长生不老，亦不像佛家那样希慕涅槃之境，而是承认并

---

① 习近平：《在哲学社会科学工作座谈会上的讲话》，《习近平关于社会主义文化建设论述摘编》，中央文献出版社 2017 年版，第 83 页。

重视当下之世，要求人们在现世中努力拼搏。正如上文中所提到的，儒家同样具有对于终极真理、理想人格和美好生活的向往，但它强调对这一切的追求都要立足于人，立足于人的现实生活，按照儒家的话说就是要通过"人道"来证成"天道"。在儒者看来，离开了人道，离开了人的现实存在，天道便成为了遥不可及且毫无意义的彼岸世界，是不值得且无法追求的。儒家认为，人的根本特质是道德性（孟子的性善论奠定了这一理解），宇宙的根本法则则是变动不已、生生不息（此乃《周易》的核心思想），而且"天命之谓性"，宇宙生生不息的运行变化是人类的道德本性的终极来源。因此人们所应当做的就是以德性为自身的根本遵循，并通过自身不断地努力，让这个世界变得更加合理且美好。这一基本原则又可以衍生出爱国、敬业、诚信、友善等与社会主义核心价值观相一致的具体准则，从而使得儒学成为了最能与核心价值观相贯通的中华优秀传统文化的代表。

儒家文化与社会主义核心价值观不仅在精神内核上有一致性，而且在适用范围上也有着共通之处。社会主义核心价值观的二十四个字涵盖了国家、社会和个人三方面的要求，它说明在我们国家现阶段的主流价值立场中，国家、社会和个人之间是三位一体的关系，三者是层次分明而又紧密联系的整体。我们的核心价值观推崇的是集体主义，强调的是将个人的发展和社会的进步、国家民族的兴盛有机统一起来，在促进国家与社会的发展与进步的同时实现个人的理想。很显然，这种具有鲜明的马克思主义特征的价值观与西方某些极端个人主义即将他人视作地狱，将国家和社会视作个人谋取私利的阻碍的价值观是截然不同的，相反它与中华优秀传统文化特别是儒家思想中对于家国天下的思考是相一致的。儒家向来不把个人视为与国家和社会的对立面，相反，它提出了"家国天下"的观念，认为个人—家庭—国家—世界存在于一个具有整体性的同构关系中，其中贯通着类似的价值和行为准则。在儒家看来，国是放大的家，天下是更大范围的国，因此一个君子若能修身齐家，则可以将其行为扩展到家国天下之中。诚然，这一思想有其局限性。按照现代社会的理解，国家与社会属于公共领域，家庭则是个人的私人生活领域，二者遵循不同的行为规范，若将两者混为一谈则容易造成公私不分和任人唯亲的恶果。然而，我们今天必须以辩证的态度来对待儒家的家国天下思想，需要充分肯定其中的合理成分，这就是要求人们心怀天下，以天下为己任，努力将自身理想的实现与社会的发展统一起来，积极承担国家和社会赋予给个人的责任，实现个人、社会和国家的三赢局面，而不是将国家和社会视为实现个人发展的阻碍，或者仅仅将后者视为索取和满足自己需求的对象。换言之，这种家国天下的同构关系使得中国人能够拒斥极端的个人主义思潮，为平衡国家、社会和个人三者的关系提供了宝贵的思想资源。正如习近平总书记所指出的，"中国古代历来讲格物致知、诚意正心、修身齐家、治国平天下。从某种角度看，格物致知、诚意正心、修身是个人层面的要求，齐家是社会层面的要求，治国平天下是国家层面的要求。我们提出的社会主义核心价值观，把涉及国家、社会、公民的价值要求融为一体，既体现了社会主义本质要求，继承了中华优秀传统文化，也吸收了世界文明有益成果，体现了时代精神。"① 儒家思想历来不认为国家和社会是个人的对立面，而是肯定三者的统一性，这一精神特质同样集中反映在社会主义核心价值观之

---

① 习近平：《青年要自觉践行社会主义核心价值观》，《习近平关于社会主义文化建设论述摘编》，中央文献出版社 2017 年版，第 114 页。

中，成为了它继承和发展以儒家为代表的中华优秀传统文化的又一明证。

社会主义核心价值观作为一套完整的理论体系和价值规范，要在实践中发挥作用，真正成为全体社会成员共同的价值遵循，离不开有效地宣传和教育。而作为国家的未来与希望，青少年对于核心价值观的接受和认同程度又有着特殊的重要意义。有鉴于此，习近平总书记特别强调对青少年要加强正确的价值引导，他用"扣扣子"来比喻青年的价值观形成，"我为什么要对青年谈谈社会主义核心价值观这个问题？是因为青年的价值取向决定了未来整个社会的价值取向，而青年又处在价值观形成和确立的时期，抓好这一时期的价值观养成十分重要。这就像穿衣服扣扣子一样，如果第一粒扣子扣错了，剩余的扣子都会扣错。人生的扣子从一开始就要扣好。'凿井者，起于三寸之坎，以就万仞之深。'青年要从现在做起、从自己做起，使社会主义核心价值观成为自己的基本遵循，并身体力行大力将其推广到全社会去。"① 这说明青年处于价值观的形成和确立期，对社会的认识还不够深入，面对纷繁复杂的社会现实和价值取向缺乏判断力和辨别力，容易受到不良思想的诱导。因此，正如习近平总书记指出的，青年人需要通过学习和践行核心价值观，扣好自己在思想道德和价值选择上的"第一粒扣子"，从而保证自己的一生都能够行进在正确的道路，这样才能在人生的重要阶段做出合乎时代发展趋势，与国家和人民利益相一致的正确选择。

对于少年儿童，习近平总书记认为，"少年儿童如何培育和践行社会主义核心价值观呢？应该同成年人不一样，要适应少年儿童的年龄和特点。我看，主要是要做到记住要求、心有榜样、从小做起、接受帮助。"② 而在这四点中，习近平总书记最为看重的是"记住要求"，"记住要求，就是要把社会主义核心价值观的基本内容熟记熟背，让它们融化在心灵里、铭刻在脑子中。由于大家还在学习阶段，社会阅历不多，对社会主义核心价值观的涵义不一定能理解得很深，但只要牢记在心，随着自己年龄、知识、阅历不断增长，会明白得更多、更深、更透。"③ 如果说对青年培育社会主义核心价值观的要求是理解和践行，那么对少年儿童来说，最重要的是"识记"，是铭记于心。正如习近平总书记所指出的，铭记是内化的前提，只有铭记于心，才能使得少年儿童意识到核心价值观与自己的日常生活有着紧密关系，它不是不相关的教条，而是自己行事立身的基本遵循。在此基础上，随着少年儿童年龄的成长，他们会越发感受到国家的富强和民族的复兴给他们的人生所带来的获得感和幸福感，从而会逐步自觉地认同核心价值观。这是培育和弘扬核心价值观的最佳途径。

无论是青年还是少年儿童，要让他们真正能够发自内心地认同核心价值观，离不开正确、合理、有效的学校教育特别是道德教育。对于青年而言，"用社会主义核心价值观教育学生，引导他们扣好人生的第一粒扣子，是高校思想政治工作的使命所在。我们强

---

① 习近平：《青年要自觉践行社会主义核心价值观》，《习近平关于青少年和共青团工作论述摘编》，中央文献出版社 2017 年版，第 26 页。

② 习近平：《从小积极培养和践行社会主义核心价值观》，《习近平关于青少年和共青团工作论述摘编》，中央文献出版社 2017 年版，第 30 页。

③ 习近平：《从小积极培养和践行社会主义核心价值观》，《习近平关于青少年和共青团工作论述摘编》，中央文献出版社 2017 年版，第 30 页。

调学校教育、育人为本，德智体美、德育为先，就是说高校要成为锻造优秀青年的大熔炉。"[1] 而对于少年儿童，习总书记同样指出："学校要把德育放在更加重要的位置，全面加强校风、师德建设，坚持教书育人，根据少年儿童特点和成长规律，循循善诱，春风化雨，努力做到每一堂课不仅传播知识、而且传授美德，每一次活动不仅健康身心、而且陶冶性情，让同学们都得到倾心关爱和真诚帮助，让社会主义核心价值观的种子在学生心中生根发芽。"[2] 习近平总书记的讲话对我们进一步搞好青少年的教育工作有着重要的指导意义。近些年来，教育领域确实存在着过于重视学生的智育开发和学习成绩的提高，而对于道德教育的重要性认识不足的问题。不少学生和家长乃至一部分教师都将道德教育视为古板而片面的道德说教，甚至认为道德教育对考试升学帮助不大，因此是可以忽视的。很显然，这样的认识存在着严重的问题，它与我国的社会主义教育的性质和目的是背道而驰的。对我国而言，德育在教育体系中占有首要地位，它决定着我国教育的基本方向，是使得我国的教育乃至青少年的未来成长始终处于正确轨道的先决条件。

而对于德性教育的重视恰恰体现了社会主义教育观与儒家传统思想的一致之处。众所周知，道德性是儒家的根本特征，儒家教育思想的核心在于"学以成人"，即通过教育塑造具有理想人格的社会中坚力量。儒家的"理想人格"所包含的内容多种多样，但其中最重要的就是高尚的道德境界和精深的人格修养。正如我们在前文中所指出的，通过塑造合乎德性的君子来确立理想人格的典范，并以道德的方式来整合社会是儒家始终不变的追求，而基于个人—家庭—国家—天下的同构关系，"治国平天下"的基础就是修身。正如《大学》中所说的，"故君子先慎乎德。有德此有人，有人此有土，有土此有财，有财此有用。德者本也，财者末也。"[3] 儒家认为要建立稳定的政治和社会秩序，关键不在于聚敛大量的物质财富，而在于使得全体社会成员都能拥有较高的道德素养，以此来保证社会能够稳定而有效地运转。只要社会能够稳定发展，物质财富的积累就是水到渠成的事情。社会的道德水准较高，同时又具备必要的物质保证，便很容易实现社会的"良治"。而社会道德水准的高低归根结底是由每个社会成员自身的道德素养所决定的，而后者有赖于道德修养和道德教育的过程。有鉴于此，儒家特别重视个人的德性养成，将其视作影响社会长治久安的大事。同样，在实现中华民族伟大复兴的决胜阶段，培育和弘扬社会主义核心价值观，使之成为全体社会成员特别是青少年的价值选择和行为准则，也能为实现中国梦提供强大的精神和思想保障。可以说，儒家文化和社会主义核心价值观都将德育和个体的德性养成提高到全局性和战略性的高度，将其视为社会和国家长治久安的前提条件，这是二者的又一共通之处。

进一步，德育要产生良好的效果，离不开恰当的方法。在这方面，习近平总书记指出，儒家的礼乐教化思想很有可取之处，"一种价值观要真正发挥作用，必须融入社会生活，让人们在实践中感知它、领悟它，达到'百姓日用而不知'的程度。在这方面，我国古代可以说是做到了极致，道德教育渗透到衣食住行、言谈举止各个方面，通过各种

---

① 习近平：《在全国高校思想政治工作会议上的讲话》，《习近平关于社会主义文化建设论述摘编》，中央文献出版社 2017 年版，第 132 页。

② 习近平：《从小积极培育和践行社会主义核心价值观》，《习近平关于青少年和共青团工作论述摘编》，中央文献出版社 2017 年版，第 34 页。

③ ＼［宋＼］朱熹：《四书章句集注》，中华书局 1983 年版，第 11 页。

礼仪、制度来规范和约束人们的言行，强调'非礼勿视，非礼勿听'，'礼者人之规范，守礼所以立身也'。我们要注意把我们所提倡的与人们日常生活紧密联系起来，在落细、落小、落实上下功夫。要按照社会主义核心价值观的基本要求，健全各行各业规章制度，完善市民公约、乡规民约、学生守则等行为准则，使社会主义核心价值观成为人们日常工作生活的基本遵循。"① 习总书记在这里将儒家的礼乐思想视为中华优秀传统文化的重要组成部分，充分肯定了它的价值以及它在道德教育中所发挥的重要作用。在习总书记看来，礼乐教育的最大意义就在于它能够将价值观有效地融入人们的日常生活，能够"润物细无声"地教育人们。这种教育方式对于青少年而言尤为适用。正如习总书记所指出的，对于少年儿童来说，学习和践行核心价值观首先要做到"记住要求"，这是与少年儿童的人生阅历和认知水平相适应的。但是在识记的基础上，教育和引导少年儿童以他们力所能及的方式践行核心价值观同样是必要的，这样可以进一步加深少年儿童对核心价值观的理解。而礼仪规范则是引导他们践行核心价值观的有效手段。核心价值观是对我们这个社会中正确的世界观、人生观和价值观的高度概括，因而理论性较强，较为抽象，超出了一般的少年儿童的理解范围。礼仪规范则不然，它的要求往往直接针对的是少年儿童的日常行为，因此较为具体（例如乘公交车要给老人让座，过马路要看交通信号灯，升国旗时要立正站好等），具有较强的可操作性，能够为少年儿童所理解和接受。同时，礼仪规范还能够培养少年儿童的参与感，让他们确切地感受到核心价值观就在自己身边，从而帮助其心悦诚服地接纳和履行核心价值观。因此，习近平总书记强调，在培养和弘扬社会主义核心价值观的过程中，现代的礼仪制度同样是一种行之有效的手段，"礼仪是宣示价值观、教化人民的有效方式，要有计划地建立和规范一些礼仪制度，如升国旗仪式、成人仪式、入党入团入队仪式等，利用重大纪念日、民族传统节日等契机，组织开展形式多样的几年庆典活动，传播主流价值，增强人们的认同感和归属感。一些重大礼仪活动要上升到国家层面，以发挥其社会教化作用。这就是'道之以德，齐之以礼，有耻且格'。"②

在通过礼仪规范培育和涵养核心价值观方面，儒家的礼乐教化思想具有很高的参考价值，古代人在德性教育上的成功经验中有很多值得我们学习、吸收和借鉴之处。以礼乐作为教化的重要手段是儒家思想的另一重要特点，也是儒家的德性修养学说在相当长的历史时期内能对中国社会的各个方面产生深远影响的重要原因。礼在儒家既是一种社会制度，又是一种行为规范，还是一种价值范导。它既反映儒家心目中理想的政治秩序和社会秩序，又是有德之君子行事立身的根本守则，还是人们日常起居坐卧应当遵照的具体规范，兼具内外两个方面。对于礼的产生根源和主要目的，荀子的基本看法是，礼产生于人的物质欲望的膨胀，当这种膨胀赶不上物质财富增长的速度时，人们为了占有更多的物质财富就必然会发生争斗，从而导致社会的解体。为了避免这种情形，圣人制礼作乐以节制人们的欲望，使之能与物质财富的增长相匹配，以此来维持社会的稳定。这意味着，建立礼制的目的是通过将人的物质欲望限定在一个合理的范围内来构建一个

① 习近平：《在十八届中央政治局第十三次集体学习时的讲话》，《习近平关于社会主义文化建设论述摘编》，中央文献出版社 2017 年版，第 110 页。
② 习近平：《在十八届中央政治局第十三次集体学习时的讲话》，《习近平关于社会主义文化建设论述摘编》，中央文献出版社 2017 年版，第 110 页。

良好的社会秩序。在荀子看来，对外在物质条件的追求是人的天性，而且与动物不同，在很多时候人类的物欲往往超出他的真实需求，是无穷无尽的，而物质财富的增长经常不能满足全体社会成员不断膨胀的物质欲望，因此社会成员之间就难免产生对立和矛盾。若此时又无合理的争端解决机制来处理这些纷争，则人们必然会陷入无休止的争斗之中，甚至会为了一己私利不择手段地消灭对方，而这最终必然会导致社会的解体。因此，为了保持社会共同体的稳定，我们需要一套规章制度来将人们的欲望限制在合理区间，这就是礼的作用。从表面上看，儒家之礼是一种社会管理手段和政治秩序，然而对儒家而言，人们遵守礼制的过程同样是遵守道德、成就理想人格的过程。因为礼制表现为对人们的物质欲望的自觉约束，而这恰好是人与动物的区别之处，也是道德性的集中体现。更准确地说，动物的行为完全被其生理本性所支配，人类则能自觉地限制本能，后者正是道德的起点。对此，孔子的"克己复礼为仁"之说是另一明证。这里的仁可以视为德性的代称，而实现"仁道"的方式是主动约束自己的行为，使之合乎礼制的要求。这再次说明行礼的目的是成德。

在儒家看来，礼仪活动的参与性使之成为成就德性的最佳方式。孔子的弟子曾子曾说："慎终，追远，民德归厚矣。"[①] 这里"慎终"和"追远"指的是丧祭之礼，是儒家最为看重的礼节。按照曾子的说法，让百姓亲身参与祭祀的活动，在典礼进行的过程中追慕先人，会产生"润物细无声"的良好效果。丧葬祭祀典礼庄严肃穆的氛围，可以为百姓营造出与祖先共处一地的在场状态，使之感觉到祖先并非已经逝去的、遥不可及的他者，而是与我现实生命有着密切关联之人，从而自觉产生对先祖的恭敬忠孝之情，其"润物细无声"的教育效果是单纯的道德说教所无法达成的。换言之，儒家的道德伦理原则作为礼制的内在根据，正是借助于典礼过程的参与性而渗透到社会生活的方方面面。

进一步，儒家还引入乐教作为礼教的补充，通过适当的艺术教育来调适民众的情绪，平和其心态，营造温暖祥和的社会气氛，激发人们的归属感和幸福感。对于礼乐的区别，《乐记》给出了最好的回答，即"乐统同，礼辨异"[②]。这就是说，礼教意在凸显社会成员之间的差异性，乐教则感发不同社会成员内心情感的共通性，以促使不同的社会成员相亲相爱，和谐共处。儒家通过综合运用礼乐两种教化形式，辅以多种具体手段，可以使得道德教育获得良好效果。这一点正如习总书记所指出的，是中华优秀传统文化的重要组成部分，值得我们充分地吸收和借鉴。

综上所述，儒家的德性伦理与礼乐教化思想在精神实质、主要内容、适用范围和教化手段等方面与社会主义核心价值观有着很多的一致之处。通过对儒家的道德哲学和礼乐教化思想进行创造性转化和创新性发展，可以进一步说明社会主义核心价值观对中华优秀传统文化的传承与发展之处，改进旧有的道德教育模式，从而在全社会特别是青少年当中更好地培育和弘扬社会主义核心价值观。而本课题的研究目的，就是从思想史的角度出发，探寻儒家的道德哲学和礼乐教化思想作用于当代德性教育的内在机理和具体手段，从而用中华优秀传统文化补充和发展当代道德教育，夯实核心价值观的文化基础。

---

① 《论语·学而》，\ ［清］刘宝楠：《论语正义》，中华书局1990年版，第23页。

② \ ［清］孙希旦：《礼记集解》，中华书局1989年版，第1009页。

目　录

第一章　道德教育的哲学反思

自中华人民共和国成立特别是改革开放以来，我国的教育事业在党的教育方针的指导下，取得了长足的进步。作为当代教育的重要组成部分，我国的道德教育也取得了重大的进展，已经基本建立起以马克思列宁主义为指导，面向中国特色社会主义发展要求的德育体系。在这一体系的教育引导下，全民族的思想道德素质和精神面貌都得到了极大的改善，全社会逐步形成了以热爱国家、自力更生、艰苦奋斗、努力拼搏、团结友善、和谐友爱的高尚品德，集体主义思想深入人心，这些都从根本上改变了中国人的精神状态。而社会主义核心价值观的提出，则使得我们新时代的道德教育获得了根本遵循，有了更为明确的方向。总之，新中国成立以来，特别是改革开放以来，我国的道德教育总体上取得了巨大的成绩。然而我们同样应该看到，我国的道德教育仍有改进和提高的空间。特别是进入 21 世纪以来，我国的对外开放的力度空前加大，社会发展的速度也越来越快，各种新思潮、新主张层出不穷又良莠不齐，它们对社会成员的思想也产生着各种各样的影响。在这样的新情况下，如何提升和改进道德教育的方式方法，确保主流的价值观念能够得到绝大多数社会成员的接受和认可，从而为中华民族的伟大复兴提供坚实的思想观念保障，这是考验每一位教育工作者智慧和决心的重大任务。而要达到这一目标，我们需要站在哲学的高度上，对道德教育的本质及其现状进行充分反思，从中发现现有的道德教育模式存在的不足，并引入儒家的礼乐教化的方式来加以补充。

第一节　德育的定义及其人性论依据

一、道德的内涵与历史沿革

德育又称为"道德教育"，很明显它是一个与道德密切相关的教育门类。德育对人的成长极为重要，正如王国维先生所言，"然有知识而无道德，则无以得一生之福祉，而保社会之安宁，未得为完全之人物也"[①]。然而，要正确地把握德育的内涵，我们首先要对道德做一基本说明。

[①] 王国维：《论教育之宗旨》，《王国维集（第四册）》，周锡山编校，中国社会科学出版社 2008 年版，第 8 页。

　　道德是人类社会特有的精神意识现象，也是人类从古至今一直持续关注和思考的领域。然而，可能正是由于人类对道德的反思持续了很长的时间，因而相关的理论纷繁复杂，学说众说纷纭。这就使得我们陷入了"乱花渐入迷人眼"的窘境，反而难以直接透过现象看到本质，把握到道德的根本特征。但作为哲学的重要研究对象，人类对道德的思考同样符合"历史与逻辑相统一"的基本原则，而"哲学就是哲学史"，哲学思想的本质和共性蕴藏在具体的、具有个体性和差异性的哲学观念之中。因此我们若要搞清楚道德的基本内涵，首先便需要形成一个能够反映出道德根本特点的、相对可靠的定义，而后追寻历史的足迹，考察这一定义在从古至今不同的文明形态、学术流派和学者对道德的多样化理解中是如何体现出来的。通过由总至分、由共性而个性的考察，我们可以形成对道德相对完整的认识，作为进一步讨论以儒家思想丰富当代德性教育的基础。

　　对于道德的本质，马克思主义基于其历史唯物主义的基本原则，将其视作社会意识的一个方面，受制于社会存在。更进一步，马克思主义将其置于经济基础与上层建筑的关系中加以考察，认为道德作为上层关系的一部分"是由经济基础所决定，以善恶、正当与不正当为评价标准，依靠社会舆论、传统习俗和内心信念来维系，调整人与人、人与自然关系的原则规范，以及与此相关的观念品质、行为活动的总和"①。这一理解从核心内容、评价手段、适用范围和表现形式四个方面揭示了道德的本性：从核心内容上看，是非善恶是道德所关注的核心问题，它所指向的正是人与他人以及自然界关系的价值性，也就是这种关系是否合理，是否正当。而合理和正当都是对人而言的，都是属人的，因此道德的主体一定是人，它是围绕人而展开的。在评价手段上，道德所依赖的措施，无论是社会舆论、传统习俗还是内心信念，都是柔性的，不具有强制性，这使得道德与法律明显区别开来。众所周知，后者的评价手段依赖于国家机关提供的强制力，即触犯法律必将遭受国家的制裁。评价手段的区别直接影响了两者的评价标准：对道德而言，因为其评价手段是柔性的，所以其标准相对较高，这意味着即便无法达致道德的要求，人们所受到的惩戒也是有限的，不会影响人们的生命权和人身自由。换言之，柔性的道德所关注的是社会对个体的较高层级的行为要求。法律则相反，由于它是通过国家机关的强制力来执行的，因而在一个正常的社会中，它的适用范围都是相对有限的。这意味着法律所维护的是一个社会的底线，只有严重危害他人、社会和自然界的行为才是法律制裁的对象。从适用范围上看，马克思主义道德观强调道德的作用领域并不仅局限于人类社会，人与自然的关系亦是其调节的对象，这意味着人类对自然界仍然要承担道德责任。显然，这种对于道德适用范围的认识扩展了道德共同体的范围，超越了长期以来流行于西方世界的"人类中心主义"观念，明确了人类作为地球上唯一的智慧生命所应当承担的地球责任，这一理念正是人类文明进步的集中体现。而在表现形式上，道德不仅包括静态的、确定的道德原则，还包括动态的、灵活多变的道德判断和行为，因而它是一个理论与实践并重，既有客观标准又具备主观活动的整体内容。

　　纵观人类道德思想的发展历程我们可以发现，马克思主义对道德本性的认识不仅适用于其自身的道德观，而且充分揭示了东西方文明对道德的理解和认识中所蕴藏的共性成分，因而这一定义可以被视作人类对于道德问题的普遍理解。

---

① 马克思主义理论研究和建设工程《伦理学》编写组：《伦理学》，高等教育出版社 2012 年版，第 3 页。

西方有关道德问题的思考有着明显的时代特性，即古希腊时期以追求善，特别是最高层级的善作为道德的核心目的；中世纪则将听从上帝的安排，服从上帝的命令视为最具道德性的行为；而近代以来，随着资本主义的发展，人性逐渐从神性中挣脱出来，对道德的理解也因对人性的不同认知而产生了动机论和效果论的分途。但所有这些对道德的认识，实际上都反映了前文中我们所指出的道德的本质特点。

在古希腊时代，特别是在从苏格拉底、柏拉图到亚里士多德这一古希腊思想的最高峰时期，整个希腊世界核心的道德观念是"善"。这里的善不是与恶相对立的具体之善，而是指具有本体意义的至高的"善的理念"，以柏拉图为代表的希腊哲学家将此视作人们生活所应当追求的终极目标，是人们在现世中努力的唯一目的，也是影响和调节人们行为、判断是非的关键原则。这一观念是与当时的社会经济制度相适应的，古希腊的奴隶制给了奴隶主和自由民充足的时间和丰富的物质资源，能够允许其无忧无虑地思考和探究对人类而言具有终极性的问题。对古希腊人而言，人的存在其目的就在于探索并实现"善的理念"，虽然不同的学者对善的理解有所区别，但从苏格拉底到伊壁鸠鲁和后期柏拉图主义，对于"善"的追求却一直贯穿于古希腊伦理学的全过程。进入中世纪以后，无限的、绝对的上帝成为了万事万物的创造者，同时也是一切价值和秩序的终极根源，而有限的人类只有虔诚地信仰上帝才能获得拯救而升入天堂。因此，上帝既是中世纪道德的核心原则，又是道德实践要达成的唯一目标，它取代了"善的理念"，成为了欧洲人在道德领域新的关注焦点。这正是与当时宗教势力笼罩于欧洲大陆的社会现实相一致的，正是这一现象在人际关系中的表现。而近代以来，随着人性从神灵的束缚中挣脱出来，如何寻找人在现世中的存在意义，从现实世界出发界定是非善恶就成为了西方伦理学新的关注焦点。以边沁、休谟和密尔为代表的英国经验论思想家突出个人主义的思想特质，承认和肯定人们基于利己心而追求个人利益特别是经济利益的行为，认为"每个人自私自利的主观行为一旦获得自由发挥，必将造成整个社会公益的客观增长"①。这种观点的出现，与英国作为首个资本主义强国的现实状况密不可分。与之相反，以康德、黑格尔为代表的德国古典哲学秉承欧陆的理性主义特征，力图摒弃了具有偶然性的经验对道德领域的干扰，找寻到带有普遍必然性的道德原则。为此，康德创建了兼具"先天分析形式"和"后天综合内容"的"道德律令"系统，强调人们遵循的行为准则必须同时能够成为具有普遍性的法则，且要求人们必须将他人当作目的而非手段。但由于康德意识到人类理性的有限性，因而他用来保障人类遵循道德律令的终极根据依然是绝对的上帝。黑格尔则不满康德这种二元论立场，他将道德置于绝对精神展开的必然环节之中，视道德为人的行为的"主观之法"，认为它赋予了人以"主体性"，但却还不包含普遍必然性，因而要求从道德进一步进化为具有"社会性"和"必然性"的伦理。纵观西方道德思想的发展历程，我们在强调其具有的阶级性和片面性的同时应该承认，它确实符合前文中我们所指出的道德的本性，即寻找一个能够判断人与人及人与自然的关系的是非正误的标准，并以此标准来对人们现实的行为加以判断。

在中国传统思想中，道德问题具有更加重要的地位，尤其是作为中国传统文化主干的儒家思想一向被人视作是一种道德哲学。中国传统哲学中道德思想的差异主要体现在

---

① 马克思主义理论研究和建设工程《伦理学》编写组：《伦理学》，高等教育出版社2012年版，第45页。

不同学派的思想分歧上，特别是儒、道、墨、法四家中国本土的思想流派对道德问题的不同认识上。这四家的道德思想都起源于先秦时期，其所面对的社会现实都是西周确立的宗法等级已经濒临解体，因而都在致力于寻找能够与时代相适应的新的是非善恶评价系统。

儒家是中国传统文化的主要流派，具有强烈的道德主义色彩。可以说，对照前文中所界定的道德概念我们可以发现，儒家对道德的理念与此最为吻合。首先，儒家是将道德视作调节一切社会关系，实现治国平天下的重要手段，这意味着道德在儒家领域作为原则规范发挥的作用是最为广泛的。儒家明确提出，以仁爱为核心的处世原则不仅适用于人与人的关系，而且适用于人与自然的关系（例如郑玄的"爱人以及物"，《汉书》中的"泽及草木"等）。其次，儒家的核心观念是"仁"，而其对仁最为精当的界定就是"仁者爱人"，是以关爱他人乃至天地万物作为仁的核心意涵。进一步，经过由曾子到孟子的发展，儒家在人性领域又逐步产生并确立了"性善论"，认为人的本性就是道德性，这是人们能够辨别是非善恶，践行道德规范的内在根据。这意味着儒家将道德性作为理解人的存在方式的基本向度，而由于儒家在传统社会中一直处于主流意识形态的地位，此举也进一步影响了中国文化对人的理解，使得我们在价值理性和知识理性中更注重前者，更加强调调整人与人关系的重要意义，不太重视客观地认识与把握外部世界。第三，儒家的道德绝不仅仅是一系列原则和规范体系的集合，而是包含着大量的观念品质和行为活动的内容，渗透于人们日常生活的方方面面。而这一功能的实现所依靠的正是"礼乐"。通过"礼乐"的教化，儒家的道德理念由完整而严谨的理论体系转变为能够影响和指导人们日常行为的行动指南，从而使其不仅构成了古代的知识阶层即"士"阶层的信仰体系，同样也成为了规范普通百姓的婚丧嫁娶这些日常生活中重要事务的典范，奠立了儒家思想对中华文明的深远影响。

道德问题同样是道家思想的重要组成部分，将"道"和"德"这两个概念连接在一起使用就始于道家。但需要注意的是，道家的"道"和"德"与儒家在内涵上有着很大的区别：在道家思想中居于核心地位的是"道"的概念，而"道"的核心特点是"自然"，即"道法自然"。这意味着道家十分看重和肯定万事万物依据其各自的本性自然而然的存在状态，将其视作宇宙的最高价值，而人的道德就在于认识和把握整个世界这种自然而然的存在特性，并加以效仿。它要求人们要顺应人与万物的本性，不要施加任何"人为"的干涉，这构成了道家基本的道德原则。对道家而言，最高的道德就是顺应万物的"自然"之性，因而是否能够顺性就成为了道家进行道德评判的核心依据。由此出发，道家对"礼乐"的态度与儒家截然相反。正所谓"上礼为之而莫之应，故攘臂而扔之"①，"夫礼者，忠信之薄，而乱之首"②，道家认为礼乐具有很强的人为性，与合于自然的大道不相一致，且为礼乐者往往会将自己的价值判断强加于人，故其对礼乐多有抨击。相反，道家倡导见素抱朴、少私寡欲、清净无为的生活模式，认为其"合于大道"而肯定其价值内涵。进一步，这种价值原则在道教中衍化为一整套追求长生不老、肉身成仙的行动体系，从而对普通百姓的日常生活产生了深远影响。道家的道德思想体现了在乱世当中

---

① 《道德经》第三十八章，朱谦之：《老子校释》，中华书局1984年版，第151页。
② 《道德经》第三十八章，朱谦之：《老子校释》，中华书局1984年版，第153页。

一部分人要求逃离乱世，追求安稳生活的希望，这种理念在后世随着中国周期性的治乱循环而一再被人们提及，并衍化道教这一钟情于炼丹修道、羽化登仙的本土宗教。

盛行于先秦时期，代表小生产者利益的墨家，其道德观又独具特点，而与儒道两家相区别。墨家在道德领域最有名的理念是"兼爱"，即要求人与人之间摒弃一切亲疏远近的差别，人人不分彼此、没有厚薄地关心其他一切人，同时受到其他一切人的关心。墨家以"兴天下之利，除天下之害"为宗旨，强调发现并去除导致天下混乱的根本原因。墨子认为，"圣人以治天下为事者也，不可不察乱之所自起。当察乱何自起？起不相爱。臣子之不孝君父，所谓乱也。子自爱不爱父，故亏父而自利；弟自爱不爱兄，故亏兄而自利；臣自爱不爱君，故亏君而自利。此所谓乱也。虽父之不慈子，兄之不慈弟，君之不慈臣，此亦天下之所谓乱也。"① 而对于造成这种混乱的原因，墨子认为正是人人皆有私心，而不能实现"兼相爱"。反之，"若使天下兼相爱，爱人若爱其身，犹有不孝乎？视父兄与君若其身，恶施不孝？犹有不慈者乎？视弟子与臣若其身，恶施不慈？故不慈不孝亡。犹有盗贼乎？视人之室若其室，谁窃？视人身若其身，谁贼？故盗贼有亡。犹有大夫之相乱家、诸侯之相攻国者乎？视人家若其家，谁乱？视人国若其国，谁攻？故大夫之相乱家、诸侯之相攻国者有亡。若使天下兼相爱，国与国不相攻，家与家不相乱，盗贼无有，君臣父子皆能孝慈，若此则天下治。"② 在墨子看来，若父子、兄弟、君臣之间，天子、诸侯、大夫之间都能秉承"兼爱"的原则，不分彼此、不分厚薄地关爱他人，则天下间一切冲突和矛盾都将不复存在，自然能够实现天下大治的目标。可以说，"兼爱"既是墨家的根本道德原则，也是它进行道德实践的具体方法。以此为依据，墨家批判了儒家"爱有差等"的道德观念，认为其所规定的"丧父母三年，妻、后子三年，伯父、叔父、弟兄、庶子期，戚族人五月"的丧葬之礼是"尊其妻子与父母同，而亲伯父、宗兄而卑子也，逆孰大焉"③，即将妻子儿子等同于父母，是大逆不道之举。同样，儒家的礼乐教化在墨家看来是不切实际的，因为"民有三患：饥者不得食，寒者不得衣，劳者不得息"，而礼乐是"姑尝厚措敛乎万民，以为大钟、鸣鼓、琴瑟、竽笙之声，以求兴天下之利，除天下之害，而无补也"④。既然演奏乐曲对满足民众亟需的物质诉求毫无帮助，因而在墨家看来，这是不当的行为，是应当批判的。总之，墨家的道德观反映了当时的小生产者的利益诉求，与主要代表贵族利益的儒家有着很大的不同。

法家与上述各家都有着根本区别，它的人性论和政治哲学从根本上拒斥道德教化，这从反面形成了法家的道德观念。法家的代表人物韩非子特别指出，"故舆人成舆，则欲人之富贵；匠人成棺，则欲人之夭死也。非舆人仁而匠人贼也，人不贵，则舆不售；人不死，则棺不买。情非憎人也，利在人之死也"⑤；"人为婴儿也，父母养之简，子长而怨；子盛壮成人，其供养薄，父母怒而诮之。子、父，至亲也，而或谯或怨者，皆挟相为而不周于为己也。夫卖庸而播耕者，主人费家而美食，调布而求易钱者，非爱庸客也，曰：如是，耕者且深，耨者熟耘也。庸客致力而疾耘耕者，尽巧而正畦陌者，非爱主人

---

① 《墨子·兼爱上》，[清] 吴毓江：《墨子校注》，中华书局2006年版，第151页。
② 《墨子·兼爱上》，[清] 吴毓江：《墨子校注》，中华书局2006年版，第151—152页。
③ 《墨子·非儒》，[清] 吴毓江：《墨子校注》，中华书局2006年版，第428页。
④ 《墨子·非乐上》，[清] 吴毓江：《墨子校注》，中华书局2006年版，第374页。
⑤ 《韩非子·备内》，[清] 王先慎：《韩非子集解》，中华书局2013年版，第123页。

也，曰：如是，羹且美，钱布且易云也。此其养功力，有父子之泽矣，而心调于用者，皆挟自为心也。故人行事施予，以利之为心，则越人易和；以害之为心，则父子离且怨"①。上述内容都反映了以韩非子为代表的法家认为人性的根本特点是自私自利，无论是舆人（造车之人）欲人富贵还是匠人（制作棺材之人）希望多死人，乃至于子女怨恨父母不能提供良好的养育条件以及父母讥诮子女不能更好地赡养父母，本质上反映的都是不同的个体站在自身的立场上为自己牟利的意愿。因此，舍己从人、考量他人利益的道德在法家眼中是根本不存在的，换言之，法家是从根本上取消了道德的位置，而代之以严刑峻法和"驭下之术"，"故先王以道为常，以法为本，本治者名尊，本乱者名绝。凡智能明通，有以则行，无以则止。故智能单道，不可传于人，而道法万全，智能多失。夫悬衡而知平，设规而知圆，万全之道也。明主使民饰于道之故，故佚而有功。释规而任巧，释法而任智，惑乱之道也。乱主使民饰于智，不知道之故，故劳而无功。释法禁而听请谒，群臣卖官于上，取赏于下，是以利在私家而威在群臣。"② 这里，韩非子明确要求君主以常道为本，严格执行法律禁令，限制臣下和百姓为自己牟取私利的行为，以免大权旁落。总之，在法家思想中，道德被视作与人性不一致的价值取向，且有可能造成政治秩序的混乱，因而是一个具有负面意义的概念。

马克思主义的伦理道德思想是"建立在唯物史观基础上，运用唯物主义辩证法研究道德现象，揭示道德发展规律，并以无产阶级道德和社会主义道德、共产主义道德为主要研究内容的先进而科学的伦理思想"③。这一定义首先清晰地呈现了马克思主义道德思想的起点是唯物史观，表明它将道德视为上层建筑的内容，受到经济基础的制约。其次，马克思主义的道德观强调道德具有变化发展的特点，反对静态的、永恒的道德观念，这是马克思主义道德观的基本原则，也是其与其他道德观念的根本区别。从历史上看，某一社会的经济基础并不是一成不变的，而是随着生产力提升而不停地发生变化的，因此，作为经济基础在人际关系领域的反映，道德也必然会发生变化来适应经济基础的发展。马克思主义道德观与经济基础间的密切联系在《共产党宣言》中得到了最充分的表现。在《宣言》的第二部分《无产者和共产党人》中，马克思和恩格斯明确指出，最先进的国家即社会主义国家在革命胜利后都可以采取多种措施来变革产生关系，调整社会的经济基础，包括"1. 剥夺地产，把地租用于国家支出；2. 征收高额累进税；3. 废除继承权；4. 没收一切流亡分子和叛乱分子的财产；5. 通过拥有国家资本和独享垄断权的国家银行，把信贷集中在国家手里；6. 把全部运输业集中在国家手里；7. 按照共同的计划增加国家工厂和生产工具，开垦荒地和改良土壤；8. 实行普遍劳动义务制，成立产业军，特别是在农业方面；9. 把农业和工业结合起来，促使城乡对立逐步消灭；10. 对所有儿童实行公共的和免费的教育，取消现在这种形式的儿童的工厂劳动，把教育同物质生产结合起来，等等"④。很显然，《共产党宣言》中的这些举措就是要求从根本上变革生产关系，建立社会主义公有制，使之能够适应并促进生产力的发展。而此举的根本目的还是

---

① 《韩非子·外储说左上》［清］王先慎：《韩非子集解》，中华书局 2013 年版，第 295—296 页。
② 《韩非子·饰邪》［清］王先慎：《韩非子集解》，中华书局 2013 年版，第 135 页。
③ 马克思主义理论研究和建设工程《伦理学》编写组：《伦理学》，高等教育出版社 2012 年版，第 56 页。
④ 马克思、恩格斯：《共产党宣言》，人民出版社 2014 年版，第 50 页。

要建立一个更加公平正义的社会，以便促进其中的一切社会成员的成长与发展。因此，与社会存在领域的构想相适应，在社会意识领域，马克思和恩格斯同样提出，"代替那存在着阶级和阶级对立的资产阶级旧社会的，将是这样一个联合体，在那里，每个人的自由发展是一切人的自由发展的条件"①，即所谓"自由人的联合体"的社会愿景。这一定义鲜明地指出了共产主义社会道德的根本特性，即保证和促进每个人的自由发展，消灭人际关系中的一切压迫与剥削。很显然，人与人之间的剥削和压迫关系正是与资本主义经济制度相伴而生的，而对这种关系的各式各样的歪曲和"美化"也是与资产阶级统治社会的需要相一致的。因此，它是共产主义道德必然要批判和抛弃的对象。而生产资料的公有制奠定了人与人在经济领域的平等关系，那么这种平等关系也一定会体现在人际交往领域，表现为对人的自由发展的充分肯定。在马克思和恩格斯看来，个人的自由发展是人类自然且合理的正当需要，但工人的这一需要在资本主义社会却由于资本主义私有制的缘故，在资本家对其的剥削中被压制了。因而，在资本主义被推翻以后，在制约所有人的自由发展的经济条件不复存在，因此这一符合人性的要求在共产主义阶段必将被重新提出。第三，由此可见，由于马克思主义道德观所建基的社会存在是最能够反映生产力的发展要求，最能从根本上打破剥削这一违背人性的经济关系，因而马克思主义道德观作为社会主义和共产主义的社会意识最能体现人类寻求终极解放和自由发展的终极需要，具有最高的正确性。第四，正如马克思在《关于费尔巴哈的提纲》中明确指出的，"哲学家们只是用不同的方式解释世界，问题在于改变世界"②，马克思主义从来不是坐而论道的"经院哲学"，而是改变世界的强大思想武器，本身就具有强烈的实践属性，其伦理思想也不例外。马克思在《〈黑格尔法哲学批判〉导言》中特别指出："批判的武器当然不能代替武器的批判，物质力量只能用物质力量来摧毁；但是理论一经掌握群众，也会变成物质力量。"③ 这一论断既明确了以革命的实践来推翻资产阶级的反动统治，建立共产主义社会是解决一切社会问题的根本途径，又强调科学的理论对于革命实践有着重要的指导作用，从而澄清了在马克思主义中理论与实践的辩证关系。这一深刻的洞见同样反映在马克思主义的道德观当中。列宁就曾指出，共产主义道德一方面是完全服从于无产阶级的根本利益，这意味着后者是它得以产生和确立的社会基础，即它"是从无产阶级阶级斗争的利益中引申出来的"④，因而"为巩固和完成共产主义事业而斗争，这就是共产主义道德的基础"⑤；另一方面，培养共产主义道德对共产主义事业有着重要的支撑作用，因而是无产阶级的重要使命，"应该使培养、教育和训练现代青年的全部事业，成为培养青年的共产主义道德的事业"⑥。这一论断更为清晰地揭示了马克思主义道德作为理论与共产主义实践的辩证关系，进一步凸显了马克思主义道德所具有的"改变世界"的巨大力量。

纵观人类道德的发展过程我们可以发现，在任何时代和文化背景下，道德都表现为

---

① 马克思、恩格斯：《共产党宣言》，人民出版社 2014 年版，第 51 页。
② 《马克思恩格斯选集》第 1 卷，人民出版社 2012 年版，第 136 页。
③ 《马克思恩格斯选集》第 1 卷，人民出版社 2012 年版，第 9 页。
④ 《列宁专题文集 论无产阶级政党》，人民出版社 2009 年版，第 285 页。
⑤ 《列宁专题文集 论无产阶级政党》，人民出版社 2009 年版，第 289 页。
⑥ 《列宁专题文集 论无产阶级政党》，人民出版社 2009 年版，第 285 页。

基于现实的社会发展水平，面对人际交往中的善恶问题，依据特定的评价原则给予适当的评判，并以此来指导人们的行为实践，使之能为善去恶的全过程。而根据这一理解，我们对于道德问题的探究一般就包含三个部分，"一是道德的基本理论，包括道德的起源与发展规律，道德的本质、结构与功能等；二是道德规范体系，包括道德原则、道德规范、道德范畴等；三是道德活动或实践，包括道德心理、道德行为、道德选择、道德评价、道德教育、道德修养、道德建设等方面。"① 这里呈现的是一个由思想到实践的完整的理论体系，而道德教育属于道德实践领域，是道德规范体系的传播和落实的过程。它需要教育者在准确把握道德规范的基础上，运用适当的方式影响受教育者，使得后者能够将习得的道德原则真正接受并内化为自身的行为准则，并以此指导自身的日常行为。显然，道德教育处于整个道德体系的末端，因而有效的道德教育受到多方面因素的影响，其中既包括教育的内容，即道德原则和道德规范，又包含教育的实现方式即能被受众接受的有效的德育手段。在现实中，内容和形式这两者往往是不可分割的统一整体，而我们对德育本身的考察事实上也是从这两方面着手的。

二、德育的定义及内涵

对于许多教育工作者来说，德育是一个既熟悉又存在困惑的领域：所谓熟悉，是说这一领域是一线教师时刻需要面对的部分，而且在对青少年的整个教育过程中占有十分重要的地位。正所谓"十年树木，百年树人"，对学生人格的塑造，使其具有正确的世界观、人生观和价值观而能够顺利地融入社会，是教育首先要完成的任务。特别是在我国，由于青少年的发展目标定位是培养社会主义现代化事业的建设者和接班人，这就要求青少年实现德智体美劳全面发展。在这其中，道德水准在青少年的各项素质中占有十分重要甚至是首要的地位，它决定了青少年能否树立坚定的共产主义理想，能否形成真挚的爱国主义情感，从而决定着其未来的人生道路能否具有正确的方向。有鉴于此，我国一直十分重视道德教育，这是由我国教育的性质所决定的。而所谓陌生，是指对德育一词的内涵，对它的任务、目标、范围、主要内容，具有不同的文化背景和社会背景的教育工作者的看法差异显著，至今很难形成普遍共识。大致来说，诸如道德教育、思想品德教育、思想政治教育、理想信念教育、纪律与法制教育都被视为德育的题中应有之义。而我国以马克思主义为指导思想，强调德育还应当包括爱国主义教育、集体主义教育、共产主义远大理想和社会主义共同理想教育等内容。近年来，随着社会的发展，全社会对于人们的心理健康水平和生态环境的关注度越来越高，从而使得心理健康教育和环境保护教育也被视为德育的重要内容，这进一步扩充了德育的内涵，也使得大家对德育的认识愈发难以达成共识。

从以上的梳理中我们不难看出，德育这一概念的内涵与外延相当庞杂，包括了几个既有明显差异又存在内在联系的内容，即思想、政治、法制和道德这几部分。基于此，有学者将德育界定为，"德育是教育者根据一定社会和受教育者的需要，遵循品德形成的规律，采用言教、身教等有效手段，在受教育者的自觉积极参与的互动中，通过内化和

① 马克思主义理论研究和建设工程《伦理学》编写组：《伦理学》，高等教育出版社2012年版，第3页。

外化，发展受教育者的思想、政治、法制和道德几方面素质的系统活动过程。"①

笔者认为，这一定义涵盖了德育的目的、手段、教育特点和主要内容，相对而言是一个对德育较为全面和深刻地认识。首先，"在受教育者的自觉积极参与的活动中"这一前提条件就意味着德育需要同时满足社会和受教育者的需要，交互性是其核心特征。这实际上说明了德育是实现人与社会的双向互动，促成人的社会化的有效手段。这是由德育的教育内容所决定的：虽然当今学界提倡将心理健康教育和环境保护教育也纳入德育的领域，从而使得德育包含了人与自然的关系和人与自身关系两个维度，但德育的核心领域依然是人与人的关系或人际关系，而人际关系必须通过人与人的交往才能得以体现。具体而言，德育的双向互动性表现在两个方面：一方面，任何一个社会都有一定的运行规则，而一个人要被接纳为某个社会的成员，要能够在某个社会中相对顺利地生活，其前提就在于他能够接受并遵行该社会的基本规则。但根据儒家的"性善论"，人性中的善良因素只是表明人们在本性上是良善的，可以接受后天的教育和规范，而具体的行为规则对人而言绝非先天本有的，必须通过后天的教育学习才能获得。换言之，这些规则是习得的而非天生的，因而社会有义务教会人们掌握这些规则。这意味着德育对开发人的善性而言是必不可少的。另一方面，正如马克思所指出的，"人的本质并不是单个人所固有的抽象物。在其现实性上，它是一切社会关系的总和。"② 人是社会性的动物，他自身也有融入社会，成为其中一员的要求，因此他也会产生了解和掌握社会规范的需要，这一需要在青少年儿童中表现得更为明显，因此教育者有义务满足人的这一社会性需求。由此可见，德育所要实现的绝不仅仅是社会对人的压抑和限制，更是创造条件帮助社会接纳新的个体并促使个人能够顺利融入社会。

其次，在手段方面，该定义强调德育须结合使用言教和身教两种方法，而这是由道德知识的特点所决定的。相比较而言，掌握智育的对象即科学文化知识的主要方法只是识记和理解，道德知识则具有强烈的实践性。借用中国古代哲学的话说，科学知识可以"知而不行"，这并不损害科学知识的完整性，而道德知识则必须"知行合一"，单纯地对于道德知识的识记不可能被视为德性的完成，换句话说就是此举将破坏道德知识的整全特征。这就对实施德育的教育工作者提出了更高的要求，即教育者自身的行为和人格必须与其所教的德育知识相一致，否则将会给德育带来严重的负面效果。对于学生而言，教育者本人若言行不一就表明其所传授的知识本身即是不可靠的，这使得学生会从心底深处拒斥道德教化。道德本身的实践性特征使得德育在重视言教的同时特别强调身教即教育者自身的道德修养和人格魅力，特别看重教育者本人行为的示范作用，要求将言教和身教结合起来，以教育者的高尚道德来确证道德知识本身的有效性。

第三，在教育形式上，该定义特别强调受教育者的参与，并认为其参与活动包含内化和外化两个部分。这意味着相较于其他的教育形式，德育特别突出不能依赖教育者对受教育者单向度灌输，相反，必须将整个教育过程建立在教学与实践的双向互动的基础上。而为了保证道德实践的有效开展，又需要引导学生将所学的道德知识内化为自身的道德认同，即发自内心地接受和相信学校和社会施加的道德教化，并进一步将其转化为

---

① 鲁洁、王逢贤著：《德育新论》，江苏教育出版社 2010 年版，第 105 页。
② 《马克思恩格斯选集》第 1 卷，人民出版社 2012 年版，第 135 页。

自身明确的行为动机，用以指导道德实践。多年来的教育实践不断向我们证实了一个事实，即一味地道德说教和对受教育者的规训与限制并不能让受教育者心悦诚服地接受道德规范，反而往往使之产生强烈的逆反心理，甚至拒斥一切形式的道德教育。因为不可否认的是，道德、政治和法律都是对人的自然欲求的某种约束和限制，这意味着它们与人的感性欲望是矛盾的，因而很容易导致受教育者基于自身的自然欲求而对道德教育产生抗拒心态。而很显然，对于德育的拒斥和抵触将从根本上阻碍个体的德性发展和人格完善。因此，道德教育要想获得成效，就必须要解决受教育者的思想问题，使其能够真正认识到德育的重要性而发自内心地予以接受。由于单纯地说教达不到这样的效果，这就要求德育工作者必须创新教育形式，变灌输式德育为参与式、体验式德育，其目的在于通过参与式教育，以"润物细无声"的方式将德育的内容渗透入受教育者的日常生活，并使二者实现自然融合，从而使受教育者在不知不觉中体会到道德规范对维持社会秩序的重要功效，以消解受教育者对德育的抵触情绪，提升德育的效果。

最后，在教育内容上，该定义将思想、政治、法制与道德这四方面的内容视为德育的核心。按照马克思主义对于经济基础和上层建筑的划分，这四者无一例外都属于上层建筑领域，这意味着德育关注的领域涵盖了上层建筑的绝大部分，也就是直接影响人的精神和人格的成就的内容。很显然，这一对于德育内涵的理解是较为宽泛的，它要求我们从一个更加广阔的视角去看待德育，而这与前文所指出的对德育之目的的认识密切相关：德育的最终目标在于通过习得并掌握社会的规范而实现社会对个体的接纳，而社会的要求具有多面性，因而这些多样性的要求都应当为个体所熟知并接受，其中最为重要且最具代表性的包括价值标准、政治制度及原则、法律体系和法治理念以及道德规范和要求，这些都是个体在与社会相接触的过程中时常会面对的内容，因而将特定社会关于这些上层建筑的知识传授给新的社会成员并使之真正地认同和内化为自己的行动意志就成了德育应当关注的焦点。当然，这四个部分所要实现的具体目标是有区别的：思想教育重在培养受教育者形成一定的世界观、人生观和价值观，从而获得独立观察和判断事物的标准。政治教育意在培养受教育者对本国现行的政治制度和政治原则的接受和认同，从而使受教育者自觉维护现行制度，以保证社会的稳定和谐。法律教育不仅要让受教育者知法、懂法、守法，而且更重要的在于培养和塑造人们的法律意识，使之牢记法律是人们日常行为的最高准绳，且在个人与他人乃至社会的利益产生矛盾之时，一定要通过法律途径加以解决。这意味着德育对法律教育的关注主要不是体现在法律条文方面，而是在法治意识和法治精神上，意在强化人们对依法办事的认同和遵循。道德教育则重在培养人们的道德意识，了解道德是既高于法律又与之有密切关联的另一套社会规范系统，明确两者在维护社会秩序，规范个人行为方面的分工区别，并自觉以道德规范规约自身行为，不断提升自身的人格水准。

总之，通过分析我们得到了关于德育的相对较为完整的理解，但这一定义只是告诉我们德育是什么，而没有进一步追问为何德育对人而言是必须的。换句话说，为什么人们一定要接受道德教育，思想、政治、法制和道德对人的发展究竟有着怎样的意义。要回答这一问题，我们就必须对人性加以细致分析，揭示人的根本特征，而这离不开基于哲学特别是人生哲学的学理考察。

三、德育的人性论基础

前文中我们指出，按照马克思主义的理解，思想、道德、政治和法律都属于上层建筑领域，都是在人们满足了吃穿住用以后的更高层次需要。现在的问题是，人类为何会产生这样的需要。要回答这一问题，我们必须首先明确人的生存特征。按照马克思主义的理解，人的根本特性是实践性，以此为基础，人性同时兼具应然与实然两重属性，这是人的基本特质之一。人类的最大特点就在于他不会满足于现有的存在状态，总是向往并追求更好的生存境遇，即追求从"实然"向"应然"的不断超越，上述四个方面正是引导人从实然过渡发展到应然的重要方式。

在《政治经济学批判》中，马克思明确指出："人双重地存在着，主观上作为他自身而存在着，客观上又存在于自己生存的这些自然无机条件之中。"[①] 这一论断清楚地揭示了人的存在有两个维度：所谓"客观"是指人的感性存在，即人的动物性存在。在这一层面人与其他动物并没有区别，他也需要依赖各种自然物来满足自身的感性欲求。这意味着在感性层面人同样是受制于外部事物的，是被决定和被限制的存在者，他必须依赖并消耗一定的物质和能量。这是人类现实的存在状态，也是人类发展的现实起点。换言之，人类在感性存在上同样受到自然的限制，因而人类归根结底也是一种有限性存在（或至少有限性是人的基本属性之一），在这一点上他与动物毫无二致。进一步，正如马克思和恩格斯在《德意志意识形态》中所揭示的，一切人类生存的第一个前提，也就是一切历史的第一个前提就是"人们为了能够'创造历史'，必须能够生活。但是为了生活，首先就需要吃喝住穿以及其他一些东西。因此第一个历史活动就是生产满足这些需要的资料，即生产物质生活本身，而且，这是人们几千年前直到今天单是为了维持生活就必须每日每时从事的历史活动，是一切历史的基本条件"[②]。由于物质性存在是人的基本维度，追求满足个人基本生存的物质条件是人类历史的第一活动，因此客观活动对人的存在的意义不可低估，它是人的主观存在能够产生的基础。对这一点的进一步地揭示诞生了马克思的"历史唯物主义"。

而所谓"主观"是指人的精神或理性存在，这是人独特的存在维度，也是人与动物的根本区别。在这一层面，人具有主体性，他能够确立自我，形成明确的"我"的概念，并且将外部世界作为自身的对象，清楚地意识到"我"与外部世界是不同的，即将自我与他者的关系二元化，从而摆脱自身与自然界的原始的混同状态，拉开自身与自然的间距，使自然成为人类观察和认识的对象。进一步，人在将自身与外部世界二元化之后，还能通过实践（特别是劳动）的方式重新建立起二者的关系。

马克思特别看重这一点，把它视为人与动物的根本区别之一，他在《德意志意识形态中》明确指出："凡是有某种关系存在的地方，这种关系都是为我而存在的；动物不对什么东西发生'关系'，而且根本没有'关系'，对动物来说，它与他物的关系不是作为关系而存在的。"[③] 这意味着在马克思看来，关系的产生是以"我"也就是自我意识为基

① 《马克思恩格斯全集》第 46 卷，人民出版社 1979 年版，第 441 页。
② 《马克思恩格斯选集》第 1 卷，人民出版社 2012 年版，第 158 页。
③ 《马克思恩格斯选集》第 1 卷，人民出版社 2012 年版，第 161 页。

础的，而这显然是人的专利。在马克思眼中，只有产生了自我意识，人们才能意识到外部世界是与我不同的一个"他者"，而这个"他者"对我的存在而言又是必不可少的必要条件，因而"我"不可能脱离这些他者而存在，而必须建立起与这些外物的关系。同时，人类也能够意识到"自我"与"他者"的差异性，特别是"他者"的现实性和"自我"的理想性之间的鸿沟，进而力图超越这一鸿沟。"自我"与"他者"之间的这种张力关系，正是马克思所揭示的人类存在的矛盾性，即人在意识到与外物相区别的基础上谋求与外物的统一。而由于人类首先意识到自身与外部世界的差异，将其看作与自己不一样的他者，因而他所谋求的统一也就不再是像动物一样不分彼此的混同，而是在承认差异基础上的自觉同一。马克思指出，"人类自身是一种最为复杂的矛盾性的存在，并且，人类是世界上唯一能够自觉到'矛盾性'的存在。"① 这种矛盾性迫使人类按照自身的意愿，通过实践主动建立与自然的关系。在《1844 年经济学哲学手稿》中，马克思再次强调，能够将自己的生活对象化，产生对象意识并借此确立主体性，产生自我意识是人与动物的根本区别：

> 动物和自己的生命活动是直接同一的。动物不把自己同自己的生命活动区别开来。它就是自己的生命活动。人则使自己的生命活动本身变成自己意志的和自己意识的对象。他具有有意识的生命。这不是人与之直接融为一体的那种规定性。有意识的生命活动把人同动物的生命活动直接区别开来。正是由于这一点，人才是类存在物。或者说，正因为人是类存在物，他才是有意识的存在物，就是说，他自己的生活对他来说是对象。仅仅由于这一点，他的活动才是自由的活动。②

在马克思这里，人将自己的生命当成意识对象意味着人是一种类存在物。马克思特别强调类存在物这个概念，他在《1844 年经济学哲学手稿》中指出，"人是类存在物，不仅因为人在实践上和理论上都把类——他自身的类以及其他物的类——当作自己的对象；而且因为——这只是同一种事物的另一种说法——人把自身当作现有的、有生命的类来对待，因为人把自身当作普遍的因而也是自由的存在物来对待。"③ 人类具有类的概念意味着人是有能动性的存在。他在面对自身和他物时都从类的角度加以思考则意味着他具有抽象思维能力，也就是说，他不会拘泥于个别事物的感性存在，而是通过对同类事物的抽象力图把握同类事物的共同本质，洞察不同类事物存在区别的根本原因，从而依照人的理性认识能力，在思维中建构出一个基于对事物本质的认识而形成的逻辑关系清晰明白的理性世界。以普遍性为基础，在确立对象意识的同时，人类还能主动地将自我"建立"起来，形成明确的自我意识，从而摆脱人与世界的直接同一性，而以对象化的方式在人的意识中把握人与世界的关系。这反过来影响了人与外部世界之间的"客观"关系，使得人不再被动地去适应外部世界，而是要主动去认识、理解和拓展人与外部世界的关系，而这一点又可以进一步加深人类对于自身的认识。正是这一人与外部世界的互

---

① 孙正聿：《哲学通论》，复旦大学出版社 2014 年版，第 113 页。
② 马克思：《1844 年经济学哲学手稿》，人民出版社 2000 年版，第 57 页。
③ 马克思：《1844 年经济学哲学手稿》，人民出版社 2000 年版，第 56 页。

动关系使得人类最终摆脱了与外部世界的直接同一性，产生了自我意识和主体性。这意味着，在马克思这里，人类在以类为基础把握自然物的普遍性同时亦获得了自身的普遍性，而人类以"类"的视角观察自然物和自身的过程则使得他发现了自身本性中存在着与自然物决然不同的内容，即超越与普遍性的直接同一状态，能够认识、把握乃至在特定情况下超越普遍性，这就是自由。这里的自由是人在认识人与外部世界的普遍性的基础上，基于自身的主观选择能力而对于普遍性的扬弃和超越。[①] 在《1844 年经济学哲学手稿》中，马克思对此做了特别说明。

> 无论是在人那里还是在动物那里，类生活从肉体方面来说就在于人（和动物一样）靠无机界生活，而人和动物相比越有普遍性，人赖以生活的无机界的范围就越广阔。从理论领域来说，植物、动物、石头、空气、光等等，一方面作为自然科学的对象，一方面作为艺术的对象，都是人的意识的一部分，是人的精神的无机界，是人必须事先进行加工以便享用和消化的精神食粮；同样，从实践领域来说，这些东西也是人的生活和人的活动的一部分。人在肉体上只有靠这些自然产品才能生活，不管这些产品是以食物、燃料、衣着的形式还是以住房等等的形式表现出来。在实践上，人的普遍性正是表现为这样的普遍性，它把整个自然界——首先作为人的直接的生活资料，其次作为人的生命活动的对象（材料）和工具——变成人的无机的身体，自然界，就它自身不是人的身体而言，是人的无机的身体。人靠自然界生活。这就是说，自然界是人为了不致死亡而必须与之处于持续不断的交互作用过程的、人的身体。所谓人的肉体生活和精神生活同自然界相联系，不外是说自然界同自身相联系，因为人是自然界的一部分。[②]

首先，无论是人还是动物，都离不开"无机界"（按：马克思这里的无机界内涵应是较为广泛的，它泛指自然界的一切事物）。但马克思特别指出，动物只会"生存"，只能借助天赋的本能在十分有限的范围内，以极其有限的方式被动地应对自然，动物的一些活动（例如大猩猩用木棍捕捉白蚁）是天生的，也是非自觉的，谈不上能动地变革自身与自然的关系。人类则不同。由于人相比于动物具有普遍性，使得他能够超越个体所身处的狭小范围，因而他能够接触到和利用到的无机界就更为广泛。其次，马克思提出了"精神的无机界"的概念，这意味着对人而言，外部的自然界不仅仅是满足人的肉体需要，或者更准确地说，人与外部自然界之间不是仅仅通过感性的直观形式建立联系，更重要的是人类能够将自然界作为自身精神活动的重要对象，以精神的形式去关联并反映

---

① 从这个意义上讲，马克思对自由的理解与孟子所讲的"不吃嗟来之食"有着内涵上的一致性。在孟子这里，讨饭之人不吃"嗟来之食"存在着一个隐藏的前提，即他需要这碗饭，且对不吃这碗饭而造成的后果（即饿死）有着清醒的认识，这正是对外部世界普遍必然性的把握。在此基础上，讨饭之人在无人强迫的情况下拒绝吃"嗟来之食"，正是其意志自由的体现，即他可以因为人格遭受侮辱而选择放弃自己的生命。对动物而言，求生是其本能，而人类能够放弃这一本能，说明对他而言有比生命更重要的东西来使其超越求生的必然性，这正是人与动物的根本区别之处。毕竟，动物只会依照其本能来判断某个东西"能不能吃"，却不可能判断某个东西在能吃的前提下"应不应当吃"。对此，后文还将进一步分析，这里先做一说明。

② 马克思：《1844 年经济学哲学手稿》，人民出版社 2000 年版，第 56—57 页。

无机界，这样所形成的就是"精神的无机界"。第三，马克思在这里还延续了他一直以来对于实践的重视，认为人不仅能够将无机界作为精神活动的对象而在精神上构建人与外部世界的统一性，而且还能通过实践活动能动地改造自然，从而在现实层面亦建立起以人为主的人与外部世界的统一性关系。正是在这个意义上，马克思又将自然界称为人的"无机身体"，视作对人而言不可分割的一部分。这样，人与外部世界的关系便不再是彼此对立的外在性关系，人类不再像动物那样，只会被动地适应自然界，而是以精神活动和实践活动为中介，将外部世界纳入自身，创造性地建构出其他动物均不具备的与无机界的整体关系。

按照我们在前文中的分析，在马克思的思想中，这样的关系就属于人的主观存在，它反映了人具有不满足于现实状况，要求超越现实的内在倾向。马克思反复强调这一点，将其视作人的根本特性和与动物的根本区别，乃至人类的自由本性最终来源而给予了热情的讴歌。

> 通过实践创造对象世界，改造无机界，人证明自己是有意识的类存在物，就是说是这样一种存在物，它把类看作自己的本质，或者说把自身看作类存在物。诚然，动物也生产。它为自己营造巢穴或住所，如蜜蜂、海狸、蚂蚁等。但是，动物只生产它自己或它的幼仔所直接需要的东西；动物的生产是片面的，而人的生产是全面的；动物只是在直接的肉体需要的支配下生产，而人甚至不受肉体需要的影响也进行生产，并且只有不受这种需要的影响才进行真正的生产；动物只生产自身，而人再生产整个自然界；动物的产品直接属于它的肉体，而人则自由地面对自己的产品。动物只是按照它所属的那个种的尺度和需要来构造，而人懂得按照任何一个种的尺度来进行生产，并且懂得处处都把内在的尺度运用于对象；因此，人也按照美的规律来构造。[1]

马克思在这里从"实然"与"应然"分野的角度说明了人与动物在生产上的差异。在他看来，对象化的实践活动使得人类获得了与动物截然不同的生产能力（如果动物营造巢穴的活动能够称得上"生产"的话）。概括起来说，动物的生产受其本能的制约，仅仅是为了满足其生理需要，因而这一活动完全受制于动物的现实存在状态。也就是说，动物的生产是完全面向"实然"层面的，它的唯一目的就是维持自身的肉体生存能力，因而它的生产是与无机界直接同一的，根本没有"应然"的面向。因而一旦满足了自身的直接需要，动物的"生产"活动就立即停止了。由于动物缺乏对象意识和自我意识，因而它无法认识到自然界为其提供的物质资料并不是满足其肉体需要的最佳形式，更不会意识到自己能够通过具有能动性的活动改变自然物的性状，使其"更好地"满足自身的需求。一句话，动物并不会意识现实是不够"好"的，更不会在意识中构想一个更好的彼岸世界，然后通过自觉的实践活动不断地改造现实，使其不断地趋向于理想的彼岸。也就是说，动物不知"应然"为何物，不是以头脑中的一个更加理想的样态来看待现实的直观世界的不完满性，没有以追求真善美为核心的价值判断和价值追求，更不会力图

---

① 马克思：《1844年经济学哲学手稿》，人民出版社2000年版，第58页。

通过改变现实来趋近真善美。这一切决定了动物只能停留在它受到自身先天本性所限定的现实状态中，永远不可能超越这一限定。

人类的活动则截然相反。精神和意识活动使人类能够以对象性的方式看待自身和外部世界，而内在的超越性则使得人类始终能在头脑中制造出一个更为理想的彼岸世界作为尺度和目标，不断观照着人们现实的存在样态。例如，所谓"人懂得按照任何一个种的尺度来进行生产，并且懂得处处都把内在的尺度运用于对象"，实际上暗涵着几个前提：首先，人们需要自觉认识到，自身与其他事物分属不同的种类，两者间存在着类的差异性。这意味着人类具有对类的认识能力，在面对千差万别的外部世界时，不是仅仅以个体为单位来加以把握，而是能够超越个体而以类来认识世界。其次，人类以类为单位认识外部世界的前提条件是发现不同种类的事物都有其特定的类的规定性，也就是马克思所说的，不同种类的事物其"尺度"是不一样的。有了尺度，人们才能真正从类的层面将人与他者区别开来。第三，人类不仅能够发现类的规定性，而且还能通过认识活动准确把握不同种类事物的"尺度"。最后，人类须意识到，在面对不同事物时，需要按照对方的尺度来处事，而不能将自身的尺度强加于其他事物，否则将得到不好的结果。可见，唯有人类能够同时具备上述四个条件，因而也就只有人类可以按照别的事物的种类来进行生产。这里不仅是一个事实问题，更是一个价值问题，即在面对其他种类事物时，只有根据他者的尺度采取相应的举措才能收获"好"的结果。所谓"好"的结果，是指人类以自身尺度为基准，求得自身和他者在尺度上的和谐一致，从而既合乎对象的尺度又能满足人类要求的结果。它是将对象的尺度和人类自身的尺度融为一体的结晶，而它指向的则是人类追求更美好未来的不懈努力。可见，正是人类对应然向度的无限追求和沟通应然与实然的实践能力，使得人类能够不断地突破自身限制，不断深入地认识其他事物的尺度并将其内化为自身的标准，从而不断地将自然界改造为适合人类生存的家园。这一切都立足于人性对"应然"世界的不懈追求，是人的类本质的充分体现。

更重要的是，人类这种基于应然与实然二分的实践能力所针对的不仅有自然界，还包括人类社会。人类不仅在不断地改造外部世界，使之能够更好地满足自身的需要，而且也在不断地探索能够更为妥当地处理人类自身关系（包括个体与他人、民族乃至国家的关系以及个体与自身之间的关系）的合理模式。这意味着像面对自然时一样，人类亦是从"关系"的视角来看待不同个体之间以及个体与自我的联系，亦认为其中存在着"实然"与"应然"的对立：当下现实的存在状态总是不完满，总有改进和提升的空间，而提升的方向则是真善美统一的"应然"的理想世界。当然，真善美的统一作为"应然"的理想之境是不可能完全实现的，但人类正是通过以此为愿景，不断地观照和反思现实世界，从而推动人类现实的存在状态即"实然"不断得以完善。

需要注意的是，"应然"和"实然"作为现实之境和理想状态分处于两端，中间横亘着巨大的鸿沟。要实现由实然向应然的跃迁，必须具备相应的手段。这意味着对人类而言，"应然"不仅是更好的，而且是能够且需要达到的，它必须伴随着有效的实践手段。单纯的美好愿景若没有有效的实践方法做支撑，只能沦为不着边际的空中楼阁，对人类存在境遇的提升不会有什么作用。因而，实践作为改造实然以趋向应然的有效手段，其意义十分重大。正如马克思所言，"哲学家们只是用不同的方式解释世界，而问题在于改变世界。"① 这一点不仅适用于人与自然的关系，同样也适用于人与他人和自身的关系。从这个意义上讲，广义的德育教育的诸环节即思想、道德、政治和法律是兼具应然之境和实践手段，从而对人性的完善有着至关重要作用的领域。这意味着，这四者一方面具有价值维度，即包含对人类社会的应然状态的认识和理解。人类在自身的发展过程中逐步建构出思想、道德、政治和法律这些"上层建筑"领域，本身就意味着人类不满足于当下现实的人与他人和人与自身关系的状态，而力图找寻出更合乎人性、更能促进人的全面发展的关系模式，后者显然是属于"应然"的维度。另一方面，这四者还自带实践手段，即它们通过教育引领、鼓励支持和规范惩戒等不同的形式不仅引导人们自觉意识到现实的人类社会的相处模式存在着诸多不足，从而产生改变现实的强大精神动力，而且凭借上述的实践形式不断地为善去恶，改变实然状态而趋向于应然。在上述四者当中，法律和道德作为人的行为规范本身就具有很强的实践性，它们都具有一系列的具体要求来告诉人们何者是对何者是错，该做什么不能做什么，而且还具备相应的措施来约束和惩戒人们的恶行，鼓励人们向上向善。思想教育意在塑造人们的世界观、人生观和价值观，这本身即反映了人们对于应然之境的集中理解，而三观本身也具有实践性，正确而坚定的三观作为内在标准会时刻规约人们的言行举止，从而展现出改变现实的强大力量。政治作为人类关系的特殊形态，其运作和监督权力的目的仍然是为了使人活得更合乎人性。借用英国著名的政治哲学家霍布斯的观点，政治的出现是为了让人摆脱"自然状态"，即"一切人与一切人的战争状态"。很显然，后者具有浓厚的丛林法则意味，体现的是动物之间的相处模式，对人而言是很低级的存在状态，也是人极力要摆脱和超越的。由此可见，无论是思想、道德、法律还是政治，它们所指向的都是更合乎人性的人的应然存在状态，都力求实现对人的现实状态的批判和超越。也就是说，它们都是支撑人类由"实然"走向"应然"的重要途径。

总而言之，"道德，作为人类的一种精神活动，它是对可能世界的一种把握，道德所反映的不是实是而是应是。它不是人们现实行为的写照，而是把这种现实行为放到可能的、应是的、理想的世界中加以审视，用应是、理想的标准来对它做出善、恶的评价，并以此来引导人的行为。这种应是与实是、理想与现实的矛盾运动，构成了人类的道德活动，不断推动人类向至善方向前进、也使每个个体不断自我完善，自我升华。"② 从根本上讲，人类始终不满于现实的存在状态，始终要求寻找并实现更合乎人性的、更加美好的生存模式。这是人性中十分重要和宝贵的特质，也是人能够不断提升自己，不断改造世界的精神动力。这种精神动力不仅体现在人面对和处理与自然界的关系当中，而且更体现在人面对自身、处理与自身的关系之时。而思想、道德、法律和政治这些德育所涉及的诸多领域，它们都既指明了人与人的应然关系的主要内容，也提供了实现这种应然关系的有效途径，它既包括对彼岸世界的美好设想和理性论证，又包括对从此岸到彼岸的方式方法的积极谋划。因而可以说，这些领域集中地反映和满足了人性中不满足于现实，渴望超越和升华的诉求，而这也构成了德育的人性论基础。

① 《马克思恩格斯选集》第1卷，人民出版社2012年版，第140页。
② 鲁洁：《鲁洁德育论著精要》，福建教育出版社2016年版，第4页。

第二节　价值观与德育的价值引领

一、中国传统价值观念的时代与民族意义

由于德育的环节反映和满足了人类的超越性诉求，因而它们对人类的存续发展具有普遍性。这种普遍性一方面表现在自人类产生以来，这些领域就相伴而生，特别是人类摆脱了原始的蒙昧状态，进入文明社会以后，思想、道德、法律和政治在人类的社会生活中占据了越发重要的地位。自此之后，无论哪个历史时期，人类都绕不开这些环节。另一方面，不同时期和地域的人们在一些大是大非问题上总会体现出相同或相近的看法，其看待和评价事物的立场具有相似性。例如，动物为了争夺食物、领地和配偶而互相残杀是自然界中十分正常的现象，而故意杀人无论是在古代的宗教戒律中，还是在今天各国的成文法典中，无论是在欧洲文明、中东文明还是亚洲的佛教文化圈和儒家文明中都是被禁止的恶行，都得到一致的谴责。这意味着即便人们置身于不同时代，受到不同文明和文化的影响，然而在一些事关人与动物的本质区别的事情上，不同时代、不同地域的人们却有着高度一致的看法。因此，思想、道德、法律和政治等内容的普遍性和共同性是切实存在的，这一点我们必须承认。

但另一方面，我们同样不可否认的是，不同时代、不同文化背景的人们在价值选择方面确实具有着明显的差异性，甚至同一时期的不同文化背景的人们对于某件事物的价值判断也正相反对。这反映了人们对于可能世界的设想，对于更加美好的存在状态的期许在具有共同性的同时也受到时代和文化背景的影响而有着显著的差别，思想、道德、法律和政治这些德育所涉及的内容有着明显的时代性和民族性特征。

在笔者看来，这种现象之所以会出现，与人的存在特性以及人们对于真善美的追求方式密切相关。如前所述，人类从根本上讲是同时具有实然和应然两个维度的存在者，其中实然对应着现实的、感性的存在面向，而应然对应着理想的、未来的、精神性的存在面向。精神性或理性的面向决定了人类具有超越性，要不断突破自身的现实性，达到理想的彼岸世界；但感性的、肉体的存在又限制了超越性的发挥，使其受制于人的现实存在而不能任意地进行超越。更准确地说，作为一个兼具应然和实然两个维度的存在者，人类的超越面的最终目的是将人的感性的现实存在带入到一个新的更高的阶段，也就是说，超越面对于人的存在状态的提升是通过作用于感性层面而非抛弃感性层面来实现的，它是通过使得人的感性存在得以提升，趋向更合理的状态的方式来展现人的超越性，它力图实现的是人的超越性和现实性的一致。在人这里，感性与理性、实然与应然之间存在着矛盾和对立，但两者不是非此即彼的关系，而是相互依存的，它们统一于人的存在本身。更进一步我们会发现，人的精神性和超越性实际上受制于他有限的物质性。毕竟，后者是前者的承载者，因而人的超越性如何发展，能够发展到怎样的限度都与人的感性存在密切相关。作为特定的时空中存在，人的感性也是有限的，它能够感知到的外部世

界在范围和深度上都有着一定的界限，因而人的超越性亦是有限的，它只能力求实现对人们所知的范围和领域的突破，而对于人们从未涉足甚至从未意识到的东西，人们根本无法评价它是好是坏，当然也就不会产生超越它的诉求。

人的超越性受制于感性，而从感性上看，人的存在的最大制约因素就是时空。时空决定了人类存在的现实性，从而要求人的超越属性必须在一定的现实条件下才能展开。具体到教育问题上，这种时空特征就表现为个体教育的民族性和时代性，这一点在德育上体现得尤为明显。正如我们在前文中所指出的，受制于不同的文明特性和时代特征，人们对是非善恶的认识具有一定的共识的基础上也有着巨大的差异，这类似于庄子所说的"此亦一是非，彼亦一是非"，但这并不意味着我们在道德领域必然要陷入虚无主义和相对主义。事实上，对于个人而言，由于其受制于时空的限制，因而其对是非善恶的理解必须与某一族群在某一特定时代的基本观点相一致，而不能背离群体的，这是与道德的社会性特征相一致的。一个人的行为只有合乎他所处的社会环境中所通行的社会价值规范，才能够得到该社会中其他社会成员的认可，也才能有效地融入特定的社会。换言之，由于世间存在着多样的"是非标准"，而每个社会的主流群体所认同和接受的标准也不尽相同，因而对于一个具体的人而言，有效融入某一社会的前提条件是至少不过于反对和违背这一社会通行的价值观。进一步，个人若要真正为某一社会所接纳，则须真诚地认同与接受该社会特定的价值理念。也就是说，个人与社会之间是一个双向认同的关系，不仅存在着个人对某一社会的接纳，特定的社会也在以自己的价值尺度衡量着其中的个体。对个人而言，与主流价值观过于抵牾的结果只能是被社会边缘化。

有种观点认为，在当今的全球化时代下，世界不同国家、不同地区和不同文化背景的人们的交流沟通比以往任何一个时期都更为密切和频繁。在整个世界日益紧密地联系为一个"地球村"的当今世界，似乎人们的思想观念有着日益趋同的倾向：不同文化背景的人们看待一些问题的视角愈发地一致，这背后折射出在当今时代，价值领域的共同性正越来越多地取代文化间的差异与分歧。而对于这一现象，不少人认为是所谓"普世价值"的胜利。

的确，我们无法否认，伴随着各民族间交往的广泛和深入，不同文化背景的人在价值观念相较于过去确实呈现出某种趋同的倾向，一些价值观念如自由、平等、民主、法治等的确超越了民族的藩篱而日益成为全人类所共同秉持的价值共识。但是，若要仅仅依此表象就说价值观念中的民族性和时代性因素正在淡化，"普世价值"引领全球的时代即将到来，则是十分不准确的，甚至是别有用心的。更准确地将，这是西方国家企图实现思想文化领域的统一，以此来达到其不可告人的目的。尤其是对于我们这样一个有着悠久的历史和灿烂的传统文化，又在近代遭遇过沉沦，并在中国共产党的坚强领导下，通过长期艰苦的斗争，而重新实现了由"站起来""富起来"到"强起来"的历史性跨越的国家而言，漠视我们自身的优秀传统文化、革命文化和社会主义先进文化中所蕴含的宝贵的价值财富，一味地鼓吹"普世价值"，这是对我们的历史文化和革命传统的背叛，也是与党的十九届四中全会所提出的"坚持和完善繁荣发展社会主义先进文化的制度，巩固全体人民团结奋斗的共同思想基础"的重大要求相违背的。

之所以要批判这一观点，是我们必须要明白所谓"普世价值"的真正内涵，即西方价值观向全球推广的过程，更准确地说，是西方人建构一套理解世界的话语体系并要求其他民族接受的过程。众所周知，全球化进程在当今的时代依然与西方化高度重合，这一点在思想文化领域体现得更为明显。从某种意义上讲，思想文化领域的全球化就是西方的意识形态试图再次占领全世界的过程。伴随着全球化的推进和深入，西方的价值观以前所未有的广度和深度影响着非西方世界，并进而营造出一种氛围，即将西方文明与非西方文明间的区别说成是"传统"与"现代""落后"与"先进"的对立，并以此为依据，要求非西方文明以放弃自身传统的方式来迎合"现代社会"，拥抱"普世价值"，此举应当视作西方文明的新一轮扩张。自从十八世纪以来，西方文明一直处于相对领先的地位，而其在文化基因中所具有的扩张属性与资本主义发展的现实利益要求相结合，促使其掀起了一轮又一轮的扩张狂潮，在不到二百年的时间里席卷了整个世界，使得全世界绝大多数国家都沦为了殖民地或半殖民地。而对于其他民族而言，西方的扩张过程同时也是本民族丧失自身的独立地位，其文化和价值观被打破，其社会历史演进过程被外力人为打断的过程。它使得其他一切民族都或多或少地与自身原有的历史文化传统相割断，进而被裹挟地进入了所谓的"世界历史"的发展进程中。其影响一直持续至今。按照美国中东裔的著名学者爱德华·萨义德的说法，"当代的亚洲、拉丁美洲和非洲国家在政治上是独立的，但在许多方面还是像它们被欧洲大国直接统治时那样。"① 这意味着，长时期的殖民统治已经使得西方文明的影响力充分渗透到了许多亚非拉国家的政治、经济和社会生活的方方面面，并且抹除了这些地区原有的文明形态，以致在独立之后这些国家和地区仍然难以确定自己的身份，仍然无法回答"我究竟是谁"的问题。换言之，这些国家已经养成了对西方文明的深度依赖，并且无法在文化上完成"断奶"的过程。这就使得多数亚非拉国家的独立只是形式上的，充其量只实现了政治独立，而在政权组织形式、经济结构以及文化和社会生活领域仍然高度依赖西方。这一现实情况使得许多亚非拉国家明知现今的国际政治经济秩序是由西方一手建立的，本国在这一秩序下定然会遭到西方国家的歧视和不公正对待，但却找不到摆脱这一困境的出路。究其原因，是因为这些国家原有的文化根脉已然被斩断，因而它们无法找到属于本国的社会历史文化资源来作为其对抗西方的精神武器，只能屈从于西方的思想并任由其摆布。

与此相反，我们中国虽然在近代同样饱经磨难，但拜深厚的历史文化传统所赐，我们的文化命脉一直未被割断。虽然在 20 世纪我国的文化界也曾产生过"全盘西化"的呼声，但相关主张一直未能成为国人在思想文化领域的主流观点。"七七事变"之后，日寇的入侵更使得国人警醒，深切地意识到高扬我国优秀传统文化对于凝聚人民、鼓舞人民斗志所起到的巨大作用。因此，在哲学、历史学、文学、社会学和人类学等多个学科领域，一大批学者一方面总结、整理我国已有的文明积淀，另一方面吸收世界上其他民族的优秀的文明成果，自觉地对中华传统文化进行系统性阐释和创新，取得了一大批学术成果，强化了民族自信。更为重要的是，作为新民主主义革命的领导者，中国共产党一直都非常重视吸收借鉴中华民族的优秀传统文化，将其视作宝贵的精神财富。在 1938 年召开的中共六届六中全会上，毛泽东主席作了重要报告。他在这里明确指出，"我们这个民族数千年的历史，有它的特点，有它的许多珍贵品。对于这些，我们还是小学生。今天的中国是历史的中国的一个发展，我们是马克思主义的历史主义者，我们不应该割断

---

① ［美］爱德华·萨义德：《文化与帝国主义》，李琨译，生活·读书·新知三联书店 2007 年版，第 23 页。

历史。从孔夫子到孙中山，我们应该给以总结，承继这一份珍贵的遗产。这对于指导当前的伟大运动，是有重要的帮助的。"① 这表明中国共产党此时已经自觉地将自己视为中国历史与文化的继承者，充分肯定了本国传统文化在现代的价值，要求在新的历史时期贯彻马克思主义、开展思想文化建设必须以继承和弘扬传统为基础。毛泽东主席之所以强调这一点，是因为他深刻地理解在文化价值领域，民族性和世界性、历史性与时代性之间的辩证关系，准确地把握到鲁迅先生"只有民族的，才是世界的"这一论断的精辟内涵。因此，他特别强调，马克思主义必须中国化。

> 共产党员是国际主义的马克思主义者，但是马克思主义必须和我国的具体特点相结合并通过一定的民族形式才能实现。马克思列宁主义的伟大力量，就在于它是和各个国家具体的革命实践相联系的。对于中国共产党说来，就是要学会把马克思列宁主义的理论应用于中国的具体的环境。成为伟大中华民族的一部分而和这个民族血肉相联的共产党员，离开中国特点来谈马克思主义，只是抽象的空洞的马克思主义。因此，使马克思主义在中国具体化，使之在其每一表现中带着必须有的中国的特性，即是说，按照中国的特点去应用它，成为了全党亟待了解并亟须解决的问题。②

在毛泽东看来，马克思列宁主义作为中国革命的指导思想，是"放之四海而皆准"的理论，是应当充分加以学习和领会的。但要真正学懂弄通马克思主义，则必须使之与中华民族几千年以来的文化传统相结合，形成具有中国特色的新的理论形式。按照毛泽东本人的话说就是"洋八股必须废止，空洞抽象的调头必须少唱，教条主义必须休息，而代之以新鲜活泼的、为中国老百姓所喜闻乐见的中国作风和中国气派。"③ 可见，中华优秀传统文化是实现马克思主义中国化，使之真正扎根于中国而成为领导全民族革命的理论武器的重要辅助资源，是我们在任何时候都必须珍视的理论瑰宝。

如果说中华优秀传统文化构成了当代中国人价值观中的民族性维度的话，那么革命文化与社会主义先进文化则赋予了国人价值观以鲜明的时代性特征，成为了当代中国不可或缺的精神标识。中国共产党和中国人民在长期的革命、建设与改革实践中，不仅致力于继承传统，更注重培育革命文化与社会主义先进文化，使之成为团结带领全国人民进行新民主主义革命和社会主义现代化建设的强大的精神武器。在《在延安文艺座谈会上的讲话》中，毛泽东明确指出，根据地文艺工作的作用"就是要使文艺很好地成为整个革命机器的一个组成部分，作为团结人民、教育人民、打击敌人、消灭敌人的有力的武器，帮助人民同心同德地和敌人作斗争。"④ 这意味着，中国共产党所领导的文化建设具有鲜明的政治属性，它是与全民族的发展命运紧密相连的，是在中国共产党的领导下，中国当代的社会历史发展在精神与文化领域的集中反映。因而，"现阶段的中国新文化，

---

① 毛泽东：《中国共产党在民族战争中的地位》，《毛泽东选集》第二卷，人民出版社 1991 年版，第 533—534 页。
② 毛泽东：《中国共产党在民族战争中的地位》，《毛泽东选集》第二卷，人民出版社 1991 年版，第 534 页。
③ 毛泽东：《中国共产党在民族战争中的地位》，《毛泽东选集》第二卷，人民出版社 1991 年版，第 534 页。
④ 毛泽东：《在延安文艺座谈会上的讲话》，《毛泽东选集》第三卷，人民出版社 1991 年版，第 848 页。

是无产阶级领导人民大众的反帝反封建的文化。"① 借助马克思的话我们可以说，无论是革命文化还是社会主义先进文化，都可以视作"时代精神的精华"。的确，自中国共产党成立以来，中国仅用了不到一百年的时间，就从一个积贫积弱甚至濒临亡国灭种的国家一跃成为世界第二经济大国和具有世界影响力的强国，这一切正是一代代中国共产党人带领全国人民不懈奋斗、顽强拼搏的结果。正如习近平总书记反复强调的，"空谈误国，实干兴邦"，而支撑这一奋斗历程的正是我国人民在长期的革命与社会主义建设过程中形成的热爱祖国、自力更生、艰苦奋斗、不畏艰险、迎难而上、百折不挠的精神力量，长征精神、延安精神、红旗渠精神、"铁人"精神等都是这种精神力量在不同时期的具体表现。

这些精神财富，植根于中华民族五千年来生生不息的发展所形成的精神品质，又在新的历史时期，在党的领导下获得了新的意义，具有了新的生命力，因而是中华优秀传统文化与马克思列宁主义相结合的集中体现。鲁迅先生曾经说过，"我们从古以来，就有埋头苦干的人，有拼命硬干的人，有为民请命的人，有舍身求法的人，……虽是等于为帝王将相作家谱的所谓'正史'，也往往掩不住他们的光耀，这就是中国的光耀。"② 而中国共产党的成立，为这些"中国的光耀"赋予了马克思列宁主义的真理力量，为其确立了"为人民服务"的崇高理想和坚定信念，使其在新的历史时期展现出更为夺目的光芒。

无论是中华优秀传统文化、革命文化还是社会主义先进文化，都是属于当代中国人的独特的精神标识，都是中国人在全球化的浪潮中确证自己的身份、实现自我认同的精神资源。这些中国所独有的文化蕴含着与西方思想有着明显差异的价值观念和评价标准，构成了既具有民族性，又具有时代性的当代中国人的价值认同。这种价值认同确保了中国人在西方所引领的全球化浪潮中不至于迷失自我，更不至于囫囵吞枣地全盘接受西方的一切价值，而是坚持自己的标准来判断是非善恶。这使得中国和西方在面对同一观念时能够给出自己的理解，这集中体现在社会主义核心价值观所包含的几个理念之中。例如，民主是中国与西方共同坚持的价值观，但不同于西方人把民主仅仅狭隘地理解为所谓的"多党制""一人一票"的政治民主，中国人对民主的基本理解是"人民当家做主"，也就是政权是真正属于人民的，是给人民谋利益的，是"权为民所用，情为民所系，利为民所谋"。显然，这其中既渗透了《礼运大同篇》中"天下为公"的情怀，也包含着共产党人"为人民服务"的理想信念，从而构成了远比西方人更为深刻、更适合于中国乃至世界发展的"民主观"。中西方对于"平等"的看法也具有类似的特点：西方人关注的焦点仅局限于政治领域，只强调人们具有平等的参与政治的权利，而刻意地忽视了西方社会在经济和社会领域，在不同的阶级、族群以及受教育程度的人们之间根深蒂固又不断拉大的不平等现象，例如贫富分化、阶层固化且代际传递、少数族裔受到歧视等。中国则由于坚持社会主义制度，因而在关注人格和政治平等的同时，十分关注并花大力气去解决经济和社会领域的不平等现象，要求实现全体中国人的共同富裕和全面发展。这一点集中体现在中国的扶贫成就上。新中国成立以来，特别是改革开放以来，中国已经使得超过 7 亿人摆脱了贫困，对全世界的扶贫工作的贡献率在 70% 以上。党的十八大之

---

① 毛泽东：《在延安文艺座谈会上的讲话》，《毛泽东选集》第三卷，人民出版社 1991 年版，第 855 页。
② 鲁迅：《中国人失掉自信力了吗》，《鲁迅全集》第六卷，同心出版社 2014 年版，第 64 页。

后，以习近平总书记为核心的党中央又提出到 2020 年现行贫困线标准下的贫困人口全部脱贫，贫困县全部摘帽的宏伟要求。而我国之所以不遗余力地推动扶贫工作的开展，与我国基于"以人为本"和"为人民服务"的理念而形成的对"平等"的独特理解密不可分。可以说，正是有了比西方更全面深刻的价值观的有效引领，我们才能超越西方的话语霸权，对全球化以来由西方倡导的一系列观念给予有效反思和批判，从而建构出属于我们自己的话语体系。正如邓小平同志在总结了近代中国的悲惨历史后所指出的，"这个历史告诉我们，中国走资本主义道路不行，中国除了走社会主义道路没有别的道路可走。一旦中国抛弃社会主义，就要回到半殖民地半封建社会，不要说实现'小康'，就连温饱也没有保证。"① 在坚持社会主义的前提下，积极挖掘中华优秀传统文化、革命文化与社会主义先进文化的内涵，实现其在新时代的有效结合，以此坚定"四个自信"，应当是所有人文社科工作者和教育工作者的共同使命。

更进一步地说，我们坚持自己的文化与价值观念，也是对人类的长远发展有着很大的助益。正如德国著名哲学家雅思贝尔斯所指出的，"当西方从东方分离出来后，东方在政治和精神权力中依然具有同等重要、令人惊叹的力量，是西方学习和对它有诱惑力的地方。"② 而他之所以有这样的看法，是因为他认识到了西方文明自身有其无法克服的问题，必须以东方特别是中国的思想来作为补充，"我们还没有走上'人之存在'的自我完善之路，亚洲是我们必不可少的补充。"③ 所谓"必不可少的补充"是指在作者看来，西方人单纯依靠自身的思想与学术传统不足以实现对人的存在本性的充分自觉和把握，其思想传统过于偏重认知领域，要求在主客二分的前提下实现对于外部世界的认识，而对于人类与外部世界的整体关系体会得不深。因此，西方人建构的人与世界过于紧张，需要富含整体性思维的中国思想（无论是人与自然的关系还是个人与集体、社会的关系）来加以补充。因此，传承和弘扬中华文化在当今世界还具有很强的人类意义。

二、中华优秀传统文化的德育价值及人格引领作用

在明确了价值观领域的民族性与时代性之后，我们就可以理解德育的价值引领属性。对于我国而言，德育的核心目的就是面向每一位青少年培育和涵养社会主义价值观，将其培养成社会主义现代化事业的合格建设者和可靠接班人。这就要求我们的道德教育必须以正确的意识形态为指导，坚持正确的价值导向，更为关注和强调德育的时代性和民族性特征。具体而言，就是要求我们的道德教育必须以马克思列宁主义为指导，同时积极吸收中华优秀传统文化中蕴含的宝贵精神资源，以此来为青少年塑造正确的世界观、人生观和价值观，使得他们在全球化的时代，面对纷繁复杂的社会文化现实和多元化的价值理念，能够从国家和民族的需要出发，站稳立场，不是人云亦云而是具有属于自己的价值判断标准，从而不为西方具有明显的片面性的舆论宣传所迷惑，坚定理论自信、制度自信、道路自信和文化自信，为实现中华民族伟大复兴的中国梦而贡献自己的力量。很显然，要教会青少年将自己的成长与国家民族的命运联系在一起，就必须使得他们对

① 邓小平：《用中国的历史教育青年》，《邓小平文选（第三卷）》，人民出版社 1993 年版，第 206 页。
② ［德］卡尔·雅思贝尔斯：《论历史的起源与目标》，李雪涛译，华东师范大学出版社 2018 年版，第 80 页。
③ ［德］卡尔·雅思贝尔斯：《论历史的起源与目标》，李雪涛译，华东师范大学出版社 2018 年版，第 81 页。

祖国的历史和现实有一正确的认识，而要使得青少年能够顺利地适应和融入我们的社会，则必须让他们真心地认同社会主义核心价值观，而这一切都是道德教育责无旁贷的重要任务。要完成好这一任务，我们必须运用好马克思主义和中华优秀传统文化这两大思想资源，从历史与现实的双重维度为学生塑造正确的价值观和健全的人格。

正如习近平总书记所指出的，"一个不记得来路的民族，是没有出路的民族。"① 在当今世界这样一个经济社会全球化加速发展，思想多元化日趋显著的时代，要让青少年杜绝各种不当思潮的侵袭和诱惑，自觉投身于中华民族伟大复兴的伟大征程，就必须用正确的思想和理论来引导他们。因此，德育在教育体系中的作用和地位只能加强而不能削弱。而德育要取得良好的效果，必须有正确的思想理论和价值体系做支撑，这其中，中华优秀传统文化是一个不可或缺的重要环节。

对于中华优秀传统文化的核心内涵，习近平总书记曾有过精辟的论述，"中华民族在长期实践中培育和形成了独特的思想理念和道德规范，有崇仁爱、重民本、守诚信、讲辩证、尚和合、求大同等思想，有自强不息、敬业乐群、扶正扬善、扶危济困、见义勇为、孝老爱亲等传统美德。中华优秀传统文化中很多思想理念和道德规范，不论过去还是现在，都有其永不褪色的价值。"② 很显然，习总书记的这一论断虽然没有点明，但其所指出的这些思想理念和道德规范大多出自于儒家思想当中，而这一论断本身则准确地指出了以儒家为代表的中华优秀传统文化的核心特质，归纳起来主要包含以下三个方面。

首先，中华优秀传统文化重点在指导人们提高个人修养，而在这一点上，它既有整体性的哲学思考即对总的伦理原则的澄清和说明，又有具体的、具有可操作性的行为规范，因而形成了一以贯之的道德修养思想体系。众所周知，古代中国的思想偏重于社会伦理方面，而这一领域的特点即在于理论与实践密切结合。一方面，与科学知识不同，道德领域的知识只有落在实践中才具有真正的价值，也才能证明主体对道德知识的学习已经内化为自身的行为习惯，其人格水准也得到了确切的提高，这也才能标志着道德修养的完成。另一方面，正确而有效的道德实践必须有相应的道德理论做支撑，只有对道德的本性做出深刻思考，揭示道德行为所具有的永恒性的哲学意义，才能真正说服人们接受道德教化。毕竟，从外在表现上看，道德在很多时候确实是以社会的普遍规范来对人的主观任意性加以约束和限制，这导致人们容易对道德教育产生拒斥感。因此，一套完善的道德修养体系必须兼顾理论和实践两个层面，而中国优秀传统文化正好符合这一标准。一方面，它将对道德的思考放在存在论的大背景之中，依据"天人合一"的观点，将人道视为天道的有机组成部分，认为人们遵守伦理规范的价值不仅在于能够合理地调整和处置人际关系，更能实现宇宙与人的和谐共生，达到"参赞天地之化育"的至高目标。另一方面，它同样十分注重具体的道德规范，强调道德要求要深入到社会生活和人际交往的方方面面：无论是在有血缘和婚姻关系的亲人之中，还是在社会交往领域（儒家将其称为"门内"与"门外"），都有一系列行为规范来加以要求。这充分体现了中国

① 习近平：《弘扬伟大长征精神，走好今天的长征路》，《习近平谈治国理政（第二卷）》，外文出版社 2017 年版，第 49 页。
② 习近平：《在文艺工作座谈会上的讲话》，《习近平关于社会主义文化建设论述摘编》，中央文献出版社 2017 年版，第 144 页。

优秀传统文化中的道德思想的全面性和丰富性。而习总书记将中华优秀传统文化在道德领域的有关思想概括为"思想理念"和"道德规范"两大方面，正是鲜明地指出了传统文化的道德思想兼具学理深度和实践广度的特点。

其次，中华优秀传统文化的道德思想以儒家的"仁学"为核心，具有一以贯之的思想内核。前文所述的古代中国道德思想既具有整体性的哲学思考，又具有可操作性的行为规范，这里所展现的是传统道德思想的外部架构。而在内在的逻辑理路上，中华优秀传统文化中的道德思想却具有贯穿形上思考和形下践履的根本原则，这就是"仁学"。习近平总书记正是把握到了这一点，故而将"崇仁爱"放在思想理念的首位，这体现了他对于传统道德思想的深刻认识。"仁"作为由孔子所提出的儒家最为重要的理念，起初是与"礼"相对应的，旨在解决春秋时期由于"礼崩乐坏"而造成的礼法制度缺乏价值支撑的问题，以及由此而衍生出的、层出不穷的"僭越"现象。正如孔子所言，"人而不仁，如礼何；人而不仁，如乐何？"[1] 这意味着，仁是礼乐的内在支撑。而对于仁和礼的实质涵义，孟子给出了更加明确的回答，即"仁者爱人，有礼者敬人"[2]。很显然，在先秦儒学那里，"仁"的内涵就是对他人发自内心的关爱，因而它是一个只与"人道"相关涉的理念。然而，宋明理学发展了"仁"的理念，将其扩展为"天道"的核心内涵，并将其作为人道之"仁"的来源，认为人们之所以能够行仁道，是天道本体赋予人以善性的结果。而天道本体自身即是秉承仁道来运行的，因此在最根本的价值上，人道与天道统一于"仁"的理念。理学家程颢明确指出，"学者须先识仁，仁者浑然与万物同体，义礼智信皆仁也"[3]。这一论断一方面将仁的范围由人类社会扩展至万物之中，认为"仁"是贯穿于万事万物的价值总则，是"天道"的核心意旨；另一方面将"义礼智信"这些德性全都纳入"仁"的内涵之中，即将仁视为德性的总纲，"义礼智信"诸德都是以仁德为基础派生而来，这进一步凸显了"仁"在"人道"当中的首要地位。既然"仁"在"天道"与"人道"中都占据着举足轻重的地位，那么显然它就构成了贯通天人的价值依据，使得人类社会与整个世界在价值上实现了统一。同时，这也使得中华优秀传统文化在伦理领域获得了沟通形上理念和形下规范的内在逻辑进路，保证了古典伦理思想在体系上的完整性。

第三，中华优秀传统文化虽然诞生于古代，但其中很多思想具有超乎时代的永恒价值，值得今天的我们继续加以继承与发展。正如马克思所说的，"任何真正的哲学都是自己时代精神的精华"[4]，这意味着有价值的哲学首先要面对和解决的都是其当下的问题。毕竟，人类就个体而言是一个典型的有限存在物，虽然每一代的人通过教育与学习继承了在此之前人类文明的一切有益成果，但对于特定时代的人而言，只有其生活的那个时代才是真实的，这一时代的问题也才最能激起人们思考的热情。因此，时代性是哲学的基本属性。对此，孙正聿教授明确指出，"哲学从来不是超然于世界之外的玄思和遐想，而是'思想中所把握到的时代'，或者更简洁地说了，是'思想中的现实'。这就是哲学

---

① 《论语·八佾》，[清] 刘宝楠：《论语正义》，中华书局 1990 年版，第 81 页。
② 《孟子·离娄下》，[清] 焦循：《孟子正义》，中华书局 1987 年版，第 595 页。
③ [宋] 程颢、程颐：《二程集》，中华书局 2004 年版，第 16 页。
④ 《马克思恩格斯全集》第 1 卷，人民出版社 1956 年版，第 121 页。

所具有的'时代的容涵性'和'强烈的历史感'。"①值得注意的是，哲学是以理论的形式反映现实的，换言之，哲学是"思想中现实"。这意味着哲学对现实的关照不是直接的，而是以理论反思为中介的，更准确地说，哲学不直接面对现实的社会问题本身，而是不断力图挖掘造成现实问题的理论根据，并针对这一根据来做出回答。

以儒家为代表的中国传统哲学也不例外。正如前文所述，儒家诞生之初旨在解决春秋之际"礼崩乐坏"的社会现实以及由此产生的"僭越"乱象。按照冯友兰先生的说法，"自春秋迄汉初，在中国历史中，为一大解放之时代。于其时政治制度，社会组织，及经济制度，皆有根本之改变。"②而面对这一变化，孔子的态度却是消极的，他极力希望再次振兴已经走向没落的周礼，"孔子对于周礼，知之深而爱之切，见当时周礼之崩坏，即不禁太息痛恨"，"至于对传统的信仰之态度，孔子亦是守旧的"③。因而从这个意义上讲，孔子是一个典型的保守主义者，他关注到了春秋时期大变革的社会现实，但他的解决方式却是"回到过去"，这注定了孔子的思想难以在当时发挥效用，也注定了孔子一生常有郁郁不得志之感。

然而，如果我们只停留在这一层面，则儒家思想作为一种诞生于两千多年之前的学说将不具有任何现实意义。事实上，我们之所以在今天仍然需要继承与弘扬以儒家为代表的中华优秀传统文化，归根结底是因为其思想中蕴含着超越时空的人类性价值，而这一人类性价值又蕴含在孔子对于春秋时期时代性问题的回答之中。正是这一超越时代局限的回答，赋予了孔子哲学"人类性"的意义，使之真正成为了"春秋时期时代精神的精华"。正如孙正聿教授所指出的，"任何一种哲学观或'哲学理念'，都是形成与哲学家以时代性的内容、民族性的形式和个体性的风格去求索人类性问题的某种'聚焦点'上"④。这意味着时代性是哲学诞生的起点，而对带有终极性特质的人类性问题的考察才是哲学能够成立并传之后世的根本。换言之，哲学最终的落脚点是对人类存在的根本问题的揭示与反思，这一点在儒家哲学中有着清晰的体现。

从表面上看，春秋时期的时代精神似乎是以分封制、宗法等级制和井田制为代表的周朝政治经济制度的解体，而实质上，春秋时期真正的精神突破在于"人的发现"⑤。正如冯友兰先生所说，从周代到春秋，人开始认识到自我的价值，从而使其逐步在神灵面前昂起了头颅，"至于社会中之种种制度，人初亦以为系天帝所制作"，"及春秋之世，渐有人试与各种制度以人本主义的解释，以为各种制度皆人所设，且系为人而设"⑥。"皆人所设"与"且系为人所设"从来源与目的两方面揭示了各项制度的"属人本性"，承认人既有意愿又有能力实现人对自身的立法，标志着人的主体意识的觉醒。孔子正是洞察到这一点，因而提出"仁"的概念而构成礼乐制度的新的内核，从而将周礼由政治治理的工具转变为教化人性的手段。特别是在孔子"周游列国"而不得大用之后，他对于从政治上改变时局的乱象已不抱希望，因而将全副精力用在"删述六经"与教授弟子上，希

---

① 孙正聿：《哲学通论》，复旦大学出版社 2014 年版，第 289 页。
② 冯友兰：《中国哲学史（上）》，华东师范大学出版社 2011 年版，第 16 页。
③ 冯友兰：《中国哲学史（上）》，华东师范大学出版社 2011 年版，第 39 页。
④ 孙正聿：《哲学通论》，复旦大学出版社 2014 年版，第 18 页。
⑤ 关于这一问题，将在讨论孔子礼乐思想中进一步阐述，这里只做一基本说明。
⑥ 冯友兰：《中国哲学史（上）》，华东师范大学出版社 2011 年版，第 28—29 页。

望通过教育来启迪人性，并将自己的主张传之于后世。因此，后世更为肯定和强调孔子的身份是思想家和教育家，即所谓"万世师表"，而非政治家（虽然孔子亦曾在鲁国执政且颇有政绩）。更进一步，孔子以"仁道"教人，又将"仁"的内涵界定为"爱人"即对他人发自内心的、无私的关爱之情，并将其定位为人的本性（当然必须指出的是，孔子的人性论还很不完善，更没有提出类似孟子"性善论"式的主张，但他已经奠定了"以仁解人"的基本解释向度）。这一理解既切中人性的根本特质，又对后世产生了深远影响，是孔子思想之"人类性"的集中体现。以"仁爱"为基础，儒家又派生出一系列具体的道德行为规范，这一切在今天仍然有深刻的价值。原因很简单，无论社会如何发展，无论当今时代相比于过去有多少进步，有一点是始终不变的，即我们与古人都是"人"，都有着相类似的生理、情感与理性的需要，有着共同的社会交往要求和伦理关系，因而也就会有在本质上一致的交往准则。一个最典型的例子就是儒家"爱有差等"的伦理观念和"孝老爱亲"的传统美德，这一思想之所以在今天仍然是我们所提倡的，正是因为我们与古人有着共同的伦理关系。虽然在不同的历史时期，人们对"家"的理解有着明显的区别：古人的"家"多指的是"大家族"，而非流行于当今社会的"原子化家庭"（"三口之家"或"四口之家"），但是不可否认的是，无论古今，"家"都是人们最初的生活场域，父母、兄弟姐妹、祖父母及外祖父母这些至亲都是每个人最先接触的、与自身关系最密切也最有感情的伦理对象，每个人都是在与这些至亲的接触中开始学着建立人伦关系，体味并培养最真挚的人间真情。无论在任何历史时代，"家"都是中国人最温馨的港湾，"家人"都是中国人最恒久的牵挂，同样，"孝老爱亲"，为至亲献出自己最诚挚的关爱也是任何一个时代的中国人最质朴、最基本的情感。因此，儒家对于亲情的重视，对于孝道的肯定就具有了超乎时代的永恒价值。

正如我们在前文中所指出，某种理论若缺乏时代性、未能回应时代关切，则在特定的时代将无法立足，也不可能为今天的我们所知晓；而某种理论若缺乏对人类生存的终极性问题的思考，无法回答一些事关人类存在的根本性问题，则它将不会具备当代的意义，只能作为一种思想的标本而存在。因此，作为优秀传统文化的思想必须兼具时代性和人类性，而儒学正是这样一种理论。正因为如此，这一诞生于两千多年前的古典学说，仍然在今天有着旺盛的生命力，仍然是构成中国人价值理念的重要内容。也正因为如此，习近平总书记对中华优秀传统文化所蕴含的现代价值给予了高度肯定，"要认真汲取中华优秀传统文化的思想精华和道德精髓，大力弘扬以爱国主义为核心的民族精神和以改革创新为核心的时代精神，深入挖掘和阐发中华优秀传统文化讲仁爱、重民本、守诚信、崇正义、尚和合、求大同的时代价值，使中华优秀传统文化成为涵养社会主义核心价值观的重要源泉"[①]；"不忘本来才能开辟未来，善于继承才能更好创新。我去年到山东考察调研，去了曲阜，在那儿我说过，对历史文化特别是先人传承下来的价值理念和道德规范，要坚持古为今用、推陈出新，有鉴别地加以对待，有扬弃地予以继承。这就是说，我们既不要片面地讲厚古薄今，又不要片面地讲厚今薄古，而是要本着科学的态度，继

---

① 习近平：《在十八届中央政治局第十三次集体学习时的讲话》，《习近平关于社会主义文化建设论述摘编》，中央文献出版社 2017 年版，第 141 页。

承和弘扬中华优秀传统文化，努力用中华民族创造的一切精神财富来以文化人、以文育人。"[1]

在习近平总书记看来，中华优秀传统文化在当今最重要的价值就是对人们进行道德教育，提升公民的人格修养水准。习总书记明确指出，"'道德当身，故不以物惑。'中华优秀传统文化，蕴含着丰富的思想道德资源。比如，在坚守道德底线方面，强调'己所不欲，勿施于人'、'与人为善'、'以己度人'、'推己及人'，'君子忧道不忧贫'，要恪守'良知'，做到'俯仰无愧'。再比如，在树立道德理想方面，强调'大道之行也，天下为公'，人要'止于至善'，有社会责任感，追求崇高理想和完美人格，倡导'兼善天下'、'利济苍生'、'修身齐家治国平天下'，'见贤思齐焉，见不贤而内自省也'，做君子、成圣贤。我们要利用好中华优秀传统文化中的这些宝贵资源，增强人们的价值判断力和道德责任感，不断提高人们道德水平，提升人们道德境界。"[2] 很明显，习总书记这里点出的这些传统品德的价值就在于提升人格，促使人们在道德上成为完满之人。通过树立正确的人格，奠立正确的世界观、人生观和价值观，来为国家与社会的发展奠定坚实的思想和人才基础。而对于道德修养来说，青年是最佳人群。因此，习总书记特别强调当代青年须加强道德修养：

> 要修德，加强道德修养，注重道德实践。"德者，本也"。蔡元培先生说过，"若无德，则虽体魄智力发达，适足以助其为恶"。道德之于个人、之于社会，都具有基础性意义，做人做事第一位的是崇德修身。这就是我们的用人标准为什么是德才兼备、以德为先，因为德是首要、是方向，一个人只有明大德、守公德、严私德，其才方能用得其所。修德，既要立意高远，又要立足平实。要立志报效祖国、服务人民，这是大德，养大德者方可成大业。同时，还得从做好小事、管好小节开始起步，"见善则迁，有过则改"，踏踏实实修好公德、私德，学会劳动、学会勤俭，学会感恩、学会助人、学会谦让、学会宽容，学会自省、学会自律。[3]

习总书记的谆谆教诲，充分体现了道德在个人成长中的重要意义，以及总书记对青少年德育的高度重视。正如总书记所言，道德在人的成长中起到确定方向的重要作用，是人们其他一切才能发挥的基础。缺少德性的人，其才能只会给国家、社会及其本人带来副作用。因此，对于人格正在发展当中的青少年，正确而有效的道德教育是其成才的基础与保障。而在这方面，儒家的礼乐教化思想能够发挥独特的作用。通过对儒家礼乐教化思想的梳理来揭示这种作用，从而说明儒家礼乐思想的当代的价值，则是本课题的研究目标。

---

①　习近平：《在十八届中央政治局第十三次集体学习时的讲话》，《习近平关于社会主义文化建设论述摘编》，中央文献出版社 2017 年版，第 140 页。

②　习近平：《在十八届中央政治局第十三次集体学习时的讲话》，《习近平关于社会主义文化建设论述摘编》，中央文献出版社 2017 年版，第 141 页。

③　习近平：《青年要自觉践行社会主义核心价值观》，《习近平关于社会主义文化建设论述摘编》，中央文献出版社 2017 年版，第 142 页。

第二章　礼乐的内涵及在儒家思想中的地位

前文中我们讨论了道德教育的意义以及以儒家为代表的中华优秀传统文化及其丰富的伦理资源对道德教育的重要作用，接下来我们将转入主题，考察儒家礼乐思想的教化作用，以此来说明它们对于我们今天的德性教育的启示作用。有学者指出，"中华文化是以自然礼仪为源头、社会礼仪为基础、政治等级礼仪为主干的原生文化系统"，[①] 礼仪思想在整个中华文明中占有非常重要的地位。进一步，"儒家思想的核心和精华部分，主要是对五帝时代形成的社会礼仪系统的继承，因而儒家礼教思想也就有着明显的人文价值"[②]。因此，揭示儒家礼乐思想的教化意义既是必要的，又是可能的。然而在此之前，我们首先需要明确礼乐的内涵及其在儒家思想中所处的地位。换言之，儒家怎样看待礼乐，礼乐在儒家的思想体系中究竟起到怎样的作用，礼乐的教化意义究竟是怎样体现的，这是我们进一步讨论的前提。要回答这些问题，我们须跳过时间顺序，首先考察在孔子与孟子之间的春秋末期至战国初期儒者的思想，因为上述问题在这一时间段内的儒家典籍中得到了集中回答。其中最具有代表性的就是《礼记》（特别是其中的《乐记》《学记》等篇）和郭店楚简中的《性自命出》《成之闻之》诸篇。因此，本章将以这些材料为基础，探寻先秦儒家中对于礼乐的界说，分析礼乐在儒家的德性养成过程中扮演的角色。

第一节　礼的内涵与教化意义

在中国传统思想中，礼的观念古已有之。到了西周时期，礼乐文化发展到了一个高峰，既作为一种政治统治的制度体系，又包括对人们日常行为的规范和引导，后者与道德教化直接相关。由此可见，礼是一个内涵极为丰富的概念，因而我们要探寻礼学中蕴含的教化思想，必须首先澄清礼的内涵，而这需要在历史的考察中完成。

一、礼的起源与演化

对于礼的起源，王国维先生在《释礼》一文中做了详尽说明：

[①] 邹昌林：《中国礼文化与儒学研究》，社会科学文献出版社 2018 年版，第 246 页。
[②] 邹昌林：《中国礼文化与儒学研究》，社会科学文献出版社 2018 年版，第 246 页。

《说文》示部云："禮，履也，所以事神致福也，从示从豐。"又豐部："行礼之器与，从豆，象形。"案殷墟卜辞中有豐字，……此诸字皆象二玉在器之形。古者行礼以玉，故说文曰："豐，行礼之器"，其说古矣。惟许君不知豐字即珏字，故但以从豆象形解之。实则豐从珏在凵中，从豆乃会意字，而非象形字也。盛玉以奉神人之器谓之豐，推之而奉神人之酒醴亦谓之醴，又推之而奉神人之事通谓之禮，其初当皆用凵若豐二字，其分化为醴禮二字，益稍后矣。[①]

陈来先生总结本段意旨，认为在王国维先生看来，礼的概念包含三层内涵，"礼字最早指以器皿盛两串玉献祭神灵，后来也兼指以酒献祭神灵，又后来则以礼之一切祭祀神灵之事"[②]。因此，王先生所指出的"礼所以事神致福也"可谓对礼之起源的精当概括，这也合乎人类精神发展的一般规律。陈来先生特别指出，"儒家注重文化教养，以求在道德上超离野蛮状态，强调控制情感、保持仪节风度、注重举止合宜，而排斥巫术，这样一种理性化的思想体系是中国文化史的漫长演进的结果。它是由夏以前的巫觋文化发展为祭祀文化，又由祭祀文化的殷商高峰而发展为周代的礼乐文化，才最终产生形成。"[③]这意味着礼诞生之初是巫觋文化的表现形式，是人类用来献祭神灵以祈求福报的方式，也是天人沟通的手段。

在历史上，致敬神灵、沟通天人原本是人人都有权进行的原始宗教活动。然而，随着"绝地天通"的出现，天人沟通的权利逐渐被统治者垄断。因此，作为沟通天人方式的礼也逐步变成了统治者展现其合法性的方式，这使得礼开始被打上了政治色彩。

所谓"绝地天通"，见于《国语·楚语下》：

昭王问于观射父，曰："《周书》所谓重、黎实使天地不通者，何也？若无然，民将能登天乎？"

对曰："非此之谓也。古者民神不杂。民之精爽不携贰者，而又能齐肃衷正，其智能上下比义，其圣能光远宣朗，其明能光照之，其聪能听彻之，如是则明神降之，在男曰觋，在女曰巫。是使制神之处位次主，而为之牲器时服，而后使先圣之后之有光烈，而能知山川之号、高祖之主、宗庙之事、昭穆之世、齐敬之勤、礼节之宜、威仪之则、容貌之崇、忠信之质、禋洁之服，而敬恭明神者，以为之祝。使名姓之后，能知四时之生、牺牲之物、玉帛之类、采服之仪、彝器之量、次主之度、屏摄之位、坛场之所、上下之神、氏姓之出，而心率旧典者为之宗。于是乎有天地神民类物之官，是谓五官，各司其序，不相乱也。民是以能有忠信，神是以能有明德，民神异业，敬而不渎，故神降之嘉生，民以物享，祸灾不至，求用不匮。

"及少暤之衰也，九黎乱德，民神杂糅，不可方物。夫人作享，家为巫史，无有要质。民匮于祀，而不知其福。烝享无度，民神同位。民渎齐盟，无有严威。神狎民则，不蠲其为。嘉生不降，无物以享。祸灾荐臻，莫尽其气。颛顼受之，乃命南

---

① 王国维：《观堂集林（卷六）》第一册，中华书局影印本 1991 年版，第 291 页。
② 陈来：《古代宗教与伦理——儒家思想的根源》，北京大学出版社 2017 年版，第 261 页。
③ 陈来：《古代宗教与伦理——儒家思想的根源》，北京大学出版社 2017 年版，第 13 页。

正重司天以属神，命火正黎司地以属民，使复旧常，无相侵渎，是谓绝地天通。

"其后，三苗复九黎之德，尧复育重、黎之后，不忘旧者，使复典之。以至于夏、商，故重、黎氏世叙天地，而别其分主者也。其在周，程伯休父其后也，当宣王时，失其官守，而为司马氏。宠神其祖，以取威于民，曰：'重实上天，黎实下地。'遭世之乱，而莫之能御也。不然，夫天地成而不变，何比之有？"①

按照楚国大夫观射父的说法，上古时期的神人关系经历了三个阶段：民神不杂——民神杂糅——绝地天通，三者的关系类似于一个"正——反——合"的发展历程。陈来先生进一步指出，"这样的一种演变（正反合），并不是宗教自身自然演化过程的体现，而是由于在第二阶段上的九黎乱德而导致的一种社会性的变化。"实际上，在笔者看来，这种社会性变化造成的后果反映在第一阶段和第三阶段的神人沟通模式上，更准确地说，第三阶段"绝地天通"的过程是政治权力作用的结果，明显反映出现实政治权力对神人沟通活动的深度介入。在第一阶段中，"巫"和"觋"能够成为神灵意志的传达者完全是因为其个人的天赋：由于他在智、圣、明、聪等多方面皆有独到之能力，因而才被神灵选定为通神之人，来承受神灵的降临。同时，第一阶段还引入了"宗"和"祝"这两种对地理特征、宗族传承、祭品的设置、祭祀的流程有充分认识的神职人员，他们和"巫""觋"一道成为传递神灵命令的中介。在此基础上，"于是乎有天地神民类物之官"，这似乎意味着在第一阶段政治权力要以与神灵的沟通为基础，在天人沟通实现之后，世俗的统治者才能获得统治的资格。而到了第三阶段，"使复旧常"的过程是通过颛顼的命令实现的，重黎管理百姓和与神沟通的权利都是颛顼赋予的。因此世俗权力与沟通神灵之权的关系发生了颠倒，世俗统治者的政治权力强行要求实现"绝地天通"，从而垄断神人沟通的权利。当然，按照观射父的说法，此举的目的是因为"民神杂糅"造成了一系列问题，迫使颛顼要重新推动祭祀活动和祭祀人员的专业化，然而透过这一可明言的原因，我们还是嗅到了明显的政治权力的气息。毋宁说，"绝地天通"说明自此以后，祭祀神灵的宗教性活动要服从于政治统治的要求，因而可以被看作是礼的政治化过程的开端。

儒家礼学政治化集中体现在《周礼》一书中。对《周礼》的内容，清代大儒孙诒让曾有一细致说明：

粤昔周公，缵文武之志，光辅成王，宅中作雒，爰述官政，以垂成宪，有周一代之典，炳然大备。然非徒周一代之典也，盖自黄帝、颛顼以来，纪于民事以命官，更历八代，斟汋损益，犹约略可发。如《虞书》羲和四子，为六官之权舆，《甘誓》六卿为夏法，《曲礼》六大五官，郑君以为殷制，咸与此经多相符会，是职名之本于古也。至其宏章缛典，并苞远古，则如五礼六乐三兆三易之属，咸肇端于五帝而放于二王，以逮职方州服，兼综四朝，大史岁月，通晐三统。若斯之类，不可殚举。盖洪荒以降，文明日启，其为治，靡不始终粗牺而渐进于精详。此经上承百王，集其善而革其弊，盖尤其精详之至者，故其治跻于纯大平之域。作者之圣，述者之明，蟠际天地，经纬万端，究其条绪，咸有原本，是岂皆周公所臆定而手协之哉。其宏

---

① 《国语·楚语》，陈桐生译注，中华书局2013年版，第620—625页。

意渺旨，通关常变，权其大较，要不越政教二科。政则自典法刑礼诸大端外，凡王后世子燕游羞服之细，嫔御阉阎之昵，咸隶于治官。宫府一体，天子不以自私也。而若国危、国迁、立君等非常大故，无不曲为之制，预为之防。三询之朝，自卿大夫以逮万民，咸造在王庭，与决大议。又有匡人、撢人、大小行人、掌交之属，巡行邦国，通上下之志向。而小行人献五物之书，王以周知天下之故。大四口、太仆树肺石，建路鼓，以达穷遂。诵训、土训夹王车，道图志，以诏观事辨物。所以宣上德而通下情者无所不至，君民上下之间，若会四枝百脉而达于囟，无或雍阏而弗畅也。其为教，则国有大学、小学。自王世子公卿大夫之子，乃夫邦国所贡、乡遂所进贤能之士咸造焉。旁及宿卫士庶子、六军之士兵，亦皆辈作辈学，以德性道艺相切劘。乡遂则有乡学六，州学三十，党学百有五十，遂之属别如乡。盖郊甸之内，距王城不过二百里，其为学辈较已三百七十有奇，而郊里及甸公邑之学，尚不与此数。推之邻县疆之公邑采邑，远极于畿外邦国，其学盖十百倍蓰于是。无虑大数九州之内，意当有学数万。信乎教典之详，殆莫能尚矣。其政教之备如是，故以四海之大，无不受职之民，无不造学之士，不学而无职者则有罢民之刑，贤秀挟其才能，愚贱贡其忱悃，咸得以自通于上，以致纯大平之治，岂偶然哉。[①]

孙诒让认为，虽然《周礼》主要记载的是周代的典章制度和职官体系，但其思想其来有自，有着明确的历史传承，是由五帝以来的上古时代的礼制逐步演进而来。因此，虽然我们可以说"周礼"的大部分内容来自周公，但却不能认为此经完全由周公"臆定手协而成"，而是应当视作自黄帝至周公的国家制度的集大成者。但这一判断并不妨碍孙诒让认为《周礼》与周公有着莫大的关系，而周公作为西周初期的核心政治人物之一，其看重礼乐的根源还是因为礼乐能够服务于周代的政治统治，这也决定了《周礼》偏重的是政治意义下的礼。孙诒让本人也持这样的看法，强调"权其大较，要不越政教二科"。"政"的方面自不待多言，即便是"教"，孙诒让也认为它主要指的是当时的教育制度即"教典"，而非具体的教育方法，而前者同样是为政治统治服务的。正因为如此，孙诒让在总结《周礼》的意义时才会认为，"其政教之备如是，故以四海之大，无不受职之民，无不造学之士，不学而无职者则有罢民之刑，贤秀挟其才能，愚贱贡其忱悃，咸得以自通于上，以致纯大平之治，岂偶然哉"。借用韩非子的概念，这显然是将政与教理解为达成"致纯大平之治"的"二柄"，认为教育既能让"造学之士"有事可做，不至无事生非，又可以使得贤秀获得才能"以通于上"而为国君所用。显而易见，这里的"教"是依附于政治统治的，自身并未获得诸如成就人格的独立价值。对此，陈来先生有一精当评价，"《周礼》一书，以三百职官组成的职官体系为主，广泛涉及国家政体、政权形式、等级关系、机构设置、官员职责以及中央和地方的关系。因此，《周礼》虽然也涉及社会文化的许多方面，但其主体可视为具有国家政典形式的制度体系的规定。"[②] 也是因为这一原因，故而《周礼》中的礼学思想并非本书的讨论重点。

儒家之礼的进一步发展便成为了与个人修身密切相关的规范之礼，这集中体现在

---

①　[清] 孙诒让：《周礼正义》，中华书局 2013 年版，第 1—2 页。

②　陈来：《古代宗教与伦理——儒家思想的根源》，北京大学出版社 2017 年版，第 263 页。

《仪礼》中。其目的是用严格而有区分性的器具和细致入微的仪式来规范人们的行为，增加人们的生活中文饰、文明的成分，以达成"文质彬彬"的有教养状态。同时，通过仪式赋予人生以意义，使得参与者在人生的重要阶段明白其要担负的社会责任，从而努力使自己成为适应家庭、社会与国家的需要，能够为之所用的个体，完成个人的社会化过程。按照陈来先生的话说，"《仪礼》的规定就国家一级的礼仪来说，固亦可说是制度，但这只是属于礼宾的范围，不是政典和官制，不是关于国家政治统治与行政管理的'典章制度'或'官政之法'。《仪礼》更多的是属于'士'以上贵族社会的生活礼仪，规定着贵族生活与交往关系的形式，具有极发达、鲜明的形式表现和形式仪节。"[1] 而根据邹昌林先生的研究，儒家主要的行为之礼大约九十余种，其中最重要的包括：

（一）人生礼仪：祈子礼、胎教之礼、出生礼、命名礼、保傅礼、冠礼、笄礼、公冠礼、婚礼、仲春会男女礼、养老礼、丧礼、奔丧礼、祭礼、教世子礼、妇礼。

（二）生产礼仪：籍礼、射礼、桑蚕礼、养兽礼、渔礼、田猎之礼、献嘉种礼、御礼、货礼、饮食之礼。

（三）交接之礼：士相见礼、乡饮酒礼、燕礼、乡射礼、大射礼、聘礼、公食大夫礼、觐礼、投壶之礼、大盟礼、宗、殷、见之礼、脤膰、贺庆之礼。[2]

由此可见，古礼的内容十分丰富和全面，涵盖了当时人们社会生活的方方面面。具体地说，人生礼仪不仅贯穿从生至死的全过程，还向个体生命的前后延展，包括了出生之前的祈子与胎教过程以及去世之后子孙的祭奠。借用梁漱溟先生的话，这一礼仪设计与我国"伦理本位"的社会特点相一致。它意味着对个体而言，其人生的意义需要在家族的繁衍与传承中实现，因而族人在其人生的各个重要阶段都需要为其履行相关的礼节，这实际上代表了家族对其成员的承认与接纳。在中国这样一个伦理本位的社会，这是个体融入社会的基础，也是最关键的一步。而根据我们在第一章中的分析，社会性是人的根本属性之一，由此可见人生礼仪对中国人的生活的根源性影响。

生产性礼仪则涵盖了先民几乎所有的生产活动，既包括农业也包括商业，农业中按照今天的分类，农林牧副渔这些子类尽皆包含于其中。生产活动的直接目的是获取物质财富，而这既可以通过劳动从自然中获得，又可以通过交往从他人手中得到。前者对应着农业，后者对应着商业。在古代中国，农业是立国之本，而当时由于技术条件的限制，农业在很大程度上不得不靠天吃饭。因此，古代的生产之礼以农业礼仪为主，其直接目的当然是为了祈求风调雨顺，但同时又具有企盼实现和谐共生的人与自然关系的意义，具有鲜明的环保价值。

交接之礼则反映了当时历史条件下贵族的社会交往方式和要求。"伦理本位"只是说中国人的社会关系始于家庭伦理，并以此为基础，但很显然，随着个体的成长，人们必然会进入社会并产生社会交往的要求。而社会性礼仪的出现使得社会交往高度仪式化，以此来彰显贵族阶层的教养性。也就是说，贵族的交往在"文"与"质"两者中更偏重于文的部分，由此来与"质胜于文"的"野人"即庶民相区别。可以说，交接之礼所透露出的教养性是贵族获得社会承认的重要方面。而随着春秋时期世卿世禄的贵族制的瓦

①　陈来：《古代宗教与伦理——儒家思想的根源》，北京大学出版社 2017 年版，第 263 页。
②　邹昌林：《中国古礼研究》，文津出版社 1992 年版，第 155 页。

解，交接之礼却没有随之消失，而是逐步向全体社会成员展开，逐渐成为了所有人自修的手段。换言之，受人尊重的依据由血统逐渐转变为德行（这一点最明显的体现在"君子"概念的转变中），而依礼行事是德行的重要表现。这对于中国人的国民特征以及中国的"礼仪之邦"的国家特征都起到了重要作用。

从祭祀神灵的仪式，到政治统治的手段，再到教化士人成德的途径，儒家之礼的内涵越来越丰富，其涉及的领域也越来越广阔。正如李泽厚先生所言，"中国礼教是由巫君合一而来的伦理、宗教与政治'三合一'，即中国式的'政教（宗教）合一'。"[①] 而对于礼的核心特质，李泽厚先生归结了三点。其一是礼的实践性，"礼者，履也……礼是实践，实践强调的不是人的内心活动，不是个体通神、上天的内心超越，而是个体现实生活中的行为、举止、活动。"[②] 这一点在前文我们对礼的产生过程所做的说明中已经体现得很明确了，而在后文我们对于人生之礼的具体分析中，这一点将得到更为清晰的展现。也就是说，儒家的礼教所关注的焦点不是抽象的内心活动，而是具体的行为方式。换言之，外在性或者说外向性是礼教的基本特征，它表现为对人的言行举止、行动坐卧的种种仪制、人与人交往乃至政治统治中的各种原则都做出极为细致的规范和要求，这些无不体现了礼的实践性特征。

礼的第二个特点是"对社会生活的全面规范化，不仅仅是祭祀的时候，而是通过祭祀，把整个社会生活的各个方面都安排、规定好。"[③] 也就是说，礼源自于上古社会的巫术即对神灵的祭祀活动，然而其后来的覆盖面却远远超过祭祀的范畴，而成为了对古代社会生活的各个方面的全方位规约。这也是儒家之礼能够发挥道德教化功能的根源，即它能够全方位、全天候地对人进行道德教育，具有"润物细无声"的功效。换言之，礼的全面性使得其教化过程既无处不在，又不易被人们察觉。这样的道德教育能够避免我们在第一章中所指出的，现有道德教育存在的灌输较多、形式单调及内容抽象的问题，减少受教育者对道德教育的抵触情绪。

礼的第三个特点是神圣性，即"夫礼，天之经也，地之义也，民之行也"[④]。孔颖达对此的说明是，"言礼本法天地也，自生其六气；至民失其性，言天用气味、声色以养人，不得过其度也。是故为礼以下，言圣王制礼以奉性，不使过其度也。经，常也。义，宜也。夫礼者，天之常道，地之宜利，民之所行也。天地之有常道，人民实法则之。法则天之明道，因循地之恒性，民之所行也。"[⑤] 也就是说，礼制之所以对人的规约如此绵密，人们却不得不遵守，而不可有丝毫的违抗，其根本原因在于礼的根据具有形而上的特征。它不是来源于具体的、有限的某种根据，而是源自于天道本体。按照《乐记》的说法，"乐统同，礼辨异"，礼是用来彰显差异性，乐则是展示和同性。而根据《左传》的解说，无论是差异性还是和同性都是天道自身具备的特点，是天道的"题中应有之义"。也就是说，万事万物本身便既存在着巨大的差异性，又同为世界的一员而有着共通

① 李泽厚：《由巫到礼、释礼归仁》，生活·读书·新知三联书店 2015 年版，第 92 页。
② 李泽厚：《由巫到礼、释礼归仁》，生活·读书·新知三联书店 2015 年版，第 95 页。
③ 李泽厚：《由巫到礼、释礼归仁》，生活·读书·新知三联书店 2015 年版，第 97 页。
④ 《左传·昭公二十五年》，[晋] 杜预注，[唐] 孔颖达正义：《春秋左传正义》，李学勤主编，北京大学出版社 1999 年版，第 1447 页。
⑤ [晋] 杜预注，[唐] 孔颖达正义：《春秋左传正义》，李学勤主编，北京大学出版社 1999 年版，第 1448 页。

性，因此差异与共通原是天道本身的特点，圣人制礼作乐只不过将此二者通过人的方式表现出来。

礼的上述三个特征决定了在西周时期，礼已经发展为涵盖面极广、无所不包的文化体系。这其中关于礼的教化思想，主要集中体现在以《仪礼》为代表的行为规范之礼中，《礼记》则对这些礼节的内涵做了进一步说明，因而我们下面的讨论将主要围绕这两部经典展开。

二、人生之礼的道德教化作用

关于行为之礼的内容，《礼记·婚义》中曾指出，"夫礼始于冠，本于婚，重于丧、祭，尊于朝、聘，和于乡、射，此礼之大体也"[1]，认为其主要包括冠、婚、丧、祭、朝、聘、乡、射八类礼仪。《礼记·王制》则认为仪式性的礼节共有六种，"六礼：冠、婚、丧、祭、乡、相见"[2]。《仪礼》则将行为之礼分为士冠礼、士婚礼、士相见礼、乡饮酒礼、乡射礼、燕礼、大射礼、聘礼、公食大夫礼、觐礼、丧服、士丧礼、既夕礼、士虞礼、特牲馈食礼、少牢馈食礼及有司共十五种礼节和两种制度，缺少了聘礼和觐礼，但西周的主要礼仪在《仪礼》中都记载。为了方便起见，这里以在《礼记》和《仪礼》中有所说明的五类礼节即冠、婚、丧祭、乡饮酒、射，并按照人生之礼与交接之礼的划分，来考察一下周代礼仪对人格养成的重要作用。

1. 冠礼

根据《仪礼》和《礼记》的注解，贵族男子在长至二十岁时，家族要为之举行冠礼。其流程大致为：1. 筮日；2. 戒宾；3. 筮宾；4. 宿宾宿赞冠者；5. 为期；6. 冠日陈设；7. 主人以下即位；8. 迎宾及赞冠者入；9. 始加；10. 再加；11. 三加；12. 宾醴冠者；13. 冠者见于母；14. 宾字冠者；15. 冠者见兄弟；16. 赞者姑姊；17. 冠者见君及卿大夫乡大夫；18. 醴宾；19. 送宾归俎。而关于整个流程的解说，这里兹引用陈来先生的说明：

> 冠礼的一般程序是：行礼前须选定日期和加冠的来宾，这叫作"筮日"和"筮宾"，表示敬慎而不马虎。"戒宾"是正式邀请，"宿宾"是在典礼前一日去促请宾客。嫡长子的冠礼必须在阼阶上举行，表示被冠者承认可以扮演主人的角色而代表家庭。仪式的过程，由来宾加冠三次，初加缁布冠，次加皮弁，三加爵弁；初加之前来宾要发表祝辞。加冠后经过来宾的敬酒，然后见母亲；随后由来宾为被冠者取"字"；接着再去见兄弟姑姊。较高的贵族，还要执礼品去见国君、卿大夫。男孩未到成年时穿少年服装，冠礼后穿成年服装。冠礼前男孩只有父亲所取的名，冠礼后才有了字，字是贵族中对成年人的称呼。男子加冠后始可娶妻。[3]

上述所记载的只是冠礼的流程，而对于冠礼的教化意义，《仪礼》并未做过多的说

① 《礼记·婚义》，[清]孙希旦：《礼记集解》，中华书局1989年版，第1418页。
② 《礼记·王制》，[清]孙希旦：《礼记集解》，中华书局1989年版，第397页。
③ 陈来：《古代宗教与伦理——儒家思想的根源》，北京大学出版社2017年版，第293页。

明，相关的内容存在于《礼记·冠义》之中：

> 凡人之所以为人者，礼义也。礼义之始，在于正容体，齐颜色，顺辞令。容体正，颜色齐，辞令顺，而后礼义备。以正君臣、亲父子、和长幼。君臣正，父子亲，长幼和，而后礼义立。故冠而后服备，服备而后容体正，颜色齐，辞令顺。故曰：冠者，礼之始也。是故古者圣王重冠。
>
> 古者冠礼筮日、筮宾，所以敬冠事。敬冠事所以重礼，重礼所以为国本也。
>
> 故冠于阼，以着代也。醮于客位，三加弥尊，加有成也。已冠而字之，成人之道也。
>
> 见于母，母拜之，见于兄弟，兄弟拜之，成人而与为礼也。
>
> 玄冠、玄端，奠挚于君，遂以挚见于乡大夫、乡先生，以成人见也。
>
> 成人之者，将责成人礼焉也。责成人礼焉者，将责为人子、为人弟、为人臣、为人少者之礼行焉。将责四者之行于人，其礼可不重与？
>
> 故孝、弟、忠、顺之行立，而后可以为人，可以为人而后可以治人也。故圣王重礼。故曰："冠者，礼之始也，嘉事之重者也。"
>
> 是故古者重冠。重冠故行之于庙，行之于庙者，所以尊重事。尊重事而不敢擅重事，不敢擅重事，所以自卑而尊先祖也。[1]

在笔者看来，《冠义》的教化意义包含四个层次。首先，行礼的目的在于修身，而修身的根本目的则是承担社会责任。《冠义》开篇便点明"凡人之所以为人者，礼义也，礼义之始，在于正容体，齐颜色，顺辞令"，将人之为人的本质规定为能够行礼，而行礼又以"正容体"等三事为主。前者说明了礼仪文化对中国人的人格养成有着举足轻重的作用，后者则说明行礼始于修身，而修身的起点是按照外在的行为规范纠正自身的言行举止，即孙希旦在《集解》中所引述的朱子的说法，"为学之序，须自外面分明有形象处把捉扶竖起来"[2]。之所以如此，是因为在修身过程中，内在品性与外在的言行举止是相通的，通过礼仪长时间地规范外在行为本身就是培养学者的戒慎恐惧之心，克制其欲念。值得注意的是，《冠义》在此提出了"礼义备"与"礼义立"两种说法来说明行礼修身的不同阶段：实现正容体、齐颜色、顺辞令是"礼义备"，达到正君臣、亲父子、和长幼乃为"礼仪立"。在笔者看来，"备"乃完备之义，"立"乃挺立之义。"礼仪备"是指礼的内涵已然完备，即通过对言行举止的规约由外而内完成了成就德性的修养目标。"礼义立"则是指礼教的挺立即达成礼教的最终目的。正君臣、亲父子、和长幼说明道德挺立的个体能够扮演好自身的社会角色，处置好各种家庭与社会关系。借助《大学》的话说，"礼义备"是"修身"的完成，"礼义立"则是"齐家、治国、平天下"的实现，前者是后者的基础。由此可见，一方面，修身是挺立人格的基础，而修身的达成有赖于礼教；另一方面，对儒家而言，修身远不是一个人特别是一个贵族自我完善的终点，他必须要能够以合德的方式处理好各种关系，而这构成了礼教的最终目的。正是因为礼教关涉到

---

① 《礼记·冠义》，[清]孙希旦：《礼记集解》，中华书局 1989 年版，第 1411—1415 页。
② [清]孙希旦：《礼记集解》，中华书局 1989 年版，第 1412 页。

儒家自修身至平天下这一系列价值理想的实现，所以它才受到儒家的特别关注。

其次，具体到冠礼，它的本质就是贵族子弟的成人礼。而由于成人要肩负社会责任、承担的社会义务与童子有本质的差异，因而需要通过冠礼来使得加冠者明确意识到成人的意义，这也是冠礼为众礼之始的原因。对此，宋代大儒吕大临做了细致的解读，"容体，动乎四体者也。颜色，发乎面目者也。辞令，见乎言语者也。三者，修身之要也。必学而后成，必成人而后备。童子于三者未能备，不可以不学，学之而至于二十，则三者备矣，故冠而责以成人之事。"① 这意味着成人绝不仅仅是年龄的增长，更主要的是社会责任的拓展。因此，冠礼的仪式非常隆重，正在于通过仪式强化冠者对责任的体会。按照《冠义》的记载和陈来先生的解读，举行冠礼的日期与加冠的来宾均需要通过卜筮来确定，《冠义》称之为"敬冠事"，并认为这是为了表示对冠礼的重视，而后者是与"国本"密切相关的。在笔者看来，这里的核心在于"重礼"。所谓"筮日"与"筮宾"，意味着日期与宾客都需要诉诸神明来选定，不可由家族成员草率地指定，这正是"重礼"的直接表现。至于"重礼"的目的是巩固"国本"，这是因为冠礼在西周时期是贵族子弟的成人礼节，而在西周这一世卿世禄的宗法制社会中，贵族子弟是社会的骨干，因而这些人能否真正肩负起成年的责任与使命，承担好相应的家庭和社会的责任是关系到国本是否巩固的大事，不可不慎。

而冠礼的一个重要特点就在于赋予其成人的身份。例如，"冠于阼"特指嫡长子之冠礼，其义在于"阼阶乃主人之阶，冠于阼阶之上，明其将代父而为主也"②，即赋予其未来一家之主的身份，获得日后代替父亲迎接宾客的权利。又如，"醮于客位"是加冠者给客人敬酒，这同样是成年人的社交活动。再如，加冠之后才能取字，而成年人之间只以表字相称，因而取字亦是成人的标志之一。总之冠礼的种种仪节既赋予冠者成人的权利，也要求其要承担相应的义务，其目的都在于强化成人与童子的身份差别，以便让冠者明确地感受到这一点。

第三，冠礼中的成人成分不仅包括赋予冠者成年人的权利与义务，还包括成人社会对冠者的接纳，这体现在拜见母兄、君主及乡长老的过程中。在冠礼的见母兄环节中，《冠义》强调是母兄拜冠者而非冠者拜见母兄。对此，孙希旦做了极为精辟的解释，"以母兄之尊，而先拜子弟者，重其为成人之始而敬之也；敬之之深，正所以明其望之之重，责之之备，而冠者益不可不思所以称其服也。"③ 在孙希旦看来，母兄拜冠者的原因是因其正式成人而敬重之，这表明冠者被成人社会真正接纳为其中的一员，完成了身份的转变。冠者本人则应当深思位尊者先拜于己的真正意义，积极承担自身的责任。同样，加冠之后拜见君主及乡大夫、乡先生，则更是表明冠者的成人身份不仅被家族承认，更得到了社会的承认。对贵族而言，这意味着开始被视作统治阶级的一员，而要承担对于国家的责任，"奠挚见君"最明显地体现了这一点。按照孙希旦的说法，"奠挚，谓奠置于地而不敢授，臣见于君之礼也。以成人见者，以其为成人之始，故见之也。"④ 很显然，

---

① ［清］孙希旦：《礼记集解》，中华书局1989年版，第1411—1412页。
② ［清］孙希旦：《礼记集解》，中华书局1989年版，第1412页。
③ ［清］孙希旦：《礼记集解》，中华书局1989年版，第1413页。
④ ［清］孙希旦：《礼记集解》，中华书局1989年版，第1414页。

冠者能够以官员之礼觐见君主，这说明其已经被视作后备官员，已经被纳入到国家的官僚体系之中。同样，按照郑玄的注释，乡大夫与乡先生是指"乡中老人为卿、大夫致仕者"即本地的退休官员，[①] 因而冠者拜见乡贤亦是希望融入国家官员队伍。而无论是君主还是致仕官员，当他们选择接见冠者时，就表明其认可了冠者作为成年贵族的身份和社会地位，也就意味着冠者被接纳为与国同体的成年贵族之一员。

最后，冠礼的很多仪式需要在宗庙中进行，体现了古人行冠礼的依据需要诉诸于宗法等级制。按照《冠义》的说法，冠礼"行之于庙"是"尊重事而不敢擅重事"，宋儒吕大临对此的解释是"尊重事者，所以明成人之礼之重，所以厚责其子；不敢擅重事者，以明重礼必成于祢，又所以尊敬其父也"[②]。祢乃是亡父之庙，冠礼要在亡父之庙中施行，意味着其成人的意义与整个家族的存续发展密切相关，具有某种神圣性。这体现了儒家的礼制对于西周的宗法等级社会的维护与支持。

总之，正如我们在文中反复强调，冠礼的意义在于"成人"。而按照吕大临的说法，"所谓成人者，非谓四体肤革异于童稺也，必知人伦之备焉。亲亲、贵贵、长长，不失其序之为备。"[③] 显然，吕氏所谓成人是指道德人格的挺立过程，它有赖于师长的教化，而冠礼就是这一教化体系的重要组成部分。

2. 昏礼

同样按照《仪礼》和《礼记》的记载，西周时期贵族的婚礼亦有一套繁复的礼仪制度，包括：1. 纳彩；2. 问名；3. 醴使；4. 纳吉；5. 纳征；6. 请期；7. 豫陈馔；8. 亲迎；9. 妇至成礼；10. 妇见舅姑；11. 赞者醴妇；12. 妇馈舅姑；13. 舅姑飨妇；14. 飨送者；15. 舅姑及妇庙见及飨妇飨送者。按照陈来先生的介绍，整个昏礼的流程应当为：

> 首先由男家请媒人向女家提亲、问女名，回来后要进行占卜，得到吉兆后复使人备礼通知女家（纳吉）。而后把聘礼送到女家（纳征），确定婚礼时间。婚礼当日男家到女家迎新妇，回到男家举行仪式。次日新妇拜见丈夫的父母。若丈夫父母已逝，则三月以后在家庙行释菜礼。[④]

与冠礼相类似，对于昏礼的内涵，《礼记·昏义》做了详尽的说明：

> 昏礼者，将合二姓之好，上以事宗庙，而下以继后世也，故君子重之。是以昏礼纳采、问名、纳吉、纳征、请期、亲迎，皆主人筵几于庙，而拜迎于门外，入揖让而升，听命于庙，所以敬慎、重正昏礼也。
>
> 父亲醮子而命之迎，男先于女也。子承命以迎，主人筵几于庙，而拜迎于门外。婿执雁入，揖让升堂，再拜奠雁，盖亲受之于父母也。降出，御妇车，而婿授绥，御轮三周，先俟于门外。妇至，婿揖妇以入，共牢而食，合卺而酳，所以合体，同

① ［清］孙希旦：《礼记集解》，中华书局 1989 年版，第 1414 页。
② ［清］孙希旦：《礼记集解》，中华书局 1989 年版，第 1415 页。
③ ［清］孙希旦：《礼记集解》，中华书局 1989 年版，第 1414 页。
④ 陈来：《古代宗教与伦理——儒家思想的根源》，北京大学出版社 2017 年版，第 294 页。

尊卑，以亲之也。

敬慎重正，而后亲之，礼之大体，而所以成男女之别而立夫妇之义也。男女有别，而后夫妇有义；夫妇有义，而后父子有亲；父子有亲，而后君臣有正。故曰："昏礼者，礼之本也"。

夫礼始于冠，本于昏，重于丧、祭，尊于朝、聘，和于乡、射。此礼之大体也。

凤兴，妇沐浴以俟见。质明，赞见妇于舅姑，妇执笲，枣、栗、段修以见。赞醴妇，妇祭脯、醢，祭醴，成妇礼也。

舅姑入室，妇以特豚馈，明妇顺也。

厥明，舅姑共飨妇，以一献之礼，奠酬，舅姑先降自西阶，妇降自阼阶，以著代也。

成妇礼，明妇顺，又申之以著代，所以重责妇顺焉也。妇顺者，顺于舅姑，和于室人，而后当于夫，以成丝麻、布帛之事，以审守委积、盖藏。是故妇顺备而后内和理，内和理而后家可长久也，故圣王重之。

是以古者妇人先嫁三月，祖庙未毁，教于公宫，祖庙既毁，教于宗室，教以妇德，妇言，妇容，妇功。教成祭之，牲用鱼，芼之以苹藻，所以成妇顺也。①

与冠礼类似，昏礼的全过程同样伴随着深厚的教化意义。在笔者看来，这同样包含三个方面。首先，昏礼的意义在于"将合二姓之好，上以事宗庙，而下以继后世也"。前者具有社会交往方面的价值，后者则具备家庭伦理的意义，这意味着昏礼是兼具社会性与家族性的重要活动。在两者之中，后者意义更为重大，它直接关涉到家族的延续，因而是维护世卿世禄的宗法制的重要环节。更进一步我们可以说，中国对家庭伦理的重视，为延续后代所赋予的重大的伦理、社会和政治意义使得婚礼在中国的礼俗中占有举足轻重的地位。对此，吕大临认为，"盖天下之情，不合则不成，而其所以合也，敬则能终，苟则易离。"②这里实际上有两层涵义，其一，按照中国人的世界观，天下万物都是由对立的双方相反相成的结合而成的，因此成年男女相结合既顺乎天道，又是社会能够存续发展的基础；其二，这种结合必须通过恭敬的态度来实现，绝不能苟合，否则结合便不具有合法性，容易导致关系的解体。前者说的是合的必要性与合理性，后者则指明合的过程的严肃性，二者缺一不可。

其次，对于古代社会而言，在婚姻的意义中占主导地位的是其对两个家族的社会交往利益和伦理利益，当事人的情感和意愿是居于第二位的。这一点在昏礼的仪式中有诸多体现。例如，从纳采至请期的过程均在宗庙中进行，这体现了古人对婚礼的态度极为严肃，认为只有受到先祖庇佑和祝福的婚姻才是美好的。这样严谨的过程也每时每刻地教育着子孙，促使其以高度负责的态度面对婚姻生活，从而构成其德性的一个重要方面。而在婚礼当天，"共一牲牢而食"、饮合卺酒③等礼节又突出了夫妻同体，相亲相爱，共担

① 《礼记·昏义》，[清] 孙希旦：《礼记集解》，中华书局 1989 年版，第 1416—1421 页。
② [清] 孙希旦：《礼记集解》，中华书局 1989 年版，第 1416 页。
③ 按照唐代大儒孔颖达的注释，"卺，谓半瓢，以一瓠分为两瓢，谓之卺。婚与妇各执一片以酯，故曰'合卺而酯'。"（[清] 孙希旦：《礼记集解》，中华书局 1989 年版，第 1418 页。）这是说，将一个葫芦分为两瓢，夫妇各执一瓢来饮酒，以示夫妻同体之意。

风雨的意思。按照《昏义》的说法，这是"敬慎重正，而后亲之"，乃昏礼之大体。它意味着婚姻中既有责任与义务，又有情感，夫妇间既有角色分工，又有同甘共苦、相濡以沫的感情。婚礼的仪式就是要将这两者同时展现出来，让新婚夫妇正确把握到婚姻的丰富内涵，从而以积极的态度、共同的责任来面对未来的婚姻生活。正如孙希旦对此的解释，"敬慎重正，则男女之别成；亲之，则夫妇之义立。……夫妇之道，不患其不顺也，患其苟于顺而伤于义也，失义则顺亦不可保矣。……物之苟合者，亲也不可以久，故男女有别，而后夫妇有义。"[①] 这一解释既承认男女有别，夫妇间存在着客观差异，又肯定在婚姻中夫妻双方作为统一体又有着密不可分的感情，从而说明了婚姻的合同之义。

最后，既然婚姻是人们社交关系的一种，它所关涉的就不仅仅是夫妻双方，更包括两方的家庭，那么一个完整的婚礼过程必然包括其他家庭成员对这段婚姻关系的承认和祝福。实际上，由于新妇出嫁而加入丈夫的家族，所以对婚姻的承认主要体现在夫家，即《昏义》所记载的新妇拜见舅姑的仪式。这一过程包括新妇持有内装枣、栗子与段修（捣碎并加姜桂的肉干）的笲（一种竹器）面见丈夫的舅姑，舅姑让赞者即帮助行礼之人向新妇敬酒，新妇在赞者的协助下用脯与醢（肉酱）祭地，并为舅姑献上特质的猪肉，舅姑再向新妇敬酒。这一系列流程进行完毕，便代表夫家人正式接纳了新妇，此时舅姑要"降自西席"以将主人之位让与新妇，表示对女主人的尊敬。对于拜见舅姑之礼的意义，孙希旦认为"供养舅姑妇，为妇孝顺之道也；既成妇礼，则宜尽妇道"，[②] 这是将相关礼仪视为强化妇道即顺从夫家之道的手段。《昏义》甚至进一步认为，新妇在出嫁前需要进行特殊的"岗前培训"，其主要内容是"妇德，妇言，妇容，妇功"，以便其日后能够扮演好女主人的角色，做到勤俭持家、侍奉公婆及照顾丈夫等。很显然，这种要求是在婚姻关系中突出强调女方的责任，并将其归结为"顺从夫家"的观念，这与当今社会男女平等的基本准则是相违背的。但抛开这些的历史局限性，本段中所体现的对婚姻关系须得到双方家庭的认可和祝福，以及夫妻双方应该进一步意识到自身在婚姻中的责任等观念对我们当今的婚姻关系仍然有启示意义。

3. 丧祭之礼

孔子有"慎终追远，民德归厚矣"的说法，这反映了西周以来的礼乐文化极为重视丧祭之礼，其仪节也是最为繁复的。按照《仪礼》的记载，士人以上的贵族阶层，其丧礼要分为四十三个具体步骤，《礼记·丧大记》为了简明起见，将其简化为始死、小敛、大敛、殡、葬五个核心环节。祭礼则分为父母下葬后以迎接亲人的精魂为目的的"虞祭"和每年祭祀祖先的"特牲馈食祭"，前者包括九个基本环节，后者则有二十一个步骤，都有着非常详细繁复的礼仪规范。而对于丧祭之礼在贵族日常生活中的价值解说得最清楚的莫过于《礼记·祭统》，[③] 因而我们将以此为依据，说明丧祭之礼的教化意义。

首先，《祭统》指出，祭礼由中出，是内心真情实感的自然流露，并认为这是丧祭之礼与冠礼、婚礼及交际之礼的根本区别。孙希旦在解释《祭统》的篇名时就指出，"统犹

---

①　[清] 孙希旦：《礼记集解》，中华书局 1989 年版，第 1418 页。

②　[清] 孙希旦：《礼记集解》，中华书局 1989 年版，第 1419 页。

③　这里需要说明一下，其一，虽然《祭统》所讨论的主要是祭礼，但本文直接点明丧礼与祭祀在基本原则上是一致的，因而两者的教化意义可以一并加以讨论。其二，《祭统》所言之祭礼多是指诸侯国国君的祭祀，以彰显其以上率下，率先垂范的教化意义。

本也。祭有物有礼，有乐有时，而其本则统于一心"，认为祭礼的种种仪节都是内心中真情实感的自然流露。这一点在《祭统》一文的开篇处得到有力的证明：

> 凡治人之道，莫急于礼；礼有五经，莫重于祭。夫祭者，非物自外至者也，自中出，生于心也，心怵而奉之以礼。是故唯贤者能尽祭之义。贤者之祭也，必受其福。非世所谓福也，福者，备也，备者，百顺之名也。无所不顺者谓之备，言内尽于己而外顺于道也。忠臣以事其君，孝子以事其亲，其本一也。上则顺于鬼神，外则顺于君长，内则以孝于亲。如此之谓备。唯贤者能备，能备然后能祭。是故贤者之祭也，致其诚信与其忠敬，奉之以物，道之以礼，安之以乐，参之以时，明荐之而已矣，不求其为。此孝子之心也。祭者，所以追养继孝也。孝者，畜也。顺于道，不逆于伦，是之谓畜。是故孝子之事亲也，有三道焉：生则养，没则丧，丧毕则祭。养则观其顺也，丧则观其哀也，祭则观其敬而时也。尽此三道者，孝子之行也。①

"孝子之事亲也，有三道焉：生则养，没则丧，丧毕则祭"指明了养、丧与祭是孝子侍奉双亲的三个环节，三者具有内在的高度统一性，因而虽然《祭统》讨论的主要是祭礼的根本意义，但我们可以认为丧礼的内涵与祭礼是一致的。那么，丧祭之礼的本质究竟是什么？按照《祭统》的说法，是"自中出，生于心也，心怵而奉之以礼"，即怀念思慕逝去之亲人的真情实感的外在表现。对此，孙希旦通过比较丧祭之礼与冠礼、昏礼和宾客之礼的不同来加以说明，"冠、昏、宾客之礼，皆先有其事于外，而后以我之心应之。唯祭则不然，乃由思亲之心先动于中，而后奉之以礼，此祭之义也。若无思亲之实心，则不足以尽乎祭之义矣。"②这意味着在冠、昏及宾客之礼中，行礼者起初对于礼仪制度的目的并不清楚，需要通过礼仪来帮助行礼者认识这一礼仪的意义。例如，未加冠之前，冠者很难对成年人的责任与义务有确切的体会，这就需要通过冠礼来使得加冠者意识到自身身份的变化。换言之，冠礼是给加冠者加上一个他原先并不具备的内容，因而这一过程只能是由外而内的。丧祭之礼则不同，其致敬的对象是行礼者逝去的至亲，他与行礼者有着共同的生活经历和情感体验，这些都先于礼仪而存在。更准确地说，正是这些对祖先浓烈的思慕之情要求行礼者以合适的方式表示对先人的怀念，从而诞生了丧祭之礼。很显然，从来源上看，丧祭之礼是由内而外的，是孝子对先人的追思之情的外化，也是家庭伦理的重要载体。按照儒家的理解，"百善孝为先"，亲亲之德是仁道的开端，具有极为重要的意义，因而祭礼也就被《祭统》视作最重要的礼节。

《祭统》进一步指出，祭祀要达到完备的状态，其标准是"内尽于己而外顺于道"。所谓"尽己"是要求主祭者必须"致其诚信与忠敬"，充分调动自身对祭祀对象的真挚情感；所谓"顺道"即要求思念之情在表现于外时要合乎天地之大道与人伦之正道，这就要求祭礼须遵循一系列具体的行礼规范：奉之以物，道之以礼，安之以乐，参之以时，明荐之而已矣。"尽己"与"顺道"分别是祭礼的目的与手段，二者的统一意味着祭礼虽然是由内而发，但最终须达到内在的诚孝之心与外在的祭祀仪节的高度一致。换言之，

---

① 《礼记·祭统》，[清] 孙希旦：《礼记集解》，中华书局 1989 年版，第 1236—1238 页。
② [清] 孙希旦：《礼记集解》，中华书局 1989 年版，第 1236 页。

手段与目的不可偏废。这体现了儒家对内与外、情感与仪式乃至仁与礼之统一关系的理解：从最直观的层面看，礼制就表现为一整套仪节和行为规范构成的文明体系，这是礼的形式；至于礼的内容也即礼的教化目的，由于《礼记》各篇的作者均是孔子的后学，因而他们都深受孔子的"仁学"思想之影响，认为仁道乃是礼的内在根据，行礼的目的在于帮助人们认识、理解并自觉认同内心的仁道。在《祭统》的作者看来，这一思想在祭礼中得到了最充分的表现。

其次，《祭统》指出，祭礼的各个环节均透露出儒家对德性的强调，因而祭祀本身亦是成德的过程，具有深刻的教化意义。例如，祭祀特重"斋戒"，认为其目的是"致其精明之德"，即以一种高度专注的精神状态来行祭礼，从态度上体现行礼者对祭祀的重视。

> 及时将祭，君子乃斋。斋之为言齐也。斋不齐以致斋者也。是以君子非有大事也，非有恭敬也，则不斋。不斋则于物无防也，嗜欲无止也。及其将斋也，防其邪物，讫其嗜欲，耳不听乐。故记曰："斋者不乐"，言不敢散其志也。心不苟虑，必依于道；手足不苟动，必依于礼。是故君子之斋也，专致其精明之德也。故散斋七日以定之，致斋三日以齐之。定之之谓齐。齐者精明之至也，然后可以交于神明也。[①]

"斋戒"的直接意图是"齐"即整肃精神，去除内外各种诱惑。但作者承认，诱惑既是客观存在的，也是难以割除的，因而除非是遇到诸如祭祀这样的大事，人们是不会亦不可能进行斋戒的，这与人的自然本能相违背。但是当君子要行大事时，斋戒则是必须的，其目的就使人们的心志从日常生活的散乱状态中超拔出来，进入到高度专一的状态以迎接大事。也就是说，斋戒的目的是让人反躬内省，使精神由驰逐于外变为收摄于内。所谓"防其邪物，讫其嗜欲，耳不听乐"，前者是主动隔绝外在的诱惑，后两者则是克服内心的欲念，其目的都是促使精神内转，以实现精神的专一。外在的诱惑多种多样、层出不穷，当心灵驰逐于外时是不可能专一的，唯有反躬内省才可使注意力聚焦到内在自我之上，实现精神的凝聚。在《祭统》的作者看来，这既是行祭礼的基本要求，又是祭祀的准备阶段。

又如，《祭统》认为国君祭祀完毕后剩余的祭品应该分与臣下共享，以示"与民同乐"之义，这显然是儒家"仁政"思想的具体表现。

> 夫祭有馂，馂者，祭之末也，不可不知也。是故古之人有言曰："善终者如始"，馂其是已。是故古之君子曰："尸亦馂鬼神之余"也。惠术也，可以观政矣。是故尸谡，君与卿四人馂。君起，大夫六人馂，臣馂君之余也。大夫起，士八人馂，贱馂贵之余也。士起，各执其具以出，陈于堂下，百官进，彻之，下馂上之余也。凡馂之道，每变以众，所以别贵贱之等，而兴施惠之象也。是故以四簋黍，见其修于庙中也。庙中者，境内之象也。祭者，泽之大者也。是故上有大泽，则惠必及下，顾上先下后耳，非上积重而下有冻馁之民也。是故上有大泽，则民夫人待于下流，知

---

① 《礼记·祭统》，[清]孙希旦：《礼记集解》，中华书局1989年版，第1239页。

惠之必将至也，由馂见之矣。故曰："可以观政矣。"[1]

馂即剩余祭品的处置被《祭统》视为"善终"的环节，是圆满结束祭祀活动的内在要求。而要做到这一点，关键在于"行惠述"即将祭品与民分享。分享的过程从君主开始逐级向下扩充，从君与卿四人、大夫六人、士八人以至使未能进入太庙的贵族一并享用祭品。这既体现了"尊尊亲亲"的等级制，又有"与民同乐"的内涵。因此《祭统》站在儒家"仁政"的思想基础上[2]，要求君主将祭祀的恩泽施之于下，反对上位者垄断一切利益，不顾百姓死活的为政理念。显然，《祭统》认为祭祀中既有对宗法等级制的肯定，又有对"为政以德"的宣扬。借助后文中将要提到的乐教的思想我们可以说，祭礼既凸显了"礼教"对于等级的强调，又包含了"乐教"基于人心之所同然而力图达成的上下级之间的情感共鸣和心灵相通，并以此作为实现"善政"的前提条件，其中蕴涵了十分深刻的道德教化价值。

再如，《祭统》认为祭礼的根本价值在于让人君首先践行孝悌忠信之道，这被视为教化百姓了解并尊奉善道的前提。

> 夫祭之为物大矣，其兴物备矣。顺以备者也，其教之本与？是故君子之教也，外则教之以尊其君长，内则教之以孝于其亲。是故明君在上，则诸臣服从；崇祀宗庙、社稷，则子孙顺孝。尽其道，端其义，而教生焉。是故君子之事君也，必身行之，所不安于上，则不以使下；所恶于下，则不以事上；非诸人，行诸己，非教之道也。是故君子之教也，必由其本，顺之至也，祭其是与？故曰：祭者，教之本也已。

孙希旦认为，本段的核心在"尽其道"之后的部分，"'尽其道'以下，皆以明设教之必本于身也"。[3] 所谓"本于身"就是亲身实践、力戒空谈之意，这被《祭统》看作人君教化百姓和有德之君子侍奉君主的基本要求。这里的"所不安于上，则不以使下；所恶于下，则不以事上"显然与《大学》的"絜矩之道"如出一辙，"所恶于上，毋以使下；所恶于下，毋以事上；所恶于前，毋以先后；所恶于后，毋以从前；所恶于右，毋以交于左；所恶于左，毋以交于右：此之谓絜矩之道。"[4] "非诸人，行诸己，非教之道"则与《大学》中另一名段若合符节，"是故君子有诸己而后求诸人，无诸己而后非诸人；所藏乎身不恕，而能喻人者，未之有也"。[5] 而《大学》中这两段文字所说的无非是君子修身必自自身做起，自身未修则无权亦无法教化百姓。这一点正与《祭统》对祭礼的教化意义的认识完全一致。在解释"是故明君在上，则诸臣服从；崇祀宗庙、社稷，则子

---

① 《礼记·祭统》，[清] 孙希旦：《礼记集解》，中华书局1989年版，第1242页。
② 这里需要说明一点，《祭统》作为《礼记》的一篇，其写作时间很可能早于孟子，但儒家自西周开始就强调"德"，孔子就开始提出"道之以德"的德政的观念，因而用孟子的"仁政"思想来说明孔孟之间的儒者的政治理念不会有大的偏差。
③ [清] 孙希旦：《礼记集解》，中华书局1989年版，第1243页。
④ [宋] 朱熹：《四书章句集注》，中华书局1983年版，第10页。
⑤ [宋] 朱熹：《四书章句集注》，中华书局1983年版，第7页。

孙顺孝"时孙希旦指出，"事尸如事君，所以教民尊其君长也；追养继孝，所以教民孝于亲也。教之以尊其君长，则诸臣服从；教之以孝于其亲，则子孙顺孝。"① 在孙希旦看来，君主教化臣子尊重长上不是依靠言辞和刑罚，而是通过在祭祀中以侍奉君主的态度侍奉"尸"即先王的神主的方式为臣子做出表率。同样，君主教化百姓行孝道亦是通过祭祀的方式追慕祖先对自己的养育之情，从而利用自身在地位上的优势来感化民众。可见，无论是教臣以忠还是教民以孝，君主都需要通过祭礼来率先垂范，先有诸己而后求之于人，这就使得祭礼成为了教化臣下和百姓的重要途径。

最后，《祭统》提出了"十伦"的说法，用以说明通过祭礼能够提升的十种伦理关系，

> 夫祭有十伦焉；见事鬼神之道焉，见君臣之义焉，见父子之伦焉，见贵贱之等焉，见亲疏之杀焉，见爵赏之施焉，见夫妇之别焉，见政事之均焉，见长幼之序焉，见上下之际焉。此之谓十伦。②

限于篇幅，我们在此只讨论其中最有代表性的父子之伦与君臣之义。对于前者，《祭统》载，"夫祭之道，孙为王父尸，所使为尸者，于祭者子行也。父北面而事之，所以明子事父之道也。此父子之伦也。"③ 对此，孙希旦的解释是：

> 尸用所祭者之孙，无孙则取族中孙行者为之，以其昭穆同也。此据祭考庙而言之，故尸于主祭者为子行，主祭者于尸为主父也。北面而事之者，天子诸侯之礼，朝践时尸在堂上南面，主人北面而事之也。④

这是说，对诸侯国的国君而言，"尸"是祭祀对象即先王的神主，它一般由主祭者的子侄辈来担任，也就是先王的孙子辈。先王与主祭者是父子关系，因而主祭者要以诸侯面见天子之礼来祭祀先王，这就要求先王的神主居堂上南面，主祭者北面而事之，这样主祭者便尽了自己为人子之道，同时，由于"尸"是由主祭者的子侄辈担任的，因而主祭者敬奉先王的态度也能教导担任"尸"的主祭者的儿子或侄子，得他们明白如何对作为诸父（父亲、伯父、叔父）的主祭者行孝道。可见，主祭者对神主的恭敬崇奉之举既尽了自己的孝道，又教化了自己的子弟，使他们也明白了为人子须孝的道理。这两个方面共同构成了祭祀的"夫子之伦"，使得祭礼具备强化家庭伦理的教化意义。

而对于后者既"君臣之义"，《祭统》认为，"迎牲而不迎尸，别嫌也。尸在庙门外则疑于臣，在庙中则全于君；君在庙门外则疑于君，入庙门则全于臣，全于子。故不出者，明君臣之义也。"对此，孙希旦在引述东汉经学家郑玄观点的基础上做了说明：

---

① ［清］孙希旦：《礼记集解》，中华书局 1989 年版，第 1243 页。
② 《礼记·祭统》，［清］孙希旦：《礼记集解》，中华书局 1989 年版，第 1243 页。
③ 《礼记·祭统》，［清］孙希旦：《礼记集解》，中华书局 1989 年版，第 1244 页。
④ 《礼记·祭统》，［清］孙希旦：《礼记集解》，中华书局 1989 年版，第 1244 页。

> 郑氏曰：不迎尸者，欲全其尊也。尸，神像也。鬼神之尊在庙中，人君之尊出庙门则伸。愚谓君出迎尸，则君屈于臣，故不出者，所以全君之尊，而君臣之义所以命也。①

对于君主而言，父子关系同样是君臣关系。扮演神像的是君主的子侄，也是他的臣下，因而君主的现实地位是比作为臣下的子侄更为尊贵，子侄只有在太庙内作为先王的神主时其地位高于主祭的君主。因此，君主不可走出太庙来恭迎神主，因为在太庙之外的非祭祀场合，人君的尊崇地位便可以得到伸展。此时要求人君迎接作为神主的子侄，便颠倒了君臣之间的尊卑关系。因此《祭统》认为，君主只迎接祭祀用的牲畜而不迎接神主，正是要凸显君臣间的上下尊卑关系。

综上所述，无论是冠礼、昏礼还是丧祭礼，这些人生之礼都在人生的各个重要阶段起到规范行为、提示责任和涵养德性的教化作用。因此《礼记》认为，人生之礼对人格的成就的意义是不可替代的。

三、交接之礼的道德教化意义

交接之礼是儒家另一类重要的礼节，它们为人们的社会交往活动赋予规则，规范人们在社交时的行为。显然，这其中同样蕴含着丰富的教化思想。在《仪礼》与《礼记》中，最重要的交接之礼莫过于乡饮酒礼和射礼，因而本小节便以此二者为核心，探讨交接之礼蕴含的道德教化意义。

1. 乡饮酒礼

按照郑玄的注释，乡饮酒礼有二种，一种是乡贤在向国君引荐人才之前设宴款待本地的青年才俊，另一种则是邀请年长者饮酒以彰显尊老敬老之义，而《仪礼》中的乡饮酒礼仅指前者。《仪礼注疏》载：

> 《乡大夫》："以正月之吉受法于司徒，退而颁之于其乡吏，使各以教其所治，以考其德行，察其道艺。及三年大比，而兴贤者、能者，乡老及乡大夫帅其吏，与其众寡，以礼礼宾之。厥明，献贤能之书于王。"是礼乃三年年正月而一行也，诸侯之乡大夫贡士于君，盖如此云。古者年七十者而致仕，老于乡里，大夫名曰父师，士名曰少师，而教学焉，恒知乡人之贤者，是以大夫就而谋之。贤者为贤，其次为介，又其次为众宾，而与之饮酒，是亦将献之，以礼礼宾之。今郡国十月行此饮酒礼，以《党正》每岁"邦索鬼神而祭祀，则以礼属民，而饮酒于序，以正齿位"之说然。此篇无正齿位之事焉。凡乡党饮酒，必于民聚之时，欲其见化，知尚贤尊长也。②

可见，从乡饮酒礼的参与者来看，此礼或者是乡贤对于本地德才兼备的青年才俊的肯定和祝贺，或者是对于年长者的尊敬崇奉，而非平民百姓之间泛泛的交往形式。换言

---

① 《礼记·祭统》，[清] 孙希旦：《礼记集解》，中华书局 1989 年版，第 1244 页。

② [汉] 郑玄注，[唐] 贾公彦疏：《仪礼注疏》，上海古籍出版社 2008 年版，第 194 页。

之，其宾主双方的人选都是有严格限定的，由于饮酒礼中主人一方带有官方色彩，因而这一限定本身便具有国家通过乡贤引导百姓修身向学或敬德养老之义。很显然，此举有着强烈的教化意味，意欲向百姓传递西周社会的主流价值观念。特别是以礼敬青年才俊为目的的饮酒礼，它实际上是官方对后辈的才德之士的认可与接纳，是选拔人才的一个环节。而其标准则是德性和才学，因此这种饮酒礼可以看作将政治与道德教化相结合的产物。

按照《仪礼·乡饮酒礼》的记载，乡饮酒礼可分为（一）准备工作及迎宾；（二）献宾；（三）作乐；（四）旅酬；（五）无算爵、无算肉；（六）送宾及其他共计六个环节。准备及迎宾的环节共有五步：谋宾、戒宾、陈设、速宾与迎宾。所谓谋宾，是"主人就先生而谋宾、介"，① 按照郑玄的注释，"主人，谓诸侯之乡大夫也；先生，乡中致仕者。宾、介、处士贤者。"② 这是说，由诸侯的乡大夫和本地的致仕官员为主人，邀请未做官的青年才俊以表示祝贺。按照上文的记述，宾客分为宾、介（陪客）和众宾三类，皆为处士，其德性才华逐级降低，宾介皆为一人，众宾有多人，其中三位年长者为众宾之长。确定宾客以后，下一步是"戒宾"即主人亲自延请宾与介。接着主人要做好"陈设"，即宴会的布置工作，"乃席宾、主人、介，众宾之席，皆不属焉（按：属，相连）。尊两壶于房户间，斯禁，有玄酒，在西。设篚（按：盛东西的竹器）于禁南，东肆。加二勺于两壶。设洗（水盆）于阼阶东南，南北以堂深，东西当东荣。水在洗东，篚在洗西，南肆。"③ 在陈设好后，主人要"速宾"即亲自邀请宾客。在宾客来到之后，主人要带着傧相在庠门外亲自迎客，经过三揖三让，将客引入堂上，"主人一相，迎于门外，再拜宾，宾答拜。拜介，介答拜。揖众宾。主人揖，先入。宾厌（按：引手）介，入门，左。介厌众宾，入。众宾皆入门，左。北上。主人与宾三揖，至于阶，三让，主人升，宾升。主人阼阶上，当楣，北面，再拜。宾西阶上，当楣，北面，答拜。"④

在宾主坐定后，饮酒礼进入"献宾"即敬酒的环节。按照陈来先生的概括，"献"的过程要求主人对宾、介和众宾的分别敬酒，其礼节各不相同：主人与宾之间须完成"献""酢""酬"三个环节，主人对介只有"献"与"酢"，对众宾只有"献"。这三个环节的具体步骤是：

> 宾客迎入后，先由主人取酒爵到宾席前进献，叫作"献"；次由宾取酒爵到主人席前还敬，叫作"酢"。再由主人把酒注觯，先自饮，而后劝宾随饮，这叫"酬"。这样的献、酢、酬一周，合为"一献"之礼。⑤

而对于从准备宴客、迎宾到献礼的意义，《礼记》的《乡饮酒义》一文认为，此举是为了确定贵族的交往原则，使得宾主双方都能以敬重与谦让的原则展开社会交往，从而

① 《仪礼·乡饮酒礼》，[汉]郑玄注，[唐]贾公彦疏：《仪礼注疏》，上海古籍出版社 2008 年版，第 194 页。
② [汉]郑玄注，[唐]贾公彦疏：《仪礼注疏》，上海古籍出版社 2008 年版，第 194 页。
③ 《仪礼·乡饮酒礼》，[汉]郑玄注，[唐]贾公彦疏：《仪礼注疏》，上海古籍出版社 2008 年版，第 197—199 页。
④ 《仪礼·乡饮酒礼》，[汉]郑玄注，[唐]贾公彦疏：《仪礼注疏》，上海古籍出版社 2008 年版，第 200—202 页。
⑤ 陈来：《古代宗教与伦理——儒家思想的根源》，北京大学出版社 2017 年版，第 297 页。

杜绝混乱与争斗。

> 乡饮酒之义：主人拜迎宾于庠门之外，入三揖而后至阶，三让而后升，所以致尊让也。盥、洗、扬觯，所以致絜也。拜至、拜洗、拜受、拜送、拜既，所以致敬也。尊让、絜、敬也者，君子之所以相接也。君子尊让则不争，絜、敬则不慢，不慢不争，则远于斗、辨矣，不斗、辨，则无暴乱之祸矣，斯君子所以免于人祸也。故圣人制之以道。①

在《乡饮酒义》看来，乡饮酒礼的仪节的确十分繁复：迎宾须"三揖三让"，饮酒前须洗手并清洗酒具，宾主在饮酒过程中须往复相拜五次（按：拜至、拜送是主人之拜，拜洗、拜受与拜既是客人之拜）才能饮酒。然而，圣人制作如此繁复的饮酒礼的目的在于以尊让、絜与敬来规定君子的交往之道，使君子之交的全过程井然有序，宾主间既不至于争斗，又不至于怠慢，而是能够通过饮酒礼尽宾主之情，全宾主之德。可见，乡饮酒礼是通过一整套程序规范贵族的社交模式，使其在交往的过程中能够提升自己的品行。毕竟按照《仪礼》的记载，乡饮酒礼是乡大夫宴请本地的青年才俊之礼，后者作为国家的后备人才，其行事立身必须合乎贵族社会的基本要求。而通过饮酒礼，青年人的品行得到了陶冶，能够更好地适应日后贵族之间社会交往的需要。

《乡饮酒义》中还记载了孔子对饮酒礼的看法，即"吾观于乡而知王道之易易也"，② 孙希旦对此的解释是"愚谓礼行于乡，而人无不化者，故可以知王道之易行也"，③ 即明确将乡饮酒礼视作教化百姓的重要手段。按照《乡饮酒义》的记载，支撑孔子这一观点的主要有五个环节，其中准备工作、迎宾与献宾分别对应前两个环节，即"贵贱之义"与"隆杀之义"。《乡饮酒义》载：

> 主人亲速宾及介，而众宾自从之。至于门外，主人拜宾及介，而众宾自入。贵贱之义别矣。
> 三揖至于阶，三让以宾升，拜至、献、酬、辞让之节繁。及介省矣。至于众宾升受，坐祭，立饮，不酢而降。隆杀之义辨矣。④

可见，在乡饮酒礼中，同样作为宾客，宾、介、众宾的地位差距很大，这在三者适用的礼节上就有着明显的不同。一方面，对于宾与介，主人要亲自拜迎，对于众宾则只需作揖即可。另一方面，在饮酒的程序上，正如前文所言，主人对宾须三揖三让而迎至堂上，且须走完献、酢、酬这一完整的敬酒过程，对介则只需进行献与酬两步，对众宾则更是只有献礼。很明显，主人对三者所行之礼有着丰富与简约的区分：宾的地位至重，介次之，众宾又次之，而区分贵贱的标准则是德行与才华。在孔子看来，订立这样的礼

---

① 《礼记·乡饮酒义》，[清] 孙希旦：《礼记集解》，中华书局 1989 年版，第 1424 页。
② 《礼记·乡饮酒义》，[清] 孙希旦：《礼记集解》，中华书局 1989 年版，第 1429 页。
③ [清] 孙希旦：《礼记集解》，中华书局 1989 年版，第 1430 页。
④ 《礼记·乡饮酒义》，[清] 孙希旦：《礼记集解》，中华书局 1989 年版，第 1430 页。

制的目的是对德才兼备者给予事实上的奖励，以此来激励百姓向道。

按照乡饮酒礼的程序，献礼之后接下来要进行的环节是"作乐"。按照《乡饮酒义》的记载，"作乐"的具体过程如下，"工入，升歌三终，主人献之。笙入三终，主人献之。间歌三终，合乐三终，工告'乐备'，遂出。"① 唐代大儒孔颖达对此做了详细的解说：

> 工入，升歌三终者，谓升堂歌《鹿鸣》《四牡》《皇皇者华》（按：均为《诗经·小雅》之诗），每一篇为一终也。主人献之，谓献工也。笙入三终者，谓吹笙之人，入于堂下，奏《南陔》《白华》《华黍》（按：均为《诗经·小雅》之诗）。每一篇为一终也。主人献之，谓献笙人也。间歌三终者，间，代也，堂上歌《鱼丽》，则堂下《由庚》为一终；堂上歌《南有嘉鱼》，则堂下笙《崇丘》为二终；堂上歌《南山有台》，则堂下笙《由仪》为三终。堂上堂下一歌一吹，相代而作也。合乐三终者，工歌《关雎》，则笙吹《鹊巢》合之；工歌《葛覃》，则笙吹《采蘩》合之；工歌《卷耳》，则笙吹《采蘋》合之。堂上下歌、瑟及笙俱作也。工，谓乐正。工先告乐正，乐正告宾以"乐备"，而遂下堂也。言"遂出"者，乐正自至此去，不复升堂也。②

这是说，"作乐"的部分分为四个环节：首先，乐工四人上堂，歌唱三首《小雅》中曲目，以瑟伴奏，歌毕主人敬酒；其次，吹笙者四人在堂下吹奏三首《小雅》中曲目，曲罢主人敬酒；第三，堂上"升歌"与堂下"吹笙"交叉进行，各自演奏三首《小雅》的曲目；最后，堂上堂下共同表演《周南》中的诗歌，以此作为奏乐的结束。按照我们在后文讨论《乐记》时的说法，这里的曲目皆为"雅乐"，既具有深厚的美感和艺术表现力，又具有陶冶性情、教化道德的作用。奏乐毕，则立司正以准备进行下一环节"旅酬"。所谓"司正"，按照《乡饮酒义》的说法是指"饮酒之间监察仪法者"，③ 即监督喝酒时仪节的人，其职责是制止醉酒后可能出现的失仪行为。因此在孔子看来，由奏雅乐而立司正可知"其能和乐而不流也"④。这是说饮酒礼能做到"和乐而有节"，一方面，通过饮酒和欣赏音乐的过程可以增进宾主的了解，加深两者的感情；另一方面，情感的宣泄又由专人给予一定的限制，避免饮酒过量造成的种种问题，以达到"唯酒无量不及乱"的中道状态。

在"作乐"之后，下一环节是"旅酬"即轮番敬酒。其过程是，"宾酬主人，主人酬介，介酬众宾，少长以齿，终于沃、洗者焉，知其能悌长而无遗也"⑤。对这一过程解释得最为到位的当属孔颖达，"旅酬之时，宾主人之党，各以少长为齿，以次相旅，至于执掌罍洗之人，以水沃、罍、洗爵者，皆预旅酬也。"⑥ 也就是说，旅酬是宾主双方以年齿为顺序，由低到高依次向对方敬酒，包括为宴会提供服务的人。以此为教，能"使少者

---

① 《礼记·乡饮酒义》，[清] 孙希旦：《礼记集解》，中华书局 1989 年版，第 1430 页。
② [清] 孙希旦：《礼记集解》，中华书局 1989 年版，第 1427 页。
③ [清] 孙希旦：《礼记集解》，中华书局 1989 年版，第 1431 页。
④ 《礼记·乡饮酒义》，[清] 孙希旦：《礼记集解》，中华书局 1989 年版，第 1430 页。
⑤ 《礼记·乡饮酒义》，[清] 孙希旦：《礼记集解》，中华书局 1989 年版，第 1432 页。
⑥ [汉] 郑玄注、[唐] 孔颖达疏：《礼记正义》，李学勤主编，北京大学出版社 1999 年版，第 1635 页。

皆承顺以事长者，而无所遗弃也"，^① 即不考虑人们在身份地位上的差距，一视同仁地尊敬年长之人。在《乡饮酒义》的作者看来，这标志着"悌道"的充分实现。

"旅酬"结束以后，酒宴便进入相对自由"无算爵"的环节，"宾主脱履而坐，进酒肉，醉而后止"^②。但即便如此，饮酒活动仍有一些限制，"饮酒之节，朝不废朝，莫不废夕；宾出，主人拜送，节文终遂焉。"^③ 酒宴的时间不能早于早晨，不能晚于夜幕降临，也就是说时间不得超过一天。并且，酒宴结束以后，主人须亲自与宾客拜别，以与亲迎宾客相对，完成乡饮酒礼的全过程。可见，在相对自由的"无算爵"环节，饮酒礼仍然对宾主的行为有一定要求，其目的是规范人们的休息享受活动，使之不至成为放纵欲望、消磨心志之举，从反面助力君子的修养过程，是谓"安燕而不乱也"。

以上所分析的是第一类乡饮酒礼即乡大夫宴请本地的青年才俊的饮酒礼，除此之外，《乡饮酒义》还记载了另一类以尊老敬老为目的的饮酒礼。

> 乡饮酒之礼，六十者坐，五十者立侍以听政役，所以明尊长也。六十者三豆，七十者四豆，八十者五豆，九十者六豆，所以明养老也。民知尊长养老，而后乃能入孝弟；民入孝弟，出尊长养老，而后成教；成教而后国可安也。君子之所谓孝者，非家至而日见之也，合诸乡射，教之乡饮酒之礼，而孝弟之行立矣。^④

按照郑玄的考证，"此说乡饮酒，谓《党正》（按：党为周代乡以下的行政机构，党有党正一名）'国索鬼神而祭祀，则以礼属民而饮酒于序，以正齿位'之礼也"^⑤。这种礼以敬老为目的，其礼仪节文的隆杀之别完全按照年齿来划分。因此，在本礼中，六十以上的老者才能坐于堂上，五十以上的中年人只得立于堂下，听候差遣。不仅如此，宾主面前的礼器"豆"的数量遵循"十年加一豆"的原则。在《乡饮酒礼》看来，这些节文皆是为了凸显"尊长养老"之义。值得注意的是，本段将"尊长养老"视作孝悌之道的核心，认为孝道的关键是尊老敬老的态度，而非朝夕相伴于双亲之前，而这样的孝道是通过饮酒礼和射礼培养出的。这意味着《乡饮酒礼》构建了融"行礼——教民——成德"为一体的教化体系，将践行礼仪与成就德性紧密地连接起来，进一步强化了乡饮酒礼的教化意义。

综上所述，周代的乡饮酒礼无论是以尊贤为目的，还是以敬老为旨归，都具有规范社会交往、传播主流价值及成就士人与百姓之德的功效，因而有着强烈的教化意义，是儒家礼教不可或缺的重要环节。

2. 射礼

与乡饮酒礼类似，射礼亦是周代社会的重要社交礼节。按照孙希旦的说法，周代射礼分为四类：大射、宾射、宴射和乡射。《礼记·射义》载：

---

① ［清］孙希旦：《礼记集解》，中华书局1989年版，第1432页。
② 陈来：《古代宗教与伦理——儒家思想的根源》，北京大学出版社2017年版，第297页。
③ 《礼记·乡饮酒义》，［清］孙希旦：《礼记集解》，中华书局1989年版，第1432页。
④ 《礼记·乡饮酒义》，［清］孙希旦：《礼记集解》，中华书局1989年版，第1428页。
⑤ ［汉］郑玄注、［唐］孔颖达疏：《礼记正义》，李学勤主编，北京大学出版社1999年版，第1632页。

　　凡礼射有四：一曰大射，君臣相与习射而射也。自天子以下至于士，皆有之，今惟诸侯《大射礼》存。二曰宾射，天子诸侯缋来朝之宾，而因与之射。亦谓之缋射，《司服》"缋射则鷩冕"是也。缋礼在庙，故服鷩冕。诸侯缋聘宾，亦与之射，《左传》晋士鞅"来聘"，"公享之"，"射者三耦"，是也。今其《礼》并亡。三曰燕射，天子诸侯燕其臣子或四方之宾，而因与之射；大夫士燕其宾客，亦得行之。《燕礼》云"若射"，"则如乡射之礼。"此诸侯燕射之可见者也。四曰乡射，州长与其众庶习射于州序，《仪礼·乡射礼》是也。而乡大夫以五物询众庶，亦用是礼焉。①

　　可见，无论是哪种射礼都是周代的一种社交活动。其中，前三种射礼主要发生于贵族之间，具有较强的政治意味；乡射则主要面对民间，是地方官员教化百姓的一种手段。但无论是哪种射礼，都是周礼中社交礼仪的一部分。

　　至于射礼的教化意义，《礼记·射义》认为大致有三个方面。首先，《射义》认为，"故射者，进退周旋必中礼，内志正，外体直，然后持弓矢审固，持弓矢审固，然后可以言中。此可以观德行矣。"② 这意味着，射箭取得命中的前提是持弓稳固且劲力充沛，而这两者都需要良好的修养，这构成了射礼在修身与成人方面的价值。更准确地说，射箭要命中目标，必须要实现精、气、神的高度统一，以达到内心志向端正、外在形体正直的生命状态。显然，这种状态不是天生的，而是后天持之以恒修身的结果。对此，郑玄的解释是，"内正外直，习于礼乐有德行者也"，③ 这是将内正外直的修养状态视作修习礼乐的自然结果。至于"内志正，外体直"的具体内涵，宋儒吕大临基于乃师二程的思想做了细致的说明：

　　　　圣王制射礼，以善养人于无事之时。君子敬以直内，义以方外，则不会疑其所行。故发而不中节者，常生于不敬；所存乎内者敬，则所以形于外者庄矣。内外交修，则发乎事者中矣。射，一艺也。容比于礼，节比于乐，发而不失正鹄，是必有乐于礼乐，久于恭敬，用志不分之心，然后可以得之，则其德可知矣。④

　　显然，吕大临此处的思想来自于程颐。以"敬以直内，义以方外"为代表的"敬义夹持"说是程颐修养工夫论的核心命题。吕大临以此来解读射礼，意在强调射礼内外双修、"敬义夹持"的修养作用。在吕大临看来，未发已发相对应，作为外在的行为，射箭水准的高低取决于内在的心性状态，而后者又依赖于长期的身心修养。学者只有通过长期的修身过程，敬以直内，使得内在精神凝聚而不散乱；义以方外，使外在行为合规而不逾矩，才能实现"敬义夹持而进"，使得自身的精神与身体状态愈加协调统一。这样才能保证在射箭时人能够"持弓审固"，即内在的精神能够有效地控制形体使射箭的动作不走样变形，外在的身体有足够的气力来完成内心的指令。前者保证射出的箭矢能够直指

---

① 　[清] 孙希旦：《礼记集解》，中华书局 1989 年版，第 1437 页。
② 　《礼记·射义》，[清] 孙希旦：《礼记集解》，中华书局 1989 年版，第 1438 页。
③ 　[汉] 郑玄注、[唐] 孔颖达疏：《礼记正义》，李学勤主编，北京大学出版社 1999 年版，第 1641 页。
④ 　[清] 孙希旦：《礼记集解》，中华书局 1989 年版，第 1438 页。

靶心，是为"审"；后者则确保箭矢能够有力道射到靶子上，是为"固"。只有这样，射出的箭才能百发百中。因此在吕大临看来，射礼分明考验的是人的内在修养，而这需要礼乐的长期教化以实现之。正如孔子在《中庸》中所说的，"射有似乎君子；失诸正鹄，反求诸其身"，① 射礼的教化意义就在于促使君子反省自身的不足，从而在凝神聚气上下工夫。

其次，《射礼》指出，由于射礼与修身进德之间的密切关系，因而它成为了天子考校诸侯、卿、大夫以及选拔德才之士的重要方式。

> 是故古者天子以射选诸侯、卿、大夫、士。射者，男子之事也，因而饰之以礼乐也。故事之尽礼乐，而可数为，以立德行者莫若射，故圣王务焉。
>
> 是故古者天子之制，诸侯岁献贡士于天子，天子试之于射宫。其容体比于礼，其节比于乐，而中多者，得与于祭，其容体不比于礼，其节不比于乐，而中少者，不得与于祭。数与于祭而君有庆；数不与于祭而君有让。数有庆而益地；数有让而削地。故曰："射者，射为诸侯也。"是以诸侯君臣尽志于射，以习礼乐。夫君臣习礼乐而以流亡者，未之有也。②

对于射礼为何成为天子稽核贵族和选拔人才的重要手段，孔颖达的回答是"圣王所以务以射选诸侯、卿、大夫者，诸侯虽继世而立，卿、大夫有功乃升，非专以射而选。但既为诸侯、卿、大夫，又考其德行，更以射辨其才艺高下，非谓直以射选补始用之也。……男子生有悬弧之义，故云'射者，男子之事'。因此射事，更华饰以礼乐，则容体比于礼，其节比于乐是也。"③ 这里的"悬弧"乃是指男子习武，也就是说习武乃是男子之责，对贵族男子更是如此。因此，天子以射考校贵族的原因乃是射事能够兼具文武：射事本身就是武艺的一种，而如前所述，射箭能否"正鹄"又依赖于人的内在修为，后者又是礼乐长期教化的结果，具有文事的特征。因此，贵族与士人擅长射箭就意味着他们既不忘保家卫国的本质，又具备君子的德行，是国家不可或缺的人才。这其中又以天子选士的过程更为重要，因为正如孔颖达所言，诸侯、卿、大夫作为世卿世禄的贵族，射礼只是对其德行和才干的考校，而非选拔的标准；士人则不同，作为"四民之首"的他们并无世袭的权位，因而需要依靠君主的赏识来获得从政的机会，这使得士人们必须在君主面前通过射箭充分展示自身的修养与才华。同时，士人们都是由所在地的诸侯推荐给天子的，因而其质量的高低也成为了天子衡量诸侯治国理政水平的标准之一，并会伴随相应的奖惩措施。这意味着选士的成功与否与诸侯的利益亦是息息相关，故而诸侯亦十分看重此事。另外，受到天子赏识的士人还可获得参与天子之祭的机会。正所谓"国之大事，在祭与戎"，对于士人而言，能够参与到周天子的祭祀活动中乃是极高荣耀，这可以视作对其德行人品的充分肯定。对于射礼而言，与祭祀这一崇高活动的紧密联系无疑又为其赋予了一层神圣感。正如吕大临所言，"古之选士，中多者得与于祭，盖礼乐节

---

① ［宋］朱熹：《四书章句集注》，中华书局1983年版，第24页。
② 《礼记·射义》，［清］孙希旦：《礼记集解》，中华书局1989年版，第1440—1441页。
③ ［汉］郑玄注、［唐］孔颖达疏：《礼记正义》，李学勤主编，北京大学出版社1999年版，第1643页。

文之多，惟射与祭为然。能尽射之节文，而不失其诚，可以奉祭祀矣。能心平体正，持弓矢审固而中多，其敬可以事鬼神矣。"① 在他看来，能够很好地行射礼的士人，其特点是内心有持守而行为能尽礼仪，即做到内外双修。这种人生状态与奉祭的要求完全贴合，因而可以参与祭祀大典。可以说，射礼与祭祀的关联进一步强化了前者的道德意义，使之在儒家的礼仪体系中占有了独特的一席之地。

第三，《射义》进一步扩展了射礼的内涵，将一切人的职责作为了他们各自的"鹄"，要求他们尽其所能，射中自己之"鹄"。

> 射之为言者绎也，或曰舍也。绎者，各绎己之志也。故心平体正，持弓矢审固，持弓矢审固则射中矣。故曰："为人父者以为父鹄；为人子者以为子鹄，为人君者以为君鹄；为人臣者以为臣鹄。"故射者，各射己之鹄。故天子之大射谓之射侯，射侯者，射为诸侯也。射中则得为诸侯，射不中则不得为诸侯。②

这里的"绎"乃是"寻绎"即找寻之义，"舍"则是"安处"之义，因此"射之为言者绎也，或曰舍也"乃是说"射"字包含找寻目标并尽力实现之义。而在《射义》看来，能做到这两者，需要"心平体正"，精、气、神三者凝聚为一体，这又依赖长期的礼乐教化和道德修养。《射义》进一步认为，不同的人存在着不同的人生目标，而这些目标的达成又有赖于自身不懈地努力。正如孙希旦所言，"射以观德，故为父、子、君、臣者，当射时必念此所射者即己之鹄，中之则能胜其所为，不中则不能胜其所为，此所谓'绎己之志'者也。"③ 借用孔子的"正名"思想我们可以说，父、子、君、臣之名各自有其要求，也就是"实"。对于分别扮演父、子、君、臣的人们来说，他们必须以各自社会身份之"实"为人生之"鹄"，尽全力射中其"鹄"，而将这一努力过程抽绎为各自的志向。此举将使得每个人的人生既充满责任感，又具备为之奋斗的激情与动力，从而促进人生目标的实现。

通过上文的分析我们可以看出，无论是作为生活之礼的冠礼、昏礼和丧祭之礼，还是作为社交礼仪的乡饮酒礼与射礼，其中都包含着涵养德性、挺立人格与明晰社会责任的教化功用。由此可见，周代的礼仪具有深厚的教化意味，是儒家教化思想的核心组成。

第二节　《乐记》的礼乐教化思想

《乐记》作为《小戴礼记》中的重要篇目，自诞生以来就受到学者的普遍重视。例如，孙星群研究员就指出，"儒家《乐记》亘古通今，是我国最早研究礼乐的经典著作，

---

① 《礼记·射义》，[清]孙希旦：《礼记集解》，中华书局1989年版，第1441页。
② 《礼记·射义》，[清]孙希旦：《礼记集解》，中华书局1989年版，第1444—1445页。
③ [清]孙希旦：《礼记集解》，中华书局1989年版，第1445页。

是世界上现存最早的一部出版的音乐美学经典著作，是'中国音乐美学的始祖'。"① 陈来先生则基于哲学史的角度，认为"《礼记》一书中，除了《大学》《中庸》外，在宋明理学中影响最大的当属《乐记》篇"，并认为其原因在于"《礼记》的其他篇章多记述孔孟的德行论和君子论，如《儒行》《坊记》《表记》《缁衣》等篇，而《乐记》重视人心和性情，与宋明理学重视心性论的需要正好相合，于是《乐记》的一些思想、观念便成为宋明理学的重要思想资源和基础"。② 可以说，这两个论断揭示了《乐记》的两个重要方面，这两者也共同构成了《乐记》的思想内核，其一是从内涵、区别及相互关系的角度介绍礼乐，其二是从礼乐对人的内心及本性的作用方式角度探寻礼乐教化的实施过程，并进而揭示礼乐教化思想对政治统治和社会治理的积极作用。很显然，这两部分内容都和我们所要探讨的主题密切相关，这也构成了我们探索《乐记》的两个环节，即礼乐的内涵与教化意义。

在具体分析《乐记》的思想之前，我们首先来了解一下《乐记》一文的基本情况。在清儒孙希旦所著的《礼记集解》中，他引用了东汉大儒郑玄之语介绍《乐记》的基本结构，"名《乐记》者，以其记乐之义。盖十一篇合为一篇，有《乐本》，有《乐论》，有《乐施》，有《乐言》，有《乐礼》，有《乐情》，有《乐化》，有《乐象》，有《宾牟贾》，有《师乙》，有《魏文侯》。今虽合此，略有分焉。"③ 可见，《乐记》的主要内容是音乐的本质、音乐的表现形式、音乐的教化过程以及礼乐的关系。这说明《乐记》并不是一般的音乐美学作品，更不是去具体阐释某一部音乐作品，而是将音乐放在整个儒学的理论框架下，着重考察它能够在推行儒家的政治主张与修养方法的过程中扮演怎样的角色。对此，孙希旦本人有一精辟的概括：

> 乐以义理为本，以器数为用。古者乐为六艺之一，小学、大学莫不以此为教，其器数，人人之所习也。独其义理之精有未易可知者，故此篇专言义理而不及器数。自古乐散亡，器数失传，而其言义理者，虽赖有是篇之存，而不可见之施用，遂为简上空言矣。然而乐之理终未尝亡，苟能本其和乐庄敬者以治一身，而推其同和、同节者以治一世，则孟子所谓"今乐犹古乐"者，而其用或亦可以渐复也。④

孙希旦在此明确指出，对儒家而言，音乐作为教化工具，最有意义的是其蕴含的义理而非具体的音律和演奏技法。因为对于儒者而言，乐是"六艺"之一，是人人都需要学习的，因此儒者对具体的音律和技法或多或少都有所了解。但至于儒家重视"乐"的根本原因，即乐对儒家政治治理和个人修养的作用，很多人却不甚了了，知其然而不知其所以然，而这才是《乐记》所要针对的问题。同样，在孙希旦看来，这也是后世儒者要认真研读《乐记》的原因，即把握其中的"和乐庄敬"之礼，并推而广之以"治世"。这意味着，儒家重视"乐"的根本原因是政治治理，但要达成有效的政治治理，却有赖

① 孙星群：《言志·咏声·冶情——〈乐记〉研究与解读》，人民出版社2012年版，第19页。
② 陈来：《孔子·孟子·荀子——先秦儒学讲稿》，生活·读书·新知三联书店2017年版，第190页。
③ [清] 孙希旦：《礼记集解》，中华书局1989年版，第975页。
④ [清] 孙希旦：《礼记集解》，中华书局1989年版，第976页。

于道德教化。换言之，"乐政"是要依靠"乐教"来实现的，这就从根本上奠定了儒家礼乐教化思想的重要地位。

对于《乐记》的作者，学界亦有争论，大致有公孙尼子以及子夏、西汉河间献王刘德等多种说法，但多数学者还是持公孙尼子为《乐记》的主要作者这一观点。还有些学者认为，《乐记》的主要作者应是公孙尼子，但也夹杂着先秦时期其他学派的观点和主张。[①] 而对公孙尼子的身份，大部分学者认为他是生活在春秋战国之交或战国早期的儒者，是子夏的门徒，也是孔子的再传弟子，也有人认为他是生活在春秋末期至战国早期的孔子的亲传弟子。[②] 而对于《乐记》成书年代，学界普遍认为其可能得到西汉儒者的整理，但其主要思想则诞生于战国早期至中期，在时间上应当先于孟子。近年来随着郭店楚简的问世，学界发现，《乐记》中的不少思想与郭店楚简的观点是相类似的，因而它们的诞生时间应当相距不远。[③] 因而我们可以认为，《乐记》作为中国历史上第一篇完整的音乐理论著作大致诞生于战国的初期至中期，其主要内容反映的是孔门再传弟子公孙尼子的思想，并经后世的儒者整理而成书。

一、《乐记》的自然人性论思想

在前文中我们分析了《乐记》的成书时间和作者，指出其作者应为战国初期至中期的公孙尼子。这一看法十分重要，因为它意味着《乐记》所反映的主要是孔孟之间的儒家思想。这一阶段的儒学有一非常明显的特点，即提出了自然人性论，这也是它与孔孟二人最大的区别之处。众所周知，"性"这一概念在孔子的思想中并未占据重要的地位，论语中除了"性相近，习相远"和"夫子之言性与天道，不可得而闻欤"之外，几乎再没有出现过"性"字。而"性相近，习相远"仅仅意味着不同人的本性是类似的，却没有对"人性"的内涵做出说明。孟子则是儒家"性善论"的创始人，他明确地将"人性"规定为人的道德性，并将此视作人与动物的根本区别。然而，陈来先生敏锐地指出，"战国时代主流的人性论是'性有善有恶'，孟子的人性论是少数派"[④]。所谓"性有善有恶"的观点，实际上是"自然人性论"在性的价值属性上的结论，因而孟子与战国时期其他儒者在人性论上的对立实质上就是"自然人性论"与"性善论"的分野。《乐记》作为战国初期至中期的作品，其人性论观点同样是"自然人性论"，而它对于儒家乐教的论述正是以"自然人性论"为依托的。

所谓"自然人性论"，即是从天赋的自然本能角度去理解人性，将人性视作天赋的自然本能。这种对人性的理解是先秦时期特别是孔子与孟子之间儒家对人性问题的普遍看法。例如，郭店楚简的《性自命出》中就有"喜怒哀悲之气，性也，及其见于外，则物取之也；性自命出，命自天降；道始于情，情生于性"的说法，认为人性就是能够使人产生喜怒哀悲诸种情感的内在条件，它受到外物的影响而发动，产生具体的情感，同时强调这样的性是由上天赋予人的，是人先天本有之内容。孟子之后，荀子的"性恶论"

---

① 参见王祎：《〈礼记·乐记〉研究论稿》，上海世纪出版集团 2011 年版，第 55—57 页。
② 参见孙星群：《言志·咏声·冶情——〈乐记〉研究与解读》，人民出版社 2012 年版，第 20—23 页。
③ 参见孙星群：《言志·咏声·冶情——〈乐记〉研究与解读》，人民出版社 2012 年版，第 24—27 页。
④ 陈来：《孔子·孟子·荀子——先秦儒学讲稿》，生活·读书·新知三联书店 2017 年版，第 153 页。

从实质上讲仍然是一种自然人性论，他认为，"凡性者，天之就也，不可学，不可事"①，即性是不可通过后天之努力来改变的先天本能。而对于荀子人性的内容，陈来先生认为主要包括三方面，"第一是生理欲望和好利欲息；第二是人的感知能力；第三是人格的可塑性，可以成就某种人格"②。显然，无论是《性自命出》还是荀子的人性论，他们对人性的理解都是将其视为天赋的自然本能，都不涉及道德因素，这正是"自然人性论"的根本特征。③ 而两者的修养途径亦与之相应而有很大的相似性，与孟子则有明显的区别：都强调通过后天的教化活动来引导人们向上向善。而在这一过程中，礼乐作为教化手段起到了非常重要的作用。

《乐记》的人性论结构和教化体系与之类似。在人性论方面，《乐记》亦持自然人性论的观点，从天赋自然本能的角度解读人性。《乐记》载：

> 人生而静，天之性也。感于物而动，性之欲也。物至知知，然后好恶形焉。好恶无节于内，知诱于外，不能反躬，天理灭矣。夫物之感人无穷，而人之好恶无节，则是物至而人化物也。人化物也者，灭天理而穷人欲者也。于是有悖逆诈伪之心，有淫泆作乱之事，是故强者胁弱，众者暴寡，知者诈愚，勇者苦怯，疾病不养，老幼孤独不得其所。此大乱之道也。④

本段应当是《乐记》中论述人性的最经典段落，它说明了《乐记》对人性的理解，并基于这一看法阐述了恶念恶行产生的原因。在笔者看来，本段包含三层含义。首先，"人生而静，天之性也；感于物而动，性之欲也"简单明了地说明了《乐记》对人性的基本看法——性静而能动。《乐记》之性自身的存在状态是平静的，但其内容是人对外部世界的感知与把握能力，因而"感于物而动"乃是《乐记》之性的内在要求，是性的"欲望"。换言之，按照《乐记》的理解，只要有外物作用于人，人性就必然受其感应而发动于外。需要注意的是，"感于物而动"只是人性的自然反应，谈不上善恶之别。这种对于

---

① 《荀子·性恶》，梁启雄：《荀子简释》，中华书局1983年版，第328页。

② 陈来：《孔子·孟子·荀子——先秦儒学讲稿》，生活·读书·新知三联书店2017年版，第230页。

③ 学界通常将荀子的人性论称为"性恶论"，因为《荀子》一书中讨论人性的文章的标题就是"性恶"，所以不少人受其影响，将"性恶"作为荀子人性论的根本特征。相比较而言，笔者更同意周炽成先生的"性朴论"的说法，因为荀子的"性恶"并非是说人性在根本上就是邪恶的，其对于人性的规定仍然是人的天赋自然本性，荀子只是认为这样的本性若不加节制会带来种种问题，不利于人类社会的存续与发展。相关内容在本书的荀子部分还将进一步讨论。

另外，需要注意的是，《荀子》的人性论与《性自命出》还是有着明显的区别：前者更多的是将人性视为维持生命的自然本能，后者则认为人性是情绪产生的内在根据，这里有着明显的差别。

④ 《礼记·乐记》，[清] 孙希旦：《礼记集解》，中华书局1989年版，第984页。

性的理解显然属于自然人性论，即性是人的自然本能，且不涉及德性，没有价值内涵。[①]
对此，《礼记正义》中孔颖达的注解是比较准确的，"言人初生，未有情欲，是其静禀于
自然，是天性也"[②]。陈来先生特别指出，"这里的'欲之动'表明情欲之动与性有关，是
根于其本性的。因此这里说的感于物而动，是指受到外物的感而发动的是欲。联系上面
一段的血气心知之性说，可以说欲是受到外物之感而根于血气本性的发动。"[③] 这个理解
是合理的，它说明"欲"之产生的外部条件是外物的感应作用，而内在根据则是人性的
自我要求，即人性有与外物接触的必然性。

其次，人性受到外物感应而发动之后，其表现形式是对外物的"好恶"。由于对某
事物的"好恶"有当与不当之别，因而这里便产生了道德意义，有了价值性。但《乐
记》紧接着便特别指出，"好恶无节于内"，即人自身当中并没有能够判断并节制好恶
的因素，并认为这是导致下文所说的"天理灭矣"即道德沦丧的重要原因。事实上，
《乐记》这里的理解是与其人性论相一致的。如前所述，《乐记》的人性是指人对外物
的反应，这种反应与道德无涉。这意味着天赋的人性中并没有道德成分，人单纯依靠
天赋的本性并不能产生道德认识，其结果自然是"好恶无节于内"。换言之，《乐记》
所理解的人性对于是非善恶是陌生的，故人的内心中不可能节制好恶之情，因为没有
对后者的判断能力。陈来先生认为，《乐记》对"欲"的角度使其人性论带有"荀学"
的色彩，"受到物的感而引发的欲，其形式主要是好恶；如果说这里把血气看作本性，
把欲望看作本性的表现，则这种思想也是近于荀子的。"[④] "近于荀子"再一次体现了
《乐记》的自然人性论特征，同时与孟子的"性善论"严格区别开来。同样，《礼记正义》
也认为，"其心本虽静，感于外物，而心遂动，是性之所贪欲也；自然谓之性，贪欲谓之
情，是情、性别矣"。[⑤]

第三，《乐记》中明确提出了"天理"的概念，并认为人们丧失德性的结果是天理的
灭弃和欲望的无所节制。"不能反躬，天理灭矣"意味着道德的丧失与天理的灭弃是一致
的，因而"天理"本身具有道德属性，是衡量人的行为正当与否的终极标准。但由于
《乐记》的人性只是对外部世界的感应能力，并无道德属性，因而人性中并没有天理的成
分。这意味着天理对人而言是一种外在的、异己的价值规范，人们对这种价值规范的掌
握不能依靠启发先天的善性，必须通过后天的教化才能实现。另外，本段用生动的笔调

　　① 因此，以朱子为代表的宋明理学家对本段的理解存在着严重的问题。在《礼记正义》中，孙希旦引用了朱子和弟子关于本段的讨论，"曰：'人生而静，天之性也，感于物而动，性之欲也，何也？'曰：'此言性情之妙，人之所生而有着也。盖人受天地之中以生，其未感也，纯粹至善，万理具焉，所谓性也'"（孙希旦：《礼记集解》，中华书局1989年版，第984页）。显然，朱子是从"性善论"的角度理解《乐记》的人性论，并与《中庸》的"天命之谓性"的观念相结合，使至善的人性进一步本体化为天理在人身上的体现。究其原因，乃是由于朱子作为理学家，其思想产生的理论根源就是"四书"和《周易》，因而他无条件地接受了孟子的性善论，并将其作为自身的理论来源。这使得他只要涉及人性的问题就习惯于从性善的角度加以考察，而忽视了《乐记》写作的年代以及这一时代人性论的普遍形式，也没有从文本出发，不带主观偏见地解析《乐记》的人性论。加之本段中出现了"天理"这一程朱理学极为看重的概念，这更使得朱子自然而然地用《孟子》和《中庸》相结合的理论架构来理解《乐记》的人性思想，进而导致了大面积误读。
　　② ［汉］郑玄注、［唐］孔颖达疏：《礼记正义》，李学勤主编，北京大学出版社1999年版，第1084页。
　　③ 陈来：《孔子·孟子·荀子——先秦儒学讲稿》，生活·读书·新知三联书店2017年版，第194页。
　　④ 陈来：《孔子·孟子·荀子——先秦儒学讲稿》，生活·读书·新知三联书店2017年版，第194页。
　　⑤ ［汉］郑玄注、［唐］孔颖达疏：《礼记正义》，李学勤主编，北京大学出版社1999年版，第1084页。

向我们描绘了天理丧失、人欲横流而导致社会大乱的恐怖图景，从反面证明，礼乐教化不仅是可行的，而且是必要的，是维持社会秩序的基本条件。

对于自然人性论与音乐的影响，《乐记》还做出了进一步说明：

> 夫民有血气心知之性，而无哀乐喜怒之常，应感起物而动，然后心术形焉。是故志微、噍杀之音作，而民思忧；啴谐、慢易、繁文、简节之音作，而民康乐；粗厉、猛起、奋末、广贲之音作，而民刚杀；廉直、劲正、庄诚之音作，而民肃敬；宽裕、肉好、顺成、和动之音作，而民慈爱；流辟、邪散、狄成、涤滥之音作，而民淫乱。[①]

《乐记》的作者在此描绘了不同的音乐给人们的情感和行为所造成的不同的影响。这里涉及到"音"与"乐"的区别，这将在后文中做进一步区分，此处先按下不表。这里需要注意的是本段的第一句对人性内容与情感产生过程的分析：一方面，"有血气心知之性，而无哀乐喜怒之常"再次说明了《乐记》所理解的人性的两层内涵，即人性的内容是对外界事物的感知能力，以及人性中并没有节制情感的"常道"也就是道德原则。另一方面，当人性受到外物的感应作用时，就会因为缺少内在的约束机制而使得人们很容易受到外物的影响，产生相应的情感，且难以觉察和把控情感的正当与否。因此《乐记》认为，不同的音乐会给人带来完全不同的心理体验，有的乐曲会激发人们的慈爱之情，另一些曲目则会引诱人们的淫荡之欲。这意味着在《乐记》的作者看来，人们能够产生怎样的情感，完全取决于外界的刺激是什么。换言之，主体只能对相应的刺激做出相应的应激性反应，其内心无法在受到刺激后主动地调整情感活动的方式。因此，外在的"感应之物"是什么，它如何作用于人这些外部因素对人能否产生正当的情感与行为至关重要。君子为了导人向善，就必须选择恰当的乐曲来影响人，使之产生正面的、积极的情感，这就是"乐教"的过程。《乐记》载：

> 是故先王本之情性，稽之度数，制之礼义。合生气之和，道五常之行，使之阳而不散，阴而不密，刚气不怒，柔气不慑。四畅交于中，而发作于外，皆安其位而不相夺也。然后立之学等，广其节奏，省其文采，以绳德厚。律小大之称，比终始之序，以象事行。使亲疏、贵贱、长幼、男女之理皆形见于乐。故曰："乐观其深矣！"[②]

反之，不当的乐曲则会诱使人产生负面情绪，使人的欲念愈发炽热，进而转化为恶行。

> 土敝则草木不长，水烦则鱼鳖不大，气衰则生物不遂，世乱则礼慝而乐淫。是故其声哀而不庄，乐而不安，慢易以犯节，流湎以忘本。广则容奸，狭则思欲，感

---

① 《礼记·乐记》，[清]孙希旦：《礼记集解》，中华书局1989年版，第998页。
② 《礼记·乐记》，[清]孙希旦：《礼记集解》，中华书局1989年版，第1000页。

条畅之气，而灭平和之德。是以君子贱之也。①

乱世之音无论表达哪种情感都会超越合理的限度，从而造成"容奸"和"思欲"这些恶劣的心理体验，故君子贱之。

总之，对于人性问题，《乐记》持自然人性论的立场，体现了战国早期至中期儒家关于人性问题的普遍理解。它将人性视为天赋的自然属性，其作用是在外物的感应作用下产生相应的情感和行为。这样的人性本身不涉及道德属性，因而合乎德性的情感和行为均乃后天教化的结果。这从人性论上为礼乐教化的展开提供了前提条件。

二、《乐记》的礼乐教化功能

由于人性不带有道德属性，因而德性的养成、行为的规约都有赖于后天的教化，特别是礼乐的教化功能。但在此之前，我们首先要明晰礼乐的涵义。由于我们在本章第一节中已经充分分析了礼的内涵，因此这里主要基于《乐记》一文对"乐"的内涵做一说明。

《乐记》通过比较"声""音""乐"这三个有密切关联的概念来揭示"乐"的内涵：

　　凡音之起，由人心生也。人心之动，物使之然也。感于物而动，故形于声。声相应，故生变。变成方谓之音。比音而乐之，及干戚羽旄，谓之乐。②

　　凡音者，生于人心者也；乐者，通伦理者也。是故知声而不知音者，禽兽是也；知音而不知乐者，众庶是也。唯君子为能知乐。是故审声以知音，审音以知乐，审乐以知政，而治道备矣！是故不知声者不可与言音，不知音者不可与言乐，知乐则几于礼矣！礼乐皆得谓之有德。德者，得也。③

这两段文字清楚地阐释了"声""音""乐"的区别与联系。按照《乐记》的说法，"声"产生于人心与外物相接处之际，是人之情感的直接宣泄，受到外物的影响而存在着差异，即"人心既感于外物而动，口以宣心，其心形见于声。"④"声"与"音"的区别在于前者是孤立的，"只有当不同的声相互应和时才产生变化，进而出现节奏与旋律，这便是音或者乐。"⑤ 因此，"声"是构成"音"和"乐"的基本元素，"音"和"乐"则是完整的、具有韵律和美感之"声"。

儒家真正关注的是"音"和"乐"的关系，借用《乐记》的话说就是"德音之谓乐"。"通伦理者"意味着"乐"的根本特点是合乎儒家的伦理要求，有道德教化的价值，这构成了"乐"和"音"的根本区别。更准确地说，"知声而不知音者，禽兽是也"凸显了"音"的人文性，表明音乐是人的感性存在的表现形式，其优美和缓的节奏与曲调也具有审美价值。但在道德上它却是中立的，既有"德音"也有"靡靡之音"。"知音而不

---

① 《礼记·乐记》，〔清〕孙希旦：《礼记集解》，中华书局 1989 年版，第 1001—1002 页。
② 《礼记·乐记》，〔清〕孙希旦：《礼记集解》，中华书局 1989 年版，第 976 页。
③ 《礼记·乐记》，〔清〕孙希旦：《礼记集解》，中华书局 1989 年版，第 982 页。
④ 〔汉〕郑玄注、〔唐〕孔颖达疏：《礼记正义》，李学勤主编，北京大学出版社 1999 年版，第 1074 页。
⑤ 张斯珉、乔清举：《论儒家自然人性论与礼乐教育的关系》，《东北师大学报》2014 年第 1 期。

知乐者，众庶是也"是指未经教化的"众庶"即平民百姓亦能欣赏"音"，显然在《乐记》的作者看来，"众庶"能把握的充其量就是节奏与曲调之美，这些都包涵在"音"之中。"乐"则仅限于"德音"，不包括"靡靡之音"，它能够使人产生类似于崇高、敬畏及和畅等积极的情感，从而遏制不当之欲念的萌发，因此它具有导人向善的功用。"唯君子为能知乐"意味着"乐"的道德价值只有德性完满之君子才能体会，即"君子谓大德圣人，能知极乐之理，故云'为能知'"①。正因为"乐"具有道德属性，对引导和规范人们的情感与行为有所助益，《乐记》才认为"知乐则几于礼矣"，因为礼乐有着共同的根源，即人的德性。

在明确了"乐"之内涵后，我们要进一步地考察礼乐的教化作用。值得注意的是，《乐记》的作者对礼乐的教化方式做出了区分，并认为这指向的是人类两种不同的情感和社会需要。

> 乐也者，情之不可变者也。礼也者，理之不可易者也。乐统同，礼辨异。礼乐之说，管乎人情矣。②
> 乐者为同，礼者为异。同则相亲，异则相敬。乐胜则流，礼胜则离。合情饰貌者，礼乐之事也。礼义立则贵贱等矣，乐文同则上下和矣，好恶著，则贤不肖别矣，刑禁暴、爵举贤，则政均矣。③

孙希旦对这两段的解释是：

> 郑氏曰：统同，同和合也。辨异，异尊卑也。礼乐之说，管乎人情矣。管犹包也。愚谓乐由中出，而本乎中节之情，故曰"情之不可变"，若其可变，则非情之和而不足以为乐矣。礼由外作，而合乎万事之理，故曰"理之不可易"，若其可易，则非理之当而不足以为礼矣。情欲其无所乖戾，故统同；理贵乎有所分别，故辨异。人情万变不穷，然有礼乐以统同辨异，则欢然有恩以相爱，粲然有文以相别，天下之人情皆管摄于是而不能外也。④
> 郑氏曰：同，谓协好恶。异，谓别贵贱。礼乐，欲其并行彬彬然。……愚谓礼言"义"，见其有以相辨，而贵贱之所以等也。乐言"文"，见其有以相接，而上下之所以和也。好恶者，刑爵之本；刑爵者，好恶之用。仁以爱之，而有恻怛之实，义以正之，而得裁制之宜，又所以为礼、乐、刑、爵之本者也。民治行者，言以此治民而民无不治也。⑤

结合《乐记》的原文与孙希旦细致的梳理，我们可以很清楚地看到礼乐的区别。首先，"礼乐之说，管乎人情矣"说明了礼乐的共同点是管摄和引导人的情感，从而使个人

---

① ［汉］郑玄注、［唐］孔颖达疏：《礼记正义》，李学勤主编，北京大学出版社1999年版，第1082页。
② 《礼记·乐记》，［清］孙希旦：《礼记集解》，中华书局1989年版，第1009页。
③ 《礼记·乐记》，［清］孙希旦：《礼记集解》，中华书局1989年版，第986—987页。
④ ［清］孙希旦：《礼记集解》，中华书局1989年版，第1009—1010页。
⑤ 《礼记·乐记》，［清］孙希旦：《礼记集解》，中华书局1989年版，第987页。

的情感和欲念能有所节制，杜绝"灭天理而穷人欲"的现象出现。其次，"乐统同，礼辨异"则意味着同样是管摄情感，礼乐的作用点是不同的：乐针对的是人类情感中具有共通性的一面，例如怜悯、严肃、优美、和畅等。在《乐记》的作者看来，这些情感可以被视为人的"类本质"，它超越阶层、地位、财富、性别、民族、文化、长幼尊卑等差异，直指人心深处，从而引发不同人群的共鸣感，强化不同群体的人们内心中的团结，达到"同则相亲"的教化效果。礼则指向人类情感和生活中现实存在的差异性，这种差异表现在阶层、地位、财富、性别、民族、文化等各个领域。礼的目的在于以合理的方式妥善安排这些差别，使得存在着种种区别的人们能够正视并接受这一切，以建构稳定的社会秩序，实现"异则相敬"的教化目标。孙希旦的解释正反应了这一点："见其有以相接，而上下之所以和也"是说乐教力图突破上下的等级区分，找出不同社会地位的人们在情感上的共同点，以使得上下阶层间可以相互连接、贯通；"见其有以相辨，而贵贱之所以等也"则是指礼教的目的是用恰当的手段把人类社会中本已存在的各种差别彰显出来，使人们能够各安其位。总而言之，"乐"针对的是人之为人的普遍性，"礼"则针对人类现实存在的差异性，两者构成了管摄人情的完整手段。第三，《乐记》强调，在现实的教化过程中，礼乐必须有机结合在一起，不可偏重于任何一方："乐胜则流"意味着乐胜于礼则会抹杀现实存在的差异性，造成不同社会成员之间的流荡无节，即"若乐过和同而无礼，则流慢，无复尊卑之敬"[1]；"礼胜则离"则说明礼教过度会取消不同等级阶层之人内心的心理联系，造成社会成员的疏离，即"若礼过殊隔而无和乐，则亲属离析，无复骨肉之爱"[2]。因而在孔颖达看来，理想的状态是"唯须礼乐兼有，所以为美"。[3] 礼乐不可偏废，必须共同作用于人情，才能达到良好的教化效果。陈来先生认为，"古代中国文化的一大发明是以乐辅礼、中国古人早就意识到必须有一种方式缓解等级制度的内在紧张，这样一种方式必须以与'礼'不同的特性来补充礼，必须是一种能够增益亲和关系的东西，他们认为这个东西就是'乐'。"[4] 而在笔者看来，儒家所提倡的与其说是"以乐辅礼"，不如说"礼乐并重"，它们分别指向人们内在本有的两种不同的情感需求。

陈来先生对"乐统同，礼辨异"的效果有一精当的评价：

> 因此，礼主异，乐主同。辨异的功能是促进相敬，合同的功能是增益相亲。有了礼，即有了贵贱区分的等级，它可以使贱者敬贵、下者敬上，但并不能使贱者亲贵，下者亲上。乐则可以使上下相亲和睦，起到与辨异相补充的"统同"功能。……有了礼，就有了秩序，但不一定有和谐，乐所提供的社会功能在这里突出起来。[5]

以"乐统同，礼辨异"为基础，《乐记》对礼乐的教化作用做了详尽的分析。就礼乐

---

① ［汉］郑玄注、［唐］孔颖达疏：《礼记正义》，李学勤主编，北京大学出版社1999年版，第1086页。
② ［汉］郑玄注、［唐］孔颖达疏：《礼记正义》，李学勤主编，北京大学出版社1999年版，第1086页。
③ ［汉］郑玄注、［唐］孔颖达疏：《礼记正义》，李学勤主编，北京大学出版社1999年版，第1086页。
④ 陈来：《古代宗教与伦理——儒家思想的根源》，北京大学出版社2017年版，第325页。
⑤ 陈来：《古代宗教与伦理——儒家思想的根源》，北京大学出版社2017年版，第325页。

产生的根源，《乐记》提出了"乐由中出，礼自外作"的经典论断。

> 乐由中出，礼自外作。乐由中出故静，礼自外作故文。大乐必易，大礼必简。乐至则无怨，礼至则不争，揖让而治天下者，礼乐之谓也。暴民不作，诸侯宾服，兵革不试，五刑不用，百姓无患，天子不怒，如此则乐达矣。合父子之亲，明长幼之序，以敬四海之内，天子如此，则礼行矣。①

汉代经学大师郑玄在注解本段时指出，"乐由中出，和在心；礼自外作，敬在貌。"②这意味着礼乐的出发点是不一样的："礼自外作"有两层涵义：一方面是说礼所针对的差异性对人而言是外在的，另一方面，这种差异性要依靠外在的形式来表现。前者是指差异性所关涉的不是普遍的"人的差异"，而是具体的、特殊的"某种人的差异"。在西周世卿世禄的宗法等级制社会中，一个人之所以是贵族而非庶民，不是因为他在先天本质上与庶民有什么不同，而纯是由其血缘与出身所决定的。也就是说，若一个人是诸侯的嫡长子，则按照周礼，他必然是未来的诸侯国国君。因此，对这个人而言，嫡长子的身份不是来源于人的内在本质，而是根源于外在的家庭条件和境遇（即便是正妻所生，若不是长子，则亦不可能继承国君之位），而这一身份又决定他需要扮演相应的社会角色，拥有相应的社会地位。③ 显然，这一来源是外在的、具体的，充满了偶然性。后者则很好理解，即这种外在的差异性需要以外在的形式来加以体现。例如，按照周礼的要求，"天子八佾，诸侯六佾，大夫四佾，士二佾"，这即是通过乐舞人数的多少来彰显等级区分。可见，礼无论从内容还是形式上看都是外在的，这正是"礼自外作"的真正内涵，也决定了礼重"文"的特点。

"乐由中出"是指乐来源于人的内心，是由内而发的。"乐统同"说明乐教着眼于人的普遍性，因而它需要超越人们外在的种种差异，从内心中寻找人们情感的共同点加以引导。如前所述，按照《乐记》的理解，情感是内心中能感之性与外在的可感之物相接触后发生感应的结果，这一过程是可善可恶的。因此，乐教就是人们依据道德原则，有意识地用"德音"激动积极之情感的过程。虽然乐教也要借助"德音"来实施，但其作用的对象却是内心，因而是"由中出"。

礼乐不同的来源决定了它们不同的功效。《乐记》载：

> 礼者，殊事合敬者也。乐者，异文合爱者也。④
> 论伦无患，乐之情也；欣喜欢爱，乐之官也。中正无邪，礼之质也；庄敬恭顺，礼之制也。若夫礼乐之施于金石，越于声音，用于宗庙社稷，事乎山川鬼神，则此

---

① 《礼记·乐记》，［清］孙希旦：《礼记集解》，中华书局 1989 年版，第 987 页。

② ［清］孙希旦：《礼记集解》，中华书局 1989 年版，第 987 页。

③ 这里需要指出的是，当今社会人人平等，并不存在人格上的尊卑之分，更不存在任何特权阶层，这是社会主义社会的本质之一。但是，人与人之间在出身（家庭条件）、先天禀赋（智力与体能）与扮演的社会角色（上下级）中的差异仍然是客观存在的。因此，在协调具有差异性的当今社会时，以"辨异"为目的的礼制对于今天的我们仍然有参考价值。

④ 《礼记·乐记》，［清］孙希旦：《礼记集解》，中华书局 1989 年版，第 989 页。

所与民同也。①

礼者主敬，体现的是儒家之"义"，重裁制；乐者主爱，体现的是儒家的"仁道"，重关爱。礼教的根本目的是达到"内心中正，无有邪僻"的状态，杜绝"灭天理而穷人欲"的情况，而要达成这一目的，则需要"外貌庄敬，谦恭谨慎"②的仪节。③ 对于"论伦无患"的乐之情，孔颖达的解释是"言乐之本情，欲使伦等和同，无相损害也"④，即使得处在不同伦理位置上的人们能够和睦共处，不相损害，而这需要欣赏音乐达成欢畅喜乐的情绪体验。

在明晰了礼乐的来源和功效之后，《乐记》进一步指出，儒家真正关注的是礼乐的教化效果而非仪节的完备。

> 是故乐之隆，非极音也；食飨之礼，非致味也。《清庙》之瑟，朱弦而疏越，壹倡而三叹，有遗音者矣！大飨之礼，尚玄酒而俎腥鱼，大羹不和，有遗味者矣！是故先王之制礼乐也，非以极口腹耳目之欲也，将以教民平好恶，而反人道之正也。⑤
>
> 乐者，非谓黄钟大吕弦歌干扬也，乐之末节也，故童者舞之。铺筵席，陈尊俎，列笾豆，以升降为礼者，礼之末节也，故有司掌之。乐师辨乎声诗，故北面而弦。宗祝辨乎宗庙之礼，故后尸。商祝辨乎丧礼，故后主人。是故德成而上，艺成而下，行成而先，事成而后。是故先王有上有下，有先有后，然后可以有制于天下也。⑥

在《乐记》的作者看来，诸如黄钟大吕、干戈戚扬、玄歌鼓瑟、铺筵陈俎、揖让升降等礼乐的外在手段都非礼乐的根本，因而都是由特定的人来执掌，君主并不亲自操作。并且按照孙希旦的解释，这些具体行礼乐的人（乐师、宗人、大祝等）都是地位较为低下的，⑦ 这进一步表明他们所从事的活动并非礼乐的主要内容。不仅如此，在行礼乐的过程中，儒家亦要求保持质朴的形式，力戒奢靡风气。究其原因，《乐记》说得非常清楚，"非以极口腹耳目之欲也，将以教民平好恶，而反人道之正也"。在《乐记》的作者看来，制礼作乐原本即是为了节制欲望和引导积极的情感，如果礼乐的运用反而加重了百姓的欲求，使得骄奢淫逸的情绪和行为更为猖獗，则毫无疑问违背了礼乐的本来目的。《乐记》以饮酒礼为例，进一步说明了设置礼乐的目的在于节制并引导人的欲望，使之不至于混乱。

> 夫豢豕为酒，非以为祸也，而狱讼益繁，则酒之流生祸也。是故先王因为酒礼。

---

① 《礼记·乐记》，［清］孙希旦：《礼记集解》，中华书局 1989 年版，第 991 页。

② ［汉］郑玄注、［唐］孔颖达疏：《礼记正义》，李学勤主编，北京大学出版社 1999 年版，第 1091 页。

③ 这里需要指出的是，礼教的目的与"礼由外作"并不矛盾。按照儒家的理解，内心的邪僻源自于人们无法接受现实存在的差异性，妄图希慕并非属于自己的东西，归根结底仍然是内心的邪念作祟。因而礼教通过外在形式不仅要彰显身份等级的存在，还要向人们灌输一个理念，即这种差异是合理的，人们应当接受。

④ ［汉］郑玄注、［唐］孔颖达疏：《礼记正义》，李学勤主编，北京大学出版社 1999 年版，第 1091 页。

⑤ 《礼记·乐记》，［清］孙希旦：《礼记集解》，中华书局 1989 年版，第 982—983 页。

⑥ 《礼记·乐记》，［清］孙希旦：《礼记集解》，中华书局 1989 年版，第 1011—1012 页。

⑦ 参见［清］孙希旦：《礼记集解》，中华书局 1989 年版，第 1012 页。

壹献之礼，宾主百拜，终日饮酒而不得醉焉，此先王之所以备酒祸也。故酒食者，所以合欢也；乐者，所以象德也；礼者，所以缀淫也。是故先王有大事，必有礼以哀之；有大福，必有礼以乐之。哀乐之分，皆以礼终。乐也者，圣人之所乐也，而可以善民心。其感人深，其移风易俗，故先王著其教焉。①

孙希旦认为，"言豢豕为酒，本以飨祀养贤，而小人饮之，善酗以致狱讼"②，以猪肉和狗肉为伴食来饮酒意在致敬于贤者，然而小人却往往不加节制地狂饮酗酒，最终招致牢狱之灾。为了节制人们的饮酒之欲，先王制定了饮酒之礼，通过"宾主百拜"的复杂仪节限制人们的饮酒之量，从而避免混乱的发生。可见，饮酒之礼既能满足民众饮酒的要求，又使得这种要求不至于对社会秩序和人际交往造成危害，这便是《乐记》所说的"缀淫"之义。这意味着儒家自古以来就不是"禁欲主义者"，而是"节欲主义者"：儒者一方面将欲望视为"人情之所不免"者而承认其合理性，另一方面又指出，欲望的泛滥会使得人的言行危害社会秩序，因而要通过礼乐加以节制。这样的观念使得儒家得以平衡人的自然本性和理性需要，从而能够促进人格的整全发展。孙希旦对此评论道，"愚谓此承上'事不节则无功'，而言先王以礼节民之事也。无礼则酒食至于兴讼，有礼则酒食可以合欢，事之不可以无节如此。"③

对于礼乐的教化意义，陈来先生总结道：

只有超越乐曲、乐舞才能更深地把握礼乐文化的意义。在礼乐关系上，重要的不是礼所体现的器物、装饰和仪节，不是诗歌、乐器和乐舞，乐所代表的是"和谐原则"，礼所代表的是"秩序原则"，礼乐互补所体现的价值取向，即注重秩序与和谐的统一，才是礼乐文化的精华。④

三、礼乐的本体论依据

人是天地间的一份子，是宇宙大化流行的产物，这决定了人的一切文化创造都有可追溯的本体根源。因此，《乐记》不仅从人的内心情感层面探寻礼乐的来源，而且进一步将礼乐的根源追溯到天地之中，为其确立了本体论的依据。《乐记》载：

大乐与天地同和，大礼与天地同节。和故百物不失，节故祀天祭地。明则有礼乐，幽则有鬼神，如此，则四海之内合敬同爱矣。⑤

天高地下，万物散殊，而礼制行矣。流而不息，合同而化，而乐兴焉。春作夏长，仁也；秋敛冬藏，义也。仁近于乐，义近于礼。乐者敦和，率神而从天；礼者别宜，居鬼而从地。故圣人作乐以应天，制礼以配地。礼乐明备，天地官矣。⑥

---

① 《礼记·乐记》，[清]孙希旦：《礼记集解》，中华书局1989年版，第997—998页。
② [清]孙希旦：《礼记集解》，中华书局1989年版，第997页。
③ [清]孙希旦：《礼记集解》，中华书局1989年版，第997页。
④ 陈来：《古代宗教与伦理——儒家思想的根源》，北京大学出版社2017年版，第327页。
⑤ 《礼记·乐记》，[清]孙希旦：《礼记集解》，中华书局1989年版，第988页。
⑥ 《礼记·乐记》，[清]孙希旦：《礼记集解》，中华书局1989年版，第992页。

"大乐与天地同和，大礼与天地同节"意味着在儒家看来，天地本身既有节度又有和畅之气，礼乐正是对天地的象征。一方面，按照孟子的理解，"物之不齐，物之情也"，天地间的万事万物本身就充满差异，其中自然也蕴含着层级和节度；另一方面，千差万别的万事万物又都生活在同一片天空之下，都是整个宇宙不可或缺的一部分，因而万物又具有结合为统一整体的需要。这意味着宇宙本身就是差异性与统一性相结合的整体，人作为其中的一员，自身的存在亦遵循这一原则。因此，礼乐是人用自身独特的方式对天地之本性的表征，这构成了礼乐能够存在的本体依据。

更进一步，《乐记》还将天地之德分别对应仁义，并且以乐配仁，以礼配义，从而给礼乐赋予了天道价值。按照《中庸》的说法，"仁者人也，亲亲为大，义者宜也，尊贤为大"。[1] 另外，以春夏属仁，秋冬属义，并进而以仁义为中介，将四季、仁义与礼乐相贯通的思想则显然来源于《周易》。仁道主亲爱，是天地间生生不息的不竭动力，是天道，即"大哉乾元，万物资始，乃统天"[2]；坤道主裁制，是成就万物各自的本性，是地道，即"至哉坤元，万物资生，乃顺承天"。[3] 对于礼乐而言，"乐者敦和，率神而从天"强调乐以统同为主，是"异文合爱者"，目的在于彰显世界的统一性，故象仁道、天道、乾道；"礼者别宜，居鬼而从地"则是指礼以辨异为主，是"殊事合敬者"，目的是明确事物各自的分界，故象义道、地道、坤道。而按照孙希旦的理解，所谓"天地官"是指"言天地各得其职，犹《中庸》之言'天地位'也。盖圣人法天地以作礼乐，而礼乐又能为功于天地，此圣人所以赞化育而上下同流也。"[4] 圣人作礼乐以象天地之道，其目的在于以人的方式参赞天地之化育，同时这一过程也赋予了礼乐以天地之德的品性，而儒家理解的天地是一个生生不息的大生命体，这使得礼乐亦具有动态意义，成为了创生和促进人类发展的源动力之一。

对于上述的观点，《乐记》吸收了《周易》中的相关内容，做了更进一步的阐述：

> 天尊地卑，君臣定矣。卑高已陈，贵贱位矣。动静有常，小大殊矣。方以类聚，物以群分，则性命不同矣。在天成象，在地成形。如此，则礼者天地之别也。地气上齐，天气下降，阴阳相摩，天地相荡，鼓之以雷霆，奋之以风雨，动之以四时，暖之以日月，而百化兴焉。如此，则乐者天地之和也。化不时则不生，男女无辨则乱升，天地之情也。及夫礼乐之极乎天而蟠乎地，行乎阴阳而通乎鬼神，穷高极远而测深厚。乐著大始而礼居成物。著不息者，天也；著不动者，地也。一动一静者，天地之间也。故圣人曰礼乐云。[5]

本段的文字很明显与《系辞》的首段十分类似，后者意在表达"相反相成"的内涵，即无论是宇宙还是人世，其运行变化都有赖于对立的两面相互结合、相摩相荡。这既要

---

① ［宋］朱熹：《四书章句集注》，中华书局 1983 年版，第 28 页。
② 《易·乾卦·象》，［宋］朱熹：《周易本义》，中华书局 2009 年版，第 32 页。
③ 《易·坤卦·象》，［宋］朱熹：《周易本义》，中华书局 2009 年版，第 43 页。
④ ［清］孙希旦：《礼记集解》，中华书局 1989 年版，第 992 页。
⑤ 《礼记·乐记》，［清］孙希旦：《礼记集解》，中华书局 1989 年版，第 993－994 页。

求对立的两面具有确定性，能够自我确证，又要求两面必须相互结合，而不能僵死地分处于两端。《乐记》借助了这一思想框架，将其与礼乐对应，认为礼乐分别表征了儒家宇宙论中的两大要素，因而相当于《周易》中的乾坤两卦（"乐著大始而礼居成物"显然演变自《周易》中的"乾知大始而坤作成物"，这是用礼乐代换了乾坤的概念），具有根源性的本体论意义。

总之，《乐记》认为，礼乐的产生不仅有人的内在情感根源，更具有深厚的本体论意义。它们是圣人法天象地而做出的，既代表着古圣先贤对天地之道的理解，又是人类参赞天地化育的手段。

四、乐教的意义与手段

前文中我们都是通过礼乐并称的方式，在礼乐对举的结构中彰显乐的意义。然而，《乐记》的篇名决定了本文考察的重点还是"乐"。对于"乐教"的意义和手段，《乐记》做了很多专门的论述。首先，在《乐记》看来，"乐教"的主要目的在于"移风易俗"。

> 凡奸声感人而逆气应之，逆气成象而淫乐兴焉。正声感人而顺气应之，顺气成象而和乐兴焉。倡和有应，回邪曲直各归其分，而万物之理各以类相动也。是故君子反情以和其志，比类以成其行，奸声、乱色不留聪明，淫乐、慝礼不接心术，惰慢、邪辟之气不设于身体，使耳、目、鼻、口、心知、百体皆由顺正以行其义。然后发以声音，而文以琴瑟，动以干戚，饰以羽旄，从以箫管，奋至德之光，动四气之和，以著万物之理。是故清明象天，广大象地，终始象四时，周还象风雨，五色成文而不乱，八风从律而不奸，百度得数而有常。大小相成，终始相生，倡和清浊，迭相为经。故乐行而伦清，耳目聪明，血气和平，移风易俗，天下皆宁。[1]

本段对乐教的解说是围绕"气"这一关涉人的物质构成的概念而展开的。作者认为，在人体内善恶之气皆有之，并且会分别受到"奸声"和"正声"的影响。显然，这属于人性论的范畴，更重要的是，这一看法与前文中我们所讨论的《乐记》的人性论并不一致：后者是"善恶混杂论"，而前者是"可善可恶论"（当然两者都可视为"自然人性论"的一部分）。在前文中我们曾经指出，《乐记》将人性理解为一种感知能力，并不涉及善恶，因而一个人行善还是为恶完全取决于外在的影响。本段则认为，人体内本身就带有"逆气"与"顺气"，既有善的成分，又有恶的因素。[2] 因此，乐教要达到效果，不能单靠外在的德音的感动，主体还必须有自觉地修养，能够主动做到"奸声、乱色不留聪明，淫乐、慝礼不接心术，惰慢、邪辟之气不设于身体"，以免这些不良的外在因素激动了体内的邪恶之气，引发不当的欲念。这意味着儒家的乐教不仅强调德音的外在影响，同时要求主体主动地进行修养活动，自觉杜绝不良影响。主体的自我修养与外在的积极影响相结合来完成教化活动，这构成了乐教"移风易俗"的主要内涵，即"耳目聪明，血气

---

① 《礼记·乐记》，［清］孙希旦：《礼记集解》，中华书局 1989 年版，第 1003—1005 页。

② 考虑到现存的《乐记》是前后不同时期的文字拼接而成的，出现内容不一致的现象也属正常。

和平，就一身而言之也；移风易俗，天下皆宁，合一世而言之也"①。另外值得注意的是，在本段中德音作用于人带来的一个积极结果是气的平和条畅，即"耳目聪明，血气和平"。这说明乐教的结果是"乐"，是身体的舒畅与精神的平和，其原因在于乐教不以强制的手段来达到教育目的，不会给人带来压迫感。

鉴于人性中具有善的元素，《乐记》又将性与"德"相连接，将乐视作德的发展。

> 是故君子反情以和其志，广乐以成其教。乐行而民乡方，可以观德矣。德者，性之端也；乐者，德之华也；金石丝竹，乐之器也。诗，言其志也；歌，咏其声也；舞，动其容也。三者本于心，然后乐器从之。是故情深而文明，气盛而化神，和顺积中而英华发外，唯乐不可以为伪。②

陈来先生认为，"德者性之端，是说德也是性的发端。这样，性与德的关系也具有未发已发的关系特性。"③ 当然，德只是性中善的部分的端绪。但这一理解的价值在于它已经具有了某种性善论的因素，从而进一步强化了"乐"的内在心性基础。"乐者德之华也"意味着乐是内心中善端的自然抒发，而非用一种外在的手段感应和引导内在情感。借用孟子与告子辩论时"以水作喻"的说法，后者类似于告子所说的"水无分于东西，掘之东而东流，掘之西而西流"，内在没有确定的方向，完全受外部环境影响；前者则有孟子的"水信无分于东西，然无分于上下乎"的意蕴，承认善端是人性中本有的因素，外在的手段只是对这一因素的引导。因此作者在本段中认为，诗、歌、舞并非是外部用来引导内心的方法，而是内心中条畅舒缓之情的自然表达。这是一种以内为主、内重于外的心性架构。所谓"情深而文明，气盛而化神，和顺积中而英华发外"，都旨在强调乐作为中华文明的重要形式，是人们内心良心善性、深厚而真挚的情感乃至平和的身体状态的表征。

以此良善平和的内心为依据，作出的乐曲有哪些特点呢？《乐记》借助魏文侯与子夏的对话，通过对比"乐"与"音"的表现形式说明了这一点。

> 魏文侯问于子夏曰："吾端冕而听古乐，则唯恐卧。听郑卫之音，则不知倦。敢问古乐之如彼，何也？新乐之如此，何也？"子夏对曰："今夫古乐，进旅退旅，和正以广，弦、匏、笙、簧，会守拊、鼓。始奏以文，复乱以武，治乱以相，讯疾以雅。君子于是语，于是道古，修身及家，平均天下，此古乐之发也。今夫新乐，进俯退俯，奸声以滥，溺而不止。及优、侏儒、獶杂子女，不知父子。乐终，不可以语，不可以道古。此新乐之发也。今君之所问者乐也，所好者音也。夫乐者，与音相近而不同。"文侯曰："敢问何如？"子夏对曰："夫古者天地顺而四时当，民有德而五谷昌，疾疢不作而无妖祥，此之谓大当。然后圣人作，为父子君臣以为纪纲。纪纲既正，天下大定。天下大定，然后正六律、和五声，弦歌诗颂，此之谓德音。

① ［清］孙希旦：《礼记集解》，中华书局 1989 年版，第 1005 页。
② 《礼记·乐记》，［清］孙希旦：《礼记集解》，中华书局 1989 年版，第 1006 页。
③ 陈来：《孔子·孟子·荀子——先秦儒学讲稿》，生活·读书·新知三联书店 2017 年版，第 197 页。

德音之谓乐。诗云：'莫其德音，其德克明。克明克类，克长克君。王此大邦，克顺克俾。俾于文王，其德靡悔。既受帝祉，施于孙子。'此之谓也。今君之所好者，其溺音乎！"文侯曰："敢问溺音何从出也？"子夏对曰："郑音好滥淫志，宋音燕女溺志，卫音趋数烦志，齐音敖辟乔志。此四者皆淫于色而害于德，是以祭祀弗用也。《诗》云：'肃雍和鸣，先祖是听。'夫肃肃，敬也，雍雍，和也。夫敬以和，何事不行？为人君者，谨其所好恶而已矣！君好之，则臣为之；上行之，则民从之。《诗》云：'诱民孔易'，此之谓也。然后圣人作为鼗、鼓、椌、楬、埙、篪，此六者，德音之音也。然后钟磬竽瑟以和之，干戚旄狄以舞之，此所以祭先王之庙也，所以献酬酳酢也，所以官序贵贱各得其宜也，所以示后世有尊卑长幼之序也。钟声铿，铿以立号，号以立横，横以立武。君子听钟声则思武臣。石声磬，磬以立辨，辨以致死。君子听磬声则思死封疆之臣。丝声哀，哀以立廉，廉以立志。君子听琴瑟之声则思志义之臣。竹声滥，滥以立会，会以聚。众君子听竽笙箫管之声则思畜聚之臣。鼓鼙之声讙，讙以立动，动以进众。君子听鼓鼙之声则思将帅之臣。君子之听音，非听其铿锵而已也，彼亦有所合之也。"[①]

面对魏文侯所谓"听古乐则卧，听郑卫之音则不知倦"的疑问，子夏通过区分"乐"和"音"的概念明白无误地指出，魏君真正感兴趣的是"靡靡之音"而非"德音"即"乐"。"音"与"乐"的区别，我们在前文中已经做了细致的分析，在此不再赘述。值得注意的是，《乐记》在此指出，圣王作乐的前提是百姓安居乐业、君臣父子之道已定，这意味着先有善治，后有德音，德音是善治的外在表现。这与我们在上文中对乐与心性关系的说明是一致的。同样，郑、宋、卫、齐之音之所以在音乐表现上存在着诸多问题，同样是因为各国政治混乱，统治者骄奢淫逸，喜好声色犬马。而魏文侯"听郑卫之音则不知倦"即意味着他同样已经沉溺其中，更准确地说，让魏文侯感到喜悦的恐怕不是郑卫之音本身，而是其中所宣泄的情绪迎合了魏君的欲望。这说明儒家之乐与政治有着密不可分的关系，一国的音乐既反映该国政治的现状，又会对欣赏该国曲目的其他人产生同样的政治影响。子夏强调欣赏古乐的重要性，实际上是希望通过圣王之乐向魏文侯传递积极正面的政治讯息，这是儒家乐教的一个非常重要的内容。也就是说，儒家乐教的对象不仅包括庶民，更主要的是针对统治者；其教化的目的也不仅仅是希望能"移风易俗"、导民向善，更重要的是引导统治者从雅乐中汲取圣王治国理政的经验，帮助统治者实行善政。本段的后半部分则通过"君子之听音，非听其铿锵而已也，彼亦有所合之也"来进一步说明这一特点：在《乐记》看来，君子（这里的君子主要是指统治者）听钟、磬、丝、竹、鼓等不同乐器之声，便能想到武臣、死封疆之臣、志义之臣、畜聚之臣和将帅之臣，而这五种大臣都是于国有功的，并非是一味承顺君意、曲意逢迎的阿谀之臣。因此，雅乐就具有了促使君主"亲贤臣、远小人"的功用，成为了施行善政的重要手段。

雅乐对统治者与民众都有教化意义，而其最终的效果就是以共同之积极情感合同上下，达到"同声相应，同气相求"的最终效果。

---

① 《礼记·乐记》，[清] 孙希旦：《礼记集解》，中华书局1989年版，第1013—1020页。

是故，乐在宗庙之中，君臣上下同听之，则莫不和敬。在族长乡里之中，长幼同听之，则莫不和顺。在闺门之内，父子兄弟同听之，则莫不和亲。故乐者，审一以定和，比物以饰节，节奏合以成文。所以合和父子君臣，附亲万民也。是先王立乐之方也。①

总之，乐教作为作用手段与礼教相反的教化方式，与后者共同构建了儒家的教化体系。从心性论角度看，儒家的礼乐教化思想都以人情为基础，以礼乐分别指向人情的两个方面，即合同与别异。同时，《乐记》还将礼乐的根源追溯到天地之间，以乐象天，以礼象地，给礼乐赋予了本体依据。礼乐的最终目的，不仅在于教化百姓使之遵守社会秩序、节制欲望，而且力图引导统治者追慕圣王的意志，远离靡靡之音的侵扰，亲贤远佞，以达成良善之治。按照宗白华先生的说法，"《乐记》最突出的特点，是强调音乐和政治的关系。一方面，强调维持等级社会的秩序，所谓'天地之序'——这就是'礼'；另一方面又强调争取民心，保持整个社会的谐和，所谓'天地之和'——这就是'乐'。两方面统一起来，达到巩固等级制度的目的。"②

第三节　《性自命出》的心性论与礼乐教化思想

在前文中我们主要围绕《礼记》和《仪礼》来讨论儒家的礼乐教化思想。事实上，随着1993年湖北荆门郭店楚简的出土，人们发现了了解和认识孔孟之际的儒家思想的新材料。其中，《性自命出》一篇受到了学界的特别关注，因为它从人性论出发，对礼乐的教化作用做了详细说明。因此，本节将以《性自命出》为基础，结合郭店楚简中儒家的其他内容，进一步从整体上把握儒家礼乐思想的教化意义。

首先，与《乐记》类似，《性自命出》讨论礼乐教化问题的起点同样是自然人性论。不同之处在于，《性自命出》有着更宽广的理论视野，它从更普遍的万物之性着手，先探讨性的普遍特征：

牛生而长，雁生而伸，其性使然，人而学或使之也。凡物无不异也者，刚之树也，刚取之也。柔之约，柔取之也。③

牛之性包括"生而长"，雁之性包括"生而伸"，这意味着动物之性包含两方面的特点，即生存性与生命特征。换言之，动物的性首先保证它们作为生物能够生存下去，其次保证它们有各自的特点，彼此不会混淆。廖名春先生认为，《性自命出》此语意味

---

① 《礼记·乐记》，[清] 孙希旦：《礼记集解》，中华书局1989年版，第1033页。
② 宗白华：《美学散步》，上海人民出版社1981年版，第58页。
③ 李零：《郭店楚简校读记》，中国人民大学出版社2007年版，第136页。

着"动物的'性'是它与生俱来的生物性的或具有遗传倾向的独特性，还包括自然的发展过程。"① 但是，即便对动植物而言，它们的性也仅是决定其行为的条件之一，其现实的生命状态还有赖于外界对它们的作用。值得注意的是，这种作用是以其本性为基础的，是顺应本性而开展的有针对性的作用。所谓"刚之树也，刚取之也；柔之约，柔取之也"，按照李零先生的说法，"树"为"柱"，乃折断之义；"约"为束，乃卷曲之义。因此，这句话的意思就是，"刚物易折，是因为其性太刚；柔物易卷，是因为其性太柔，皆物性使然"。② 反过来说，正因为刚物其性太刚，人们才采取折的手段对待之，正因为柔物其性太柔，人们才采取卷的方式对待之。可见，作用于事物的方式是与事物的本性相适应的，这样才能合适地处置事物。廖名春先生对此评论道，"第一个'刚'字和'柔'字指事物本身具有的潜在特征；第二个'刚'字和'柔'字也许就是导致了'刚'与'柔'独特属性凸显的外在因素。因而，除了天赋之性以外，其他一些因素，如后天的积习和相关的环境因素，也会对事物的功能或行为产生影响。"③ 这一理解无疑是正确的，但在笔者看来，应该进一步点明，在事实层面，后天的积习和环境因素只有与先天的本性相适应才能有效作用于事物。

在这一基础上，《性自命出》开始了对人性的探寻：

> 凡人虽有性，心亡定志，待物而后作，待悦而后行，待习而后定。喜怒哀悲之气，性也。及其见于外，则物取之也。性自命出，命自天降。道始于情，情生于性。
> 好恶，性也。所好所恶，物也。善不善性也，所善所不善，势也。凡性为主，物取之也。金石之有声，弗扣不鸣，人之虽有性，心弗取不出。④

"喜怒哀悲之气，性也"集中体现了《性自命出》的人性观，即人性是一种天赋的、指向于外的活动性，能够回应外部的刺激而产生相应的感情。这里的"气"指的是材料，因而"性"仅仅是指人与生俱来的、产生喜怒哀乐的能力。显然，这样的人性论与《乐记》的自然人性论同属一类，明显区别于孟子的性善论（道德之性）与荀子的性恶论（食色之性）。更准确地说，《性自命出》不认为人性具有价值属性，而只承认它是一种人人都具有的、构成人之存在的先天材质，而且这种材质是人类产生情绪的内在基础。庞朴先生认为，"它（按：《性自命出》）所谓的性，既非食色自然之性，亦非善恶道德之性，而是种种存于中、未及见于外的气，一些可以姑且名之曰'情气'的气。这样的气，

---

① ［澳］陈慧、廖名春、李锐：《天、人、性——读郭店楚简与上博竹简》，上海古籍出版社2014年版，第38页。
② 李零：《郭店楚简校读记》，中国人民大学出版社2007年版，第144—145页。
③ ［澳］陈慧、廖名春、李锐：《天、人、性——读郭店楚简与上博竹简》，上海古籍出版社2014年版，第39—40页。
④ 李零：《郭店楚简校读记》，中国人民大学出版社2007年版，第136页。

无所谓善不善的问题，顶多是一些可以为善可以为不善的素材，一些待发的力。"①

喜怒哀悲之气决定了人性并非是封闭而晦暗的，相反，它具有与外物相接触并表现于外的倾向。"凡人虽有性，心亡定志，待物而后作，待悦而后行，待习而后定"意味着在与外物接触之前，人性中天赋的材质处于未发状态，仅仅是一种可能性，只有当外物作用于人时，喜怒哀悲之气才获得具体的对象而表现为各种具体的情感。正所谓"及其见于外，则物取之也"，作为喜怒哀悲之气的性需要外物的作用才会展现于外，《性自命出》的这一观点对情感产生的内外原因做了清晰的划分。按照丁四新教授的说法，"性为主为质，物取之则成物亦成性……性虽潜在地蕴涵情或情气，并充盈于生命体之中，但如物不取之，则性所潜涵之情不能外发为非性之情。"②

进一步，人性与动物之性的不同之处在于，人性具有可塑性，是"存在先于本质"的，因此人性的最终完成所依赖的不是简单的外部刺激，而是后天有目的、有意识地改造，也就是前文中我们提到过的，通过人类的文明成果教育每个个体，使其与人类文明之间实现双向认同的过程。《性自命出》称其为"习"，认为人性须"待习而后定"，这就肯定了其人性论与后天教化的密切关系。《性自命出》的文本也证实了这一看法，"凡性，或动之，或逆之，或交之，或厉之，或出之，或养之，或长之。凡动性者，物也；逆性者，悦也；交性者，故也；厉性者，义也；出性者，势也；养性者，习也；长性者，道也。"③ 这里的动之、逆之、交之、厉之、出之、养之和长之显然都不是一般事物所施加的任意的作用，而是人们有意识、有目的地对人性的培养与塑造，而其运用的资源也是人类的文明成果。例如，"故"是指典章文物，"悦"是经过人们选择的、能让性感到快乐的东西，"习"即是积习、习惯，"道"则是世间的永恒规律。显然，这些都是人类文明的产物，以此来作用于人性实际上就是让人了解、认识并接受人的本质特征，这也就是教化的过程。廖名春先生对此评论道，"我们认为对'性'一词的解读应包括'天赋的或潜在发挥作用的能力'，它使得人能够去展开道德实践，这是人所特有的属性。"④

这样的"性"从而何来？《性自命出》的回答是"性自命出，命自天降"，也就是性由命产生，而命则由上天赋予。可以说，此处的性得以产生的根源仍然是天道，其与《中庸》的"天命之谓性"是类似的。两者都建立了"性－命－天"之间的联系，从而为性的产生寻找到了终极来源，实现了"天人合一"。值得注意的是，这里的天只是性的根本来源，并非是至善的道德本体，所以无论是《性自命出》还是《中庸》，其"性－命－天"的关系都不能被视作"性善论"的本体依据。具体到《性自命出》，陈来先生认为，

---

① 庞朴：《孔孟之间——郭店楚简中的儒家心性说》，《中国哲学（第二十辑）》，辽宁教育出版社 2000 年版，第 22 页。另外，这里需要再说明一下，前文在讨论《乐记》的人性论时，笔者将其与《性自命出》和《荀子》做了比较，认为三者具有相似性。但在脚注中笔者也指出了后两者对人性理解的重大差别，此处引用庞朴先生的观点做一补充说明。事实上，在笔者看来，三者人性论上的共同点主要是针对孟子而说的，即这三者的人性都是一种天赋的自然能力，都不具有道德属性。至于这种自然能力是什么，《乐记》与《性自命出》较为类似，而与《荀子》有明显的差别：前者将人性视为各种精神活动得以产生的内在依据，后者则将人性看作自然的生理本能。相关问题将在后文讨论孟荀人性论时进一步展开。

② 丁四新：《郭店楚墓竹简思想研究》，东方出版社 2000 年版，第 175 页。

③ 李零：《郭店楚简校读记》，中国人民大学出版社 2007 年版，第 136 页。

④ ［澳］陈慧、廖名春、李锐：《天、人、性——读郭店楚简与上博竹简》，上海古籍出版社 2014 年版，第 40 页。

"这种看法还是接近于自然人性论，以生之自然者为性。"①

丁四新教授在比较《性自命出》和《中庸》时认为，"'性自命出，命自天降'与'天命之谓性'都指出性源自天命，不过后一命题比起前一命题来，抹去性、命、天三者间的差分，而直接把天命判定为性，这样所得出的性，其内涵不可能不发生变化：性既为天命，性必为超越的形上者，且天命自身无有不善，于是人性善的结论必然可以由此推导得出，思孟之学发展到孟子力主性善论，这是'天命之为性'这一命题的内涵充分显发的必然结果。而《性自命出》篇所谓'性自命出，命自天降'中的性，它仅仅是天命的内容或对象，与天命自身尚有着明显的差别，因为即使人们普遍认为天命自身是无有不善的，但天命之对象或内容却并非必定皆善，或者善、或者不善，其间不容含混雷同"②而在笔者看来，丁四新教授的分析至少有两方面的问题。

一方面，丁四新教授将"天命"作为一个概念来理解的模式似乎并没有准确把握这两段文字中的"性－命－天"三者的关系。事实上，在这两段中，三者的关系有着明显的区别：《中庸》中"命"是动词，《性自命出》中的"命"则是名词。对于前者，孔颖达的解释是，"天无本体，亦无言语之命，但人感自然而生，有贤愚吉凶，若天之付命遣使之然，故云'天命'。"③可见，这里的"命"是赋予之义，是动词，而"天命"则是一种比喻式的说法，即将上天给予每个人不同的贤愚吉凶之际遇看成是上天的命令而已。《性自命出》则不同，"性自命出，命自天降"这一表达已经清楚地告诉我们，这里的"命"是一个名词：它既是"性"的出处，也是天在人身上的落脚点。庞朴先生将"命自天降"中的"天"理解为"社会力"，"这种意义的天，用我们现在的概念来说，其实就是社会环境、社会条件、社会机遇，或者简称之曰社会力。"④而"性自命出"则意味着，"人是不能离开社会而存在的。于是人就必得遵从社会的力量和命令而生活，不知不识，顺帝之则，在社会中完成自己，造就出所以异于禽兽的那点灵魂，形成为人的本质，是为人性。"⑤更准确地说，在《性自命出》中存在着"性－命－天"的结构，而在《中庸》中实际上只有"性－天"的对举范式，"命"是天给予人性的过程。因此，丁四新教授将"天命"看成一个概念，并以此来统一理解两篇文献，就必然会造成误读。

另一方面，丁四新教授认为《中庸》具有性善论的潜质，《性自命出》中的性则是或善或不善的，这意味着在这两篇文献中，性具有道德性，这更是一个误解。事实上，《性自命出》中的性只是一种产生情感的内在能力，并不涉及德性问题。"好恶，性也，所好所恶，物也，善不善，性也，所善所不善，势也"，在这一表述中，性与物、性与势形成了两对类似于佛教的"能所关系"：性是"能"，是主体，物与势是"所"，是对象。因此，这只能说明性有喜爱某物与讨厌某物、将某物视为善与将某物看作恶的能力，其本身是无关于善恶的。庞朴先生认为，《性自命出》中关于性之善恶问题的结论应当是"可

---

①　陈来：《荆门楚简之〈性自命出〉初探》，《中国哲学（第二十辑）》，辽宁教育出版社 2000 年版，第 304 页。

②　丁四新：《郭店楚墓竹简思想研究》，东方出版社 2000 年版，第 176—177 页。

③　[汉] 郑玄注、[唐] 孔颖达疏：《礼记正义》，李学勤主编，北京大学出版社 1999 年版，第 1635 页。

④　庞朴：《孔孟之间——郭店楚简中的儒家心性说》，《中国哲学（第二十辑）》，辽宁教育出版社 2000 年版，第 27 页。

⑤　庞朴：《孔孟之间——郭店楚简中的儒家心性说》，《中国哲学（第二十辑）》，辽宁教育出版社 2000 年版，第 28 页。

以为善可以不为善"①，而不是或者为善或者不为善。这两者有着明显的区别：前者中性自身与善恶是无涉的，善恶是后天的影响作用于性之后的结果，即在价值上性是中立的；后者则肯定性要么善要么不善，对个体来说性的善恶是确定的，而性也是有价值性的。显然，根据我们上文的分析，《性自命出》中的性在善恶方面应当是取前一种而非后一种理解。如果进一步追溯我们就会发现，这一区别在《孟子》中有着明确的表述：孟子的弟子公都子在与孟子讨论人性问题时曾转述了两种人性论，"或曰：'性可以为善，可以为不善'……或曰：'有性善，有性不善'"②。显然，公都子认为这是两种不同的人性论，不可混为一谈。清代儒者焦循在注疏孟子时认为，这两者观点在早期儒家思想中都能找到来源，"可以为善，可以为不善，所谓'性相近，习相远'也；有性善有性不善，所谓'上智与下愚不移'者也。"③ 无论如何，丁四新教授对于《性自命出》的人性论特点的把握是存在问题的，这会直接影响他对于本文的教化思想的理解。

另外，认为《中庸》具有性善论的观点同样是一种误读，其根源在于受到宋儒的影响而将天理解为至善的价值本体。正如陈来先生所指出的，"如果不按照宋儒的解释，仅就'天命之谓性'说，其意义并不能够归结为性善论，而只是说，性是天赋的。"④ 事实上，对天的价值性理解直到宋明理学中才成为学界的共识，其实质是为孟子的"性善论"寻找形上根源。很明显，这样一种源自于孟子的"人性论"理解不应作为把握孔孟之间儒者的人性思想的理论范式。

其次，《性自命出》引入了"心"的概念作为沟通性与情的中介，从而将人性论发展为心性论，完善了对人性的理解，这也成为了它与《乐记》人性论的一个显著区别。在上文所引段落中，"性待物而作"的一个原因是"心无定志"，也就是说，正因为心无确定的方向，所以作为人性的喜怒哀悲之气才会受到外物的深度影响，被外物所牵引而引发种种情感。在此，性只是情感产生的内在原因，而促使和引导性与外物相接触并产生情感的则是心。正如引文所言，"人虽有性，心弗取不出"，这里的心既是一个中介也是一个能动的主体，是它将性与外物相接触的潜在特性现实化为具体的情感活动。没有心的作用，性只会封死在人身之中，虽然它天生就具有与外物接触的要求，但却无法独立完成这一过程。也就是说，"'物'与'性'的相互作用是通过'心'来完成的"⑤。但由于"心无定志"，因而物与性相结合会产生怎样的结果是不确定的。正如上文所分析的，性是可善可恶的，而心本身既无标准亦无能力来判断是非善恶，因此就会出现善恶混淆、认欲作理等种种问题。对此，庞朴先生的分析是，"人有性，有心；性是某种潜能，心是激活之的动力，双方配合得很。可是'心无奠（定）志'，也就是说，没有既定的方向，好比一辆没有轨道的火车头。"⑥ 这样的心性关系在价值上无疑是危险的，受此影响，人

---

① 庞朴：《孔孟之间——郭店楚简中的儒家心性说》，《中国哲学（第二十辑）》，辽宁教育出版社 2000 年版，第 32 页。

② 《孟子·告子上》，[清]焦循：《孟子正义》，中华书局 1987 年版，第 748 页。

③ [清]焦循：《孟子正义》，中华书局 1987 年版，第 748 页。

④ 陈来：《荆门楚简之〈性自命出〉初探》，《中国哲学（第二十辑）》，辽宁教育出版社 2000 年版，第 302 页。

⑤ [澳]陈慧、廖名春、李锐：《天、人、性——读郭店楚简与上博竹简》，上海古籍出版社 2014 年版，第 45 页。

⑥ 庞朴：《孔孟之间——郭店楚简中的儒家心性说》，《中国哲学（第二十辑）》，辽宁教育出版社 2000 年版，第 32 页。

们很容易做出悖逆伦理、不守道德的举动。

作为性的外在表征和心之活动的结构，"情"这一概念在《性自命出》占有十分重要的地位，"凡人情为可悦也；苟以其情，虽过不恶；不以其情，虽难不贵；苟有其情，虽未之为，斯人信之矣；未言而信，有美情者也"；[1] "忠，信之方也；信，情之方也，情出于性。"[2] 在《性自命出》的作者看来，人情是值得赞誉的，因为它能够体现人的真实存在状态。作者进一步指出，如果是本于真情的行为，即便存在着过失，亦不为恶；反之，不出自于真情实感的行为，即便难得亦不可贵。廖名春先生认为，"由于情的核心价值是诚、自然和真实，《性自命出》将'情'与'信'这一儒家伦理当中的重要范畴联系起来，强调'信'本身要以诚、可靠和能够胜任作为基础。"[3] 在笔者看来，《性自命出》如此看重"情"的原因是它的性情关系决定了情感是人性的直接表征，它彰显的是人的真实存在。

在肯定情感的价值的同时，《性自命出》对"伪"十分拒斥，"凡人伪为可恶也，伪斯吝矣，吝斯虑矣，虑斯莫与之结矣。"[4] 这里的"吝"是羞耻之义，"虑"是担心之义。在作者看来，作伪会妨碍真情实感的产生，因而既是可耻的，又是令人担心的可恶之举。进一步，由于《性自命出》中"心"与"情"之间有着密切的关联，因而其重视真情、拒斥作伪的思想也被带入到对"心"的理解中，"凡学者求其心为难……虽能其事，不能其心，不贵；求其心有伪也，弗得之矣；人之不能以伪也，可知也"。[5] 由于真情实感是内心活动的产物，因而重视真情实感就是追求真心，拒斥作伪也是真心的题中应有之义。

对于《性自命出》中心、性、情的关系，陈来先生有一精辟的论述：

> 《性自命出》的作者认为，好恶是性，好恶的对象是物，人在外物的感诱下而去好之恶之，这是情。但在这个过程中间有一个重要环节，就是心。如果任性为主，心不发挥作用，好恶之性就会听凭外物之诱而发为好恶无节的情……如果心有定志，则虽有好恶之性，也不会无所主宰地被"物取"而"见于外"……这个说法，很近于宋儒所说的"心主性情"。[6]

所谓"心主性情"，是宋代大儒朱熹之"心统性情"说中的重要一环，它强调心在心性结构中的主导作用，认为心既是让潜藏之性显现于外的中介，又是控制调适情感的主体。陈来先生以此来理解《性自命出》的心性结构，认为心在其中发挥了同样的功效，即作为主体控制与引导"喜怒哀悲之气"与外物接触而产生适当的情感。陈来先生的这一看法是很深刻的。但需要指出的是，宋儒的"心主性情"说与《性自命出》的心性结构既有相似之处，又有明显的区别：前者是以孟子的性善论为基础，人性本身是纯粹至善的，而心又能通过居敬涵养的方式把握到性体之善，从而由性善转化为心善，并以此

① 李零：《郭店楚简校读记》，中国人民大学出版社 2007 年版，第 138 页。
② 李零：《郭店楚简校读记》，中国人民大学出版社 2007 年版，第 138 页。
③ ［澳］陈慧、廖名春、李锐：《天、人、性——读郭店楚简与上博竹简》，上海古籍出版社 2014 年版，第 53 页。
④ 李零：《郭店楚简校读记》，中国人民大学出版社 2007 年版，第 138 页。
⑤ 李零：《郭店楚简校读记》，中国人民大学出版社 2007 年版，第 138 页。
⑥ 陈来：《荆门楚简之〈性自命出〉初探》，《中国哲学（第二十辑）》，辽宁教育出版社 2000 年版，第 305 页。

作为调控情感的标准；后者则秉持自然人性论的观点，其性只是喜怒哀悲之气，并无价值内涵，因而心在性中找寻不到调控情感的依据。正因如此，《性自命出》开篇即点出"心无定志"，将此作为心的原始状态。也就是说，从心性架构上看，心应当起到调适人性、控制情感发动的作用，然而事实上，心的原初状态却恰恰做不到这一点。因此，通过后天的礼乐教化涵养、调适人心，从外部为其确立是非善恶的正确标准就变得尤为重要，"四海之内，其性一也，其用心各异，教使然也。"①《性自命出》的这一观点很明显与孔子的"性相近，习相远"的思想相一致，突出后天的教化对人性的影响。但必须强调的是，《性自命出》并非像后世的宋明儒者那样，基于性善论的立场而将人情视为需要纠正和约束的对象，而是认为"道始于情"，对人的教化应该顺应而不违逆其真情实感。

最后，在礼乐之中，《性自命出》更看重乐教的作用，认为乐教能够更好地引导与调适情感，"润物细无声"地导人向善。对于教化的目的，《性自命出》认为是帮助人们"生德于中"。

> 凡道，心术为主。道四术，唯人道为可道也。其三术者，道之而已。《诗》《书》《礼》《乐》，其始出皆生于人。《诗》，有为为之也。《书》，有为言之也。《礼》、《乐》，有为举之也。圣人比其类而论会之，观其先后而逆顺之，体其义而节文之，理其情而出入之，然后复以教。教，所以生德于中者也。礼作于情，或兴之也。当事因方而制之，其先后之序则宜道也。又序为之节，则文也。致容貌所以文，节也。君子美其情，贵其义，善其节，好其容，乐其道，悦其教，是以敬焉。②

在《性自命出》的作者看来，道是治心之术，是用来引导人们的内心的。而在廖名春先生看来，"简文中'心术'一词用来指人道的原则，各种传统文化形式通过它来唤起和培养人们适宜的情感。"③ 因而，"可道"的"人道"就是人的社会性存在与价值意义，它们是人之为人的独特之处，是与禽兽的根本区别，这一点是儒家的共识。而《性自命出》的特别之处在于它一方面认为，由于"心无定志"，所以人道原则的培养需要通过外在的教化来实现，即教的目的是"生德于中"；另一方面，由于心与情的密切联系，因而"心术"的涵养、"心之定志"的确立主要是通过正面作用于情的教化手段来实现的。故而《性自命出》会认为"礼作于情，或兴之也"，将礼看作高扬情感的手段。然而根据我们在前文中的分析，礼主要是通过约束、限制人的欲求来规范人的行为。相反，乐教才是以"统同"为目的，通过以审美的手段唤醒人的积极情感，最终达到"移风易俗"的德化效果。礼乐在教化方式上的这一区别亦为《性自命出》所接受，因此它在文中着墨更多、更看重的教化方式是"乐教"，对"礼教"则只是点到为止。

《性自命出》对乐教的讨论主要从教化内容与教化过程两方面展开。在教化内容方面，《性自命出》与《乐记》一样，皆推崇"雅乐"，拒斥"郑卫之音"。

---

① 李零：《郭店楚简校读记》，中国人民大学出版社 2007 年版，第 136 页。
② 李零：《郭店楚简校读记》，中国人民大学出版社 2007 年版，第 136—137 页。
③ [澳]陈慧、廖名春、李锐：《天、人、性——读郭店楚简与上博竹简》，上海古籍出版社 2014 年版，第 46 页。

凡声，其出于情也信，然后其入拨人之心也厚。闻笑声，则鲜如也斯喜。闻歌谣，则陶如也斯奋。听琴瑟之声，则悸如也斯叹。观《赉》、《武》，则齐如也斯作。观《韶》、《夏》，则勉如也斯敛。咏思而动心，蒉如也，其居次也久，其反善复始也慎，其出入也顺，始其德也。郑卫之乐，则非其声而从之也。

凡古乐龙心，益乐龙指，皆教其人者也。《赉》、《武》乐取，《韶》、《夏》乐情。①

在《性自命出》看来，由于声音产生自人们的真实情感，具有"信实"的特点，因而能对心灵产生持久而深厚的作用。在此基础上，《性自命出》区分了具有正面作用的音乐与具有负面作用的音乐：真切的笑声、歌谣、悠扬的琴瑟之声以及诸如《赉》《武》《韶》《夏》之类的乐舞等都是能对人们之情感产生正面作用的音乐，即《乐记》所说的"德音"。它们或舒缓而闲适，或清丽而婉转，或宏大而壮美，都能给人带来正面而积极的感受。反之，郑卫之音则是"靡靡之音"，只会勾起并引诱人们的欲望，给人们带来负面情绪。更准确地说，欣赏雅乐给人带来的是喜、奋、叹、作、敛等情绪体验，它们均指向内心的条达舒畅。这并非是嗜欲得到满足后的一时快感，而是由于内心的平和、安宁和肃穆而自然感发的愉悦之情。因此，通过欣赏带有正面作用的音乐，听众自身的喜怒哀悲之气被激动了，因而很容易地进入到演奏者的生活情境中，体会并分享他人传递出的积极情感。与此同时，听众也能调适自身的情绪活动，达到无过不及的中道状态。进一步，这些音乐能够以情感为中介直达听众的内心，帮助其确定志向，使之与道为一。廖名春先生认为，"伴随着对乐舞表演'闻'、'听'、'观'所获得的感官经验，欣赏者通过音乐与演奏者分享乐中的情感，流畅地将乐表达的合宜的东西融入内心。"② 在《性自命出》的作者看来，这个过程是自然而然的，听众没有任何难以接受之处，因而能够"润物细无声"地实现道德教化。也就是说，"学者若能长期欣赏雅乐，自然能反善复始，体会到其中的教化义，从而追慕古圣，修身齐家，动静语默皆合乎道德。"③ 正因如此，徐复观先生才认为，长期受到雅乐熏陶的人，其人生"是由音乐而艺术化了，同时也由音乐而道德化了。这种道德化，是直接由生命深处所透出的'艺术之情'，凑泊上良心而来，化的无形无迹，所以便可称为'化神'。"④ 这可以算是乐教所能达到的最高境界。

而在教化过程方面，《性自命出》从心绪、情感与声音的互动关系着手，展示了乐教对身心整体的调适作用。

凡忧思而后悲；凡乐思而后忻。凡思之用心为甚。叹，思之方也。其声变，则其心从之。其心变，则其声亦然。吟，游哀也。噪，游乐也。啾，游声也。呕，游心也。喜斯陶，陶斯奋，奋斯咏，咏斯犹，犹斯舞。舞，喜之终也。愠斯忧，忧斯

---

① 李零：《郭店楚简校读记》，中国人民大学出版社 2007 年版，第 137 页。
② ［澳］陈慧、廖名春、李锐：《天、人、性——读郭店楚简与上博竹简》，上海古籍出版社 2014 年版，第 56 页。
③ 张斯珉、乔清举：《论儒家自然人性论与礼乐教育的关系》，《东北师大学报（哲学社会科学版）》2014 年第 1 期。
④ 徐复观：《中国艺术精神》，春风文艺出版社 1987 年版，第 24 页。

戚，戚斯叹，叹斯辟，辟斯踊。踊，愠之终也。[1]

　　《性自命出》的作者在此指出，或忧虑或快乐的心绪通过心的"思"即精神活动都会演变为外在的情感体验，并最终通过音乐的形式表现出来。他进一步认为，内外是相互作用的，内心状态的变化会反映到声音，反之亦然。这里"游"字乃是"流"即流出之义，因而吟、噪、啾、呕这些不同的声响都是内心情绪的具体表现。至于"喜斯陶"之后这段文字，李零先生的解释是"喜悦就会快乐，快乐就会兴奋，兴奋就会身摇，身摇就会手舞足蹈，手舞足蹈是喜悦的高峰；不快就会忧愁，忧愁就会悲哀，悲哀就会喟叹，喟叹就会抚心，抚心就会身体上踊，身体上踊是不快的高峰。"[2] 这意味着，内心状态（源自于喜怒哀悲之气的性体）的改变会作用于情感，造成不同的情感体验；而情感则会从精神层面进一步作用于肢体，并通过乐舞的形式清晰地展现于外。很显然，无论是内心状态、情感还是外在的肢体动作，它们都属于身心统一体，都是"人身"的一部分。因而，真正的教化便不能只关注于人的精神世界，而必须作用于这一身心统一体，"雅乐"恰好符合这一要求。如前所述，周代的"雅乐"实际上是"乐舞"，不仅有乐曲，还有或激昂高亢或婉转优美的舞蹈，以此来展现古代圣王的德行。这样的"雅乐"对人的塑造和陶冶是全方位的，"为了熟练掌握和演练礼仪，一个人要经历身心的训练而达至整体的协调。在《性自命出》的作者看来，这是一个由音乐的原生影响力将人身心的统一带入和谐境地的过程。通过提升人内心的道德审美价值，可以带给人真正的喜悦。"[3] 可见，通过表演与欣赏乐舞，人们的身体与精神都得到了"雅乐"的洗礼，由内到外全方位地合乎于人道。显然，这样的教化方式比单纯地灌输道德条目和用外在的规范来限制人们的举止都更为有效，这也是《性自命出》格外看重乐教的原因。

　　总之，《性自命出》基于自然人性论，通过雅乐同时作用于人的心灵与身体，内外兼修而直入人性与人心的深处，使人产生愉悦的审美体验，从而引导与控制作为喜怒哀悲之气的人性的发动，帮助人心确定合乎人道的正确方向。由此，乐教使得情感在不断的摩荡变化中趋于和谐之境，并由审美情感自然而然地过渡为道德情感，最终挺立道德人格。

---

① 李零：《郭店楚简校读记》，中国人民大学出版社 2007 年版，第 137 页。
② 李零：《郭店楚简校读记》，中国人民大学出版社 2007 年版，第 142 页。
③ ［澳］陈慧、廖名春、李锐：《天、人、性——读郭店楚简与上博竹简》，上海古籍出版社 2014 年版，第 57 页。

第三章 仁道的外在表现

——孔子的礼乐教化思想

在中国思想史中，孔子作为儒家学派的创始人，具有举足轻重的重要意义。事实上，作为周代祭祀活动的重要参与者，"儒"或"儒者"的历史是早于孔子的，因而先秦的部分典籍对"儒"的概念使用较为宽泛，如《庄子》中就有"儒者，冠圆冠者知天时，履句屦者知地形，缓佩玦者事至而断"① 的说法。这基本上是把儒者理解为"通晓天文地理人事的博学多术之人"②，而这样的人显然不是从孔子之后才会出现的。③ 但是，正如崔大华教授所指出的，"在一种较狭隘的、然而却是确定的意义上，'儒'则被理解为特指为孔子所开创的、以尊崇尧舜提倡仁义为特色的一个思想学术派别。"④ 这意味着通常而言，人们均认为孔子是儒学的真正创始人。而这一观点的成立，则表明学界普遍认同，相较于之前的儒者，孔子为"儒"这一概念注入了新的、不一样的内涵，使其意义发生了重大改变。而笔者认为，这一新的内涵就是孔子在人格成就和对人类存在的真正价值的自我追问的立场上，指明了道德修养的重要价值。这一切凝结在"仁"的概念中，并作为由西周沿革下来的礼乐制度的新的内在依据，从而使得礼乐制度由政治统治和教化的手段逐渐转变为人们立德修身的重要方法，而这所凸显的正是礼乐的教化价值。

第一节 孔子礼乐教化思想的人类性意义

作为传统思想的重要组成部分，孔子的礼乐教化思想之所以仍是我们今天需要学习和借鉴的对象，根本原因在于它对于人格的塑造和人性的养成仍然有着启发价值，换言之，它具有很强的人类性意义。因此，在具体讨论孔子的礼乐教化思想之前，我们首先需要对这一思想的人类性意义做一必要的说明。

理解孔子礼乐教化学说的历史意义，我们可以借助德国著名哲学家雅思贝尔斯的

---

① 《庄子·田子方》，[清] 王先谦、刘武：《庄子集解》，中华书局 2012 年版，第 219 页。
② 崔大华：《儒学引论》，人民出版社 2001 年版，第 3 页。
③ 《田子方》中这段话被记载为是庄子与鲁哀公的对话，考虑到哀公与孔子是同时代人，则更加证明了"儒者"的概念是早于孔子之时便存在的。
④ 崔大华：《儒学引论》，人民出版社 2001 年版，第 3 页。

"轴心时代"理论。① "轴心时代"中的"轴心"是指人类历史发展中的核心环节，而它与"人之存在"这一人类的根本问题的提出和思考密切相关。按照雅思贝尔斯的说法，"这一轴心必然诞生于'人之存在'的形态——这一最了不起的丰富性之中，自此以后，人才之所以成为人。"② 在他看来，"人之存在"问题的提出，"产生一个为所有民族进行历史性自我理解的共同框架，这对西方和亚洲乃至所有人都是一样的，并没有某一特定的信仰内涵的尺度。"③ 而从时间上看，"这一世界史的轴心似乎是在公元前 500 年左右，是在公元前 800 年到公元前 200 年产生的精神过程，那里是历史最为深刻的转折点。"④ 雅思贝尔斯反复强调，"轴心时代"的出现与"人之存在"问题提出密切相关。换言之，进入"轴心时代"标志着人类自我意识的真正觉醒，要求诉诸于自己的理性思考而非祈求神灵来确定人类生存的意义。

> 这一时代的崭新之处在于，在上述所有的三个地区（按：指中国、印度和西方），人们开始意识到其整体的存在、其自身的存在以及自身的局限。他们感受到了世界的恐怖以及自身的无能为力。他们提出了最为根本的问题。在无底的深渊面前，他们寻求着解脱和救赎。在意识到自身能力的限度后，他们为自己确立了最为崇高的目标。他们在自我存在的深处以及超越之明晰中，体验到了无限制性。⑤

在此，雅思贝尔斯清楚地指明了"轴心时代"的根本特点：所谓"整体的存在"，按照马克思的话说即是指人的"类存在性"，即人类可以以类的视角观察自身与外部世界，开始认识到"人类"的整体性，即千差万别的人在"类"的层面是一致。所谓"自身的存在"，即是自我意识的觉醒，它意味着人类不仅能够从"类"的层面认识自身，而且能清晰地区分人类与外部世界。换言之，人类开始意识到并且充分肯定自身存在的独特性，无论是儒家的"仁者，人也"还是古希腊的"人是理性的动物"都旨在揭示人独有的本质。正是在这一意义上，东西方的先哲们都充分高扬了人类的存在的价值，使得人们不再一味地匍匐于神灵的脚下，而开始高昂其自己的头颅，以自身为荣。而所谓"自身的局限"，是指此时的人们开始意识到自身存在中最根本的矛盾，即世界的无限性与人的存在的有限性的矛盾，并进一步提出了人类存在的意义问题。虽然人类作为一个整体可以通过生息繁衍的方式代代相传地生存下去，似乎是"无限"的，但生活于"轴心时代"的先哲们已经意识到，即便与地球相比，人类无论是在时间还是空间的维度都是渺小而十分有限的，遑论浩瀚无垠的宇宙。这正是雅思贝尔斯所说的人们感受到的"世界的恐怖和自身的无能为力"，它反映了处于"轴心时代"，在理性上觉醒了的人们对自身生存

---

① 在西方思想界中，与大部分思想家相比，雅思贝尔斯"轴心时代"理论的"西方中心论"色彩很有限，相反，他充分肯定印度和中国的思想对西方乃至人类的重要意义，要求西方人正视东方的古老文明，从中吸取有益的成分来帮助自身克服问题，从而实现人类文明的进一步发展。应该说，这一主张是较为合理而正确的，也是本书选择以此来说明孔子礼乐教化思想的人类价值的基础。

② ［德］卡尔·雅思贝尔斯：《论历史的起源与目标》，李雪涛译，华东师范大学出版社 2018 年版，第 7—8 页。

③ ［德］卡尔·雅思贝尔斯：《论历史的起源与目标》，李雪涛译，华东师范大学出版社 2018 年版，第 8 页。

④ ［德］卡尔·雅思贝尔斯：《论历史的起源与目标》，李雪涛译，华东师范大学出版社 2018 年版，第 8 页。

⑤ ［德］卡尔·雅思贝尔斯：《论历史的起源与目标》，李雪涛译，华东师范大学出版社 2018 年版，第 8 页。

境遇的深切忧虑。因此，随之而来的问题就是，面对无限的世界，在时空中都非常有限的人类如何确定其存在的意义。这里一个很有趣的现象就是，人们刚刚摆脱了一味匍匐于神灵脚下的局面，开始运用自身理性的目光来打量这个世界，但马上就发现，脱离了神灵的庇护，人类就需要直面世界的广袤无垠和自身的渺小有限，这使得人类存在的意义问题再次显现凸显出来。

为了解决这一问题，"轴心时代"中的主要文明就需要"解脱与救赎"，而这其中的关键在于人们意识到，人类同样具有无限性，只不过这种无限性不是肉体存在的无限性，而是精神生命的无限性。人类的精神所发出的理性之光可以穿透现象界的迷雾，用人类特有的方式切中本体世界，实现对永恒的把握。雅思贝尔斯所说的人类为自己"确立最为崇高的目标"，正是指人们不仅通过精神洞察到本体界的存在，而且意识到这一现象世界背后的终极存在与自身是紧密相连的，人类存在的意义正是本体所赋予的。以这样的方式，"轴心时代"的先哲们得以突破人类自然生命的有限性，体证到人类精神世界的永恒价值，进入到了"自我存在的深处"，从而以人的方式把握到了无限性。

对"人之存在"问题的关注决定了雅思贝尔斯将"轴心时代"严格限定在公元前 6 世纪的西方、印度和中华文明当中。他不否认在此之前的埃及和巴比伦，以及在此之后美洲的原始文明（玛雅、阿兹特克和印加等）都曾达到了很高的文明水准，但认为这些文明由于未能实现"轴心时代"的"人的突破"，未能直面"人之存在"这一关乎人类的根本问题，未能意识到人类的独特意义，因而最终不可避免地走向了衰落，也未能影响到后世人类的发展，他将其称之为"无突破民族"。

> 尽管精神突破对于普遍史来讲具有决定性的意义，但它并非普遍发生的事件。有些古代高度文化的伟大民族，他们早于或者与那些实现突破的民族同时存在，但却没有参与突破，尽管他们在时间上是一致的，但在精神上却没有受到影响。
>
> 在轴心时代，埃及文化和巴比伦文化虽然明显属于晚期形态，但依旧繁荣。这两者都缺乏改变人的反思；它们没有在轴心民族的影响下经历质变；它们对其所在区域之外所发生的精神上的突破不再做出反应。[①]

在雅思贝尔斯看来，在"轴心时代"之前，古代各种各样的高度文化，其共同点在于"大规模的组织、文字及书记阶层的重要性——导致了人的出现"[②]。以此为标准，则埃及和巴比伦的文化成就是显而易见的。但是，这些古代高度文化的共同缺陷就在于"人尽管拥有了精致的文明，但依旧处于蒙昧状态。"[③] 人们缺乏对自身存在意义的深度反思，精神的生长空间并没有开显，因而此中的人们面对外在的、庞大的异己力量是没有任何精神抵抗力的，只能匍匐在这些力量的脚下。雅思贝尔斯对此的评论是，"在庞大的共同体之中，存在的感性形象束缚了一切，并将之困于绝对的秩序之中……人的根本问

---

① ［德］卡尔·雅思贝尔斯：《论历史的起源与目标》，李雪涛译，华东师范大学出版社 2018 年版，第 63 页。
② ［德］卡尔·雅思贝尔斯：《论历史的起源与目标》，李雪涛译，华东师范大学出版社 2018 年版，第 59 页。
③ ［德］卡尔·雅思贝尔斯：《论历史的起源与目标》，李雪涛译，华东师范大学出版社 2018 年版，第 59 页。

题被埋没在具有魔力特征的神圣知识之中，而没有让永不停息的探究将其挖掘出来。"①这意味着，在这些高度文明中占主导地位的是宏大的普遍性，它一方面诉诸于外在而超验的神灵，以神灵的绝对性来为其存在的合理性背书，另一方面它压制了独立的、理性的"人"的存在，使得人们面对宏大的普遍性时只能产生强烈的卑微感，从而丧失反思能力而拜倒在普遍性之下。所谓"人的根本问题"即人的精神世界对人们存在状态及其内在矛盾的觉察和反省，而这一点在古代高度文明中已经被宏大的普遍性所淹没了。因此，雅思贝尔斯对这些文明最终的归宿判断得是比较准确的，即它们可以高度繁荣，但由于缺乏对"人之存在"问题的探求，使其在人们进入"轴心时代"，开始用精神和理性审视自身存在滞后就被逐渐边缘化甚至是抛弃了。这并不是说人们完全忽视和忘却了这些文明，相反，人们对于像埃及和巴比伦的一切都充满了好奇，渴望通过考古发掘来揭示这些古老文明的一切。但是，这些文明对人类的发展只具有"标本学"的意义，我们无法指明这些文明与今天的我们还有哪些关联。换言之，它们已经很难被称为当今人类存在与思想的传统，因为"传"字首先意味着传承，而这些文明早已丧失了传承的能力。

　　相反，中华文明由于经历了"轴心时代"的精神超越过程，对"人之存在"有了自己独到的反思，因而获得了持久的生命力，也在人类的精神史册上留下了浓墨重彩的一笔。雅思贝尔斯认为，"轴心时代"的中华文明最鲜明的标志就是先秦诸子的诞生，中国产生了自己的哲学思想，而其中以孔子和老子最为重要，"非凡的事件都集中在这一时代发生了。在中国生活着孔子和老子，产生了中国哲学的所有流派，墨翟、庄子、列子以及不可胜数的其他哲学家都在思考着"②。在这里雅思贝尔斯认为，"轴心时代"相比之前的古代文明来说，最显著的变化在于哲学家的出现，它标志着"人们敢于作为个体依靠其自身……人们有能力将自身与整个世界进行内在的对比。他们在自身之中发现了根源，并由此超越了其自身以及世界"③。这里需要注意的是两点，一者是"依靠自身"，另一者是"超越自身"，它们是人的精神得以挺立的两大标志。所谓"依靠自身"，是指通过精神反思来明晰自身与世界上其他存在物的差异性，揭示人之存在的独特性，并以此来获得对于自身存在的肯定，并使人产生作为人的自豪感。在中国哲学特别是儒家哲学中，这些内容是通过揭示人类存在的道德性来展开的。而所谓"超越自身"，是指人类通过本体论的探究，首先揭示出自身存在在时空领域的有限性，其次进一步通过精神反思意识到本体界的存在，从而通过精神领域与无限的结合来超越肉体的有限性对人之存在的束缚。这两者是相互结合，不可分离的整体：通过"依靠自身"，人类摆脱了匍匐于神灵和宏大普遍性之脚下的生存状态，第一次意识到人类自身的崇高与伟大；而通过"超越自身"，人类意识到自身作为有限与无限相结合的存在所特有的矛盾性，从而对自身的主体性有适度的限制，避免主体性无限膨胀所带来的恶果。通过"轴心时代"的精神反思，人类既能正视自己，获得精神上的独立性，又能意识到自身的有限性，从而在现实与超越、有限与无限和精神与肉体之间达成"张力的平衡"。这种"张力的平衡"奠定了自"轴心时代"实现精神独立以来人类存在的常态，并作为人类精神的稳定结构一直延续至

---

①　［德］卡尔·雅思贝尔斯：《论历史的起源与目标》，李雪涛译，华东师范大学出版社 2018 年版，第 59 页。
②　［德］卡尔·雅思贝尔斯：《论历史的起源与目标》，李雪涛译，华东师范大学出版社 2018 年版，第 8 页。
③　［德］卡尔·雅思贝尔斯：《论历史的起源与目标》，李雪涛译，华东师范大学出版社 2018 年版，第 10 页。

今。而首次揭示出这一存在状态的"轴心时代"的哲学家们，其思想便作为人类精神独立的开端一直传承延续至今，并深刻影响着今天人类的精神选择。

而具体到中华文明中，虽然先秦时期"百家争鸣"，对"人之存在"进行独立思考并给出回答的哲学流派有很多，但影响最为深远的仍然是儒道两家，其中占主导地位的还是孔子创立的儒学。这一现象的产生不能仅仅归结为汉武帝时期"罢黜百家，独尊儒术"所确立的儒家在传统中国意识形态领域的主导地位，毋宁说这只是儒家思想与古代中国的政治发生关系后的正常结果，而其真正原因实际上是儒学对人类存在的两个维度即"人与外部世界"和"人与人"都能给出恰当的解说。更准确地说，儒家思想对于个体与群体（共同体）以及人类与外部世界这两大关系的理解最为到位，其给出的解决方案最能切中人类在面对这两类关系时所具有的生存论境遇，其对于"人之存在"的反思最为到位，同时又能够找寻出合适的教化手段（礼乐）来推行自身的理念，并在坚持基本原则的同时不断依据社会的变化做出相应的调整。这既决定了儒学能够在漫长的传统社会中一直为统治者所青睐而始终作为传统社会的意识形态，又使其在今天依旧能指导为我们的生活提供指引。

正如陈来先生所言，"孔子的贡献一方面是综合总结了春秋以来有关的思想；另一方面是从西周敬德保民的政治思想第一次系统发展出个人修身与理想人格的伦理学体系，即'君子德行'，亦即一种人格伦理学（德性伦理包含于其中），更广义地说，乃发展了一套完满的人生理想。"[①] 从总体上看，孔子思想的最大贡献在于提出了"仁"的概念，从哲学的高度深化了周人所推崇的"德"的内涵，并且在"礼崩乐坏"之际为西周的礼乐典章制度找到了新的内在根据，同时将礼乐制度由一种政治统治术发展为陶冶人之性情、养成理想人格的教化手段，从而从人格培养和德性养成的层面切中了"轴心时代"特别关注的"人之存在"这一核心问题，奠定了儒家探求人类精神世界、实现人类的现实存在与精神超越之平衡的基本路向。而从历史上看，正如王国维先生所说的，"中国政治与文化之变革，莫剧于殷、周之际"，"殷、周间之大变革，自其表言之，不过一姓一家之兴亡与都邑之移转；自其里言之，则旧制度废而新制度兴，旧文化废而新文化兴"[②]。所谓"旧文化废而新文化兴"，是指殷周之际中国人由纯粹地敬畏神灵，希望通过神灵的庇佑来获得政治统治的合法性转变为重视"德"的价值，以此作为政权的基础。简而言之，即从"尚鬼神"向"尚德"方向转变，这可视作中国人文精神的初次觉醒。从现今挖掘并辨识出的殷墟甲骨卜辞中可以看出，殷人的生活几乎完全笼罩在鬼神与祖先的崇拜之下，诸如"帝令雨足年——帝令雨弗其足年"、"贞卯，帝弗其降祸"以及"伐吾方帝受我又（佑）"[③]之类的卜辞表明殷人在生活的方方面面都要占卜神灵的意志，祈求神灵的庇佑。而诸如"贞咸（似为成，指成汤，殷人先祖）宾于帝，贞咸不宾于帝"以及"丁未卜，宾，贞咸受又（佑）"[④]则又表现了殷人将自己的先祖视为与"帝"一样具有保佑后世子孙的作用，因而也是其日夜崇奉的对象。两者相结合，充分显示了殷人"无

---

① 陈来：《孔子·孟子·荀子——先秦儒学讲稿》，生活·读书·新知三联书店 2017 年版，第 5 页。

② 王国维：《殷周制度论》，《王国维集（第四册）》，中国社会科学出版社 2008 年版，第 124－125 页。

③ 转引自崔大华：《儒学引论》，人民出版社 2001 年版，第 6 页。

④ 转引自崔大华：《儒学引论》，人民出版社 2001 年版，第 7 页。

事不卜，无日不祀"的政治生活景象。正如崔大华教授所指出的，在这样的社会场景下，"以帝神崇拜和祖先崇拜为主要内涵的宗教观念，弥漫着、填满了殷人的精神世界，殷人的精神完全慑服于、膜拜于一种超越的异己力量之下。在这种沉重而厚密的宗教意识阴霾中，人对属于自己的力量的感受和觉醒是很微弱的和困难的。"① 这意味着，对于殷人而言，生命的唯一目的就在于祈求神灵和先祖的庇佑，除此之外并无其他任何意义。也正因为如此，殷人完全无须为自己的行为负责，因为从本质上讲，殷人的行为并不是出于自我的选择，而是完全被外在的、异己的力量所决定的。

与之相反，西周在灭亡殷商之后，就开始对这一政治现象加以反思，"从先秦典籍的记载中可以看出，殷是一个'邦畿千里'的宗主大国，周只是一个'方百里'的从属小国。周人以一个属国小邦，战胜了、取代了一个'有册有典'、'多士'的大国，对于这一巨大胜利所带来的政治统治权和其他种种利益，以周公（姬旦）为代表的西周初期的统治者既感到无限欣喜，又感到十分忧虑"②。面对战胜殷商的巨大胜利，西周的统治者并没有被冲昏头脑，而是着重反思了这一胜利背后的原因，"西周统治者认为殷的灭亡，并不是被'天命'或'上帝'所抛弃，而是他的统治者自己放逸无度、不循旧章，违背了'天命'或'上帝'，是咎由自取。"③ 这一理解显然是合理的，先秦典籍中的诸多记载都证明了这一点，"非天庸释有夏，非天庸释有殷，乃惟尔辟（君），以尔多方，大淫图天之命，屑有辞"④；"故天降丧于殷，罔爱于殷，惟逸。天非虐，惟民自速辜"⑤；"咨汝殷商，匪上帝不时，殷不用旧"⑥。显然，这些反思的结果给了周代统治者一个深刻的启示，即一味地祈求"天帝"与"祖先"的庇佑并不能带来国家的长治久安，显然，政权的稳固与国家的发展还有更深层次的原因，即统治者的行为须具备正当性，不可肆意妄为。在这一过程中，周人逐渐产生了"德"的观念，并开始将合乎德性作为政权得以稳固的重要基础。这一观念反复出现在周朝的先祖对后世子孙的叮咛告诫之中，"我不可不监于有夏，亦不可不监于有殷……服天命，惟有历年；不其延，惟不敬厥德，乃早坠厥命"⑦；"皇天既付中国民越（与）厥疆土于先王，肆王惟德用，和怿（悦）先后迷民，用怿（绎）先王受命"⑧。这些内容反复在说明一个问题，即周代统治者希望从夏商的灭亡中吸取教训，重视德性在国家治理中的重要作用，要求子孙时刻修德，并以合乎德性的方进行统治，以此来承顺"天命"，避免重演夏商两朝失去民众支持而最终使得政权覆亡的悲剧。显而易见，这是中国政治思想的一大进步，它将政权兴衰的根源由超验的神灵和祖先拉回到了现实世界当中，承认决定政治的好坏关键在人。这是在政治领域迈出的重要一步，具有非常深刻的历史意义。周人的"德性"是统治者的一种精神性内涵，主要包括两个方面，"一是指个人内在的品性修养方面，一是指对人的外在的行为规范"⑨。

---

① 崔大华：《儒学引论》，人民出版社 2001 年版，第 7 页。

② 崔大华：《儒学引论》，人民出版社 2001 年版，第 10 页。

③ 崔大华：《儒学引论》，人民出版社 2001 年版，第 11 页。

④ 《尚书·多方》，［清］王先谦：《尚书孔传参证》，中华书局 2011 年版，第 821－822 页。

⑤ 《尚书·酒诰》，［清］王先谦：《尚书孔传参证》，中华书局 2011 年版，第 685－686 页。

⑥ 《诗经·大雅·荡》，［清］王先谦：《诗三家义集疏》，中华书局 1987 年版，第 927 页。

⑦ 《尚书·召诰》，［清］王先谦：《尚书孔传参证》，中华书局 2011 年版，第 716－717 页。

⑧ 《尚书·梓材》，［清］王先谦：《尚书孔传参证》，中华书局 2011 年版，第 700 页。

⑨ 崔大华：《儒学引论》，人民出版社 2001 年版，第 12 页。

也就是说，对德性的重视要求周代统治者既注重自身的内在心性品格的陶冶与塑造，又要时刻注意外在的言行举止，务必使其合乎以礼乐为代表的制度体系。周人这一对"德"的理解为后世的统治者所继承，自此之后，历代统治者都强调"修德"的重要性，并且将"德性"定位为尊重民众的利益，倾听民众的意愿。这种由"德治"进一步发展而来的"民本"的思想，日后成为了中国一个非常重要，也非常正确的政治传统，对中国的政治实践起到了积极的作用。它使得中国在很早的时候就进入了以民众的福祉为执政之目的的文明时代，并且使得我们的政治文化一直保持着对权力的敬畏、对人民力量的尊重以及对德性的肯定，超越了一味地以暴力作为统治基础的政治结构。这是周人重德、敬德思想的永恒性价值。

但是，周人对"德"的尊重仍然未能触及"人之存在"这一"轴心时代"的关键命题，因而仍然是不完善的。也就是说，周人对德性的尊重仍然主要是政治性的，未能揭示德性与人格修养与塑造的关系，这导致周人的"德性"不具有普遍性意义，周人仍未能实现人性的觉醒。回顾上文中我们所引述《尚书》与《诗经》的文段，我们不难发现，这些内容大多是周代的先祖对后世子孙、夏商的苗裔以及其他部落和诸侯国的宣教，用以说明周之代商的合法性。因此，无论是从对象上还是从内容上看，这些文段的政治色彩都是很浓厚的，这也决定了这些文段所关注的焦点相对片面，一般的老百姓并非文武周公的宣教对象。换言之，虽然西周的统治者强调要"为政以德"，其中便内含着"保民"、"安民"的要求，但人民本身却没有直接进入周代统治者的视野。从思想发展的逻辑上看，的确由"重德"一定会发展出"仁民爱物""安民保民"的思想，但这一过程在周人那里还远未完成。进一步地说，周人重德仅仅是出于维护统治秩序的需要，具有很强的功利主义和实用主义特点，而不是处于对德性本身的意义的肯定与高扬。这导致了另外一个问题，即周人认为德作为一种人的品性，在自己的祖先身上体现得最为充分，因此，"在周人的社会生活中，在其维护政治统治的实践中，对自己祖先的德性的追恭、效法，比起对'帝'或'天'的崇拜、祭祀就更加重要，更为实际。"① 诚然，崔大华教授在此指出，相比于殷人对超自然的、神秘的"帝"和"天"的遵从，周人对先祖的祭祀致敬行为由于有"德"的内涵而更具理性主义成分，这一点显然是正确的。然而我们同样不可否认的是，这里同样反映了周人对先祖的祭祀仍然是为了满足自身的政治目的，离后世孔子所说的"慎终追远，民德归厚矣"这样充满现世伦理要求的祭祀还有着不小的距离。这些都反映了周人围绕"重德"的理念开始将关注的目光由完全的神秘世界拉回到人性之中，但其距离轴心时代以"人之存在"为思考核心的、人性的全面觉醒还相距甚远。而这正是孔子思想不朽的意义所在。

正如前文中所指出的，孔子生活的春秋时期正处于中国历史上大变革、大解体的时代，西周建立在分封制和宗法等级制基础上的政治秩序和社会制度正面临全面瓦解。当世之时，周天子的权威已荡然无存，诸侯之间相交唯以力胜，不讲道义，诸侯国内部的政治倾轧和变乱亦时有发生。司马迁曾在《孔子世家》中对此有所记录，"是时也，晋平公淫，六卿擅权，东伐诸侯；楚灵王兵强，陵轹中国；齐大而近于鲁。鲁小弱，附于楚

---

① 崔大华：《儒学引论》，人民出版社 2001 年版，第 13 页。

则晋怒，附于晋则楚来伐；不备于齐，齐师侵鲁。"① 贵族出身的孔子面对这样的情况自然是不满的，因而孔子在政治领域的核心主张就是"正名"，即"君君，臣臣，父父，子子"。这意味着他要求以"名"来约束"实"，以宗法等级制中对于各种社会伦理身份的要求为依据来规约现实的人的行为，以此来恢复"周礼"，乃至整个西周的贵族政治体系。按照冯友兰先生的话说就是，"处此情形之下（按：指礼崩乐坏的社会现实），孔子以为苟欲'拨乱世而反之正'，则莫如使天子仍为天子，诸侯仍为诸侯，大夫仍为大夫，陪臣仍为陪臣，庶人仍为庶人，使实皆如其名，此即所谓正名主义也。"② 因此，孔子最为尊崇的人便是周公，而他在"老之将至"之时所发出的感慨也是"'甚矣吾衰也，久矣吾不复梦见周公"③。这里寄托的是一个复古主义者一生的精神追求。

　　然而，历史发展的总体趋势是不断向前的，它并不以个人的意志为转移。在孔子的时代，西周的宗法等级制和分封制走向解体已经成为历史的必然，因而孔子的政治追求注定无法实现。在孔夫子与齐景公论君臣父子关系之际，齐国著名的大臣晏婴却这样评价儒学和孔子：

　　　　夫儒者滑稽而不可轨法；倨傲自顺，不可以为下，崇丧遂哀，破产厚葬，不可以为俗；游说乞贷，不可以为国。自大贤之息，周室既衰，礼乐缺有间。今孔子盛容饰，繁登降之礼，趋详之节，累世不能殚其学，当年不能究其礼。君欲用之以移齐俗，非所以先细民也。④

　　晏子这段话表明，对孔子的政治主张，当世之人多有排斥，认为迂腐不堪，不切实际，以至于先前对"君臣父子"之道颇为赞赏的齐景公后来也只能对孔子说"吾老矣，弗能用也"⑤，并未真正采纳其政治主张。因此，如果孔子只关注与周礼的政治意义，一味地要求恢复西周的礼乐制度，那么他将不仅与历史发展的大势相违背，而且在其生活的年代便会很快被边缘化。然而，春秋时期的思想界却有"非儒即墨"的说法，儒家一直活跃在当时的思想舞台之上，是名副其实的"显学"。这意味着孔子的思想中一定具有超越于政治之上的价值，这就是孔子对"人之存在"的意义和价值揭示，也就是我们反复强调的他所开启的中华文明的"轴心时代"突破之路。

　　孔子对"君子"和"小人"两个词的使用集中体现了他对"人之存在"的关注与肯定由外在于个体的政治身份向根植于个体生命的道德品行的变化，而这所彰显的正是孔子对于"人之存在"之意义的发现过程。在春秋时期，"君子"与"小人"的原初涵义是与政治和社会地位密切相关的。正如冯友兰先生所指出的，"照字面看，'君子'就是君的儿子，如后世所谓'公子'、'少爷'之类。同公子、少爷相对的人就是'小人'。这是'君子'和'小人'这两个名词的本来的意思。"⑥ 这样意义的"君子"与"小人"在《论

① ［汉］司马迁：《孔子世家》，《史记》卷47，中华书局1982年版，第1910页。
② 冯友兰：《中国哲学史（上）》，华东师范大学出版社2011年版，第41页。
③ 《论语·述而》，［清］刘宝楠：《论语正义》，中华书局1990年版，第256页。
④ ［汉］司马迁：《孔子世家》，《史记》卷47，中华书局1982年版，第1911页。
⑤ ［汉］司马迁：《孔子世家》，《史记》卷47，中华书局1982年版，第1911页。
⑥ 冯友兰：《中国哲学史新编（上）》，人民出版社2007年版，第81页。

语》中亦是存在的，如所谓"君子学道则爱人，小人学道则易使也"①。孔子在此明确区分了君子与小人"学道"的不同目的，而这是由两者的社会身份所决定的：套用孟子的话说，君子是"劳心者治人"，因而"学道"是为了掌握"治道"即治理国家的正当原则；小人是"劳力者治于人"，因而"学道"是为了了解和遵从当时社会秩序的具体要求，以便使自己的言行举止都合乎社会规范，成为贵族统治者眼中的"顺民"。这说明作为一个复古主义者和政治上的保守主义者，孔子思想中仍然具有上个时代的烙印。然而，在《论语》中，"君子"与"小人"更多的是指道德品性的高下之别，如孔子与弟子"在陈绝粮"，面对子路"君子亦有穷乎"的质问，孔子的回应是"君子固穷，小人穷斯滥矣"②。显然，这里的"君子"是指有德行操守之人，"小人"则是面对困境放弃操守，无所不为之徒，因而这两个概念在此处有着明确的德性涵义。孔子在此运用"君子"与"小人"时，具有明显的价值倾向，前者正是他所认为的理想人格的重要表征。这表明孔子对人的评价的标准已经由出身转向了德性与操守，而后者显然与"人之存在"的意义有着密切联系。因而，接下来的问题就是，孔子所认为的理想人格究竟是什么，它怎样反映了"人之存在"的意义，它的表现方式和养成途径又是怎样的。而这些内容正是孔子的"仁道"和礼乐教化思想关注的焦点。

第二节　仁爱：孔子"仁学"的价值内涵

　　孔子礼乐教化思想的根本目的是服务其"仁学"，而后者又是其对"人之存在"这一"轴心时代"的关键问题的反思结果，代表了孔子对于人的存在意义与价值的揭示。因此，对孔子礼乐教化思想的考察离不开对其仁说的分析，只有把握了孔子"仁内礼外"的理论框架，我们才能真正透视其礼乐教化思想在整个学术体系中的作用。正如陈来教授指出的，"《论语》中最突出的，也是孔子与春秋以前最大的不同，乃在于特别突出'仁'这一德。"③

　　孔子对"仁内礼外"框架的解说，最具有代表性的就是前述的"人而不仁，如礼何；人而不仁，如乐何"和"克己复礼为仁"④。对于前者，朱熹解释道，"问'礼者，天理之节文；乐者，天理之和乐。仁者，人心之天理。人心若存得这天理，便与礼乐凑合着，若无这天理，便与礼乐凑合不着。'曰：'固是。若人而不仁，空有那周旋百拜，铿锵鼓舞，许多劳攘，当不得拿礼乐'"⑤；"'人而不仁'，则其心已不是，便用之礼乐，也则是虚文，决然是不能为。心既不正，虽有钟鼓玉帛，亦何所用！"⑥ 而对于后者，朱熹认为，"礼者，天理之节文也。为仁者，所以全其心之德也。盖心之全德，莫非天理，而亦不能

　① 《论语·阳货》，[清] 刘宝楠：《论语正义》，中华书局 1990 年版，第 680 页。
　② 《论语·卫灵公》，[清] 刘宝楠：《论语正义》，中华书局 1990 年版，第 610 页。
　③ 陈来：《孔子·孟子·荀子——先秦儒学讲稿》，生活·读书·新知三联书店 2017 年版，第 17 页。
　④ 《论语·颜渊》，[清] 刘宝楠：《论语正义》，中华书局 1990 年版，第 483 页。
　⑤ [宋] 朱熹：《朱子语类》，黎靖德编，中华书局 1986 年版，第 604 页。
　⑥ [宋] 朱熹：《朱子语类》，黎靖德编，中华书局 1986 年版，第 605 页。

不坏于人欲。故为仁者必有以胜私欲而复于礼，则事皆天理，而本心之德复全于我矣"①；"一于礼之谓仁。只是仁在内，为人欲所蔽，如一重膜遮了。克去己私，复礼乃见仁。仁、礼非是二物。"② 剔除朱熹解说中的理学成分，应当讲他对于礼乐与仁道关系的理解是合乎孔子本意的，即"仁"是礼乐的内核，礼乐是仁道的表征，二者是一体两面，不可分割的。但这两者有主次之分，即仁为主，礼乐为次；仁是人道的核心本质，礼乐则是本质的具体表征。因此，"人之存在"的价值在于实现仁道，但要达成这一目的，离不开礼乐作为手段的帮助。正因为孔子的礼乐教化思想与仁道有着如此密切的关系，因而我们的考察将首先从仁道开始。

一、爱人：仁之总则

在孔子这里，仁是一个多维度、多层次的概念，它可以视作人类品行的总称。然而，孔子对"仁"有一基本的界定，即"爱人"。

> 樊迟问仁，子曰："爱人"③。

"仁者爱人"这一说法可谓人尽皆知，学界对它的解读也是非常多的。例如，朱熹就从体用关系上对樊迟之问做了解读，"爱人，仁之施"④；"或问：'爱人者，仁之用；知人者，知之用。孔子何故不以仁知之体告之？乃独举其用以为说。莫是仁知之体难言，而樊迟未足以当之，姑举其用，使自思其体？'曰：'体'与'用'虽是二字，本末未尝相离，用即体之所以流行。"⑤ 在朱熹看来，"仁"与"爱"是体用关系，说"爱"则"仁之体"便已经在其中了。崔大华教授将其视为儒家道德哲学的基础，认为儒家的"爱人""展开来看，实际上包含着'爱亲'与'爱众'这两个方面的内容，儒家的诚挚的道德情感，崇高的道德理想都是建立在此基础之上。"⑥ 冯友兰先生则将"爱"视为"仁"的核心内容，强调"'仁'是修身所要达到的最高标准，仁的主要内容是'爱'，这个爱是从亲子之爱扩充出来的"⑦。张岱年先生则将"仁"的内涵理解为"己欲立而立人，己欲达而达人"，而将"爱人"视为这一内容的表现，"仁之本旨，是己欲立而立人，己欲达而达人，所以根本上是爱人的。"⑧ 此论可能与孔子之义正相反。在孔子眼中，立人达人应是爱人的表现而非反之。应该说，上述的解读从不同方面揭示了"仁"在儒家思想中的奠基性作用，均极富思想价值，但似乎仍未触及到孔子此论的核心意旨，即为何孔夫子要以"爱人"作为"仁"的核心。考虑到虽然"仁"字在《论语》中出现了不下百次，然而孔子似乎像西方哲学那样，以"×者×也"的形式给"仁"字下一定义，我们可以

---

① ［宋］朱熹：《四书章句集注》，中华书局 1983 年版，第 131 页。
② ［宋］朱熹：《朱子语类》，黎靖德编，中华书局 1986 年版，第 1042 页。
③ 《论语·颜渊》，［清］刘宝楠：《论语正义》，中华书局 1990 年版，第 511 页。
④ ［宋］朱熹：《四书章句集注》，中华书局 1983 年版，第 139 页。
⑤ ［宋］朱熹：《朱子语类》，黎靖德编，中华书局 1986 年版，第 1095 页。
⑥ 崔大华：《儒学引论》，人民出版社 2001 年版，第 34 页。
⑦ 冯友兰：《中国哲学史新编（上）》，人民出版社 2007 年版，第 96 页。
⑧ 张岱年：《中国哲学大纲（下）》，昆仑出版社 2010 年版，第 290 页。

说，"仁者爱人"一语是《论语》中最接近对"仁"的明确定义，它反映的是孔子"仁"学最核心的主张。那么，这一主张成立的依据究竟是什么，就成为我们理解孔子仁学的关键。而在笔者看来，"爱人"正是孔子对"人之存在"这一"轴心时代"核心问题的深入思考与准确解答，是其实现"轴心时代"突破的理论标志。正如梁漱溟先生所指出的，"人在情感中，恒只见对方而忘了自己；反之，人在欲望中，却只知为我而顾不到对方。"① "爱人"作为真挚的情感是私欲的反面，而更根本地说，它所反映的是超越自私状态，突破个体的局限，这是人与其他物种的根本差异。

所谓"爱人"，即是指一个人对他人无条件的关爱，这种关爱归根结底是希望另外一个个体能够更好地生存。这里的意义在于，在孔子看来，"爱人"意味着人是一个不自私的存在。这是说，每一个个体之人都有这样一种能力，即他可以不把自身的利益——这些利益首先是指人的生命也即生存权，其次还包括进一步的发展权利，如更好的教育资源、更多的财富以及更高的社会地位与威望等——看成至高无上的，视其为一切行为的最终目的，而是能够全身心地为"另一个"个体来付出、服务乃至奉献自己的一切。它所打破的，正是生命只以"自我保存"为唯一目的的生存法则，从而为信奉"物竞天择，适者生存"，完全遵守达尔文主义的、冷漠的自然界注入了第一缕人道的气息，揭开了与自然界有着本质差异的另一个新的世界。正如马克思在《1844年经济学哲学手稿》中所指出的，动物与人的生存状态有着本质的不同，前者是"生存"，而后者是"生活"。"生存"完全遵守自然律，因而对动物来说，自我保存是唯一目的；"生活"则展开为基于主体与他者二元论关系的主体对世界的认识、体察与反思，作为主体的人在这一过程中具有选择权，并为选择的结果负责。这使得人类能够超越一味追求个体生命延续的"生存"之状态，敞开一个内容无比丰富的世界，而这一切的起点就是对"自我"以及由此而来的自私的自觉超越，它标志着"人之存在"有了与自然物存在截然不同的存在逻辑，正是"人之存在"之独特性的集中体现。对于儒家来说，正是这种冲破自我狭隘性的、对"他者"无条件无目的关爱，才真正构成了"人猿相揖别"之处，这也就是孟子所说"人之所以异于禽兽者几希，庶民去之，君子存之"② 的真正内涵。

从思想史上看，孔子这一主张具有十分重要的价值，他真正实现了中华文明关于"人之存在"的突破。须知，在孔子之后几百年，法家的代表人物韩非子还将自私自利视为人的根本特质。

> 故舆人成舆，则欲人之富贵；匠人成棺，则欲人之夭死也。非舆人仁而匠人贼也，人不贵，则舆不售；人不死，则棺不买。情非憎人也，利在人之死也。故后妃、夫人、太子之党成而欲君之死也，君不死则势不重，情非憎君也，利在君之死也。③
>
> 人为婴儿也，父母养之简，子长而怨；子盛壮成人，其供养薄，父母怒而诮之。子、父，至亲也，而或谯或怨者，皆挟相为而不周于为己也。夫卖庸而播耕者，主人费家而美食，调布而求易钱者，非爱庸客也，曰：如是，耕者且深，耨者熟耘也。

---

① 梁漱溟：《中国文化要义》，上海世纪出版集团 2005 年版，第 80 页。
② 《孟子·离娄下》，[清] 焦循：《孟子正义》，中华书局 1987 年版，第 567 页。
③ 《韩非子·备内》，[清] 王先慎：《韩非子集解》，中华书局 2013 年版，第 123—124 页。

庸客致力而疾耘耕者，尽巧而正畦陌者，非爱主人也，曰：如是，羹且美，钱布且易云也。此其养功力，有父子之泽矣，而心调于用者，皆挟自为心也。故人行事施予，以利之为心，则越人易和；以害之为心，则父子离且怨。①

很明显，韩非子仍然将自私自利、不择手段的为个人牟利益视为人的一切行为的出发点和落脚点。在此基础上，他主张以"二柄"来治理国家和社会，钳制官员乃至百姓的行止，"明主之所导制其臣者，二柄而已矣。二柄者，刑、德也。何谓刑德？曰：杀戮之谓刑，庆赏之谓德。为人臣者畏诛罚而利庆赏，故人主用其刑德，则群臣畏其威而归其利矣。"② 所谓"二柄"，指的就是刑罚与赏赐，而韩非子之所以将这两者视为治理天下国家的无上法门，正是因为它们最能切中人的"趋利避害"之心。在韩非子看来，植根于"人之存在"深处的利己之心会使人抛弃帮助他人的一切考量，将自家的全副精神与生命都毫无保留地投身到牟利之事当中。因而统治者要做的就是利用这种"趋利避害"的本能，通过具有针对性的手段来引诱臣下为自己办事。坦率地讲，如果单纯从国家和社会治理的角度上看，韩非子对人的理解以及建基在其上的治国手段是具有可行性的，相关思想也是我们今天在治理国家和社会的现实操作中所不可缺少的部分，因而有其独特的价值。但是客观地讲，韩非子之学的理论意义是有限的，它对于中华文明突破"轴心时代"人的生存困境的帮助同样是有限的。如果我们将"人之存在"的目的完全等价于极端的自私自利，那么人的存在在价值层面就是邪恶的，人的一切良善之德都将难以实现。因为韩非子理解的人不会产生为善的动机，他的生命展开的全部目的仅仅在于实现自身利益的最大化。那么，这样一种对自身存在的意义理解得极为狭隘的人类还能否真正实现"轴心时代"所要求的对"人之存在"的反思和超越，对人的价值的确证就会成为大问题。更进一步说，如果中华文明的核心就是以韩非子为代表的法家，那么这种只关注于人之恶而忽视人之善的文明到底还有多少人类性价值，到底能为人的思想和精神宝库做出多少真正的贡献就令人十分怀疑了。这就是说，如果中华文明以法家为主，那么它甚至会影响到中华文明对人类的贡献和意义。从这个意义上讲，我们才更能看出孔子"仁者爱人"思想的可贵，它端正了中华文明对人的存在目的的理解，从源头上保证了中华文明对人的尊重。

围绕着"仁者爱人"这一论断，孔子在《论语》中对"仁道"超越人的自私自利本能以及无条件关爱他者的特点做了多层次的说明。其中，最有代表性的就是"忠恕"之道。《论语》载：

子曰："参乎！吾道一以贯之。"曾子曰："唯。"子出，门人问曰："何谓也？"曾子曰："夫子之道，忠恕而已矣。"③

子贡曰："如有博施于民而能济众，何如？可谓仁乎？"子曰："何事于仁，必也圣乎！尧、舜其犹病诸。夫仁者，己欲立而立人，己欲达而达人。能近取譬，可谓

---

① 《韩非子·外储说左上》，[清] 王先慎：《韩非子集解》，中华书局 2013 年版，第 295-296 页。
② 《韩非子·二柄》，[清] 王先慎：《韩非子集解》，中华书局 2013 年版，第 42 页。
③ 《论语·里仁》，[清] 刘宝楠：《论语正义》，中华书局 1990 年版，第 151-153 页。

仁之方也已。"①

子贡问曰:"有一言而可终身行之者乎?"子曰:"其恕乎!己所不欲,勿施于人。"②

这三段文字构成了一个整体来说明"忠恕之道",也进一步展现了"仁者爱人"的涵义。首先,孔子借曾子之口说明了"忠恕之道"是其一贯坚持的思想原则,是其思想的核心。对于忠恕的内涵,朱熹认为是"尽己之谓忠,推己之谓恕",③并通过拆字的方式进行了进一步说明,即"'中心为忠,如心为恕',此语见《周礼疏》。"④而当弟子问朱熹何为"如心为恕"时,他的回答是"如此也比自家心推将去。仁之与恕,只争些子。自然底是仁,比而推之便是恕"⑤。也就是说,所谓"忠",即通过自己充分的努力来成就自身;而所谓"恕",就是基于"人同此心,心同此理"的原则,将全心全意成就自己的态度推之于旁人,也以同样真诚的态度去帮助旁人,以便让人人都能实现自己的生活目的。显然,贯穿于"尽己"与"推己"之中的"忠恕之道"就是对人的真诚而无限的关爱之情,这一情感始于对自身的关爱,但它的完全实现则必须要求人们超出一己之私,达成对其他个体的普遍关爱,而这正是"仁道"的核心内涵。

"己欲立而立人,己欲达而达人"和"己所不欲,勿施于人"是孔子对"仁道"所特有的对他人的关爱的进一步阐释。对于"己欲立而立人,己欲达而达人",朱熹评论道"以己及人,仁者之心也。于此观之,可以见天理之周流而无间矣。状仁之体,莫切于此。"⑥而谈及其具体意义,朱熹则强调"立"与"达"所体现的"仁道"的一贯性。《语类》载:

问:"'己欲立而立人,己欲达而达人','立、达'二字,以事推之如何?"曰:"二者皆兼内外而言。且如修德,欲德有所成立;做一件事,亦欲成立。如读书,要理会得透彻;做事,亦要做得行。"又曰:"立是安存底意思,达是发用底意思。"⑦

问:"'己欲立而立人,己欲达而达人',注云:'于此可以得仁之体。'是此处见得人与己相关甚切,便是生意相贯处否?"曰:"亦是。只无私意,理便流通。然此处也是己对人说,便恁地。若只就自己说,此又使不得,盖此是仁之发出处。若未发之前,只一念之私,便不是仁。"⑧

前一条语录从体用关系上将"立"与"达"解读成一体两面的统一整体:"两面"是指"安存"与"发用",安存乃是在内心之中将仁道确立起来,使仁道与自身的精神生命

---

① 《论语·雍也》,[清] 刘宝楠:《论语正义》,中华书局 1990 年版,第 248—249 页。
② 《论语·卫灵公》,[清] 刘宝楠:《论语正义》,中华书局 1990 年版,第 631 页。
③ [宋] 朱熹:《四书章句集注》,中华书局 1983 年版,第 72 页。
④ [宋] 朱熹:《朱子语类》,黎靖德编,中华书局 1986 年版,第 689 页。
⑤ [宋] 朱熹:《朱子语类》,黎靖德编,中华书局 1986 年版,第 689 页。
⑥ [宋] 朱熹:《四书章句集注》,中华书局 1983 年版,第 92 页。
⑦ [宋] 朱熹:《朱子语类》,黎靖德编,中华书局 1986 年版,第 846 页。
⑧ [宋] 朱熹:《朱子语类》,黎靖德编,中华书局 1986 年版,第 846 页。

实现真正统一；发用则是指在生活中针对不同的事情（读书、待人接物等）将"仁道"践行出来，以仁为原则，依据不同的情形做出相应的选择，从而使得事事物物皆得其所。这里孔子强调的是，仁不仅仅是"爱人"的情感，更是"助人"的具体实践。而无论是爱人还是助人，这里的"人"即包括自身，也包括他者。因此，"己欲立而立人，己欲达而达人"就是要求人们能以"爱"这一正面而积极的态度面对自身和他人，使得一切人都能够不断地提升自己的生存状态和生命境界。后一条语录则指明，妨碍实现"立人达人"的最关键的因素就是"私"，即私心私欲。人们一旦有了私心私欲，就有了分别心，从而会将自身与他人视作对立的两端，乃至将他人视为实现自身目的的手段。此举必将导致仁道的断裂，无法贯通于自身与他人之间。显然，朱子对"立人达人"的解读再次凸显了孔子"仁道"的核心内涵，即破除一己之私，以"人同此心，心同此理"的态度将对自身的关爱扩展至他人之中，实现对一切人的普遍关爱。因此，张岱年先生将"立人达人"视为"仁"的中心意谓，认为其有四层内涵，"一，仁是一方自强不息，一方助人有成，是人己兼顾的；二，仁可以说包含对别人的尊重；三，仁是由己及人，仍以自己为起点；四，仁固包含情感上的爱，及物质上的扶持，而更注重道德上的励导"，并且将这样的仁视作"生活之最高的道，也是最高的德"①。

而对于"己所不欲，勿施于人"，朱熹则认为此乃"絜矩之道"，"问：'终身行之，其恕乎！絜矩之道，是恕之端否？'曰：'絜矩正是恕'"②。"絜矩之道"是《大学》中的一个概念，《大学》本文对它的解释是"所恶于上，毋以使下；所恶于下，毋以事上；所恶于前，毋以先后；所恶于后，毋以从前；所恶于右，毋以交于左；所恶于左，毋以交于右，此之为絜矩之道。"③ 可见，絜矩之道正是要求人们秉承"人同此心，心同此理"的原则，设身处地地为他人着想，不要将自身厌恶之事施加于他人，这正是"恕"的核心内涵，而其中渗透的也是对他者真挚的关爱之情。唯有基于这种关爱之情，人们才能做到"不迁怒"，不将无辜的他者当作发泄自身委屈的出口，因而这同样彰显的是孔子"仁道"对趋利性的拒斥和对他人的尊重与关爱。对此，陈来老师评论道：

> "己所不欲，勿施于人"这句话，着眼于道德实践的入手处，所以先说"己"，但这句话真正的着眼点是"人"，要解决每个"己"怎样对待其他的"人"的问题，不要只想到自己要对人作什么，而要想到这样对人是不是正确的。这个立场始终是考虑别人、他人的立场，所以叫作"恕"，恕说到底是他人优先，以他人为重，从他人的需要和处境考虑问题。④

唯其如此，《论语》的《子罕篇》才会有这条经典的语录，"子罕言利，与命与仁"⑤。这里的"与"是赞许之义，因此这体现了孔子所真正关注的是天命和仁道，而"利"则不是夫子思考和论述的焦点。至于其原因，朱熹认为，过多言利会使人一味地追逐利益，

---

① 张岱年：《中国哲学大纲（下）》，昆仑出版社 2010 年版，第 297 页。
② ［宋］朱熹：《朱子语类》，黎靖德编，中华书局 1986 年版，第 1161 页。
③ ［宋］朱熹：《四书章句集注》，中华书局 1983 年版，第 10 页。
④ 陈来：《孔子·孟子·荀子——先秦儒学讲稿》，生活·读书·新知三联书店 2017 年版，第 23 页。
⑤ 《论语·子罕》，［清］刘宝楠：《论语正义》，中华书局 1990 年版，第 319 页。

从而容易与"仁道"产生冲突。

> 或问：夫子之有罕言，何也？曰：利者，义之和也，惟合于义，则利自至；若多言利，则人不知义，而反害于利矣。①
>
> "子罕言利，与命，与仁。"非不言，罕言之尔。利，谁不要。才专说，便一向向利上去。②
>
> 问"子罕言利。"曰："利最难言。利不是不好。但圣人方要言，恐人一向去趋利；方不言，不应是教人去就害，故但罕言之耳。盖'利者义之和'，义之和处便利。"③

朱熹在此指出，正所谓"富而可求也，虽执鞭之士，吾亦为之；如不可求，从吾所好"④，孔子不是绝对拒斥个人利益，而是认为过多言利会导致人们一心求利而置仁义于不顾，因而最理想的状态是"利者义之和"，即利益是人们秉仁道而行的结果之一。这意味着孔子渴望达成的状态是仁义与利益的完美融合，但若两者无法达成统一，以至于人们必须要做出非此即彼的选择时，孔子仍然坚持的是仁道。这说明孔子在某种意义上仍然将"仁道"与"利"视作有可能发生对立的两方面，而坚守仁道需要人们与一味地追求个人利益的行为保持距离，而这正是与真诚地关爱他人的道德要求相一致。对此，冯友兰先生曾指出，很多人认为儒家不重利，这是对儒学的误解，"不知儒家不言利，乃谓各事只问其当否，不必问其结果，非不言有利于民生日用之事"⑤。换言之，"爱人"与"去私"正是"仁道"的两面。这一思想日后成为了儒家的传统，孟子的"舍生取义"即是对这一理念的深化和拓展。

然而必须强调的是，孔子亦认为关爱他人是有前提的，即双方对待对方的态度应是对等的。因此，他明确反对"以德报怨"的"滥好人"行为，"或曰：'以德报怨，何如？'子曰：'何以报德？以直抱怨，以德报德'。"⑥ 对此，梁代学者皇侃认为，"所以不持德报怨者，若行怨而德报者，则天下皆行怨以要德报之，如此者是取怨之道也。"⑦ 朱熹则强调，所谓"直"乃是"于其所怨者，爱憎取舍，一以至公而无私，所谓直也"⑧，而不可"以德报怨"的原因在于"或人之言，可谓厚矣。然以圣人之言观之，则见其出于有意之私，而怨德之报皆不得平也。必如夫子之言，然后二者之报各得其所。"⑨ 这意味着，"以德报怨"实质上亦是处于施德者的私心，其处置仇恨的方式并不公平，它反映的是受害人和加害者在人格上的不平等。而一味地、不讲原则地宽容是对正义和公理的践踏，并且会让加害者尝到甜头、得寸进尺，最终成为了受害人的"取怨之道"。因此，

---

① ［宋］朱熹：《四书或问》，《朱子全书》第六卷，上海古籍出版社、安徽教育出版社 2002 年版，第 768 页。

② ［宋］朱熹：《朱子语类》，黎靖德编，中华书局 1986 年版，第 949 页。

③ ［宋］朱熹：《朱子语类》，黎靖德编，中华书局 1986 年版，第 949 页。

④ 《论语·子罕》，［清］刘宝楠：《论语正义》，中华书局 1990 年版，第 262 页。

⑤ 冯友兰：《中国哲学史（上）》，华东师范大学出版社 2011 年版，第 49 页。

⑥ 《论语·宪问》，［清］刘宝楠：《论语正义》，中华书局 1990 年版，第 591 页。

⑦ ［梁］皇侃：《论语义疏》，中华书局 2013 年版，第 379 页。

⑧ ［宋］朱熹：《四书章句集注》，中华书局 1983 年版，第 157 页。

⑨ ［宋］朱熹：《四书章句集注》，中华书局 1983 年版，第 157 页。

儒家强调"以直报怨",要求针对他人的伤害做出适当的反击,以维护公理,制止罪恶。可见,"以直报怨"是"仁道"的重要补充,它的提出标志着儒家之仁不是无底线、无止境地一味付出,而是建立在相互尊重、公平正义基础上对他者的真诚关爱。

总而言之,儒家的"仁道"是一种对他人真挚的关爱之情,它要求人们突破个体的藩篱,摒弃一味地追求和牟取个人利益的主张,以"爱"的态度来对待他者。这一点构成了中华文明探寻"人之存在"这一"轴心时代"根本问题的基本路径,因此孔子将"爱人"视作"仁道"的核心原则。

二、孝亲敬长:仁之现实基础

众所周知,重视伦理关系,讲究"孝道"是儒家思想的一大特点,然而,"孝道"在"仁学"思想结构中的理论意义却还有进一步挖掘的需要。这表现在现有的研究都指出了"仁"与"孝"有着密切的联系,即"虽然仁的最基本的体现是爱亲事亲,但在孟子的时代,'仁者无不爱'已经成了儒家的共识,仁是爱人的德性,完全超出了家庭成员之间的亲爱之情,但仁在实践上,又以孝悌为起点"[1]。但是,为什么"仁"必须由"孝"开始,学界现有的回答却有可以进一步拓展的空间。在笔者看来,这一问题须从"仁者爱人"的实现途径上着手思考。更准确地说,正是"孝悌"赋予了"仁爱"得以展开的现实可能,这一点在与墨家的"兼爱"学说相比较时便体现得更为明显。

《论语》中对"孝悌"与"仁爱"的关系论述得最为明确的当属《学而》篇中的第二条,"有子曰:'其为人也孝悌,而好犯上者,鲜矣;不好犯上,而好作乱者,未之有也。君子务本,本立而道生。孝悌也者,其为仁之本与!'"[2] 有若此语,将"孝悌"明确界定为"为仁"的基本要求,认为"孝悌"乃是其他一切德性产生发展的基础与前提。这一理解遂成为了儒家对"孝悌"与"仁道"关系的定论,在后世得到了广泛的认可。例如,皇侃就认为,"言孝悌之人,必以无违为心,以恭从为性,若有欲犯其君亲之颜谏诤者,有此者少也",并引述了王弼的观点,"自然亲爱为孝,推爱及物为仁"[3],指出孝悌之人心性平和,极少会做出冒犯长上之事,并强调将这一品行推广扩展出去即是"仁道",充分肯定了二者的紧密联系。清代经学家刘宝楠亦强调,"孝悌"乃是儒家德性教育体系的基石,其他的品行均是由此衍生而来,"故古者教弟子就外舍,学小艺焉,履小节;束发就大学,学大艺焉,履大节焉,皆令知有孝悌之道。而父之齿随行,兄之齿雁行,朋友不相踰,又令知有事长上处朋友之礼,故孝悌之人鲜有犯上。若不好犯上,而好做乱,知为必无之事,故曰'未之有也'。……《中庸》言大道五:君臣,父子,夫妇,昆弟,朋友。而父子、昆弟尤为本根所在。若人能孝悌,则于君臣、夫妇、朋友之伦,处之必得其宜,而可名之为道,故'本立而道生'也。"[4] 朱子则基于理学的"体用"关系,将"孝悌"视为显发"仁道"之体的重要手段。

① 陈来:《仁学本体论》,生活·读书·新知三联书店2014年版,第104页。
② 《论语·学而》,[清]刘宝楠:《论语正义》,中华书局1990年版,第5—7页。
③ [梁]皇侃:《论语义疏》,中华书局2013年版,第5—6页。
④ [清]刘宝楠:《论语正义》,中华书局1990年版,第6—7页。

仁者，爱之理，心之德也。为仁，犹曰行仁。……言君子凡事专用力于根本，根本既立，则其道自生。若上文所谓孝悌，乃是为仁之本，学者务此，则仁道自此而生也。①

仁之为性，爱之理也，其见于用，则事亲从兄仁民爱物，皆其为之之事也，此论性而以仁为孝悌之本者然也。但亲者我之所自出，兄者同出而先我，故事亲而孝，从兄而悌，乃爱之先见而尤切，人苟能之，则必有不好犯上作乱之效。若君子以此为务而力行之，至于行成而德立，则自亲亲而仁民，自仁民而爱物，其爱有差等，其施有渐次，而为仁之道，生生而不穷矣，又岂特不好犯上作乱而已哉！此孝悌所以为行仁之本也。②

"仁"与"孝悌"是体用关系："仁"是根本的德性，是人们能够关爱他人的内在根据，它与义礼智共同构成人的天赋的道德本性。仁的根本特点是"爱人"，它显然不拘泥于自身亲人。但朱熹特别指出，父母是一个人生命的直接来源，兄长则是先于我而生的同胞，这对一个人是最为切近、最基本的伦理关系。因此，一个人对其父母兄弟之爱是"先"而"尤切"的：前者强调"孝悌之爱"在时间上的优先性，后者则凸显程度上的深刻性。朱子将这一既"先"又"切"的情感视为个体对他者关爱的起点，认为若能即此而用功，将"孝悌之爱"不断加以扩充，便可使得"仁道"的核心特质即关爱他人的能力如源头活水一般生生不息、盈科而后进，不断地施加到更广泛的对象上，最终使"仁道"能够"达于天下"。正是在这个意义上，朱子将"孝悌"视为"为仁之本"。

朱熹的解释彰显了"孝悌"之道的两个特点，即时间上优先和程度上最为深刻，在笔者看来，这正是儒家"仁爱"思想必须始自"孝悌"的根本原因。正如上文所指出的，"仁"的最根本特点和最原初表现是"爱人"，而"爱"是一种情感而非理性。正如德国哲学家海德格尔所言，情感是人类最基础的存在表现，"我们在存在论上用现身情态这个名称所指的东西，在存在者层次上乃是最熟知和最日常的东西：情绪。"③作为人类最基本的情感，"爱"具有普遍性，即人人都有爱人的能力。然而，对某一特定的个体而言，"爱"却是现实而具体的，不可能对任何对象完全一致的，它与特定个体的生活经历密切相关。一个人只可能对确实与其有着共同的生活经历，与之密切接触的人产生关爱之情，若另一个体并未与某人身处同一"生活世界"之中，二者的现实生命过程并无交集，那么虽然在理论上前者确实能关爱后者，但在现实中这种关爱发生的可能性微乎其微。这意味着，一个人不可能同时且无差别地关爱一切对象，必须有一个次第过程，而这与其现实生命展开的经历是一致的。显然，对绝大多数个体而言，其生命中最先接触到的毫无疑问是自己的父母和至亲，与他们相处的时间可谓即早又长，而从情感的真挚程度上其他人也无出其右，因而对大部分人而言，亲人给予的关爱是其得到的最早也是最深刻的爱，是其感受和体会"爱人"的起点，自然也是其首先关爱的对象。从这个意义上讲，儒家将"孝悌"视作"爱人"的第一步是为"爱之情"找寻到最为自然且坚实的基础，

---

① ［宋］朱熹：《四书章句集注》，中华书局 1983 年版，第 48 页。
② ［宋］朱熹：《四书或问》，《朱子全书》第六卷，上海古籍出版社、安徽教育出版社 2002 年版，第 613 页。
③ ［德］海德格尔：《存在与时间》，陈嘉映、王庆节译，生活·读书·新知三联书店 2006 年版，第 156 页。

从而确保其自如地发动出来。在儒家学者看来，迈出"爱人"的第一步最为重要，是由 0 到 1 的根本变化。因为一旦迈出第一步，人们可以借助"共情"的能力将这种关爱之情自然地扩展到更多的个体之上。既然第一步如此重要，那么它就必须建立在最稳固的基础上，以确保这一情感不在始端之处即被窒息。由此可见，儒家重视"孝悌"是因为其洞察到"仁道"的直接表现"爱人"是一种植根于人生命深处的自然情感，因而注重从情感而非理性的角度加以考察。这使得儒家关注到了"爱人之情"产生的现实可能性，并意识到这种可能性最根本的就在于对父母亲人的"孝悌之道"之上。

与之相反的就是墨家的"兼爱"思想。它提倡"兼相爱，交相利"，要求人人普遍而无差别地关爱一切人，从而实现人人都关爱他人同时又得到他人关爱的理想状态。应当讲，这一理念单纯从学理上看是可以成立，然而由于忽视了"爱"的情感属性，因而墨家这套理念很难真正落实。

> 既以非之（按：天下不相爱），何以易之？子墨子言曰：以兼相爱、交相利之法易之。然则兼相爱、交相利之法将奈何哉？子墨子言：视人之国若视其国，视人之家若视其家，视人之身若视其身。是故诸侯相爱，则不野战；家主相爱，则不相篡；人与人相爱，则不相贼；君臣相爱，则惠忠；父子相爱，则慈孝；兄弟相爱，则和调。天下之人皆相爱，强不执弱，众不劫寡，富不侮贫，贵不傲贱，诈不欺愚。凡天下祸篡怨恨可使毋起者，以相爱生也，是以仁者誉之。
>
> 然而今天下之士君子曰：然，乃若兼其善矣。虽然，天下之难物于故也。子墨子言曰：天下之士君子，特不识其利、辩其故也。今若夫攻城野战，杀身为名，此天下百姓之所皆难也。苟君悦之，则士众能为之。况于兼相爱、交相利，则与此异。夫爱人者，人必从而爱之；利人者，人必从而利之。恶人者，人必从而恶之；害人者，人必从而害之。此何难之有？特上弗以为政，士不以为行故也。[1]

正如前文所言，墨子在这里只基于理性说明了行"兼相爱，交相利"的好处，但没有揭示如何才能做到这一点。值得注意的是，墨子将"兼爱"的双方具体化为诸侯、家主、人与人、君臣、父子和兄弟六种关系，在此父子和兄弟是排在最后的。事实上，在墨子看来，这些伦理和政治关系是并列的，并无先后顺序，对这些人的关爱也应该同时完成。张岱年先生解释兼爱之"兼"时就将其与儒家之"仁"进行了比较，"仁是由己推人，由近及远，以自己为起点，而渐渐扩大，由近远之程度，而有厚薄；兼则是不分人我，不分远近，对一切人，一律同等爱之助之；所以仁是有差等的，兼是无差等的。"[2] 这是因为墨子的"人"是抽象而普遍的，因而他认为任何人基于人的普遍本质都有关爱其他一切人的能力，因为这种关爱符合工具理性的要求，即能够消除世间的种种争端，人人都能相亲相爱，而此举最终能给人带来实质的利益。同样，墨子将人们不能"兼爱"的原因归结为"不识其利、辩其故"，即人们不能通过理性的思考和选择认识到自身真正的利益所在。显然，贯穿于墨子思想中的是一种理性主义特征，这与其对人的抽象理解

---

① 《墨子·兼爱中》，［清］吴毓江：《墨子校注》，中华书局 2006 年版，第 156 页。
② 张岱年：《中国哲学大纲（下）》，昆仑出版社 2010 年版，第 314 页。

刚好是吻合的。由于它忽视了人的一切情感和经验性的存在，因此这样的人不可能真实地存在于世界之中。换言之，由于墨子的"兼爱"思想是在用理性的方式去探索情感的问题，因而其结果是这一思想在理论层面完全可以成立，然而却基本不具有可操作性，无法在现实中加以普遍落实。更进一步，由于墨家"兼爱"思想与人的现实情感发展过程不一致，因而它的落实无法诉诸于人的自觉，必须有赖于外部的强制性，在墨家中是依靠强有力的修道团体内部的组织力来实现的。很显然，这就决定了"兼爱"思想至多只能在较小的范围内得以实现，对绝大多数人而言未免要求过高，难以达成。因此，墨家的思想至多只能成为一种理论上的补充，难以成为中国文化的主流和正脉。正如张岱年先生所言，"兼爱之实际，便是将个人完全纳入人群中，以感到群我不分。我的一举一动，都是为群，而丝毫不自私。完全公而无私，精神的提高，乃达到了极点。不过事实上，达到此境界，实在极难，绝非可望之于人人。"① 这一观点正好点出了墨子"兼爱"思想的两大特征，即理论上的崇高性和现实操作层面的不可行性。同样，以墨家为对照，我们就可以更清楚地把握到儒家将"爱人"的理想建基在"孝悌"之道上的理论意义。

也正因如此，孔子对于"孝道"亦十分重视，反复加以诠释。在孔子看来，真正的"孝"是对父母的真诚地关爱，这种关爱不仅是物质上的满足，更重要的是精神的慰藉，更是对父母的人格理想和价值选择的坚守。

> 子游问孝。子曰："今之孝者，是谓能养。至于犬马，皆能有养。不敬，何以别乎。"②
> 子夏问孝。子曰："色难。"
> 子曰："三年无改于父之道，可谓孝矣。"③

这三段文字都旨在阐明一点，即所谓的"孝"的核心在于对父母的尊重，而这种尊重针对的是父母作为"人"的独特性。其中，第一和第二条语录旨在揭示"孝道"作为"仁爱"的起点所应当具备的恭敬之情，这是子女对父母人格的肯定与尊重。孔子旨在借助人格来区分对人的关爱与关爱其他事物的根本区别，它突出的是"孝道"的人类性意义。朱熹对此解释道，"养，谓饮食供奉也。犬马待人而食，亦若养然。言人畜犬马，皆能有以养之，若能养其亲而敬不至，则与养犬马者何异。甚言不敬之罪，所以深警之也"④；"色难，谓事亲之际，惟色为难也。……盖孝子之有深爱者，必有和气；有和气者，必有愉色；有愉色者，必有婉容；故事亲之际，惟色为难耳，服劳奉养未足为孝也"⑤。朱子这里意在指出，单纯地满足父母的物质需要谈不上"孝"，因为此举只满足了父母的生理需求，而忽视了父母的精神诉求，因而便将父母降格为动物了。而在《朱子语类》中，朱熹对这一思想做了进一步阐述：

---

① 张岱年：《中国哲学大纲（下）》，昆仑出版社 2010 年版，第 314 页。
② 《论语·为政》，[清] 刘宝楠：《论语正义》，中华书局 1990 年版，第 48—49 页。
③ 《论语·里仁》，[清] 刘宝楠：《论语正义》，中华书局 1990 年版，第 157 页。
④ [宋] 朱熹：《四书章句集注》，中华书局 1983 年版，第 56 页。
⑤ [宋] 朱熹：《四书章句集注》，中华书局 1983 年版，第 56 页。

"不敬，何以别乎？"敬，大概是把当事，听无声，视无形。色难，是大段恭顺，积厚德，方能形见；所以为难，勉强不得。此二者是因子游子夏之所短而进之。能养、服劳，只是外面工夫，遮得人耳目所及者。如今人和养与服劳都无了，且得如此，然后就上面更进将去。大率学者且要尽从小处做起。正如起屋，未须理会架屋，且先立个基址定，方得。①

朱子在此指出，愉色之所以为难，乃是因为这是长期的德性修养积累之后的结果，最能反映子女对父母的真实情感，是伪装不出来的。借用《大学》的话说，此乃"诚于中而形于外"，是"孝道"的直接体现。朱熹进一步强调，孝亲的关键在于端正内心，以真诚的态度对待父母，这就是他所谓的"立定基址"。在他看来，做到这一点后，"能养""服劳"这些对父母物质生活的关心便是水到渠成的。这再次说明，孔子所推崇的"孝道"的关键在于对父母真挚的关爱态度，以及由此而发的伦理上的尊敬之情。外在的物质条件是必要的保证，但不是"孝道"的核心意旨。

进一步，在孔子看来，子女对父母真正的关爱一方面是对父母教诲的持守，它具体继承父母的志向和节操；另一方面则是基于对父母逐渐衰老的忧虑而尽力不让父母担忧自身。对于前者，孔子认为，"父在，观其志；父没，观其行；三年无改于父之道，可谓孝矣。"② 所谓"观志"与"观行"，正如皇侃所言，"言人子父在，则己不得专行，应有善恶，但志之在心。在心而外必有趣向意气，故可观志也。父若已没，则子得专行无惮，故父没，则观此子所行之行也。"③ 父亲健在时，人子的行为有着明确的约束，并非出于自己的意愿，故只有志向是完全属于自身的；父亲过世后，人子方获得了完全的行动自由，此时其行为便是其内心的真实反映。因而，在前者须"观志"，在后者"观行"即可。但无论是"观志"还是"观行"，目的都在于考察子对其父意志与节操的继承与持守，即是否能继承"父之道"。在孔子看来，这既是父子教育是否成功的核心标识，也是"孝道"的关键内涵。

除了"无改父道"以外，孔子还认为"孝道"应实现以下两点：

子曰："父母在，不远游，游必有方。"④
子曰："父母之年，不可不知也。一则以喜，一则以惧。"⑤

这两点体现的都是子女对父母真诚的惦念，而这正是"孝道"所蕴含的仁爱之情的真实流露。"游必有方"的原因是减少父母的忧虑，毕竟对父母而言，子女是其最深的挂念，同样子女也应秉承"恕道"，尽量不要让父母为己"忧之过深"。朱子对此的解释相当到位：

① ［宋］朱熹：《朱子语类》，黎靖德编，中华书局 1986 年版，第 564 页。
② 《论语·学而》，［清］刘宝楠：《论语正义》，中华书局 1990 年版，第 27 页。
③ ［梁］皇侃：《论语义疏》，中华书局 2013 年版，第 16 页。
④ 《论语·里仁》，［清］刘宝楠：《论语正义》，中华书局 1990 年版，第 157 页。
⑤ 《论语·里仁》，［清］刘宝楠：《论语正义》，中华书局 1990 年版，第 157 页。

远游，则去亲远而为日久，定省旷而音问疏；不惟己之思亲不置，亦恐亲之念我不忘也。游必有方，如已告云之东，即不敢更适西，欲亲必知己之所在而无忧，召己则必至而无失也。①

在朱熹看来，"不远游"的表面原因是"去亲日久"，"定省旷而音问疏"，但根本原因是由于距离久远、音讯寥寥而导致的父母与子女双方对对方的深切思念。正是这种血浓于水的骨肉亲情和由之而发互相挂怀的真情实感，才使得双方都将长期不可相见的"远游"视为不可行之事。此举所体现的正是双方对对方发自内心的关怀，梁漱溟先生因之将中国社会称之为"伦理本位"的社会，而"伦理社会所贵者，一言以蔽之曰：尊重对方"②。在他看来，这种对对方的尊重和爱护体现出的正是前文中反复言及的对他者的尊重爱护和对于自私自利的超越，即"所谓伦理者无他义，就是要人认清人生相关系之理，而于彼此相关系中，互以对方为重而已"③。

对于知道父母的年龄而会"一则以喜，一则以惧"的原因，朱熹亦认为"常知父母之年，则既喜其寿，又惧其衰，而于爱日之诚，自有不能已者。"④ 这就是说，"喜寿"与"惧衰"都是子女在知道父母年龄之后发自内心的真实情感，其都指向对父母的真切关爱。朱熹强调，这种关爱是"自不能已"的，也即必然会流露出的、无法克制的本真情感，这正是"孝道"在情感上的直接表现。

梁漱溟先生在分析中国社会之特点时明确指出，"中国之以伦理组织社会，最初是有眼光的人看出人类真切美善的感情，发端在家庭，培养在家庭。"⑤ 这就进一步点明了以"孝悌"为代表的家庭伦理对"仁道"的奠基性地位，也解释了"仁道"必以"孝悌"为始的原因。而对于"孝"的观念在仁学中的价值，更中肯的评价则来自于北师大的李景林教授：

在儒家道德学说中，孝的观念和亲亲的情感，具有一种连接个体与普遍、自爱与爱人爱物的中介性功能，它既使儒家的仁爱原则获得了一种差异互通的精神，同时，亦使人类性的普世博爱精神和形上的价值原则，能够落实于人的个体实存和情感生活，从而具有一种现实的可能性和切合于世道人心的真实性。⑥

三、仁道无处不在："仁"在现实中的存在状态

孔子之仁始于孝悌，但绝不止于孝悌。借用《中庸》的说法，"君子之道，造端乎夫妇；及其至也，察乎天地"⑦。这意味着"仁道"最终要超越人类界限，逐步扩展到万事

---

① ［宋］朱熹：《四书章句集注》，中华书局 1983 年版，第 73 页。
② 梁漱溟：《中国文化要义》，上海世纪出版集团 2005 年版，第 80 页。
③ 梁漱溟：《中国文化要义》，上海世纪出版集团 2005 年版，第 81 页。
④ ［宋］朱熹：《四书章句集注》，中华书局 1983 年版，第 74 页。
⑤ 梁漱溟：《中国文化要义》，上海世纪出版集团 2005 年版，第 80 页。
⑥ 李景林：《教化儒学论——李景林说儒》，孔学堂书局 2014 年版，第 97 页。
⑦ ［宋］朱熹：《四书章句集注》，中华书局 1983 年版，第 23 页。

万物之中，以致成为贯穿天地间的终极原则。这就要求仁道有一展开过程，即"推而广之"，以此使得仁道由孝悌出发，逐渐扩展至对其他人、一切具体的存在物乃至整个世界的同情与关爱。"仁道"的逐步推广也意味着人类以仁爱的方式实现天人合一、万物一体之境界，即以仁爱作为确证"人之存在"意义的途径，从而帮助中华文明最终实现"轴心时代"的根本突破。

首先，如前所述，孔子要求仁道须从家庭伦理中超越出来，进入到社会领域，在范围更广的人群中施行。这里就会出现一个转变：很显然，社会中的人之间并没有血缘关系，因而不存在天生能将他们组织关联起来的纽带，这就需要与家庭伦理不同的连接社会成员的途径。在孔子看来，这个途径就是政治，因此他就要求为政者须以"仁道"为准则来施政，从而借助政治活动的纽带作用将仁道推广到更多的个体之中。《论语》载：

> 子曰："道千乘之国，敬事而信，节用而爱人，使民以时。"①
> 子曰："为政以德，譬如北辰，居其所而众星拱之。"②

孔子在此明确指出，"道千乘之国"亦即"为政"的关键在于"爱人"，刘宝楠将其解释为"君主乎国，故国以民为本"③，即将无条件地关爱百姓视为治国理政的第一原则。在《礼记·哀公问》中，孔子更是明确指出，"古之为政，爱人为大；不能爱人，不能有其身；不能有其身，不能安土；不能安土，不能乐天；不能乐天，不能成其身"④，将"爱人"视作决定政治成败的前提条件。关于"爱人"的实质涵义，皇侃认为，"虽贵居民上，不可骄慢，故云爱人也"⑤，即要求统治者不可因其处于高位而肆意虐待凌辱百姓，而要以诚相待、将心比心。在孔子看来，若能做到这一点，将仁爱的原则转化为"德政"具体实践，就会使得政治的运行与百姓的诉求相一致，进而得到百姓的支持与拥护，统治者也就可以如北辰一般垂拱而治了。朱子将此解释为"为政以德，则无为而天下归之，其象如此"⑥，可谓深得孔子之意。它意味着，以"仁道"作为政治统治原则，则会给政治运行减少诸多阻碍，使得政治能够更好地切合民众的诉求。同时，仁道也借助政治的途径贯穿到更多的人之中，实现了其推而广之的第一步。

孔子进一步指出，统治者以"仁爱"态度对待百姓的基础在于"节用"和"使民以时"，即珍惜而不滥用民力，同时安顿好民众的日常生活。因此，冉求为季孙氏横征暴敛的行为遭到了孔子严厉的斥责，"季氏富于周公，而求也为之聚敛，而附益之。子曰：'非吾徒也，小子鸣鼓而攻之，可也。'"⑦ 在孔子看来，冉求为了讨好季孙氏而不顾百姓死活地为之敛财，将会严重损害百姓的正常生活，侵害百姓的利益，这与"仁道"的要

---

① 《论语·学而》，[清] 刘宝楠：《论语正义》，中华书局1990年版，第11—16页。
② 《论语·为政》，[清] 刘宝楠：《论语正义》，中华书局1990年版，第37页。
③ [清] 刘宝楠：《论语正义》，中华书局1990年版，第17页。
④ 《礼记·哀公问》，[清] 孙希旦：《礼记集解》，中华书局1989年版，第1264页。
⑤ [梁] 皇侃：《论语义疏》，中华书局2013年版，第11页。
⑥ [宋] 朱熹：《四书章句集注》，中华书局1983年版，第53页。
⑦ 《论语·先进》，[清] 刘宝楠：《论语正义》，中华书局1990年版，第455页。

求完全背道而驰，其所作所为是对于儒家义理的背叛，因而是师门的叛徒。换言之，孔子曾明确承认，"富而可求也，虽执鞭之士，吾亦为之；如不可求，从吾所好"①，说明他并不反对牟利，但前提是"利"与"仁道"不相冲突，否则便要以仁道为先。这是儒家的基本准则，冉求亲炙圣门日久，不可能不知晓，因而其明知故犯之举才让孔子无法容忍。正如朱子所言，孔子对冉求的斥责"不论季氏贫富，若季氏虽富，而取于民有制，亦何害。此必有非所当取而取之者，故夫子如此说。"②

其次，孔子认为，"仁"作为人之为人的根本要求，不仅需要以政治的方式由外而内地推广赋予，更是主体主动地加以吸收与内化，使之成为自身的道德原则、行为规范和是非准则，从而使得日常生活的言行举止都有章可循。《论语》中类似的记述有很多：

> 子曰："里仁为美。择不处仁，焉得知？"③
> 子曰："惟仁者能好人，能恶人。"④
> 子曰："不仁者不可以久处约，不可以长处乐。仁者安仁，知者利仁。"⑤
> 子曰："富与贵，是人之所欲也；不以其道得之，不处也。贫与贱，是人之所恶也；不以其道得之，不去也。君子去仁，恶乎成名？君子无终食之间违仁，造次必于是，颠沛必于是。"⑥

这里孔子旨在凸显"仁道"作为"人之为人"的根本准则对人们日常生活的全方位影响，而这同样是"仁道"以人的言行举止为途径推广到社会生活的方方面面的过程，也是仁道的影响领域不断扩大的过程。一方面，孔子强调，"仁道"是有德之人即君子最鲜明的特征，它是最高的、最根本的德性，是人们在道德上成就自身的核心目标。陈来先生认为，"孔子的美德思想中的重要贡献，并非德目本身的详细建构，而是一方面继承春秋思想，把德目规约到'智仁勇'，把'仁'特别突出来作为最高的德性和全德的代表；另一方面把'君子'树立为理想人格的概念，一改古代的君子特指统治者身份的用法，使'君子……'成为儒家'应该成为什么样的人'的典型的表达方式。"⑦ 这即是说，孔子的贡献就是在突出"仁道"在德性体系中的核心地位的基础上，用其重新界定了"君子"的内涵，实现了"仁"与"君子"的结合，从而将"君子"的内涵从政治领域转变为道德领域，成为道德完美的人格形象。这样，借助于儒家对"做君子"一事的不断强调，仁道也因此深入人心，成为了以修身为己任，有理想、有追求的人们的共同事业。而这一事业的实现，需要在日常生活的磨练中持之以恒地坚守道义原则，凡事先考虑"应当与否"的问题。能够做到这一点，自然能"无终食之间违仁"，因而朱子对此评论

---

① 《论语·述而》，[清] 刘宝楠：《论语正义》，中华书局 1990 年版，第 262 页。
② [宋] 朱熹：《朱子语类》，黎靖德编，中华书局 1986 年版，第 1016 页。
③ 《论语·里仁》，[清] 刘宝楠：《论语正义》，中华书局 1990 年版，第 139 页。
④ 《论语·里仁》，[清] 刘宝楠：《论语正义》，中华书局 1990 年版，第 141 页。
⑤ 《论语·里仁》，[清] 刘宝楠：《论语正义》，中华书局 1990 年版，第 140 页。
⑥ 《论语·里仁》，[清] 刘宝楠：《论语正义》，中华书局 1990 年版，第 142—143 页。
⑦ 陈来：《孔子·孟子·荀子——先秦儒学讲稿》，生活·读书·新知三联书店 2017 年版，第 47 页。

道，"言君子为仁，自富贵、贫贱、取舍之间，以至于终食、造次、颠沛之顷，无时无处而不用其力也。"① 更具体地说，"君子"与"小人"（这里的小人也是道德意义上的）的区别之处在于"义"与"利"的分野，即"君子喻于义，小人喻于利"②。借用前文所引述的梁漱溟先生的话，能够事事以"义"为先，首先考虑他人，拒斥一味地为我主义，便是"爱人"的真正体现，也就能成为有德之君子。因而，在孔子这里，"仁道"与"君子"是高度统一的，而凝结于其中的正是对他者的关爱之情。

另一方面，以"仁道"为准则的君子便获得了评价是非善恶的确切标准，这使得君子能够恰如其分地应对社会生活中的种种事项。例如，所谓"里仁为美"，既是生活智慧，又是交友智慧。这里的重点在于"仁"与"智"的统一，即"若求居而不择仁里而处之，则是无智之人"③。借助德国哲学家康德的话，这意味着孔子所看重的智慧主要不是"理论理性"（虽然孔子对读书学习一向很重视），而是"实践理性"，是关涉着"善何以实现"的智慧。换言之，"智"的内容是"仁"，前者是以后者为基础的，这再次印证了我们所说的"仁"在孔子的德性体系中的核心地位。

又如，"仁人能好恶人"反映的是"仁"的是非判断能力，这仍然是实践智慧的表现。好恶作为人对外在事物与人的态度，必然伴随着相应的评价标准。而在孔子看来，唯有以"仁"为标准的评价才是合理而准确的。刘宝楠对此的看法是，"凡人用情，多由己爱憎之私，于人之善不善有所不计，故不能好人恶人。若夫仁者，情得其正，于人之善者好之，人之不善者恶之，好恶咸当于理，斯惟仁者能之也。"④ 他将仁者视为"无私心"之人，其中透露出的正是"仁"与"私欲"的对立。换言之，仁是与"公道""天理"相一致的，这保证了"仁"作为评价标准的合法性：以仁道好恶人就是以"公道""天理"好恶人，其标准受到天道本体的背书而毋庸置疑；"凡人"则好恶一任于私情，故是以自身的一己之见来判断他人是非，这就无法避免"此亦一是非，彼亦一是非"的混乱。因而在孔子这里，"仁"是"实践智慧"得以成立的前提，而以"仁"去判别事物，同样是将仁道贯彻于万物的过程，也即推而广之的过程。

再如，"仁"与"处约""处乐"的关系体现了仁者对生活环境的正确态度。这里的"约"是困窘之义，按照朱熹的说法，"不仁之人，失其本心，久约必滥，久乐必淫。惟仁者则安其仁而无适不然，智者则利于仁而不易所守，盖虽深浅之不同，然皆非外物所能夺矣。"⑤ 这里需要注意的是"非外物所能夺"，也就是说，"仁"与"不仁"的区别在于能否被外部环境所转变：不仁之人内心没有持守，因而容易沉溺于外在环境而不自知，其作为人丧失主体的辨别和选择能力，因而会被环境所决定而"久约必滥"、"久乐必淫"；仁则赋予仁者内在的定力，使之无论面对怎样的外部境遇都始终去找寻当下所应居处的"应然状态"，从而能"素富贵则行乎富贵，素贫贱则行乎贫贱"，即主体能适应并转变外境而非被外境转变之。

总之，孔子"仁道"作为有德之人的内在持守能够赋予其判断是非和行事立身的正

---

① ［宋］朱熹：《四书章句集注》，中华书局1983年版，第53页。
② 《论语·里仁》，［清］刘宝楠：《论语正义》，中华书局1990年版，第154页。
③ ［梁］皇侃：《论语义疏》，中华书局2013年版，第81页。
④ ［清］刘宝楠：《论语正义》，中华书局1990年版，第141页。
⑤ ［宋］朱熹：《四书章句集注》，中华书局1983年版，第69页。

确准则，而"仁道"也可借助君子的言行举止来扩展到更广泛的领域。

第三，孔子之"仁"不仅远远超越了"孝"的范围，而且亦不是单纯的道德原则所能涵盖的，它还扩展到天地间的万事万物之中，成为了人们面对自然界乃至宇宙终极本体的基本态度。这里所说的仁道扩充至自然界的相关学说，实际上构成了儒家的生态环保理念。这一理念在孔子思想中表现得还不是很充分，但已经有了最初的开端。《论语》载，"子钓而不纲，弋不射宿"①，这里的"纲"是用大绳截断流水来捕鱼，"宿"则是指归巢之鸟，因而此语所凸显的是仁道的进一步扩展，由人类进入了动物领域。对孔子来说，"纲"和"射宿"都蕴含着一网打尽、斩草除根之义，这与仁道是相违背的。儒家在面对自然时强调"取物有节"，它承认人们有利用自然物的权利，但强调这一权利不是无限的，不可滥用，即"然尽物取之，出其不意，亦不为也"②。

进一步，孔子对于"仁道"的理解最终上升为其对于天道的体认，即"五十知天命"。皇侃将"天命"称之为"穷通之分"，"知天命"便意味着对人的际遇有了正确的理解，即意识到某些事情是自己可以左右的，另一些则在自己的掌控之外，从而尽自己之所能努力实现前者，对后者则安之若素。正如孔子所言，"不怨天，不尤人，下学而上达，知我者其天乎"③。这表明五十之后的孔子对天道与人事都有了达观的理解，对自己无法左右的事情采取超然的态度，对人世的富贵穷达皆不以为意，只着力于自修以实现"仁道"，做到无愧于内心，并以此来证成"天道"。朱熹对此深以为然，"不得于天而不怨天，不合于人而尤人，但知下学而自然上达。此但自言其反己自修，循序渐进耳，无以甚异于人而致其知也。"④ 很显然，朱子所赞赏的正是孔子能够不纠结于外在不可控之事的成败祸福，而是一力向学以实现"天人合一"的人生态度，而这正是孔子坚持仁道的自然结果。仁道的核心是"关爱万物"，它作为主体的情感和对事物态度不受事物状态的影响，是主体的自觉选择。孔子以此作为统领其言行的根本的人道准则，这就决定他在面对外部世界时首先考虑的是"应然"的问题，即"我应当做什么"，而非"怎样做对我最有利"。前者具体表现为"成就他人"和"提升自我"，其中"成就他人"即"爱人"和"不尤人"，"提升自我"即"下学而上达"和"做君子"。这里所透露出的都是对人的超越性价值的追求和对现实欲求的拒斥，而这正是天道本体层面所展现的人与动物的区别。

综上所述，孔子的"仁道"是一个以自我修养为中心，以突破个体欲求，展现人的超越性价值为目的，从孝亲出发、经过爱人、爱物等诸环节而实现察知天命的全流程修养体系。它凸显了人与其他物种的根本区别，是中华文明对人的价值的界定和对"人之存在"这一"轴心时代"根本问题的全面回答，在中华文明史上占有举足轻重的意义。而作为孔子的核心思想，"仁道"的具体落实还需要一个现实手段，这就是礼乐制度，因此"仁"和"礼"在孔子的思想中构成一体两面的内在联系。

---

① 《论语·里仁》，[清] 刘宝楠：《论语正义》，中华书局 1990 年版，第 276 页。
② [宋] 朱熹：《四书章句集注》，中华书局 1983 年版，第 99 页。
③ 《论语·宪问》，[清] 刘宝楠：《论语正义》，中华书局 1990 年版，第 592 页。
④ [宋] 朱熹：《四书章句集注》，中华书局 1983 年版，第 157 页。

第三节 礼教：孔子实现仁学的核心途径

关于孔子礼学思想的价值，陈来先生有一精当的评价：

> 孔子对礼的发展，一方面守护礼乐文化作为文明成果与生活方式、文化模式，同时还要把礼从纯粹的他律，引进仁所代表的道德意识，重建合理的政治秩序和政治伦理。孔子代表的儒家要把礼更加道德化，突出其道德精神，当然也致力保持礼以实现一种非法律维持的社会组织方式，同时包含着要把礼变成德的倾向。[①]

这一论断有三层内涵，它们共同构成了儒家礼乐关系的特点：其一，礼乐在西周时期已经有了充分的发展，产生了能够作为华夏文明根本标识（即"礼乐之邦"）的文明成果与生活方式，这种文明成果的一大价值在于为西周提供了基本政治秩序和"一种非法律维持的社会组织方式"，因而从贵族到平民全方位地影响着西周的政治和社会构成。儒家对此是充分肯定并要求加以继承的，这表明儒家所赞同的不仅是具体的礼乐典章制度，更是这套制度所支撑的政治秩序和社会组织。其二，孔子在礼学上的突出贡献即在于实现"仁"与"礼乐"的结合，而其结果是重构了礼的内涵，赋予礼在西周时期所不具备的道德精神，从而变他律为自律，以回应春秋时期作为中华文明的"轴心时代"所提出的"人之存在的意义"这一关涉人类存在的根本问题。其三，虽然孔子引入"仁"来充实"礼"的内涵在思想史上留下了深刻的印记，但这并非孔子之本意，他的直接目的仍然是政治性的，是要解决"礼崩乐坏"这一春秋时期社会领域的重大问题，在新的基础上重建政治秩序和政治伦理。正如陈来先生所指出的，"我们可以把周代以来的'礼'，除去制度方面的意义，而突出其三个部分，或三种意义，即礼乐——文化，礼义——道德，礼政——政治；……而从春秋早期到后期，可以看到有关'礼'的讨论，其重点从礼乐转变为礼政，从礼乐文化模式转变到政治秩序及其制度原则的建立。"[②]

虽然如此，但由于与"仁道"相结合的道德性"礼乐"直指人之存在的根本问题，因而其产生的影响是最深远的。具体而言，孔子对"仁"与"礼乐"联系的探讨又可以分成两个部分：一是对仁礼之间"一体两面"的内在联系的说明，二是对"礼乐"作为外在手段呈现"仁道"之途径的阐发。前者侧重于学理说明，后者则更多的是现实效果的呈现。

一、仁体礼用，致用达体：孔子仁礼关系的两个维度

孔子对于仁礼"一体两面"关系的解说可以概括为"仁体礼用，致用达体"，它表明孔子对于仁礼关系的说明包含两个环节：一方面，仁为体，礼为用，仁是礼得以成立的

[①] 陈来：《孔子·孟子·荀子——先秦儒学讲稿》，生活·读书·新知三联书店 2017 年版，第 29 页。

[②] 陈来：《孔子·孟子·荀子——先秦儒学讲稿》，生活·读书·新知三联书店 2017 年版，第 52 页。

根本，在两者的关系中居于核心地位；另一方面，礼是仁体现于外的方式，因而"仁道"的实现必须合乎礼的要求。因此，两者虽然在理论上有主次之分（仁为主，礼为次），但在现实层面却是缺一不可的。

对于仁在两者关系的主导地位，孔子提出了"礼云礼云，玉帛云乎哉；乐云乐云，钟鼓云乎哉"①的拷问，与"人而不仁，如礼何；人而不仁，如乐何"相呼应。众所周知，玉帛钟鼓是礼乐的具体承担者，从某种意义上讲，按照仪制的要求佩玉、穿帛、鸣钟、击鼓就是礼乐本身。但孔子在此指出，礼乐最重要的部分不是玉帛钟鼓的形式，而是实质。而对于礼的实质究竟是什么，不同的学者则看法不一。例如，皇侃就认为：

> 夫礼之所贵，在安上治民，但安上治民不因于玉帛而不达，故行礼必用玉帛耳。当乎周季末之君，唯知崇尚玉帛，而不能安上治民，故孔子叹之云也。……乐之所贵，在移风易俗，因于钟鼓而宜，故行乐必假钟鼓耳。当浇季之主，唯知崇尚钟鼓，而不能移风易俗，孔子重言"乐云乐云，钟鼓云乎哉"，明乐之所云不在钟鼓耳。②

朱熹则强调：

> 敬而将之以玉帛，则为礼；和而发之以钟鼓，则为乐。遗其本而专事其末，则其礼乐之谓哉？③

皇侃在此将礼乐的实质界定为移风易俗、安上治民的政治统治与道德教化功能，这里突出的是礼乐对于社会生活和政治运行的现实影响；朱子则将"敬"与"和"视为礼乐的根本，注重的是礼的道德意义。但两者都强调，单纯致力于玉帛钟鼓绝不能切中礼乐的实质，这一看法显然是合乎孔子本意，即对礼乐的理解不可流于表面的形式，而要重视人们借助礼乐所要达成的目的。但需要注意的是，孔子这一说法只是表明了对礼乐而言，目的比形式更重要，但却没有明言礼乐的形式为何能实现相应的社会影响和道德教化作用。这一问题的解决必须回归到仁与礼的关系中。

对于"人而不仁，如礼何；人而不仁，如乐何"，朱熹引述北宋理学家游酢的说法，认为"人而不仁，则人心亡矣，其如礼乐何哉"④。所谓"人心亡矣"，即丧失了人之本性（这里是从孟子性善论的角度理解的，孔子时尚未有此意），因而也就意味着人格的沦丧。在宋儒看来，礼乐是属人的，一个丧失仁道、人格沦丧之人是不配使用礼乐的。正是沿着这一思路，朱熹对此章做了多重解释。

> 人既不仁，自是与那礼乐不相管摄。礼乐虽是好底事，心既不在，自是呼唤他不来，他亦不为吾用矣。心既不仁，便是都不醒了。如人身体麻木了，都不醒了，

---

① 《论语·阳货》，[清] 刘宝楠：《论语正义》，中华书局 1990 年版，第 691 页。
② [梁] 皇侃：《论语义疏》，中华书局 2013 年版，第 81 页。
③ [宋] 朱熹：《四书章句集注》，中华书局 1983 年版，第 178 页。
④ [宋] 朱熹：《四书章句集注》，中华书局 1983 年版，第 61 页。

自是于礼乐不相干事。①

　　"人而不仁"，则其心已不是；其心既不是，便用之于礼乐，也则是虚文，决然是不能为。心既不正，虽有钟鼓玉帛，亦何所用！②

　　又问："礼乐是玉帛钟鼓之文否？"曰："看其文势，却是说玉帛钟鼓之礼乐也。"③

　　问："礼者，天理之节文；乐者，天理之和乐。仁者，人心之天理。人心若存得这天理，便与礼乐凑合不著。"曰："固是。若人而不仁，空有那周旋百拜，铿锵鼓舞，许多劳攘，当不得那礼乐。"④

　　除去其中浓重的理学味道，朱熹的多重解读充分揭示了"人而不仁如礼乐何"的理论内涵。首先，朱熹澄清了礼乐与玉帛钟鼓的关系，认为礼乐是"玉帛钟鼓之礼乐"，即玉帛钟鼓作为载体所表现的内容。这一理解与"礼云礼云，玉帛云乎哉；乐云乐云，钟鼓云乎哉"相联系，把玉帛钟鼓之礼乐的内涵由上述的政治统治与道德教化功能进一步深化到"仁道"的领域，推进了对礼乐内涵的理解。其次，朱熹基于其"天理"的思想，肯定了学生对礼乐与仁道之统一性的理解。在他看来，礼作为"天理之节文"，乐作为"天理之和乐"都是天理的表现途径，而仁道作为"人心之天理"则是天理在人身上的存在方式，即人之天理。对人而言，仁道即天理本身，而礼乐既是天理的表现途径，自然也就是仁道的实现手段。这一认识又包含两个方面：一方面，"节文"意味着礼侧重于展现天理的秩序性和文化性，"和乐"则说明乐旨在表现平易和顺的情感，这也是天理的题中应有之义。在朱熹的理学体系中，"天理"作为终极本体是万事万物的根本来源，人与天地万物的本性都是由天理所赋予的。然而无论是秩序、文化还是情感都是人特有的存在方式，这决定了礼乐作为天理的表现途径与人的存在密不可分，换言之，礼乐只是"人之天理"也即仁道的表现途径。另一方面，仁作为"人心之天理"本身是不可见的，它也需要一个呈现于外的手段，礼乐则恰好满足了这一要求。朱熹的这一解释虽然使用了孔子未曾提及的"天理"概念而具有了明显的理学特征，但天理的引入只不过是将礼乐与仁本已存在的内在联系进一步本体化、理论化以便更好地加以说明，并未给这一关系增添新的成分。事实上，朱熹基于天理的概念，为礼乐和仁找寻到了更深层次的统一点，进一步揭示了"仁体礼用"的关系架构。第三，朱子基于其心性论思想认为，仁是与心相统一的，仁道丧失之人也就丧失了心灵对于外界的感知能力而变得麻木不仁。这显然承继自北宋理学家程颢的观点，"医书言手足痿痹为不仁，此言最善名状；仁者，以天地万物为一体，莫非己也。认得为己，何所不至；若不有诸己，自不与己相干；如手足不仁，气已不贯，皆不属己。"⑤朱熹与程颢都将人们丧失仁道视作类似于中风麻痹的状态，认为这一状态的最大问题就在于人的麻木使之丧失了对他者的同情关爱能力，不能实现"忠恕之道"。这是因为仁道丧失之人只会将外在的人和事物视作与我不同的、异

---

① ［宋］朱熹：《朱子语类》，黎靖德编，中华书局 1986 年版，第 604 页。
② ［宋］朱熹：《朱子语类》，黎靖德编，中华书局 1986 年版，第 605 页。
③ ［宋］朱熹：《朱子语类》，黎靖德编，中华书局 1986 年版，第 604 页。
④ ［宋］朱熹：《朱子语类》，黎靖德编，中华书局 1986 年版，第 604 页。
⑤ ［宋］程颢、程颐：《二程集》，中华书局 2004 年版，第 15 页。

在的"他者"，只会关注外物的存在是否会与"我"的利益产生冲突，因而这样的人从本质上就丧失了"爱人"的能力，遑论关爱天地万物。而儒家将"礼乐"和"仁"联系在一起就意味着礼乐本质上是为了表达人对他者的关爱之情：例如，道德性的礼仪制度（如丧葬之礼）正是为了恰如其分地表达子女对父母养育之恩的无限追思；礼的政治功效是为了构建一个合理而稳定的政治秩序，它本身就能够造福百姓；儒家之乐则是为了激发人人内心中所共有的正面情感，如同情、崇高以及舒缓等，其目的也是调适人情，促进人的发展。可见，儒家推崇礼乐的根本目的是"爱人"，而丧失了仁道之人是不可能具有关爱他者的能力的，这便背离了设置礼乐的初衷，无怪乎孔子会发出"人而不仁，如礼何；人而不仁，如乐何"的感叹。

不仅如此，在孔子看来，"失仁"之人行礼乐的恶果更在于礼乐成为其掩盖恶行的工具，这一点必须不遗余力地加以批判。《论语》中最能体现孔子这一认识的有两例，即"八佾舞于庭"和"三家者以《雍》彻"。

> 孔子谓季氏："八佾舞于庭，是可忍，孰不可忍?"[1]
> 三家者以《雍》彻。子曰："'相维辟公，天子穆穆'，奚取于三家之堂。"[2]

按照朱熹的观点，所谓"八佾"有两种说法，"佾，舞列也，天子八、诸侯六、大夫四、士二。每佾人数，如其佾数；或曰：'每佾八人'，未详孰是";[3] 而所谓"《雍》彻"则是指"《雍》，《周颂》篇名，彻，祭毕而收其俎也，天子宗庙之祭，则歌《雍》以彻，是时三家僭而用之"[4]。显然，无论是八佾还是《雍》彻，都是天子之礼，而出现于鲁国三位大夫的家中，就是无可置疑的僭越行为，是对西周礼乐典章制度的公然违背，因而是孔子无可容忍之举。值得注意的是，后世学者在解读这两段时，都在着力挖掘孔子不满上述行为的真正原因，即僭越本身意味着"仁"的丧失。

> 言若此僭可忍，则天下为恶，谁复不可忍也。[5]
> 所贵礼乐者，以可安上治民移风易俗也。然其人存则兴，其人亡则废。而不仁之人，居得兴之地，而无能兴之道，则仁者之属无所施之，故叹之而已。[6]
> 问："是可忍也，孰不可忍也!"曰："季氏初心，也须知其为不安。然见这八佾人数热闹，便自忍而用之。这便是遏绝天理，失其初心也。"[7]

皇侃认为，礼乐的功能虽然是安上治民的政治作用和移风易俗的教育活动，但礼乐的施行者是人，其作用对象也是人，因而人心是否合乎仁道就成为了决定礼乐能否发挥

---

① 《论语·八佾》，［清］刘宝楠：《论语正义》，中华书局1990年版，第77页。
② 《论语·八佾》，［清］刘宝楠：《论语正义》，中华书局1990年版，第79—80页。
③ ［宋］朱熹：《四书章句集注》，中华书局1983年版，第61页。
④ ［宋］朱熹：《四书章句集注》，中华书局1983年版，第61页。
⑤ ［梁］皇侃：《论语义疏》，中华书局2013年版，第48页。
⑥ ［梁］皇侃：《论语义疏》，中华书局2013年版，第51页。
⑦ ［宋］朱熹：《朱子语类》，黎靖德编，中华书局1986年版，第602页。

作用的关键因素。若不仁之人掌握了行使礼乐的权利却缺乏仁道，则后者只会成为其满足私欲、肆意妄为的工具而丧失原有的政治与教化功能，同时这也使得仁道因缺乏有效的实施工具而不得彰显。在皇侃看来，这完全违背了周公制礼作乐的本意，孔子正是有鉴于此，才对孟孙、叔孙、季孙三家的僭越行为深恶痛绝，予以强烈批判。

相较而言，朱熹对季氏的评论更直接地揭示了孔子思想中仁与礼乐的统一关系。在朱子看来，季氏在僭越过程中也有天人交战的一面：他并非不知此举的不妥，然而"见这八佾人数热闹，便自忍而用之"则意味着最终季氏的内心中私欲压倒了仁道，使其走上了"僭越"的不归路。在朱子看来，此举意味着季孙最终弃绝了天理，丧失了天赋而本有的良心善性，进而在德性和人品上遭到了否定。可见，后世儒者均强调孔子批判三家滥用礼乐的僭越行为的根本原因在于此举是对仁道的否定，而这也是对"人之为人"的存在本性的否定。

《论语》中另一个讨论仁与礼关系的著名案例是孔子与其弟子宰我关于"三年之丧"的争论：

> 宰我曰："三年之丧，期已久矣。君子三年不为礼，礼必坏；三年不为乐，乐必崩。旧谷既没，新谷既升，钻燧改火，期可已矣。"
> 子曰："食夫稻，衣夫锦，于汝安乎？"曰："安。"
> "汝安则为之！夫君子之居丧，食旨不甘，闻乐不乐，居处不安，故不为也。今汝安，则为之！"
> 宰我出。子曰："予之不仁也！子生三年，然后免于父母之怀。夫三年之丧，天下之通丧也。予也有三年之爱于其父母乎？"[1]

宰我认为，为父母守孝三年过于浪费时间，这一礼节不便于生者的日常生活，因此向孔子建议改为守制一年即可（"期"即一年之义）。面对宰我这一违背礼制的行为，孔子的质疑与抨击全都基于内在的情感："食夫稻，衣夫锦，于汝安乎"，侧重于"安"字就是在追问宰我，在父母过世这一最令人悲痛欲绝的时刻追求锦衣玉食，能否实现内心的安稳和平和，能否安心地享用，而他得到的却是肯定的回答。可见，安与不安的区别正在于内心是否拥有对父母的关爱之情。有了相应的情感，人们便不会将丧葬之礼对衣食住行的要求看成对自身的外在约束而心生怨念，而是能将其视作自己孝亲之心的内在要求而自觉地加以落实。正如朱子所指出的，"夫子欲宰我反求诸心，自得其所以不忍者。故问之以此，而宰我不察也。"[2] 这里的关键在于"不忍"，这是由孟子首先提出而为儒家所普遍接受的"不忍人之心"，即人基于自身的仁道而于内心中形成的一种不得不然、不如此便不妥帖的强烈的道德情感。孟子将其比作"水之就下"的必然过程，"人性之善也，犹水之就下也。人无有不善，水无有不下。"[3] 朱熹以"不忍人之心"来解读夫子对宰我的质问意在指出，正如水按其本性必然是由高向低流动一样，人类秉承着"不

① 《论语·八佾》，[清] 刘宝楠：《论语正义》，中华书局 1990 年版，第 700－703 页。
② [宋] 朱熹：《四书章句集注》，中华书局 1983 年版，第 181 页。
③ 《孟子·告子上》，[清] 焦循：《孟子正义》，中华书局 1987 年版，第 736 页。

忍人"的仁爱之心亦会自觉地拒斥在丧期"食稻衣锦"之类的不合适行为，这是人类生而本有的基本的道德情感。

然而，面对孔子"汝安乎"的质问，宰我的回答却是"安"。对此，孔子的反应是"汝安则为之"，进而在陈述了"食旨不甘，闻乐不乐，居处不安"后复言"汝安则为之"，直接拒绝与宰我的进一步交流。对此，皇侃认为，"言夫君子之人居亲丧者，心如斩截，故无食美衣锦之理。假令食于美食，亦不觉以为甘；闻于《韶》《武》，亦不为雅乐；设居处华丽，亦非身所安。故圣人依人情而制苴粗之礼，不设美乐之具，故云'不为'也。"① 这说明孔子无论是禁止食美衣锦还是要求"苴粗之礼"，所依据的都是面对父母离世人们发之于心的纯粹的哀伤之情，而宰我既然能够在丧期食稻衣锦而心安理得，说明其已经丧失了对父母最基本的关爱，这意味着道德人格已然丧失。正所谓"道不同不相为谋"，对于德性丧失的宰我，孔子也不愿与其多费口舌，对其行为亦不加阻拦。

但是，不阻拦不代表认可，相反，孔子对宰我的行为大加挞伐，而其理由更是直指仁与礼的内在关联。这里值得注意的是孔子对"三年丧期"之合理性的论述，即"子生三年，然后免于父母之怀"与"予也有三年之爱于其父母乎"。两者相结合，意味着孔子认为三年之丧的依据是"报本返始"之情与"对等之爱"。"报本返始"意味着对每个人而言，父母都是最早关心和爱护自己的人，是自己享受"被爱"的起点，因而在父母过世之后，出于对其给予自身的关爱之情的回报，子女也应当给父母最沉痛的悼念。可见，"报本返始"之情决定了父母之丧必定是最隆重的，其仪节要求也是最严格的，因为这些礼节背后寄托了子女对父母最深的关爱。"对等之爱"则确定了这一最深沉的情感落实在具体仪节中的分寸，即"守制三年"是与"三年免于父母之怀"相对应的，是对幼年时父母给予的无微不至的照料的对等回馈。在孔子看来，唯有这种对等回馈才能抚平人们丧失至亲后的哀伤，而伴随着"三年之丧"而来的"食旨不甘，闻乐不乐，居处不安"的具体要求也是为了帮助生者达到内心的安稳。显然，所有礼节都是围绕父母与子女之间血浓于水的骨肉亲情展开的，这充分体现了孔子思想中"仁体礼用"的结构。而宰我之言此之所以激起孔子如此巨大的愤慨，也是因为在其看来这体现的是其仁道的丧失，进而是人格的沦丧。对此，朱子有一精辟的分析：

> 亚夫问宰我问短丧处。曰："此处圣人责之至严。所谓'予之不仁'者，便谓他之良心已死了也。前辈多以他无隐于圣人而取之。盖无隐于圣人，固是他好处，然却不可以此而掩其不仁之罪也。"②

所谓"无隐于圣人"，是说宰我能够对孔子坦诚相待，直率地说出自己对"三年之丧"的看法而未有隐瞒，从诚实的角度看这自然是正确的做法。然而功过不可相抵，坦诚地表达自己的看法并不能掩盖宰我违背丧礼乃至仁道丧失的问题。更关键的是，按照儒家的理解，由于仁道是人之为人的根本，因而丧失仁道之恶远大于直言不讳之善，故孔子对宰我的言行表现出极为强烈的愤慨。

---

① ［梁］皇侃：《论语义疏》，中华书局 2013 年版，第 466 页。
② ［宋］朱熹：《朱子语类》，黎靖德编，中华书局 1986 年版，第 1190 页。

孔子将仁视为礼的内在根据，强调仁在二者结构中的主导地位。但这并不意味着孔子忽视了礼的作用，恰恰相反，孔子从手段和目的的关系出发，说明了达成仁道离不开礼乐。更准确地说，仁为体，礼为用，礼乐是实现仁道的核心途径：这构成了孔子仁礼关系的第二个维度：致用达体。孔子对这一点也多有分析，其中最重要的莫过于他对颜渊和仲弓问仁的回答。对于前者，《论语》载：

> 颜渊问仁。子曰："克己复礼为仁。一日克己复礼，天下归仁焉。为仁由己，而由人乎哉？"颜渊曰："请问其目。"子曰："非礼勿视，非礼勿听，非礼勿言，非礼勿动。"颜渊曰："回虽不敏，请事斯语矣。"①

孔子在本段中明言"克己复礼为仁"，将达成仁道的途径界定为克制自身的私欲，使得自身的言行举止都合乎礼制的要求，明确地将礼视作实现仁道的必由之路。对此，朱熹基于自身的理学思想做了详尽的阐释：

> 仁者，本心之全德也。克，胜也。己，谓身之私欲也。复，反也。礼者，天理之节文也。为仁者，所以全心之德也。盖心之全德，莫非天理，而亦不能不坏于人欲。故为仁者必有以胜私欲而复于礼，则事皆天理，而本心之德复全于我矣。归，犹与也。又言一日克己复礼，则天下之人皆与其仁，极言其效之甚速而至大也。又言为人由己而非他人所能预，又见其机之在我而无难也。日日克之，不以为难，则私欲净尽，天理流行，而仁不可胜用矣。程子曰："非礼处便是私意。既是私意，如何得仁？须是克尽己私，皆归于礼，方始是仁。"又曰："克己复礼，则事事皆仁，故曰天下归仁。"②

朱子此处用德性与私欲来解释"仁"与"己"的关系。在他看来，仁道作为天理在人心中的形式决定了道德性是人的根本属性，然而现实中的人们总是受到"己"也即私欲的影响。根据前文的分析，"仁者爱人"意味着仁道的本质是对他人的关爱和对私欲的破除，这意味着"仁"与"己"是绝对对立的，要实现仁道就必须破除私欲。而对于破除私欲的方法，孔子认为是"复礼"即按照礼制的要求行事，朱子则强调，此举是因为"礼"是天理的节文，是仁道的条理化，其对于衣食住行、行动坐卧乃至社会生活的方方面面都做了详细的规定，这些规定正是为了限制人们的肆意妄为，而后者的源头正是"己"或私欲。可见，"礼"作为仁的条理与私欲亦正相反对，因而修养工夫的关键在于克制并战胜私欲，使自己的行止皆合乎礼制。在孔子看来，这既是人们自觉地确证仁道的过程，也是体认"人之存在"的意义的过程，这也是包括朱子在内的儒家学者的共同主张。因此，克己、复礼和行仁道便构成了统一的工夫结构。不仅如此，孔子还极言这一修养工夫的简便易行，认为人们能不能达成仁道完全在自身的努力。仁道绝非玄远缥缈的神秘境界，只要自觉地克制私欲、约束行为，仁道就能实现。正因如此，孔子才会

---

① 《论语·颜渊》，[清] 刘宝楠：《论语正义》，中华书局 1990 年版，第 483—484 页。
② [宋] 朱熹：《四书章句集注》，中华书局 1983 年版，第 132 页。

由衷地感慨，"为仁由己，而由人乎哉"。对于"克己复礼为仁"中体现仁礼关系，朱子在《语类》中也反复加以说明。

> 克己，则礼自复；闲邪，则诚自存。非克己外别有复礼，闲邪外别有存诚。[①]
> "克己复礼"，间不容发。无私便是仁。[②]
> 一于礼之谓仁。只是仁在内，为人欲所蔽，如一重膜遮了。克去己私，复礼乃见仁。仁、礼非是二物。[③]
> 亚夫问："'克己复礼'，疑若克己后便已是仁，不知复礼还又是一重工夫否？"曰："己与礼对立。克去己后，必复于礼，然后为仁。若克去己私便无一事，则克之后，须落空去了。且如坐当如尸，立当如斋，此礼也。坐而倨傲，立而跛倚，此己私也。克去己私，则不容倨傲而跛倚；然必使之如尸如斋，方合礼也。故克己者必须复此身于规矩准绳之中，乃所以为仁也。"又问："若以礼与己对看，当从礼说去。礼者，天理之节文，起居动作，莫非天理。起居动作之间，莫不浑全是礼，则是仁。若皆不合节文，便都是私意，不可谓仁。"曰："不必皆不合节文。但才有一处不合节文，便是欠缺。若克去己私，而安顿不著，便是不如它腔里。且如父子自是父子之礼，君臣自是君臣之礼。若把君臣做父子，父子做君臣，便不是礼。"[④]

朱熹此处的论述有三层内涵：一是"私"与"仁"的绝对对立，它决定了克除私欲是落实仁道的基本条件；二是"礼"与"仁"的完整统一，它明确了以礼行事是达成仁道的具体途径；三是"克己"必须以"复礼"为标准，它保证了修养体系的落实。对于第一点，朱子认为"己"与"私"间不容发，中间没有任何模棱两可的空间，私欲是实现仁道的最大阻碍，必须坚决破除。对于第二点，朱子强调"仁礼非二物"，因此克除私欲就意味着按照礼制来行事，这是"仁道"的内在要求。对于第三点，朱子强调，克除私欲的过程不是玄妙而不可捉摸的，它必须落实在"复礼"上。后者既是克己的标准，也保证了克己工夫的可操作性，这是儒学与佛老的本质区别。总之，克己、复礼和为仁是完整的统一体，按照礼制行事既是仁道的必然要求，也是实现仁道的必由之路。

当颜渊进一步问"克己复礼"的条目时，孔子的回答是"非礼勿视听言动"。对此，北宋大儒程颐认为，"四者身之用也。由乎中而应乎外，制于外所以养其中也。"[⑤] 程颐将视听言动视为内心中意识活动的外在表现，认为它与意识活动相互影响，因而外在的合乎礼制的行为最终会作用于内心，使得内心得以去除私欲而恢复仁道。朱子在此基础上进一步强调，"非礼勿视听言动"就是在日常生活中以礼制为标准匡正自身的一举一动，这既体现了儒家修养工夫有着严格的依据，拒绝一切任意性，又说明了其具有便于操作、不事玄远的特点。

---

① ［宋］朱熹：《朱子语类》，黎靖德编，中华书局1986年版，第1042页。
② ［宋］朱熹：《朱子语类》，黎靖德编，中华书局1986年版，第1042页。
③ ［宋］朱熹：《朱子语类》，黎靖德编，中华书局1986年版，第1042页。
④ ［宋］朱熹：《朱子语类》，黎靖德编，中华书局1986年版，第1046页。
⑤ ［宋］朱熹：《四书章句集注》，中华书局1983年版，第132页。

"非礼勿视，勿听"，"奸声乱色，不留聪明；淫乐慝礼，不接心术"。非是耳无所闻，目无所视。①

"非礼勿视"，《说文》谓"勿"字似旗脚。此旗一挥，三军尽退，工夫只在"勿"字上。才见非礼来，则以"勿"字禁止之；才禁止，便克己；才克去，便能复礼。②

坐间举佛书亦有克己底说话。先生曰："所以不可行者，却无'复礼'一段事。既克己，若不复礼，如何得？"③

在朱子看来，"非礼勿视听言动"有两方面意义："视听言动"旨在强调儒家修养工夫与日常生活的紧密关系，即"仁道"的实现并不依靠出家打坐、苦行自虐等常人难以做到的修养方法，而是只要言行举止合乎礼制即可，这确保了人人都能实现"仁道"。"非礼"则赋予了修养工夫以明确的标准，即"克己"一定要以达到礼制为标准，而不可一味地追求内心的虚静，因为这样无法帮助人们处理好日常生活，从而背离了儒家的"入世"传统。"勿"则强调了"克己"工夫的严格性，即一旦产生违背礼制的苗头就需要立刻"克去"，不可有丝毫迟疑。三者相结合，构成了"非礼勿视听言动"的完整涵义，是指成为了对"克己复礼"的最佳解说。

而面对仲弓问仁，孔子给出了"己所不欲，勿施于人"的回答。

仲弓问仁。子曰："出门如见大宾，使民如承大祭。己所不欲，勿施于人。在邦无怨，在家无怨。"仲弓曰："雍虽不敏，请事斯语矣。"④

孔子将"己所不欲，勿施于人"与"出门如见大宾，使民如承大祭"并置于此，意在用前者说明和充实后者的内涵。而对于后者的基本涵义，刘宝楠认为是严肃地践行礼节以体现行礼者的恭敬态度。

"出门"，谓出大门，与人相接晤时也。"如见大宾"，见谓往迎宾也。宾位尊于己，故称大也。凡迎宾之礼，宾降等者于门内，宾敌者或尊者皆于门外。此言"出门"，又言"大宾"，故知是尊于己也。"承"者，《说文》云："承，奉也，受也。""如见大宾"，"如承大祭"，言仁者能敬畏人，故能爱人也。⑤

按照礼制，所谓"大宾"，是宾客的地位比主人更为尊崇，因而要求主人大开中门，迎宾于门外，以充分体现主人的恭敬态度。而孔子要求仲弓在与所有人相接晤时都要"如见大宾"，显然夫子之意不是要仲弓每次与人交往时都用最为崇高的礼节来对待之（如此则丧失了"礼辨异"这一以礼制区分上下等级的基本功能），而是要弟子体会和把

① ［宋］朱熹：《朱子语类》，黎靖德编，中华书局1986年版，第1052页。
② ［宋］朱熹：《朱子语类》，黎靖德编，中华书局1986年版，第1052页。
③ ［宋］朱熹：《朱子语类》，黎靖德编，中华书局1986年版，第1052页。
④ 《论语·颜渊》，［清］刘宝楠：《论语正义》，中华书局1990年版，第485页。
⑤ ［清］刘宝楠：《论语正义》，中华书局1990年版，第485页。

握崇高礼节背后所蕴含的恭敬谨慎的态度，并将此作为进行社会交往的基本准则而贯穿于一切社交活动之中。在孔子看来，这种恭敬谨慎的态度正是"仁道"的具体表现。同样，统治者在役使百姓时也须谨慎，如同承受重大的祭祀一般。因此，"如见大宾""如承大祭"的共同点就是恭敬谨慎的态度，以此来拒斥肆意妄为之举。前者对应的是"爱人之仁"，后者则是一己之私的反映。而"己所不欲，勿施于人"所体现的"恕道"亦与贯穿于见宾承祭的恭敬之情一脉相承，都是"爱人之仁"的不同体现。因此，孔子在回答仲弓问仁时才用见宾承祭这些仪节来界说与人交接和役使百姓之道。如上所述，孔子关注的并不是仪节本身，而是支撑这些仪节的内在的恭敬谨慎之心，后者是仁道的反映。但从另一方面看，仁道的实现亦离不开"出门使民"这些具体的活动，缺乏具体途径的仁道是虚无缥缈而不具体的，亦无法真正规范人的存在样态。而要在"出门使民"的过程中都能戒慎恐惧，唯一的方法又是事事依照礼制而行，即"克己复礼"。结合这两方面我们可以说，孔子既强调体会礼制中所蕴含的恭敬之仁，又要求在日常的行为中贯彻这一认识，而这有赖于时时刻刻苦依礼行事。可见，回答仲弓问仁的内容进一步凸显了孔子"仁体礼用，致用达体"的思想结构。无怪乎朱熹在解读本章时做出了如下评论：

问："孔子答颜渊仲弓问仁处，旨同否？"曰："不争多，大概也相似。只答颜子处是就心上说，工夫较深密为难。"问："二条在学者则当并行不悖否？"曰："皆当如此做。当'克己'，则须克己；当'出门如见大宾'，则须'出门如见大宾'。'克己复礼'，不是克己了，又复礼。只克去己私，便是礼。有是有非，只去了非，便是是。所以孔子只说非礼勿视听言动。只克去那非，便是礼。"①

伯羽曰："持敬、克己，工夫相资相成否乎？"曰："做处则一。但孔子告颜子仲弓，随他气质地位而告之耳。若不敬，则此心散漫，何以能克己。若不克己，非礼而视听言动，安能为敬。"②

总之，面对春秋时期"礼崩乐坏"的社会现实，孔子选择以仁作为礼乐制度的新的内涵，从而促使礼乐由政治统治的工具和维护社会秩序的手段逐步转变为实现道德教化以提升人格的主要途径。这决定了孔子的仁与礼的关系表现"仁体礼用，致用达体"的基本结构。在此基础上，孔子进一步说明了礼乐接引人们进入仁道的具体途径。

二、致礼而进仁：礼制作用仁道的途径

由于周礼涵盖了社会生活的方方面面，因而通过行礼引导人们进入仁道的途径也有很多。在孔子看来，仁与礼是一体两面的统一体，只要人们事事时时都能按照礼制的要求行事，则就能保证自身的精神和人格不断向仁道迈进，这一过程可以被称之为"致礼而进仁"。关于实现这一过程的具体内容，《论语》中亦做了分门别类的解说。

首先，丧葬之礼和对逝去亲人的祭祀是孔子及其弟子最为看重的礼节，他们均认为这一过程最具有道德教化意义，最能接引人们进入仁道。

---

① ［宋］朱熹：《朱子语类》，黎靖德编，中华书局1986年版，第1074页。
② ［宋］朱熹：《朱子语类》，黎靖德编，中华书局1986年版，第1074页。

曾子曰："慎终，追远，民德归厚矣。"①

子曰："非其鬼而祭之，谄也。见义不为，无勇也。"②

祭如在，祭神如神在。子曰："吾不与祭，如不祭。"③

这三条语录最能代表孔子及其弟子对丧葬之礼及祭祀的教化意义的理解。对于曾子"慎终追远"之论，朱子认为：

慎终者，丧尽其礼。追远者，祭尽其诚。民德归厚，谓下民化之，其德亦归于厚。盖终者，人之所易忽也，而能谨之；远者，人之所易忘也，而能追之：厚之道也。故以此自为，则己之德厚，下民化之，则其德亦归于厚也。④

朱子解读充分彰显了儒家"致礼以进仁"的修养途径。所谓"慎终追远"，即是严肃认真地对待丧葬之礼和对祖先的祭祀，在礼仪上追求完备。在朱熹看来，这一践行礼仪的行为对统治者本身和普通百姓都有很强的道德教化意义。完备的丧葬之礼、严整的祭祀仪式可以让参与其间的人们产生充分的在场体验，使其精神与逝去的亲人融为一体，从而激发起对父母的关爱和对先祖的崇敬。在这一过程，参与祭祀之人的仁德不断被唤醒并强化，使其人格也不断得以升华。可以说，通过祭祀和丧葬之礼激发参与者对仁德的不懈追求，这体现的正是儒家之礼的道德教化意义。

所谓"非其鬼而祭之，谄也"，在皇侃看来是因为"鬼神聪明正直，不歆非礼。人若非己祖考而祭之，是为谄求福也。"⑤ 这一理解是从祭祀的对象方面来解释孔子之语，认为鬼神会辨别祭祀的目的，并拒斥"为谄求福"的行为，其道德性的意味还较为有限。朱熹则认为，"'非其鬼而祭之'，如天子祭天地，诸侯祭山川，大夫祭五祀，庶人祭其先，上得以兼乎下，下不得以兼乎上也。庶人而祭五祀，大夫而祭山川，诸侯而祭天地，此所谓'非其鬼'。"⑥ 朱子将"非其鬼"理解为僭越的行为，强调此举意味着行礼之人破坏了社会秩序，而这是其仁心沦丧的表现。这一理解凸显了祭祀背后的仁道基础，挖掘出了孔子的本意。刘宝楠亦强调，"是祭非其鬼，皆因求福。然既非礼，亦必不能获福"，⑦ 将"谄媚"与"非礼"连接起来，认为其动机是谋求不当的一己之私。这一理解从反面彰显了尊奉礼制与践行仁道的内在关联。

对于"祭如在，祭神如神在"，朱熹引用程颐的解释是"祭，祭先祖也。祭神，祭外神也。祭先主于孝，祭神主于敬"，并评价道"愚谓此门人记孔子祭祀之诚意"。⑧ "孝"

① 《论语·学而》，[清]刘宝楠：《论语正义》，中华书局1990年版，第23页。
② 《论语·为政》，[清]刘宝楠：《论语正义》，中华书局1990年版，第74页。
③ 《论语·八佾》，[清]刘宝楠：《论语正义》，中华书局1990年版，第99页。
④ [宋]朱熹：《四书章句集注》，中华书局1983年版，第50页。
⑤ [梁]皇侃：《论语义疏》，中华书局2013年版，第44页。
⑥ [宋]朱熹：《朱子语类》，黎靖德编，中华书局1986年版，第600页。
⑦ [清]刘宝楠：《论语正义》，中华书局1990年版，第75页。
⑧ [宋]朱熹：《四书章句集注》，中华书局1983年版，第64页。

与"敬"分别是祭祀祖先和神灵时内心应当具有的德性，它们均植根于"仁道"，因此无论是程颐的解释还是朱熹的说明，都强调祭祀的关键是真诚，即主祭者必须以真诚的态度向祖先与神灵致敬。换言之，相对于完备的仪式，孔子更为看重的是祭祀参与者的全身心投入，认为唯有如此才能彰显礼节背后的仁道，实现仁与礼的统一，从而通过行礼实现崇德的修养目标。

而作为上述思想的反面，孔子认为"吾不与祭，如不祭"，朱熹对此做出了极为精辟的解析，"言己当祭之时，或有故不得与，而使他人摄之，则不得致其如在之诚。故虽已祭，而此心缺然，如未尝祭也"。① 在朱熹看来，使他人代为祭祀可以实现完备的仪式，但由于主祭者本人未亲自到场，无法进入祭祀活动所营造的与祖先与神灵共在的、庄严肃穆的在场状态，因而无法激发和强化内心的仁德，亦无法达成对先人和神灵的恭敬态度。换言之，代替祭祀的行为仅仅完成了礼仪的要求，却未能通过践行礼节实现道德教化，没有能够强化参与者对内心仁德的理解，因而只有形式而无内容。这样的礼仪与儒家对仁礼统一性的理解是违背的，必然遭到孔子的拒斥。

其次，除了丧祭之礼的教化意义外，孔子亦特别重视礼制对于人们日常行为的规范作用。在他看来，将人们的言行举止、视听言动都纳入礼的规范是人们融入社会、被他人接纳的重要手段。《论语·雍也》载："恭而无礼则劳，慎而无礼则葸，勇而无礼则乱，直而无礼则绞。君子笃于亲，则民兴于仁；故旧不遗，则民不偷。"② 刘宝楠对此解释道，"恭、慎、勇、直，皆德行之美，然无礼犹不可行"③，朱熹则认为，"无礼则无节文，故有四者之弊"。恭、慎、勇、直这些品质如果不以礼乐为途径而任意为之，则其结果无一例外地滑向了反面，演变成劳、葸、乱、绞等不当的行为。这既证实了前文中所指出的礼制是仁道的正确表现途径，又意味着只有合礼的行为才能为社会所接受，不合礼之举即便动机上是正确的，也很难实现良好的效果。换言之，依礼而行是保持动机与效果相统一，保证仁道善心产生好的结果的唯一途径。这正是朱熹所言，"礼，只是理，只是看合当恁地。若不合恭后，却必要去恭，则必劳。若合当谨后，谨则不葸；若合当勇后，勇则不乱。若不当直后，却须要直，如证羊之类，便是绞。"④

与之相类似，孔子的弟子有若亦有"信近于义，言可复也；恭近于礼，远耻辱也；因不失去其亲，亦可宗也"的说法，⑤ 亦在强调恭敬之心的发动须合乎礼制要求。朱熹对此做了精彩的阐述：

> 问："'信近义，恭近礼'，何谓近?"曰："近只是合，古人下字宽。今且就近上说，虽未尽合义，亦已近义了；虽未尽合礼，亦已近礼了。"⑥
> 恭，致敬也。礼，节文也。……致恭而中其节，则能远耻辱矣。⑦

---

① ［宋］朱熹：《四书章句集注》，中华书局 1983 年版，第 64 页。
② 《论语·雍也》，［清］刘宝楠：《论语正义》，中华书局 1990 年版，第 290 页。
③ ［清］刘宝楠：《论语正义》，中华书局 1990 年版，第 290 页。
④ ［宋］朱熹：《朱子语类》，黎靖德编，中华书局 1986 年版，第 911 页。
⑤ 《论语·学而》，［清］刘宝楠：《论语正义》，中华书局 1990 年版，第 30 页。
⑥ ［宋］朱熹：《朱子语类》，黎靖德编，中华书局 1986 年版，第 521 页。
⑦ ［宋］朱熹：《四书章句集注》，中华书局 1983 年版，第 52 页。

　　"恭近于礼"，且如合当在堂上拜，却下堂拜，被人非笑，固是辱；合当堂下拜，却在堂上拜，被人斥骂，亦是辱。①

　　朱子首先将"近"解释为"合"即"合乎"之义，因而"恭近于礼"就是恭敬之心要合乎礼制要求之意，即"致恭而中其节"。在此，"致恭"和"中节"是统一的："恭"为"致敬"，乃是指内在的恭敬之心；"中节"是指合乎礼节的行为。因此在朱子看来，有若这句话意在强调恭敬之心必须合乎礼节才能远离耻辱。他进一步解释道，所谓"合乎礼节"必须是恰到好处方可："合当在堂上拜，却下堂拜"是未曾达到礼节的要求，此举固是不妥；"合当堂下拜，却在堂上拜"是超过了礼仪的规定，亦是不妥。正如孔子所言，"过犹不及"，只有严格按照礼节的要求保证自身的行为恰到好处才能使得恭敬之心恰如其分地表现出来。

　　孔子本人也非常重视礼仪对行为的范导作用，他始终以礼乐为标准严格规范自己的行为。在《论语·乡党》中保留了大量的关于孔子行礼的记载：

　　入公门，鞠躬如也，如不容。过位，色勃如也，足躩如也，其言似不足者。摄齐升堂，鞠躬如也，屏气似不息者。出，降一等，逞颜色，怡怡如也。没阶趋，翼如也。复其位，踧踖如也。②

　　持圭，鞠躬如也，如不胜。上如揖，下如授。勃如战色，足蹜蹜如有循。享礼，有容色③

　　君子不以绀緅饰。红紫不以为亵服。当暑，袗絺绤，必表而出之。缁衣羔裘，素衣麑裘，黄衣狐裘。亵裘长。短右袂。必有寝衣，长一身有半。狐貉之厚以居。去丧，无所不佩。非帷裳，必杀之。羔裘玄冠不以吊。吉月，必朝服而朝。④

　　斋，必有明衣，布。斋，必变食，居必迁坐。⑤

　　乡人饮酒，杖者出，斯出矣。乡人傩，朝服而立于阼阶。⑥

　　君赐食，必正席先尝之；君赐腥，必熟而荐之；君赐生，必畜之。侍食于君，君祭，先饭。疾，君视之，东首，加朝服，拖绅。君命召，不俟驾而行。⑦

　　可见，孔子在衣食住行、与人交接及斋戒祭祀等所有活动中都严格恪守礼制的要求，这充分表现其内心时时"戒慎恐惧"的恭敬之情和绝不肆意妄为的处世态度，而这都是孔子仁道的具体体现。

　　第三，孔子不仅要求用礼制规约人的具体行为，而且更为强调礼制对人的人格塑造所起的关键作用。在孔子看来，礼制的意义不仅在于范导人们的日常行为，使其视听言

---

①　［宋］朱熹：《朱子语类》，黎靖德编，中华书局1986年版，第524页。

②　《论语·乡党》，［清］刘宝楠：《论语正义》，中华书局1990年版，第373—378页。

③　《论语·乡党》，［清］刘宝楠：《论语正义》，中华书局1990年版，第380—383页。

④　《论语·乡党》，［清］刘宝楠：《论语正义》，中华书局1990年版，第387—403页。

⑤　《论语·乡党》，［清］刘宝楠：《论语正义》，中华书局1990年版，第407页。

⑥　《论语·乡党》，［清］刘宝楠：《论语正义》，中华书局1990年版，第417—419页。

⑦　《论语·乡党》，［清］刘宝楠：《论语正义》，中华书局1990年版，第423—428页。

动皆有章可循而能为他人接受，更重要的价值在于通过学习和践行礼制，人们能够接纳人类文明，同时也被人类文明所接纳。在这一双向确认过程中，人类得以将自身的人格真正确立起来，成为一个完整意义的人。这意味着对孔子而言，成就人格是学礼的根本目的。《论语》载：

> 陈亢问于伯鱼曰："子亦有异闻乎？"对曰："未也。尝独立，鲤趋而过庭。曰：'学诗乎？'对曰：'未也。''不学诗，无以言。'鲤退而学诗。他日，又独立，鲤趋而过庭。曰：'学礼乎？'对曰：'未也。''不学礼，无以立。'鲤退而学礼。闻斯二者。"陈亢退而喜曰："问一得三，闻诗，闻礼，又闻君子之远其子也。"[1]
>
> 孔子曰："不知命，无以为君子也；不知礼，无以立也；不知言，无以知人也。"[2]

孔子在这两段文字中反复提及了一个观点，即"不学礼，无以立"。对此，刘宝楠在诠释孔子之子孔鲤与陈亢的对话时引用《说苑》的观点解释道，"鲤，君子不可以不学，见人不可以不饰。不饰则无根，无根则失理，失理则不忠，不忠则失礼，失礼则不立。"[3]这意味着"学礼"的目的是"饰"即"文饰"，也就是学者通过后天的学习掌握"礼乐"这一人类文明的成果，并以此来修饰自身，进而超越自然本能，确立自身作为"人"的存在，挺立自己的人格。换言之，"礼乐"作为先秦时期华夏文明的重要成果，在当时的中国人特别是士人的成长过程中扮演着促使其由自然状态向文明状态转变的重要功用，意义特别重大。正是基于这一认识，孔子特别强调"学礼"的重要性，将其视作成为有教养之君子的必备条件。按照皇侃的说法，正所谓"礼是恭俭庄敬，立身之本，人有礼则安，无礼则危，若不学礼，则无以自立身也"[4]。这同样是将礼看作"立身之本"，即挺立自身独立人格的前提，因此"不学礼"就意味着人格未能独立而须要依附于他人存在，这显然与儒家对"君子"的界定相违背。总之，孔子将"学礼"视作君子成就自身的前提条件，这凸显了礼制对人格塑造的关键性作用。

在孔子看来，礼制对确立君子人格的积极作用有一典型案例，就是"射礼"对"君子之争"的影响。具体而言，"射礼"的存在既使得君子们获得了一较高下的机会，又保证了君子之争的有序性，使之不至于失控而走向粗暴鲁莽的对抗。《论语》载：

> 子曰："君子无所争。必也射乎！揖让而升，下而饮。其争也君子。"[5]

朱子对本段的解释旨在突出君子之争的谦恭，并将此视为礼制陶冶的结果：

> 揖让而升者，《大射》之礼，耦进三揖而后升堂也。下而饮，谓射毕揖降，以俟

---

① 《论语·季氏》，[清]刘宝楠：《论语正义》，中华书局1990年版，第668页。
② 《论语·尧曰》，[清]刘宝楠：《论语正义》，中华书局1990年版，第769页。
③ [清]刘宝楠：《论语正义》，中华书局1990年版，第669页。
④ [梁]皇侃：《论语义疏》，中华书局2013年版，第438页。
⑤ 《论语·八佾》，[清]刘宝楠：《论语正义》，中华书局1990年版，第87页。

众耦皆降，胜者乃揖不胜者升，取觯立饮也。言君子恭逊不与人争，惟于射而后有争。然其争也，雍容谦逊乃如此，则其争也君子，而非若小人之争也。①

朱子在此强调，君子之争与小人之争有两方面不同：其一，君子以谦退为德，本不欲与人相争，不似小人凡事都要见个高低，君子之争只有射箭这一件事。其二，君子之争亦须合乎礼节：按照《大射》的要求，首先两人须相对作揖三次后才能登堂而射；其次，比试结束后，二人亦须下堂并相互作揖，此时中靶少者须被罚酒。然而即便是罚酒，也是点到为止，并不是让负者喝到烂醉如泥的地步。因此在朱子看来，君子之争由于合乎礼制，其特点在于"雍容谦逊"，而这反映的正是君子超乎小人的高尚人格，是君子内心中仁德的具体表现。

第四节　乐教对人之性情的陶冶

孔子不仅重视礼制在规范人之行为及养成人格中的重要作用，亦十分看重乐教对人之性情的陶冶功效，认为乐教对于培养德性和教化民众都有十分重要的作用。《论语·阳货》中孔子与言偃的对话集中体现了这一点。

> 子之武城，闻弦歌之声。夫子莞尔而笑，曰："割鸡焉用牛刀？"子游对曰："昔者偃也闻诸夫子曰：'君子学道则爱人，小人学道则易使也。'"子曰："二三子！偃之言是也，前言戏之耳。"②

这里的"弦歌"乃是"以琴瑟之弦依诗咏之也"，即以琴瑟为伴奏来演唱《诗经》的内容，这是"乐教"的典型形式。孔子之所以"莞尔而笑"，并不是否定这种教育模式，而是"因言其治小邑，何必用此大道也"，③ 这就是他所说的"割鸡焉用牛刀"。在孔子看来，乐教乃是人主引导百姓向善的重要途径，是治国平天下的方法，以此来治理武城这个小地方实在有些大材小用。但言偃并不这样看，他从以儒家之道教化民众使之向善的角度上看，认为演奏雅乐和诵唱《诗经》乃能陶冶性情、激动仁心，其结果是使得参与者能够接受并认同仁道。言偃强调，此举不仅对君子而言很重要，而且即便对庶人来说，引导其向上向善也能使其革除恶念，发自内心地尊重和维护社会秩序和道德准则，这将从根本上方便统治者的管理。有鉴于此，朱熹在评价本段时指出，"治有大小，而其治之必用礼乐，则其为道一也。但众人多不能用，而子游独行之。故夫子骤闻而深喜之，因反其言以戏之。而子游以正对，故复是其言，而自实其戏也。"④ 不同的人治理的范围与

---

① ［宋］朱熹：《四书章句集注》，中华书局1983年版，第52页。
② 《论语·阳货》，［清］刘宝楠：《论语正义》，中华书局1990年版，第679—680页。
③ ［宋］朱熹：《四书章句集注》，中华书局1983年版，第176页。
④ ［宋］朱熹：《四书章句集注》，中华书局1983年版，第176页。

规模是不同的，但治民之道则是一致，均应当以礼乐为手段来引导人们认识、理解并接受儒家之仁。正是由于"乐教"和"礼教"一样，都是导人向善的重要方法，孔子才特别肯定前者的功用。

在肯定了"乐教"对儒家的意义后，孔子进而指明了儒家乐教的具体内容，即哪些音乐有良好的教化效果。《论语》载：

> 子曰："《关雎》，乐而不淫，哀而不伤。"[1]
> 子谓《韶》，"尽美矣，又尽善也。"谓《武》，"尽美矣，未尽善也。"[2]
> 子语鲁太师乐，曰："乐其可知也：始作，翕如也；纵之，纯如也，皦如也，绎如也，以成。"[3]

《诗经·关雎》是我们耳熟能详的名篇，孔子则认为《关雎》的特点在于能够恰当地表达情感，实现"乐而不淫，哀而不伤"。对此，朱熹的理解是：

> 《关雎》，《周南·国风诗》之首篇也。淫者，乐之过而失其正也。伤者，哀之过而害于和也。《关雎》之诗，言后妃之德，宜配君子。求之未得，则不能无寤寐反侧之忧；求而得之，则宜其有琴瑟钟鼓之乐。盖其忧虽深而不害于和，其乐虽盛而不失其正，故夫子称之如此。欲学者玩其辞，审其音，而有以识其性情之正也。[4]

"参差荇菜，左右流之；窈窕淑女，寤寐求之；求之不得，寤寐思服；悠哉悠哉，辗转反侧；参差荇菜，左右才之；窈窕淑女，琴瑟友之"[5]，在孔子看来，《关雎》中所体现的男女之情很有分寸感："求之不得"，君子之忧不过是"辗转反侧"；"求而得之"，君子与淑女相处之道也是"琴瑟友之"。换言之，君子的哀乐之情表达得都恰如其分，其情感的发动受到理性的节制而不至于偏向一边、不可收拾。这既说明君子对心上人有着十分真挚的情感，又意味着君子并不是被情感所左右而丧失分寸，具有极强的平衡情感与理性的能力。在孔子看来，能够产生真挚的情感，并将其控制在合理的范围内正是君子之德的集中表现，这正是朱子所说的"忧虽深而不害于和，乐虽盛而不失其正"。这种德性既是教化修养的结果，又是理想的、值得他人效仿的人格状态，具有很强的教育意义。

《韶》和《武》分别是表征舜帝和武王之德的乐舞，孔子对二者的评价有所不同，而这又与舜帝武王的功绩人品有关。正如朱子所言：

> 《韶》，舜乐。《武》，武王乐。美者，声容之盛。善者，美之实也。舜绍尧致治，武王伐纣救民，其功一也，故其乐皆尽美。然舜之德，性之也，又以揖逊而有

① 《论语·八佾》，[清] 刘宝楠：《论语正义》，中华书局 1990 年版，第 116 页。
② 《论语·八佾》，[清] 刘宝楠：《论语正义》，中华书局 1990 年版，第 135 页。
③ 《论语·八佾》，[清] 刘宝楠：《论语正义》，中华书局 1990 年版，第 130 页。
④ [宋] 朱熹：《四书章句集注》，中华书局 1983 年版，第 66 页。
⑤ 《诗经·关雎》，[清] 王先谦：《诗三家义集疏》，中华书局 1987 年版，第 11—13 页。

天下；武王之德，反之也，又以征诸而有天下，故其实有不同者。[①]

　　朱子的解释凸显了一个观念，即孔子对《韶》与《武》的评价不仅限于艺术性，他更看重的是道德性。在孔子看来，舜帝与武王作为圣人，其德性与事功都是至高无上的，因此为了彰显两位圣王之德行功绩而作的《韶》与《武》都能够使人欣赏后由衷地对二位圣王心生向往之情，有着很强的道德教化作用。因此，两者毫无疑问都属于儒家的“雅乐”。而对于“雅乐”，人们更为看重的是其内容的道德性，在满足这一前提下才会关注艺术性。按照儒家的理解，“雅乐”的艺术性是从属于道德性的，因此《韶》与《武》均因其德而被孔子视为“美”。但由于同属圣王的舜帝与武王在资质与实现事功的手段上存在着差异，因而《韶》与《武》在内涵上亦有不同。在朱子看来，舜帝的德性是“性之”，即其本性即为圣王，不需要后天的修道过程，按照《中庸》的说法就是“不勉而中，不思而得，从容中道”，加之其获得天下的过程是尧“禅让”而授予之，未曾有过兵戈之灾，因而《韶》作为描绘其德性的乐舞其内涵更为丰富，表现形式更为和缓，故而是“尽善尽美”。相反，武王的德性是“反之”，即其成圣的过程并非像舜帝一样，只要顺从先天的良善本性即可，而是需要一整套后天的修养工夫，即《中庸》所说的“学问思辨行”的修养过程。另外，武王获取天下所依赖的是武力征服，其实现方式亦不及舜帝。这两者反映到乐舞中就使得《武》所蕴含的道德教化意味没有《韶》那样完善，连带着使其艺术表现力也有所欠缺。但对于孔子而言，《韶》与《武》的差别只是量的差异，在本质上二者都是彰显圣王德性的“雅乐”，都有着同样的道德教化意义。对此，朱子有一精辟分析：

　　　　子善问“《韶》尽美矣”一章。曰：“后世所谓文武之舞，亦是就《韶》《美》舞变出来。《韶》舞不过是象那‘地平天成，六府三事允治’，天下恁地和平底意思。《武》舞不过象那伐商底意思。观此二个意思，自是有优劣。但若论其时，则当时聚一团恶人为天下害，不能消散，武王只得去伐。若使文王待得到武王时，他那旧习又不消散，文王也只得伐。舜到这里，也著伐。但恐舜文德盛，其徒或自相叛以归之，亦未可知。但武王之时只得如此做。‘尧舜性之也，汤武身之也。’性，是自有底；身，是从身上做得来，其实只是禀资略有些子不相似处耳。”[②]
　　　　《韶》与《武》，今皆不可考。但《书》所谓：“正德利用厚生惟和，九功惟叙，九叙惟歌，戒之用休，劝之以《九歌》。”此便是作《韶》乐之本也。所谓“《九德》之歌，《九韶》之乐”，是也。……武王之《武》，看《乐记》便见得，盖是象伐纣之事。其所谓北出者，乃是自南而北伐纣也。看得乐气象便不恁地和。《韶》乐只是和而已。故《武》所以未尽善。[③]

　　正如我们前面所分析的，在朱熹看来，《韶》与《武》在音乐表现力上的区别归根结

①　[宋] 朱熹：《四书章句集注》，中华书局1983年版，第68页。
②　[宋] 朱熹：《朱子语类》，黎靖德编，中华书局1986年版，第634-635页。
③　[宋] 朱熹：《朱子语类》，黎靖德编，中华书局1986年版，第635页。

底反映的是舜与武德性上的差异。这种差异表现在两方面：其一，舜之德是"性之"，是顺承了天赋的善性，未经后天的努力而自然成圣，因而是先天之学；武王则是"身之"，有着自觉地修道过程，是后天之学。其二，《韶》表现的是舜帝统治时期"地平天成，六府三事允治"、"正德利用厚生"的天下大治之相，其中自有"协和万民"之义；《武》所展示的则是武王伐纣的过程，虽然此举是正义战争，但杀伐毕竟在所难免，因而伤害了天地间的和气。由此观之，孔子才会认为《武》未能尽善尽美。然而朱子同时又指出，武王选择伐纣乃是顺应了当时的时代要求，更是顺应了天理人心，是合德之举。换言之，无论是文王还是舜帝，处在武王的位置上，面对当时的时代环境，都会选择伐纣。因此，伐纣只是意味着得天下的手段未尽完美，在政治合法性上却是毋庸置疑的，它正是武王的圣人之德的集中表现。因而，描述这一过程的《武》就与《韶》一样，都是儒家推崇的"雅乐"，都有道德教化意义。

孔子与鲁太师的对话所反映的是"雅乐"在曲调和演奏技法上的特点。对于"翕如""纯如""皦如"及"绎如"，刘宝楠的解释是"五音始奏，翕如盛"，"五音既发，放纵其音声，纯纯和谐也"，"言其音节明也"，"纵之以纯如、皦如、绎如，言乐始作翕如，而成于三"①；"始作，谓金奏时。闻金作，人皆翕如，变动之貌……纵之，谓八音皆做，纯如，咸和之矣，皦如，使清浊别之貌，绎如，志意条达"②。朱子则引用了程颐的再传弟子谢良佐的话来解释本段，"五音六律不具，不足以为乐。翕如，言其合也。五音合矣，清浊高下，如五味之相济而后和，故曰纯如。合而和矣，欲其无相夺伦，故曰皦如，然岂宫自宫而商自商乎？不相反而相连，如贯珠可也，故曰绎如也，以成。"③ 这里描绘了"雅乐"演奏的全过程：首先，雅乐始作，宫商角徵羽五音齐作，合同而奏，名曰"翕如"；其次，"纵"乃释放之意，随着乐曲的推进，五音充分发扬出来，在清浊高下之别的基础上统合为协和的整体，名曰"纯如"；虽然是统合的整体，然而五音之间不能相互混淆，而是各自保持着自身的条理，各自的存在也清晰明白，名曰"皦如"；最终，雅乐的完成表现为条理清楚的五音又能够连贯得如串珠一般连接成一个整体，名曰"绎如"，这标志着"雅乐"演奏的完成。可见，孔子眼中的"雅乐"演奏是一个"分"与"合"相伴随、相贯穿的音乐表现过程，五音既有各自的条理，又能结合成一个连贯统一的整体，分而不散，合而不混，具有极高的艺术表现力。这也体现了我们在前文中阐述的"乐教"的特点，即将道德教化与艺术欣赏融为一体，因而能够达到"润物细无声"的效果，易为听众所接受，道德教化效果较好。

孔子本人对"乐教"的效果深有体会，《论语》中有两条语录集中地反映了孔子在欣赏了雅乐后的感受。《论语·述而》载，"子在齐闻韶，三月不知肉味，曰：'不图为乐之至于斯也。'"④ "三月不知肉味"是形容孔子沉醉于音乐之中的经典描述，朱子认为，"不知肉味，盖心一于是而不及乎他也。曰：不意舜之作乐至于如此之美，则有以极其情文之备，而不觉其叹息之深也，盖非圣人不足以及此。"⑤ 也就是，孔子听了《韶》乐以

---

① [清] 刘宝楠：《论语正义》，中华书局 1990 年版，第 130 页。
② [清] 刘宝楠：《论语正义》，中华书局 1990 年版，第 131 页。
③ [宋] 朱熹：《四书章句集注》，中华书局 1983 年版，第 68 页。
④ 《论语·述而》，[清] 刘宝楠：《论语正义》，中华书局 1990 年版，第 264 页。
⑤ [宋] 朱熹：《四书章句集注》，中华书局 1983 年版，第 96 页。

后，沉浸于其营造的尽善尽美的艺术环境，也体会到了舜帝"正德利用厚生"的政治治理和道德教化效果，进而通过《韶》更深地把握到舜帝至高的德性。孔子对于圣人之德与圣人之乐的关系也有了真切的体会，他意识到，《韶》乐之所以能带给听众的完满的、使人能沉醉期间的视听盛宴，是因为作乐之人本身德行与事功皆已臻极境，《韶》乐只不过是舜帝的至德的自然流露而已。反之，《韶》乐会使得它的听众不自觉地体会到舜帝的崇高德性，进而产生改过迁善的自然要求，从而达到提升百姓的德性与境界这一根本目的。朱子对此看得极准：

> "'子在齐闻《韶》，学之三月，不知肉味。'上蔡（按：指二程高弟谢良佐）只要说得泊然处，便有些老庄。某谓正好看圣人忘肉味处，始见圣人之心如是之诚，《韶乐》如是之美。"又举《史记》载孔子至齐，促从者行，曰，"《韶乐》作。"从者曰："何以知之？"曰："吾见童子视端而行直。""虽是说得异，亦容有此理。"①

在朱子看来，学者对于本章需要关注的正是为何孔子在欣赏了《韶》之后能够"三月不知肉味"，使得他沉浸于其间的到底是什么？朱熹认为，让孔子陶醉的首先当然是《韶》的艺术价值，即其在曲调、舞蹈编排和吟唱方面极富感染性的艺术表现，但更主要的是《韶乐》透过乐舞而展现的舜帝的至高德性以及孔子内心之仁与舜帝之德相契合之处。更准确地说，正因为孔子本身也是圣人，内心始终受到仁道的主宰，这才使得他欣赏了《韶》后能够真切地感受到舜帝之德，引发了共鸣感。所谓"圣人之心如是之诚"，正是指孔子通过其不勉而中、不思而得的仁心真诚地感受到舜帝"揖让而有天下"的至德，这使得儒家仁德能够跨越数千年而在前后两代圣人身上实现了呼应。另外孔子还特别强调《韶》对民众言行举止的教化意义，认为齐地童子"视端而行直"的举止正是长期受到以《韶》为代表的乐教教化的结果。这进一步彰显了雅乐陶冶情操、树立品德和端正行为的教化之功。

另一条反映孔子欣赏雅乐状态的语录出现在《论语·泰伯》，"子曰：'师挚之始，《关雎》之乱，洋洋乎盈耳哉。'"② 这里的"始"与"乱"指的是乐曲的开头与结束，即"凡乐之大节，有歌有笙，有间有合，是为一成；始于升歌，终于合乐；是故升歌谓之始，合乐谓之乱"。③ "师挚"是指鲁太师名挚者，因而本句意指鲁国太师挚开始奏乐，结束时则演奏《关雎》，这样的雅乐让孔子颇为享受，觉得满耳充斥着温润和畅之声。之所以有这样的效果，同样是与演奏的曲子有关，其反映的仍是雅乐的教化作用。朱子对此的解读是，"孔子自卫反鲁而正乐，适师挚在官之初，故乐之美盛如此。"④ 刘宝楠的解释与朱子类似，"升歌言人，合乐言诗，互相备也。洋洋盈耳，总叹之也。自始至终，咸得其条理，而后声之美盛可见。言始乱，则笙、间在其中矣。孔子反鲁正乐，其效如此。"⑤ 两人的注解都突出了"孔子正鲁乐"一事，即孔子自卫反鲁，深感乱世中郑卫之靡靡之

---

① ［宋］朱熹：《朱子语类》，黎靖德编，中华书局1986年版，第880页。
② 《论语·泰伯》，［清］刘宝楠：《论语正义》，中华书局1990年版，第305页。
③ ［清］刘宝楠：《论语正义》，中华书局1990年版，第305页。
④ ［宋］朱熹：《四书章句集注》，中华书局1983年版，第106页。
⑤ ［清］刘宝楠：《论语正义》，中华书局1990年版，第305页。

音充斥于世，故欲以古之雅乐而校正之。因此，孔子要求鲁国在奏乐时须选用以《关雎》为代表的雅乐，并由太师挚演奏，以起到开启心智、教化人心的功效。因而对孔子来说，"洋洋乎盈耳哉"所享受的不仅是乐，更是德性，这是雅乐之教化功能的又一明证。

最后，作为对孔子礼乐思想的概括和总结，我们须分析下面两段语录。其一出自《论语·八佾》：

> 林放问礼之本。子曰： "大哉问！礼，与其奢也，宁俭；丧，与其易也，宁戚。"①

孔子之所以赞许林放，正是因为他触及到了儒家礼乐思想的根本。所谓"本"，是指制礼作乐的根本目的，按照刘宝楠的说法，"先王制礼，缘人情世事而为之，节文以范围之"②。这再次表明，制礼作乐的目的在于帮助人以合理的方式表达人之情感，因此人情乃是礼乐之本。而"礼，与其奢也，宁俭"的本义是指"礼贵得中，凡丰杀，即为过中不及中也；过中不及中，俱是失礼；然过中失大，不及中失小，是故文家多失在过中，质家多失在不及中"③。这意味着，礼的理想状态是能够恰当地匹配内心的情感，即孔子所说的"文质彬彬"之状态，相反，超过与未曾达到人情的理想状态的礼都是不合适的。然而孔子更为看重的"礼之质"，即通过礼而要表现的情感，他认为这是比外在的仪节形式更为重要的内容。因此，如果行礼不能达到适中的状态，孔子宁愿选择"质"而采取相对节俭的仪制，而反对过于铺张、繁复而华美的形式。同样，"易"乃"治理"之义，"丧，与其易也，宁戚"是强调在丧祭之礼方面，同样应当先重视悲伤情感的表达，其次才是履行丧礼相应的仪节。对于孔子此论的哲学意义，朱子做了细致的阐述：

> 林放，鲁人。见世之为礼者，专事繁文，而疑其本之不在是也，故以为文。孔子以时方逐末，而放独有志于本，故大其问。盖得其本，则礼之全体无不在其中矣。……在丧礼，则节文习熟，而无哀痛惨怛之实者也。戚则一于哀，而文不足耳。礼贵得中，奢易则过于文，俭戚则不及而质，二者皆未合礼。然凡物之理，必先有质而后有文，则质乃礼之本也。④
>
> 问："'林放问礼'章，先生谓'得其本，则礼之全体无不在其中'，如何是礼之全体？"曰："兼文质本末言之。"曰："后面只以质为礼之本，如何又说文质皆备？"曰："有质则有文，有本则有末。徒文而无质，如何行得？譬如树木，必有本根，则自然有枝叶花实。若无本根，则虽有枝叶花实，随即萎落矣。"⑤

朱子对本段的解释引入了孔子另一重要的思想，即"文""质"概念与"文质彬彬"，

---

① 《论语·八佾》，[清] 刘宝楠：《论语正义》，中华书局 1990 年版，第 82 页。
② [清] 刘宝楠：《论语正义》，中华书局 1990 年版，第 82 页。
③ [清] 刘宝楠：《论语正义》，中华书局 1990 年版，第 82 页。
④ [宋] 朱熹：《四书章句集注》，中华书局 1983 年版，第 62 页。
⑤ [宋] 朱熹：《朱子语类》，黎靖德编，中华书局 1986 年版，第 608 页。

"子曰：'质胜文则野，文胜质则史；文质彬彬，然后君子'"①。这里的"质"乃"质朴"之义，指的是人的先天而未受文化影响的本性，其中最重要的莫过于真挚的情感；"文"则是"文饰"之义，是后天的人文教化对先天本性的修饰与节度，其中最核心的乃是"礼乐"。"文质彬彬"乃是儒家对理想人格的一致看法，即达成真挚的情感与合适的仪节的有机统一，这一点无论是孔子还是朱子都是承认的。但朱子认为，孔子关于文与质的思想内涵一个重要的意义，即对人而言，质朴的本性、真挚的情感比繁杂的礼仪文饰更重要。朱子正是以这一思想去解释林放之问，将奢与易对应为"文"，俭与戚对应为"质"，因而奢与俭、易与戚的对立就转换为了文与质的对立。在此基础上，朱子又将文与质的关系转换为末与本的关系，因而两者孰轻孰重便一目了然：根本既是末梢的源头，也是决定末梢能否发育良好的基础与前提，因而根本远比末梢重要。同样的，在礼制与仁道及爱人之情的关系中，后者是质、是根本，前者是文、是末端，情感与仪节均无可挑剔是两者的理想状态，然而若无法达成这一状态，则应该偏重于情感，偏重于仁道的开显。

朱子这一理解合乎孔子本意，它再次彰显了儒家对"仁"与"礼"关系的界定，即礼是用来呈现、节度仁道，仁是礼的内在依据，礼是仁的外在形式，二者缺一不可，但仁处于核心地位，更为重要。

另一条语录出自《论语·泰伯》：

> 子曰："兴于诗，立于礼，成于乐。"②

这条简短的语录集中反映了孔子对诗、礼、乐三者教化效果的评述。在孔子看来，三者的教化过程应当相继而行，次第展开。至于为何要沿着这一次第来展开教化过程，朱子的分析是：

> 《诗》本性情，有邪有正，其为言既易知，而吟咏之间，抑扬反覆，其感人又易入。故学者之初，所以兴起其好善恶恶之心，而不能自已者，必于此而得之。
>
> 礼以恭敬辞逊为本，而有节文度数之详，可以固人肌肤之会，筋骸之束。故学者之中，所以能卓然自立，而不为事物之所摇夺者，必于此而得之。
>
> 乐有五声十二律，更唱迭和，以为歌舞八音之节，可以养人之性情，而荡涤其邪秽，消融其渣滓。故学者之终，所以至于义精仁熟，而自和顺于道德者，必于此而得之，是学之成也。③

在朱子看来，孔子之所以以诗、礼、乐的次序安排教化过程，乃是基于三者的特点和其作用于人的方式。诗歌的文辞晓畅易懂，而其特有的节律又便于吟唱，因而为学必由此开始。在朱子看来，学诗有两个好处，一是简便易行，容易激发人们的向学之心，

---

① 《论语·雍也》，［清］刘宝楠：《论语正义》，中华书局1990年版，第233页。
② 《论语·泰伯》，［清］刘宝楠：《论语正义》，中华书局1990年版，第298页。
③ ［宋］朱熹：《四书章句集注》，中华书局1983年版，第104页。

帮助其产生对学问的兴趣而陶醉于其间"不能自已";二是春秋时期的《诗经》已经经过孔子的删定,已经去除了不适宜的内容,留存下来的都是"思无邪"之作,它们能够激发人的好善恶恶之心,使人建立起对是非善恶的初步认识,对初学者而言有着很强的教育意义。

如前所述,孔子将"礼"视为"仁道"的外化形式之一,其主要作用是培养人的恭敬之心,即肯定并尊重人与人之间存在的长幼尊卑的差别,这就是《乐记》所说的"礼辨异",而这一态度需要通过合乎礼制的行为来加以落实。在朱子看来,繁复严谨的礼节正是从方方面面规约人的行为,从而强化人们的恭敬之心,杜绝肆意妄为之举,使人能够卓然自立。换言之,礼制的作用在于通过规范人的言行举止来消除人们的散漫态度,培养严谨恭敬的品格。这是人格独立的必由之路,也是道德教化的第二个环节。

我们在前文中还提到,在《乐记》看来,乐的作用在于"和同",即通过欣赏雅乐的过程来激发不同阶层、年龄及文化水准的人们的内心共鸣,以审美的方式唤起他们对内心中共有德性的向往,而这又是天地间和气的自然表现。在朱子看来,这意味着乐教比礼教高一个层次,它是对世间以和合为特征的统一性原理体会。因此,乐教的完成说明人们能够在挺立自身人格,约束自身行为的基础上对终极的形上本体有所认识,这意味着教化的完成。故而,"成于乐"乃是教化的最后一个环节。可见,本条语录在说明诗、礼、乐之次第的同时充分彰显了礼乐在孔子的教化思想中占有的举足轻重的地位。可以说,孔子乃至后世的儒家,其教化思想就是围绕礼乐展开的。

第四章　性善与仁政的实施途径

——孟子的礼乐教化思想

对后世学者而言，孟子是仅次于孔子的儒家代表人物。特别是宋代以后，孟子被抬上了"亚圣"的地位，"孔孟"并称也代替了"周孔"并称，成为了儒家圣贤的象征。作为与荀子秉承的战国时期儒家的代表人物，他的仁政思想、性善论、人生境界思想及教育思想都对后世产生了深远的影响。但人们通常认为，相比于荀子基于"性朴论"而对作为外在教化手段的礼乐思想的重视，孟子似乎对礼乐教化重视得不够，礼乐也似乎不是孟子思想的核心环节。事实上，正如孟子所言，"徒善不足以为政，徒法不能以自行"，性善论和仁政观念要具体落实必须要有相应的手段，而礼乐正是内在善性得以实施的重要途径，两者是相辅相成的关系。从这个意义上讲，礼乐是孟子思想中不可或缺的一部分。因此，本章便从性善论与仁政思想出发，探寻孟子对礼乐教化的看法以及礼乐思想在孟子的思想体系中所扮演的角色。

第一节　礼乐教化的前提：孟子的性善论和仁政思想

正如上文中我们指出的，孟子思想的核心部分是性善论与仁政思想。事实上，两者也是孟子的礼乐学说得以成立的前提，它们与礼乐之间是目的与手段的关系。因此，在讨论孟子的礼乐思想之前，我们有必要对其性善论和仁政思想做一说明。

一、孟子的仁政思想

"仁政"思想可以说是孟子思想中十分重要且独具特色的部分，它是孟子将孔子的"仁学"思想扩展到政治领域的产物。孟子以此来批判战国时期君主的种种倒行逆施，产生了深远的思想和历史影响。而且在他看来，仁政的实现离不开礼乐教化的帮助，因此两者也有着密切关联。

孟子首先指出，"仁政"是统治者取得执政合法性的根本来源。反过来说，君主一旦违背了"仁政"的要求就成为了"暴君"，而暴君是人人可得而诛之的。《梁惠王下》载：

齐宣王问曰："汤放桀，武王伐纣，有诸？"

孟子对曰："于传有之。"

曰："臣弑其君可乎？"

曰："贼仁者谓之贼，贼义者谓之残，残贼之人谓之一夫。闻诛一夫纣矣，未闻弑君也。"①

所谓"一夫"，即独夫民贼，朱子的注释是"言众叛亲离，不复以为君也"②。在本段中，齐宣王与孟子所关注的事并不一致：齐宣王问的是"弑君"是否被允许，但他举的例子却是"汤放桀"与"武王伐纣"；孟子则并不否认"弑君"是错误的行为，但认为上述两事并非"弑君"，因为既然当时的君主如商纣已经成为无道的暴君，那么"伐纣"与"弑君"就是截然不同的两回事，暴君是人人可得而诛之的，且这一行为是"替天行道"，与"弑君"有本质性区别。在孟子心目中，君主的地位与权力并非绝对的，而是由其行为来决定的。如果人君的所作所为尽是残仁害义之事，那么他便丧失了执政权力的根基，其人主之名也变得空洞无物。陈来先生对此指出，"背离乃至伤害了仁义原则的君主，可以被流放，可以被讨伐，可以被诛杀。因为君主和君权并不是最高的原则，所以对暴君进行'革命'是完全正当的。在这种思想下，不承认任何君主个人是神圣的，不承认任何一姓王朝是神圣不可动摇的，而为人民反抗暴政提供了合法性的支持。"③

孟子这一观点实际上是孔子"正名"思想的发展。正如孔子与孟子共同指出的，凡事必须"名实相符"，君主之名以及相伴而来的权力与地位必须与其职责相匹配，而后者是指君主须能体恤并关爱百姓，关心百姓的疾苦，安顿好百姓的生活。若人君不能尽责，则其权力和地位的合法性便不复存在，此时能够比时任君主更能保境安民的人便有资格取而代之，成为新的君主。清代学者焦循对此评论道，"言残贼仁义之道者，虽位在王公，将必将为匹夫，故谓之一夫也"④。众所周知，西周社会具有深厚的"敬德保民"的意识，认识到"惟命不与常"，认为"天命眷顾与否取决于善恶、取决于敬德保民的时效"⑤，强调"防止政治道德的堕落，以保持王朝的持久，成立西周政治文化代代传诫的律法和信条"⑥。孟子继承了这一思想，并将"敬德保民"的实质定为"行仁政"，进一步明确了仁政是决定政治合法性的基础，从而澄清了其推行仁政说的必要性与合理性。冯友兰先生对此评价道，"如果'君不君'，臣就可以不承认其为君。纣不合乎'为君之道'，虽然事实上居于君位，但不过就是一个个人而已。所以杀了他，只算杀死一个有罪的人。"⑦

孟子仁政思想最直接的要求是"与民同乐"。他反对统治者垄断一切物质利益，要求其与百姓分享之，以此来改善百姓的日常生活。《梁惠王下》载：

---

① 《孟子·梁惠王下》，[清]焦循：《孟子正义》，中华书局1987年版，第145页。

② [宋]朱熹：《四书章句集注》，中华书局1983年版，第221页。

③ 陈来：《孔子·孟子·荀子——先秦儒学讲稿》，生活·读书·新知三联书店2017年版，第136页。

④ [清]焦循：《孟子正义》，中华书局1987年版，第145页。

⑤ 陈来：《古代宗教与伦理——儒家思想的根源》，北京大学出版社2017年版，第242页。

⑥ 陈来：《古代宗教与伦理——儒家思想的根源》，北京大学出版社2017年版，第347页。

⑦ 冯友兰：《中国哲学史新编（上）》，人民出版社2007年版，第257页。

庄暴见孟子，曰："暴见于王，王语暴以好乐，暴未有以对也。"曰："好乐何如？"孟子曰："王之好乐甚，则齐国其庶几乎！"

他日，见于王曰："王尝语庄子以好乐，有诸？"

王变乎色，曰："寡人非能好先王之乐也，直好世俗之乐耳。"

曰："王之好乐甚，则齐其庶几乎！今之乐犹古之乐也。"

曰："可得闻欤？"

曰："独乐乐，与人乐乐，孰乐？"

曰："不若与人。"

曰："与少乐乐，与众乐乐，孰乐？"

曰："不若与众。"

"臣请为王言乐。今王鼓乐于此，百姓闻王钟鼓之声、管籥之音，举疾首蹙頞而相告曰：'吾王之好鼓乐，夫何使我至于此极也，父子不相见，兄弟妻子离散。'今王田猎于此，百姓闻王车马之音，见羽旄之美，举疾首蹙頞而相告曰：'吾王之好田猎，夫何使我至于此极也？父子不相见，兄弟妻子离散。'此无他，不与民同乐也。

"今王鼓乐于此，百姓闻王钟鼓之声、管籥之音，举欣欣然有喜色而相告曰：'吾王庶几无疾病欤，何以能鼓乐也？'今王田猎于此，百姓闻王车马之音，见羽旄之美，举欣欣然有喜色而相告曰：'吾王庶几无疾病欤，何以能田猎也？'此无他，与民同乐也。今王与百姓同乐，则王矣！"①

在本段中，孟子并没有纠结于齐宣王所听的到底是古代的"雅乐"还是当时流行的"郑卫之音"，而是以听乐为例，引导齐王"与民同乐"。在孟子看来，无论是平民还是君主，他们的喜好是相同的，因此君主不可将一切有利之事尽归于己，将一切辛劳困苦之事尽归于百姓，而必须将诸如"听乐"等自己喜好的事情与百姓一同分享，以换取百姓对君主的接受、认同与爱戴。换言之，"民之所好好之，民之所恶恶之，一切都从人民的意愿和要求出发，一切政治的举措都以人民的意愿为根本原则。"② 孟子指出，此举是实现国家长治久安乃至天下归心的根本举措。显然，孟子此论的依据是孔子的"忠恕之道"，他是将这一理念扩展到政治领域，要求以此作为君主治国理政的基本原则。因此，《孟子注疏》在评价本章的主旨时指出，"此章指言人君田猎以时，钟鼓有节，发政行仁，民乐其事，则王道之阶，在于此也。故曰天时不如地利，地利不如人和矣，与民同乐也。"③ 也就是说，"与民同乐"就是政治领域的"己欲立而立人，己欲达而达人"，如前所述，后者是孔子"仁学"的核心命题。这再次证明了"仁政"说对春秋时期儒家仁学思想的继承与发展。

与之相类似的还有孟子与齐宣王关于"文王之囿"的讨论。《梁惠王下》载：

齐宣王问曰："文王之囿方七十里，有诸？"

① 《孟子·梁惠王下》，[清]焦循：《孟子正义》，中华书局1987年版，第99—106页。
② 陈来：《孔子·孟子·荀子——先秦儒学讲稿》，生活·读书·新知三联书店2017年版，第125页。
③ [汉]赵岐著，[宋]孙奭疏：《孟子注疏》，李学勤主编，北京大学出版社1999年版，第32页。

孟子对曰："于传有之。"

曰："若是其大乎?"

曰："民犹以为小也。"

曰："寡人之囿方四十里,民犹以为大,何也?"

曰："文王之囿方七十里,刍荛者往焉,雉兔者往焉,与民同之。民以为小,不亦宜乎?臣始至于境,问国之大禁,然后敢入。臣闻郊关之内有囿方四十里,杀其麋鹿者如杀人之罪,则是方四十里,为阱于国中。民以为大,不亦宜乎?"①

"囿"是君主的私人园林,在孟子看来,其大小取决于君主能否将其开放而与民共享。从表面上看,开放与否是周文王与齐宣王的个人选择的差别,而实质上这体现"与民同乐"与"尽享私利"两种政治理念和对待百姓之态度的根本差异。文王能够将园囿与民同之,"听民往取禽兽,刈其刍薪,民苦其小,是其宜也。"② 相反,齐宣王之囿不仅不与民共享,而且百姓捕杀其中的禽兽居然还要治罪。这等于取消了百姓的人格,将其降格到比动物还要低的地位,是赤裸裸地虐民之举。此举证明齐宣王不仅不能与民同乐,而且完全将百姓置于与自己对立的位置,因此不可能得到百姓的认同和支持。正如孔子所言,"政者,正也",真正的政治必须有正当性,其标准就是尊重并重视百姓及其利益,而这也是孟子"仁政"的真谛。以此观之,齐宣王显然是不合格的君主。

进一步,在孟子看来,之所以要与民同乐,尊重和重视百姓的利益,是因为民众是国家的基础,缺少了民众的支持,统治者的权力是不可能稳固的,这即是著名的"民本"思想。

孟子曰："民为贵,社稷次之,君为轻。是故得乎丘民而为天子,得乎天子为诸侯,得乎诸侯为大夫。诸侯危社稷,则变置。牺牲既成,粢盛既洁,祭祖以时,然而旱干水溢,则变置社稷。"③

孟子在此提出了"民贵君轻"的著名论断,将人民置于决定国家能否存在的关键性位置。朱子对此评论道,"盖国以民为本,社稷亦为民而立,而君之尊,又系于二者之存亡,故其轻重如此。"④ 基于这一认识,孟子甚至认为在祭祀礼节很完备的前提下,神灵如不能庇佑百姓,为民众提供福祉,则可以"毁其坛墙而更置之"⑤,即重立祭祀社稷之神的坛所。可见,这里社稷不仅指代国家,而且亦指其本义即土神和谷神,而孟子此论则是说不仅国家是为了百姓而设立,甚至神灵存在的意义亦在于为百姓服务。这就不仅把国家和君主置于民众之下,而且认为神灵的地位亦低于百姓,这是对民众之地位前所未有的高扬。因此,冯友兰先生指出,孟子此论说明了"统治者是为了被统治者而存在,

① 《孟子·梁惠王下》,[清]焦循:《孟子正义》,中华书局1987年版,第106—110页。
② [清]焦循:《孟子正义》,中华书局1987年版,第105页。
③ 《孟子·尽心下》,[清]焦循:《孟子正义》,中华书局1987年版,第973—974页。
④ [宋]朱熹:《四书章句集注》,中华书局1983年版,第367页。
⑤ [宋]朱熹:《四书章句集注》,中华书局1983年版,第367页。

而不是被统治者为了统治者而存在"①，即对君民的正当关系做了确证。中国古代本就有"天视自我民视，天听自我民听"的说法，将民众的好恶看作天意的显现。孟子继承了这种思想，并将其明确延伸至政治领域，以此作为统治者获得政治合法性的依据。按照梁涛教授的话说，"民贵君轻"意味着"人民的利益构成君主权力的基础，人民的生命、财产是最为珍贵的，是设立国家、君主的唯一理由与根据，君主应尽职保障人民的生命与财产，否则便不具有合法性。"②

在此基础上，孟子进一步提出了"得民心者得天下"的说法。《离娄上》载：

> 孟子曰："桀纣之失天下也，失其民也；失其民者，失其心也。得天下有道：得其民，斯得天下矣；得其民有道：得其心，斯得民矣；得其心有道：所欲与之聚之，所恶勿施，尔也。民之归仁也，犹水之就下、兽之走圹也。故为渊驱鱼者，獭也；为丛驱爵者，鹯也；为汤武驱民者，桀与纣也。今天下之君有好仁者，则诸侯皆为之驱矣。虽欲无王，不可得矣。今之欲王者，犹七年之病求三年之艾也。苟为不畜，终身不得。苟不志于仁，终身忧辱，以陷于死亡。《诗》云：'其何能淑，载胥及溺。'此之谓也。"③

孟子特别指出，得民之关键在于得民心，而得民心关键则是满足民众的要求，即"欲得民心，聚其所欲而与之……勿施行其所恶，使民近，则民心可得矣"④。这一点又照应了前文中所指出的"与民同乐"的主张，再次凸显了君主要赢得百姓的爱戴，决不能"口惠而实不至"，必须给民众带来实实在在的福祉。孟子认为，关键就在于君主必须了解百姓的好恶，百姓喜好之物君主要充分给予，百姓所厌恶的则切勿施加，这就是"仁政"的核心。可惜的是，如此简单的要求，当时的君主却无一人能够做到。因此孟子才认为，这反而衬托出仁政的宝贵，只要有人能将其落在实处，民众的归顺将如"水之就下"一般势不可挡。这里孟子仍然是在强调为政须尊重人民，须以百姓之好恶为行事的根本原则，所体现的仍然他的民本思想。基于这些思想，冯友兰先生认为，"孟轲对于老百姓的力量，有比较充分的认识。知道统治者必须减轻剥削，缓和矛盾，尽力争取老百姓的拥护，才能巩固自己的统治地位。"⑤

接下来的问题就是，孟子所说的"所欲与之聚之，所恶勿施"究竟指的是什么。在笔者看来，实际上"民贵君轻"中的"民"字其义有二：既指普通的平民百姓，也指像孟子那样有才干而非世卿世禄，希望得遇明主而能尽展才华的士人。两者所希冀的事情自然亦有所区别：对老百姓而言，无非是能够过上温饱的生活；而对士人而言，则希望君主能够给予自己真正的尊重和礼遇，从而获得一展抱负的机会，而非得到优伶一般轻慢地对待。因此，对于前者，孟子要求君主一定要使其能够获得足够维持其生活的物质财富，保证其不至于冻饿而死，在此基础上再加以礼乐教化以导民向善。《梁惠王

---

① 冯友兰：《中国哲学史新编（上）》，人民出版社 2007 年版，第 259 页。
② 梁涛：《郭店竹简与思孟学派》，中国人民大学出版社 2008 年版，第 427 页。
③ 《孟子·离娄上》，[清]焦循：《孟子正义》，中华书局 1987 年版，第 503—506 页。
④ [清]焦循：《孟子正义》，中华书局 1987 年版，第 503 页。
⑤ 冯友兰：《中国哲学史新编（上）》，人民出版社 2007 年版，第 257 页。

上》载：

> （孟子）曰："无恒产而有恒心者，惟士为能。若民，则无恒产，因无恒心。苟无恒心，放辟邪侈，无不为已。及陷于罪，然后从而刑之，是罔民也。焉有仁人在位罔民而可为也？是故明君制民之产，必使仰足以事父母，俯足以畜妻子，乐岁终身饱，凶年免于死亡。然后驱而之善，故民之从之也轻。
>
> "今也制民之产，仰不足以事父母，俯不足以畜妻子，乐岁终身苦，凶年不免于死亡。此惟救死而恐不赡，奚暇治礼义哉？
>
> "王欲行之，则盍反其本矣：五亩之宅，树之以桑，五十者可以衣帛矣。鸡豚狗彘之畜，无失其时，七十者可以食肉矣。百亩之田，勿夺其时，八口之家可以无饥矣。谨庠序之教，申之以孝悌之义，颁白者不负戴于道路矣。老者衣帛食肉，黎民不饥不寒，然而不王者，未之有也。"①

孟子在此首先区分了士人与普通百姓的行为标准，认为只有士人能够在困窘的生活面前保持个人的持守，普通百姓一旦无法维持生计便会为非作歹。当然，以我们今天的眼光看，这一观点包含对劳动人民的歧视，是需要批判的。但孟子的本意并不在此，而是强调保证民众生活的重要性。在他看来，君主在不保证民众生活的情况下迫使民众铤而走险、为非作歹，随后又以此为由用刑罚来惩戒民众，这无疑于坑陷百姓。这意味着保证民众的物质生活是"仁政"的首要任务，是教化百姓的前提。当然，孟子同样强调，统治者满足了民众的温饱需求后，需要给予适当的教化，以开显人们心中的善性，使得百姓的生活状态不断得以提升。因此，王博教授指出，"在此，孟子描述了一个五亩之宅和百亩之田的八口规模的家庭模式，老者衣帛食肉，黎民不饥不寒。有此物质的前提，再加上礼乐之教、孝悌之义，一个理想的乡村社会就显示出了它的轮廓。"② 陈来先生则认为，"孟子的这些思想，可以概括为要求统治者使人民与社会'温饱有教'。"③ 借用美国心理学家马斯洛的"需求层次理论"我们可以说，人们有着从低到高多种层次的需求，其中生理需求最基础，道德所体现的尊重与爱的需求层级较高，但都是人们不可或缺的需求之一。统治者应当尽可能地满足人们从低到高的各项需求，推动人们的生活质量不断提升，人的本性不断得到开显，这正是"仁政"的题中应有之义。

而对于士人，孟子认为，仁政表现为君主发自内心的尊重和礼遇，即"尊贤重士"。孟子特别强调，尊重和礼遇要求君主给予士人一定的物质利益，但这绝非礼贤下士的核心。因为士人"首先代表一种精神信仰，一种责任担当，他们关于人间的政治秩序和普遍利益，具有类似于近代'知识分子'的基本性格"④，所以"重士"的关键在于君主发自内心地敬重士人的人格、爱惜并重用士人的才干。孟子以孔子之孙孔伋（子思）为例说明这一观点。《万章下》载：

① 《孟子·梁惠王上》，[清] 焦循：《孟子正义》，中华书局 1987 年版，第 93—95 页。
② 王博：《中国儒学史·先秦卷》，北京大学出版社 2011 年版，第 350 页。
③ 陈来：《孔子·孟子·荀子——先秦儒学讲稿》，生活·读书·新知三联书店 2017 年版，第 123 页。
④ 梁涛：《郭店竹简与思孟学派》，中国人民大学出版社 2008 年版，第 423 页。

曰："君馈之，则受之，不识可常继乎？"

曰："缪公之于子思，亟问，亟馈鼎肉。子思不悦。于卒也，摽使者出诸大门之外，北面稽首再拜而不受。曰：'今而后知君之犬马畜伋。'盖自是台无馈也[6]。悦贤不能举，又不能养也，可谓悦贤乎？"

曰："敢问国君欲养君子，如何斯可谓养矣？"

曰："以君命将之，再拜稽首而受。其后廪人继粟，庖人继肉，不以君命将之。子思以为鼎肉使己仆仆尔亟拜也，非养君子之道也。尧之于舜也，使其子九男事之，二女女焉，百官牛羊仓廪备，以养舜于畎亩之中，后举而加诸上位。故曰，王公之尊贤者也。"[1]

　　孟子指出，即便鲁缪公屡次三番地差人看望子思并赐予他熟肉，子思却仍然不买账，认为这是在以对待犬马的态度来对待自己。很显然，子思产生这一看法的原因并非是鲁缪公没有满足其物质需求（某种程度上鲁缪公赐予的物质财富甚至可能还高于子思对物质的期望），而是鲁君未能真正地尊重士人的人格，在与子思相交的过程中仍然以君臣之礼要求对方，在地位上凌驾于子思之上。在孟子看来，此非"养君子之道"，这说明养士人的关键是"养其志"而非"养其体"。实际上这是儒家一以贯之的看法，它首先体现在对父母的赡养之中。孔子曾认为，"今之孝者，是谓能养；至于犬马，皆能有养；不敬，何以别乎"[2]，将不以恭敬之心赡养父母的举动视为养犬马。孟子亦比较了曾子赡养其父曾皙和曾子之子曾元赡养曾子的行为，"曾子养曾皙，必有酒肉。将彻，必请所与，问有余，必曰有。曾皙死，曾元养曾子，必有酒肉。将彻，不请所与，问有余，曰亡矣，将以复进也。此所谓养口体者也。若曾子，则可谓养志也。事亲若曾子者，可也。"[3] 孟子在此专门区分了"养口体"与"养志"，认为曾子之子曾元只着眼于满足亲人的饱暖之需，不考虑曾子的意愿，因而只是赡养曾子的肉身；曾子赡养曾皙则尊重后者的意志，赡养后者的人格。而孟子在《万章下》讨论鲁缪公对待子思的段落中，将尊重士人的人格与意志的要求由孝亲扩展到君主对待士人的过程中，要求君主像曾子孝父一般尊重士人的意志，为其提供施展才干的空间。

　　孟子这一观点来源于他对于士人的认识，即"无恒产而有恒心"。在他看来，因为内心既有坚定的持守，又有属于自己的一套完整的治国理政方略，故而士人可以忍受物质条件的贫乏，而更看重自我价值的实现。正如梁涛教授所指出的，"士'传食'于诸侯之间，没有固定的财产来源，但并不因此便为他人所'御用'，而是肩负着超越其个人利益的价值理念和人生理想。"[4] 因此，君主在与士人交往的过程中必须认识到士人与平民百姓的不同诉求，并以士人真正看重的方式礼遇之，这也是"仁政"的题中应有之义。

　　总而言之，"仁政"说作为孟子政治思想的核心观点奠定了他看待君民关系、君臣关系以及君主执政地位等一系列重要问题的基本立场，也成为了他游说君主的主要内容。

---

① 《孟子·万章下》，[清]焦循：《孟子正义》，中华书局 1987 年版，第 713—719 页。
② 《论语·为政》，[清]刘宝楠：《论语正义》，中华书局 1990 年版，第 48—49 页。
③ 《孟子·离娄上》，[清]焦循：《孟子正义》，中华书局 1987 年版，第 524 页。
④ 梁涛：《郭店竹简与思孟学派》，中国人民大学出版社 2008 年版，第 423 页。

接下来的问题是，为何孟子笃信君主只要听从自己的劝说便都能够推行仁政，这与他对人性的看法即"性善论"密切相关。

二、孟子的性善论

对于孟子的人性论思想，"性善论"可谓是最为人熟知的标签。正所谓"孟子道性善，言必称尧舜"①，在多数人的头脑中，性善论与孟子似乎已经建立起牢不可破的关联。对于孟子"性善论"在思想史上的意义，王博教授指出，"从孔子开始的向内心发掘秩序根源的努力，经过了以《五行》篇为代表的'形于内'的自觉，到孟子终于有了标志性的结果，这就是良心的发现和性善论的提出。"② 也就是说，性善论是儒学自孔子以来向内心寻找行为依据和道德原则的最终成果，代表了人们真正找寻到了"仁"的心理根源。至于性善论的具体内涵，有学者认为"孟子是性善论者，他根据天人合一的理论，认为人心与天理相通，人生来就具有仁义礼智四端，故人性本善；一般人的品质之所以变坏，那是受社会环境影响的缘故。"③ 然而很多时候，我们对某些思想只是熟悉，而非真正地理解。因此为了真正搞清楚孟子的思想，我们有必要从根源上对其加以重新分析。

首先我们应当明确，孟子提出"性善论"，将善性视为人的本质的前提是他对"性"的理解。在他看来，"性"乃是本质、本性之义，即某物与他物的根本区别。因此，人性乃是人与万物特别是禽兽的根本区别，它作为性质必定是只属于人类而不存在于禽兽身上的内容。孟子正是从这一角度上将人的根本性质确定为善性，他认为以此能将人与动物彻底地区分开来。

> 孟子曰："人之所以异于禽兽者几希，庶民去之，君子存之。舜明于庶物，察于人伦，由仁义行，非行仁义也。"④
> 孟子曰："舜之居深山之中，与木石居，与鹿豕游，其所以异于深山之野人者几希；及其闻一善言，见一善行，若决江河，沛然莫之能御也。"⑤

这里需要注意的是，孟子既承认人与禽兽有所区别，并将这一区别归结为"仁义"即人的善良本性，同时又认为这个区别是"几希"的，因而很容易被多数人忽视和遗忘。正如徐复观先生所言，"孟子不是从人身的一切本能而言性善，而只是从异于禽兽的几希处言性善。……因此，孟子所说性善之性的范围，比一般所说的性的范围要小。"⑥ 对于这一点，朱熹基于其理学观点做了说明：

> 人物之生，同得天地之理以为性，同得天地之气以为形；其不同者，独人于其闻得形气之正，而能有以全其性，为少异耳。虽曰少异，然人物之所以分，实在于

① 《孟子·滕文公上》，［清］焦循：《孟子正义》，中华书局 1987 年版，第 315 页。
② 王博：《中国儒学史·先秦卷》，北京大学出版社 2011 年版，第 319 页。
③ 张秉楠辑注：《稷下钩沉》，上海古籍出版社 1991 年版，第 188 页。
④ 《孟子·离娄下》，［清］焦循：《孟子正义》，中华书局 1987 年版，第 567—568 页。
⑤ 《孟子·尽心上》，［清］焦循：《孟子正义》，中华书局 1987 年版，第 900 页。
⑥ 徐复观：《中国人性论史·先秦篇》，湖北人民出版社 2002 年版，第 155 页。

此。众人不知此而去之，则名虽为人，而实无以异于禽兽。君子知此而存在，是以战兢惕厉，而卒能有以全其所受之理也。[①]

朱熹所谓人与万物由于禀气不同而导致性体有异的说法，其目的是为孟子的"人禽之别"确立本体论依据。抛开这一点我们会发现，朱子对孟子的解读是合乎孟子本义的。这里的关键在于，朱子亦强调人与万物只有"少异"，但这一极为有限的差异却决定了"人物之所以分"。因此，一旦人们忽视了人物之间这一微小但却极为关键的差别，放弃了自身的善性，便只空有一副人的皮囊，实际上已经与禽兽毫无二致了。通过朱子的注释我们能进一步地认识到，孟子所谓的人性是人与动物的本质区别，是只存在于人身之上，而与动物无关的内容。在孟子看来，这只能是人的良心善性。

关于孟子对人性的理解，还有一段文字需要我们特别关注。

> 孟子曰："口之于味也，目之于色也，耳之于声也，鼻之于臭也，四肢之于安佚也，性也。有命焉，君子不谓性也。仁之于父子也，义之于君臣也，礼之于宾主也，知之于贤者也，圣人之于天道也，命也。有性焉，君子不谓命也。"[②]

对于本段，程颐的解释最为精当，"五者之欲，性也。然有分，不能皆如其愿，则是命也。不可为我性之所有，而求必得之也……仁义礼智天道，在人则赋于命者，所禀有厚薄清浊，然而性善可学而尽，故不谓之命也。"[③]这意味着，孟子并不是完全拒斥人的生理欲求即耳目口鼻四体之欲，他也承认这是人的本性中不可或缺的成分。但是在他看来，对于具体的人而言，耳目口鼻四体之欲能否得到满足却有偶然性，并非普遍必然的，而人的本性是人作为类存在物具有的普遍性质，因此这些感官欲求不应被视作人的本性，也不应当是人们努力而必定要实现的目标。相反，以仁义礼智天道为代表的人之善性虽然也是天赋的，但它们是普遍存在于每个人身上，后天禀赋的差异不影响先天善性的存在。因此在孟子看来，这才是人性的真正内容。既然这些内容对人而言具有普遍性，人人皆有，那么人们便不能把它们仅仅视作先天的禀赋而坐享其成，必须通过后天的努力来将潜在的善性转化为现实的德行。而努力本身完全取决于主体自身，不受外界环境的影响和制约。梁涛教授对此评论道，"在孟子看来，声色欲望、富贵显达是不可欲、不可求的，而内在道德禀赋，恻隐、羞恶、辞让、是非之心是可欲、可求的。故'可欲谓之善'"实际是说，不受外在条件的限制，能充分体现人的意志自由，完全可以由我欲求、控制、掌握的即是善。"[④]陈来先生亦指出，"孟子所说的'性'是专指人的道德感知与判断能力而言，是一个纯粹伦理学的概念。人性本指人的本质、特性，孟子的人性特指人的道德本质与特性，而不考虑生理本质与生物特性，而此种人性正是人与禽兽不同之所在。"[⑤]而最值得我们仔细体会的仍然是徐复观先生的看法：

① ［宋］朱熹：《四书章句集注》，中华书局 1983 年版，第 293—294 页。
② 《孟子·尽心下》，［清］焦循：《孟子正义》，中华书局 1987 年版，第 990—991 页。
③ ［宋］朱熹：《四书章句集注》，中华书局 1983 年版，第 369 页。
④ 梁涛：《郭店竹简与思孟学派》，中国人民大学出版社 2008 年版，第 341 页。
⑤ 陈来：《孔子·孟子·荀子——先秦儒学讲稿》，生活·读书·新知三联书店 2017 年版，第 162 页。

从孟子上面的话看来，当时一般人把耳目之欲等称为性；孟子以为此类耳目之欲，在生而即有的这一点上，固可称为性；但当其实现时，则须"求在外"，其权并不能操之在己；所以他宁谓之命，而不谓之性。当时一般人，把仁义礼智天道等称为命，孟子以为此等道德理性，在莫之致而至的这一点上，故可称之为命；但当其实现时，是"求在内"，其主宰性在人之自身，故孟子宁谓之性而不谓之命。由孟子对命与性的划分，不仅把仁义之性，与耳目之欲，从当时一般人淆乱不清的观念中加以厘清；且人对道德的主宰性、责任性，亦因之确立。①

在明确了孟子对"性"的界定后，我们来详细分析"性善论"的具体内容。在笔者看来，孟子对性善论的论述有很多，其中最知名的就是"四端说"与"良知说"。对于前者，孟子在《公孙丑上》中有细致地说明。

> 孟子曰："人皆有不忍人之心。先王有不忍人之心，斯有不忍人之政矣。以不忍人之心，行不忍人之政，治天下可运之掌上。所以谓人皆有不忍人之心者，今人乍见孺子将入于井，皆有怵惕恻隐之心——非所以内交于孺子之父母也，非所以要誉于乡党朋友也，非恶其声而然也。由是观之，无恻隐之心，非人也；无羞恶之心，非人也；无辞让之心，非人也；无是非之心，非人也。恻隐之心，仁之端也；羞恶之心，义之端也；辞让之心，礼之端也；是非之心，智之端也。人之有是四端也，犹其有四体也。有是四端而自谓不能者，自贼者也；谓其君不能者，贼其君者也。凡有四端于我者，知皆扩而充之矣，若火之始然，泉之始达。苟能充之，足以保四海；苟不充之，不足以事父母。"②

作为《孟子》一书中最为人熟知的段落之一，本段对性善论的说明主要分为五个方面。首先，孟子强调，性善论是仁政的心性基础。"不忍人之心"即"恻隐之心"，它反映的是人类最质朴、最本然的同情与怜悯之心。在孟子看来，这一能力是天生的，也是人与动物的本质区别。孟子之所以不遗余力地向各国的君主介绍他的"仁政"思想，是因为他坚信"人皆可以为尧舜"。而支撑他这一信念的依据就是"人皆有不忍人之心"这一判断，它意味着任何人在本性上都是善的，善良是每个人的人格底色。因此，行善作为顺应人们本性的行为，对人应当是自然而然的举动。换言之，人们在做善事时不会感到痛苦，不会有抵触情绪。在孟子看来，君主只要时刻保存作为人的良善本性，并将其落实在自己的职责之中，作为治国理政的首要准则，那么成为像尧舜那样的圣王并非难事。正如朱子所言，"言众人虽有不忍人之心，然物欲害之，存焉者寡，故不能察识而推之政事之间；惟圣人全体此心，随感而应，故其所行无非不忍人之政。"③圣人与常人在本性上并无差异，都是纯粹至善的，区别仅在于觉与不觉而已。圣人不仅觉察到自身的

---

① 徐复观：《中国人性论史·先秦篇》，湖北人民出版社 2002 年版，第 157 页。
② 《孟子·公孙丑上》，[清]焦循：《孟子正义》，中华书局 1987 年版，第 232—235 页。
③ [宋]朱熹：《四书章句集注》，中华书局 1983 年版，第 237 页。

善性，而且通过治国理政的措施加以扩充，最终便实现了"不忍人"的仁政。对此，梁涛教授认为，"在孟子那里，人性论与仁政论存在着有机的联系，孟子提出'四心'说，一个重要目的就是要为他宣扬仁政寻找理论根据"①。陈来先生亦认为，"四端是论证人为善、为仁、行不忍之政的可能性，所以，孟子是用人生而皆有四端、四心来论证仁政之所以可能，即仁政的基础。"②

其次，从言说形式上看，孟子说明性善论的方式是"以心善说性善"。本段的主要篇幅是讨论"恻隐之心"，但孟子又提出"恻隐之心，仁之端也"。按照我们对"口之于味章"的分析，仁义礼智乃是孟子所说的"性"，而恻隐、羞恶、辞让、是非乃是"心"，两者是有区别的。正如朱子所言，"仁义礼智，性也，且言有此理。至恻隐、羞恶、辞让、是非，始谓之心。"③ 他进一步将"四端"称之为"情"，指出孟子是借助情感言说性体，"恻隐、羞恶、辞让、是非，情也。仁义礼智，性也……因情之发露，而后性之本然者可得而见。"④ 考虑到朱子所说的情往往是指心的经验性活动，因而此论可视作"以心善说性善"的另一说法。

在中国哲学的话语中，"性"作为人之为人的普遍本质往往潜藏于人身，无法直接表露于外，而"心"作为能动的主体是可以活动的。因此，善性需要以心为中介来表现于外。同样，外在的观察者也不可能真正洞察到每个人潜藏的人性，他只能通过外在的行为也即意识活动来推测并确定内在善性的存在。因此，"心所固有的就是性，其内容就是恻隐之心等；从心善论性善，这是孟子性善论的基本思路。"⑤ 朱子对此做了解释，"端，绪也。因其情之发，而性之本然可得而见，犹有物在中而绪见于外也。"⑥

但此举便带来了一个问题，即他由外在的合乎道德的行为只能确定人是有善性的，而不能断言人只有善性。孟子显然意识到了这一点，所以他只说"人皆有不忍人之心"，并没有说"人只有不忍人之心"。前者对应的是"人皆有善性"，是一个特称判断；后者则意味着"人性就是善的"，是一个全称判断。梁涛教授对此特别指出，"人皆有善性是说人性中皆有善的品质和禀赋，皆有为善的能力，但不排除人性中还有其他的内容，所以即使为不善，也不能否认善性的存在。"⑦ 由此我们也可以进一步理解前述的"口之于味章"的内涵：孟子一方面承认耳目口鼻之欲是人性的一部分，从而肯定了人性中确有自然欲望的成分；另一方面却指出，"君子不谓性"，即有德性的人不将这些内容视作人性，从而将这些内容排除出他对于人性的理解，保证了其"性善论"的纯粹性。因此，梁涛教授又将孟子的"性善论"称为"以善为性论"，即他只把人性中善的部分视作人性的题中应有之义，而将其他内容剔除出人性。冯友兰先生对此则评价道，"孟轲所说的那个'性'，并不仅只有生物学的意义，而且有逻辑和道德的意义，但也不完全排斥生物学

①　梁涛：《郭店竹简与思孟学派》，中国人民大学出版社 2008 年版，第 310 页。
②　陈来：《孔子·孟子·荀子——先秦儒学讲稿》，生活·读书·新知三联书店 2017 年版，第 149 页。
③　［宋］朱熹：《朱子语类》，黎靖德编，中华书局 1986 年版，第 1285 页。
④　［宋］朱熹：《朱子语类》，黎靖德编，中华书局 1986 年版，第 1285 页。
⑤　王博：《中国儒学史·先秦卷》，北京大学出版社 2011 年版，第 322 页。
⑥　［宋］朱熹：《四书章句集注》，中华书局 1983 年版，第 238 页。
⑦　梁涛：《郭店竹简与思孟学派》，中国人民大学出版社 2008 年版，第 345 页。

的意义。"①

第三，从言说的内容上看，孟子强调由性善论表现出的"恻隐之心"是一种直接呈现的道德情感，它不受外在条件的制约，具有普遍必然性。对此，朱子的分析是：

> 言乍见之时，便有此心，随见而发，非由此三者而然也。程子曰："满腔子是恻隐之心。"谢氏曰："人须是识取真心。方乍见孺子入井之时，其心怵惕，乃真心也。非思而得，非勉而中，天理之自然也。内交、要誉、恶其声而然，即人欲之私也。"②
>
> 方其乍见孺子入井时，也著手脚不得。纵有许多私意，要誉乡党之类，也未遑思量到。但更迟霎时，则了不得也。③
>
> 问："恶其声而然，何为不可？"曰："恶其声，已是有些计较。乍见而恻隐，天理之所发见，而无所计较也。恶其声之念一形，则出于人欲也。人欲隐于天理之中，其几甚微，学者所宜体察也。"④

朱子在此特别指出，孟子的"乍见孺子入井"之例的关键在于"乍见"，它强调的是一种直接的道德反映。此时，恻隐之心的产生完全指向了"孺子入井"一事，来不及思索与考虑其他与之相关的情况。借用徐复观先生的说法，"'乍见'二字，是说明在此一情况下，心未受到生理欲望的裹挟，而当体呈露，此乃心自身直接之呈露。而此心自身直接之呈露，却是仁之端，或义礼智之端。"⑤ 相反，在回答弟子所问的"恶其声而然，何为不可"的问题时，朱子认为恶其声"已是有些计较"，即有算计心在其中，因而是人欲为非天理了。但朱子此论仍不究竟，仍然没有说清楚为何纳交、要誉、恶声三者体现了人们的算计心，更未说明这种算计心为何是不道德的。在笔者看来，这里的关键在于，如果行为的动机是纳交、要誉、恶声的话，那么它意味着这一善念所指向的是特定的对象而非这个事件本身，因而是有条件的，不具有普遍必然性。例如，若促使一个人产生恻隐之心的动机是"内交于孺子之父母"的话，那么如果他能判断出拯救这个孩子不能内交于其父母或者其父母不值得内交的话，他就很可能不会产生恻隐之心，更不会去拯救落入井中的小孩。在这种情况下，支配它产生恻隐之心的动机是偶然的，不具有普遍必然性，因而不是道德的观念。相反，"乍见孺子入井而皆有怵惕恻隐之心"意味着，在任何情况下，只要有小孩落入井中，一个正常的人都会产生恻隐之心并设法援救之，与这个孩子父母的身份、会不会有熟识的人给予称赞以及小孩会不会大声哭闹这些外在条件完全无关。在孟子看来，只有这样具备普遍性、不受外在条件制约的行为才称得上是道德的。

事实上，孟子的这一观念与德国哲学家康德的伦理学十分类似，二者都强调道德行为必须有普遍必然性，不能为外在条件所制约。康德将产生具有普遍性的行为的根据称为"法则"，而将支配人们行为的一般根据称为"准则"。两者的区别在于：

---

① 冯友兰：《中国哲学史新编（上）》，人民出版社 2007 年版，第 268 页。
② ［宋］朱熹：《四书章句集注》，中华书局 1983 年版，第 237 页。
③ ［宋］朱熹：《朱子语类》，黎靖德编，中华书局 1986 年版，第 1281 页。
④ ［宋］朱熹：《朱子语类》，黎靖德编，中华书局 1986 年版，第 1282 页。
⑤ 徐复观：《中国人性论史·先秦篇》，湖北人民出版社 2002 年版，第 160 页。

准则是行动的主观原则，必须与客观原则亦即实践法则区别开来。准则包含着理性按照主体的条件（经常是主体的无知或者偏好）所规定的实践原则，因此是主体行动所遵循的原理；而法则是对每一个理性存在者有效的客观原则，是主体应当行动所遵循的原理，也就是说，是一个命令式。①

准则是主体的实践原则，它产生于主体处于无知或偏好而做出的选择。这样的准则多数时候是偶然的，是会随着行为对象的变化而变化的。因此，康德的准则概念完全可以用来理解我们在上文中所做的假设：当一个人以"内交于孺子之父母"为依据时，这一依据显然出自于主体的偏好，不具有普遍性。相反，法则是理性存在者在"应当行动"中遵循的原理，在形式上是一个命令式。"理性存在者"意味着这里的主体不是感性主体，不受感性经验的影响；"命令式"的句式是"你要……"或"你应当……"，这样的表达是无条件性的，能够保证行为的普遍必然性。在此基础上，康德认为真正的道德行为必须满足一个条件，即"要只按照你同时能够愿意它成为一个普遍法则的那个准则去行动"。② 简而言之，就是要实现准则与法则的统一，以法则的普遍必然性来保证主体行为的道德性。按照我们前文的分析，这一思路与孟子对纳交、要誉、恶声的拒斥如出一辙，都是在强调道德行为的普遍性，拒斥行为的条件性。

但是，康德的伦理学与孟子的"四心"说也有着显著的区别，即二人对待经验在道德领域能够发挥的作用有着截然不同的看法。康德对一切的经验性原则均持拒斥态度，认为"经验性的原则在任何地方都不适合作为道德法则的格局。因为如果道德法则的根据取自人性的特殊结构或者人性所处的偶然情境，那么，道德法则应当使用于一切理性存在者所凭借的那种普遍性，即由此责任理性存在者的那种无条件的实践必然性，也就丧失了。"③ 相反，孟子的"恻隐之心"是人们见到孺子入井时内心自然生发的怜悯之情，它是一种具体的情感体验，具有经验性。显然，孟子认为这一道德情感是仁德的开端，具有普遍必然性。

在笔者看来，孟子与康德关于经验在道德领域之作用的分歧源自于两人对普遍必然性的不同理解。在康德看来，支配行为的准则要么来源于理性，要么来源于情感，二者是对立的。并且，普遍必然性只与理性相关，因而只有诉诸于理性的准则才能成为具有普遍性的法则。如果行为准则取自于感性经验，则必定是偶然的，这意味着经验与必然性存在着事实上的对立关系。相反，在中国哲学中有所谓"人同此心，心同此理"的说法，孟子的思想正反映了这一观念。对孟子而言，任何一个人只要承认自己是人，则他在面对孺子入井之状况时都必定会产生恻隐之心，否则他便不属于人类，这就是孟子所说的"无恻隐之心，非人也"。这意味着类似道德情感这些经验性的活动同样可以具有普

---

① ［德］康德：《道德形而上学的奠基》，《康德著作全集（第 4 卷）》，李秋零主编，中国人民大学出版社 2013 年版，第 428 页。

② ［德］康德：《道德形而上学的奠基》，《康德著作全集（第 4 卷）》，李秋零主编，中国人民大学出版社 2013 年版，第 428 页。

③ ［德］康德：《道德形而上学的奠基》，《康德著作全集（第 4 卷）》，李秋零主编，中国人民大学出版社 2013 年版，第 450 页。

遍必然性，经验性和普遍必然性并非是对立关系，因为不具备这一普遍的道德情感的人已经被孟子逐出人的范畴了。

第四，孟子在本段中重点论述的是"恻隐之心"，而他又将其归结"仁之端也"。这意味着在仁义礼智四德之中仁德是最基础的，是善性最为直接的表现，后三者都可以由仁德衍生出来。正如朱子所言：

> 恻隐是个脑子，羞恶、辞逊、是非须从这里发来。若非恻隐，三者俱是死物了。恻隐之心，通贯三者。[①]
>
> 因说仁义礼智之别，曰："譬如一个物，自然有四界，而仁则又周贯通其中。以四端言之，其间有自有小界限，各各是两件事。恻是恻然发动处，隐是渐渐及著隐痛处，羞是羞己之非，恶是恶人之恶，辞是辞之于己，逊是逊之于人，是、非固是两端。"[②]

朱子明确指出，恻隐是四心中的核心环节，相应地仁也是四德中的中心内容。这说明孟子的思想与孔子有着很强的承继性，都是以仁为自身的核心观念。孔子认为，仁最根本的特点是"爱人"，孟子亦有"仁者爱人，有礼者敬人"的说法，与孔子一脉相承。而"恻隐之心"本质上亦是由孺子入井而发自内心的、没有其他目的的怜悯之情，它同样表现为超越了一己之私而对于他者真诚地关爱，这与孔子对"仁"的理解也是一致的。因此，孟子以恻隐为四心之首、以仁为四德之核心的观点表明他的性善论是孔子思想的理论延伸。

最后，孟子强调，四心乃是四德的开端，而君子自我修养的过程就在于将四心扩充至事事物物之中以开显四德。正如朱子所言，"端，绪也"，四心只是德性的开端，距离其成熟还有相当的距离，因而需要"扩而充之"，通过连续性的修养过程使德性由隐微之几一步步发展壮大，日臻成熟，最终达到"全体大用无不明"之境界。显然，"扩而充之"意味着善性并非先天完满的，它只为人们提供了行善成圣的可能性而非现实性，而由可能性转变为现实性则离不开人们后天的努力，这就为修养工夫与礼乐教化留下了发挥作用的空间。正如朱子所言，"人于仁义礼智，恻隐、羞恶、辞让、是非此四者，须当日夕体究，令分晓精确。此四者皆我所固有，其初发时毫毛如也。及扩广将去，充满其量，则广大无穷，故孟子曰：'知皆扩而充之'。"[③] 冯友兰先生则指出，孟子扩充善端的依据是"人之异于禽兽者"，"惟依孟子之意，则人之必须扩充此善端者，因此乃人之所以为人也"[④]。

孟子对"性善"的另一重要界说是"良知说"。《尽心上》载：

> 孟子曰："人之所不学而能者，其良能也；所不虑而知者，其良知也。孩提之童

---

① ［宋］朱熹：《朱子语类》，黎靖德编，中华书局1986年版，第1289页。
② ［宋］朱熹：《朱子语类》，黎靖德编，中华书局1986年版，第1289页。
③ ［宋］朱熹：《朱子语类》，黎靖德编，中华书局1986年版，第1293页。
④ 冯友兰：《中国哲学史（上）》，华东师范大学出版社2011年版，第75页。

无不知爱其亲者，及其长也，无不知敬其兄也。亲亲，仁也；敬长，义也；无他，达之天下也。"①

这里的"良知良能"按照朱子的理解是"本然之善"，即"良知良能，皆无所由，乃出于天，不系于人"②，因此这指的就是先天本有的道德意识和道德能力。相比于"恻隐之心"它们显得更为条理化，即不再是单纯而直接的道德情感，而是更有条理、更明确的道德认识和道德动机。因此，孟子在对良知良能的解说中突出了一个"知"字，表明他认为即便是孩童仍然有明确的道德意识，其不足之处则是有局限性，不能推之于事事物物，行之于天下。因此，道德修养就是要设法将爱亲敬长之举所包含的仁义之道推行到事事物物之间。对此，清儒焦循有一精辟的分析：

> 孟子前言众庶终身由之而不知其道，民日迁善而不知为之，此则言所知也。所不知者道，所无不知者爱亲敬长，圣人因其有此知，故以仁义之道达之天下。所以以仁义之道达天下者，以"亲亲仁也，敬长义也。"孩提之童，无不知爱其亲，则仁可达矣。及其长也，无不知敬其兄，则义可达矣。有此亲亲敬长之心者，性善也。通此亲亲敬长之心，推之天下人者，圣人之尽心也。自圣人尽其心为天下立命，其智者益知之；其众庶虽不能知之，而亦可由之矣。③

所谓"众庶终身由之而不知其道，民日迁善而不知为之"是指《尽心上》的第五章，即"行之而不著焉，习矣而不察焉，终身由之而不知其道者，众也"④。焦循这里的解读是双向的：一方面，他用"良知良能"说充实第五章的内涵，明确了众庶不著不察的内容；另一方面，他又将众庶与圣人的区别带入到对于"良知良能"的理解中，将由"爱亲敬长"发展到"达乎天下"的良知良能的成熟之路清晰地描绘出来。在焦循看来，孟子眼中的众庶即一般人的特点是知其然而不知其所以然，在良知良能方面亦是如此。因此，一般的人能够从小便知道应该爱亲敬长，但不知爱亲敬长的根源乃是人性本善，这正是"行而不著，习而不察"的具体表现。换言之，众庶的缺点在于缺乏道德反思能力，因而只能顺着积习行事，而不能反思并提炼善行的正当性来源。圣人则能够认识到，良知良能背后的支配者是人的良善本性，而"爱亲敬长"只不过是这一本性最粗浅、最直接的表现而已。对于一个德性圆满的人而言，他的善性绝不仅仅停留在"孩提知爱长知钦"的阶段，其广度与深度都需要有充分的扩展。因此，圣人具有将善性推而广之以"达之天下"的自觉性。而对于众庶而言，由于他们都具有天赋的良知良能，因而也具备"扩而充之"的前提。只要听从圣贤的教导，他们亦可以"日迁善而不知"，不断提升自己的道德水准。总之，"良知良能"说是对性善论的另一种解读，它肯定了人们具有天赋的道德意识和道德行为能力，认为其起初表现为"爱亲敬长"之举，并强调同样需要后

---

① 《孟子·尽心上》，〔清〕焦循：《孟子正义》，中华书局1987年版，第897—899页。
② 〔宋〕朱熹：《四书章句集注》，中华书局1983年版，第353页。
③ 〔清〕焦循：《孟子正义》，中华书局1987年版，第899页。
④ 《孟子·尽心上》，〔清〕焦循：《孟子正义》，中华书局1987年版，第383—386页。

天的修养和教化对其加以扩充，以达到"达乎天下"的完满状况。

另外还需要指出的是，性善论强调善性人皆有之，在孟子看来，这是人格平等的重要依据。在后文中我们会看到，孟子不止一次地强调士人应该要有人格和尊严，不能为君主与贵族的权势和财富所吓倒而丧失自己的独立性。应该说，这一观点背后最深的根源就在于人性是一致的，即无论人们在外在的身份、地位、财富及权势上有多大的差别，在本性上人们是完全相同的，因而在人格上大家是平等的。这说明性善论激起了孟子对人格平等的不懈追求，更赋予了孟子正视王公贵族的勇气。

第二节　开显善性的途径：孟子礼学的教化意义

在第一节中我们介绍了作为孟子礼学之前提的性善论和仁政思想，而孟子对礼之作用的探讨也沿着这两条线索展开，即基于性善论探讨礼学在教化百姓过程中的作用，和基于仁政思想分析礼学在政治中的运用。对于前者，孟子首先说明了教化的目的，即彰显善性，使人与禽兽区别开来而真正成为人。《滕文公上》载：

> 后稷教民稼穑，树艺五谷，五谷熟而民人育。人之有道也，饱食、暖衣、逸居而无教，则近于禽兽。圣人有忧之，使契为司徒，教以人伦，父子有亲，君臣有义，夫妇有别，长幼有叙，朋友有信。[①]

本段出自孟子与弟子关于以许行为代表的农家之政治主张的讨论，其意在批判许行所主张的君主与百姓须共同耕田方可得食的观点，阐述社会分工的必要性，说明君主管理国家、教化百姓是一项专业性很强、不可替代的工作。按照孟子的理解，原始人首先要面对洪水横流、禽兽逼人的严酷生存环境，通过尧舜禹三位圣王的不懈努力，这些问题逐渐得到解决，人们获得了安稳的生存空间。接下来人们需要解决的是温饱问题，这是后稷的功绩。而在温饱之后，教化就是人类社会下一阶段的发展目标，因为民众实现温饱逸居之后若不施以教化则"近于禽兽"，人性不得彰显。教化的内容是"五伦"，即与不同的社会身份相对应的伦理要求。这说明教化虽然在圣王抚育百姓的过程中处于较为靠后的地位，但却是不可或缺的，否则人之善性便得不到开显，人类也不可能与禽兽真正区分开来。同时，由于孟子将道德性视为人与禽兽的几希之别，因而教化的内容也是以人伦为主。或者借用康德的话说，孟子的教化主要集中于"实践理性"领域，很少涉及"理论理性"。

在确定了教化的必要性后，孟子接下来要说明的是教化的方法问题，这就涉及礼的作用与仁礼关系。笔者认为，孟子对仁礼关系的说明是沿着两条思路展开的：一方面强调仁与礼的统一关系，说明礼是节制人之生理欲求，使之合乎仁道的重要手段；另一方面，在礼法制度与具体状况产生冲突时，孟子强调作为实现仁政的手段，礼法要求有时

---

① 《孟子·滕文公上》，[清]焦循：《孟子正义》，中华书局1987年版，第884页。

可以被突破，这就是"经"与"权"的关系以及"权变"的思想。

一、仁爱礼敬：孟子论仁与礼的统一关系

按照学界的通常看法，在儒家的"四德"中孟子较为看重的是"仁"与"义"，仁义并举的提法便始自孟子。相反，"礼"在孟子的思想体系中似乎并不是很重要。事实上，孟子继承了孔子对仁礼关系的理解，对仁礼的统一性有着清醒地认识。《离娄下》载：

> 孟子曰："君子所以异于人者，以其存心也。君子以仁存心，以礼存心。仁者爱人，有礼者敬人。爱人者，人恒爱之；敬人者，人恒敬之。有人于此，其待我以横逆，则君子必自反也：我必不仁也，必无礼也，此物奚宜至哉？其自反而仁矣，自反而有礼矣，其横逆由是也，君子必自反也：我必不忠。自反而忠矣，其横逆由是也，君子曰：'此亦妄人也已矣。如此，则与禽兽奚择哉？于禽兽又何难焉？'是故君子有终身之忧，无一朝之患也。乃若所忧则有之：舜，人也；我，亦人也。舜为法于天下，可传于后世，我由未免为乡人也，是则可忧也。忧之如何？如舜而已矣。若夫君子所患则亡矣。非仁无为也，非礼无行也。如有一朝之患，则君子不患矣。"①

孟子在此将仁礼并称，提出了"仁者爱人，有礼者敬人"的观点，并以此作为君子存心养性的主要内容，即"君子则以仁以礼而存之于心"②。值得注意的是，孟子用"爱"和"敬"来分别说明仁与礼的表现形式，其中"爱"体现为内在的道德情感，"敬"则表现为外在可见的行为态度。因此，君子若能将两者相结合，既能爱人又能敬人，就意味着他达成了内心的道德诉求与外在的行为准则相统一。这既是君子德性完满的标志，又是其毕生努力的方向。所以孟子认为，君子之忧不是对日常生活中需要面对的不幸遭遇的哀叹，而是时刻提醒自己，要像古代的圣王一样实现仁与礼的统一。孟子进一步指出，君子只要通过反思，确定自己的确以真诚不欺的态度尽了仁礼之道，那么他就可以确信自己的行为具有充分的正当性，从而一往无前、无所畏惧。借用孟子自己的话说就是，"自反而缩，虽千万人，吾往矣"③。这说明仁与礼相结合可以赋予君子以强调的道德力量，足以使其挺立道德人格。同时，由此也可以看出，礼在孟子思想中同样占有十分重要的地位，孟子并未轻忽礼学。

孟子进一步强调，礼的作用就在于节制与调控人的感性欲求，使之不至于伤害仁道。《告子下》载：

> 任人有问屋庐子曰："礼与食孰重？"
> 曰："礼重。"
> "色与礼孰重？"
> 曰："礼重。"

---

① 《孟子·离娄下》，[清]焦循：《孟子正义》，中华书局1987年版，第595—597页。
② [宋]朱熹：《朱子语类》，黎靖德编，中华书局1986年版，第1355页。
③ 《孟子·公孙丑上》，[清]焦循：《孟子正义》，中华书局1987年版，第193页。

曰："以礼食，则饥而死；不以礼食，则得食，必以礼乎？亲迎，则不得妻；不亲迎，则得妻，必亲迎乎？"

屋庐子不能对，明日之邹以告孟子。

孟子曰："于答是也，何有？不揣其本，而齐其末，方寸之木可使高于岑楼。金重于羽者，岂谓一钩金与一舆羽之谓哉？取食之重者，与礼之轻者而比之，奚翅食重？取色之重者，与礼之轻者而比之，奚翅色重？往应之曰：'紾兄之臂而夺之食，则得食；不紾，则不得食，则将紾之乎？逾东家墙而搂其处子，则得妻；不搂，则不得妻，则将搂之乎？'"①

在笔者看来，这应当是孟子讨论礼之作用与教化意义的最经典段落之一。孟子在此指出，任人对弟子屋庐子的诘难是将不同标准的东西放在一起比较：所谓"食色之重者"是指满足饮食与男女之事这些最基本的生理欲求对于人类的个体生存与种族延续的重要意义，即"饥而死以灭其性，不得妻而废人伦，食色之重者也"②；"礼之轻者"则是指礼对生理欲望的满足起到的阻碍作用，即礼食则饿死，亲迎则不得妻。因此，将"食色之重"与"礼之轻"放在一起比较意在凸显生理欲望与道德要求之间的对立关系，要求人们在两者之间做出非此即彼的选择。在孟子看来，这一论断的问题有二：其一，礼的实质只是对食色之欲的限制而非取消，行礼并非否定欲望对人的存在的重要意义，因此用非此即彼的对立结构来处理礼与食色的关系本身就与事实不相符合。有鉴于此，孟子所批判的是"紾兄之臂而夺之食"与"逾东家墙而搂其处子"，而不是"得食"与"得妻"，这两者间有本质区别。其二，礼有其自身的意义即"礼之重者"，就是通过规约人的生理欲求而导人向善，进而与禽兽相区别。按照孟子的理解，此举奠定了人的本质，其对人的意义至少是不亚于食色的，因而必须加以承认。显然，此论本身构成了孟子对礼之意义的理解，而他以此来教导屋庐子的过程则是礼教的经典范例。

在具体的礼仪制度中，孟子最看重的是"丧葬之礼"。他赞成儒家一直以来提倡的"厚葬久丧"之传统，认为这是孝亲的基本表现。因而当自己的母亲离世时，孟子便以最高规格来操办母亲的葬礼。《公孙丑下》载：

孟子自齐葬于鲁。反于齐，止于嬴。

充虞请曰："前日不知虞之不肖，使虞敦匠事。严，虞不敢请。今愿窃有请也：木若以美然。"

曰："古者棺椁无度。中古棺七寸，椁称之。自天子达于庶人，非直为观美也，然后尽于人心。不得，不可以为悦；无财，不可以为悦。得之为有财，古之人皆用之，吾何为独不然？且比化者，无使土亲肤，于人心独无恔乎？吾闻之也：君子不以天下俭其亲。"③

---

① 《孟子·告子下》，[清] 焦循：《孟子正义》，中华书局 1987 年版，第 805—809 页。

② [宋] 朱熹：《四书章句集注》，中华书局 1983 年版，第 328 页。

③ 《孟子·公孙丑下》，[清] 焦循：《孟子正义》，中华书局 1987 年版，第 277—284 页。

面对弟子充虞提出的母亲棺木是否过于奢华的疑问，孟子的回答是否定的。其理由有二：一方面，此举合乎礼制的要求：从规格上看，棺木的尺寸符合周公制定的棺椁皆七寸的定制；从材质上看，孟子所选取的棺木也与他的身份相一致的，并没有一味地追求华美而选用愈制的木材。加之孟子认为自己现在有相应的经济条件，因而在他看来，为母亲所制作棺材无论从哪个方面看都是合礼的，并无不妥之处。另一方面，孟子强调，合礼的目的是合理，即合乎仁道。他指出，礼仪节文作为外在的形式是为体现内在的孝亲之心而服务，因而棺木之奢华是"欲其坚厚久远，非特为人观视之美而已"①，是因为"厚者难腐朽，然后能尽于人心所不忍也"②，总之，是为了能够让父母在九泉之下真正能入土为安，以尽儿子的诚孝之心。孟子强调，做儿子的只有在自己的条件允许的范围内为父母提供最厚重的棺木和最完善的葬礼，才能使自己的内心没有缺憾、得以释怀。所以从某种意义上说，厚葬久丧与其说是为了更好地安顿父母的在天之灵，不如说是更好地安顿在世之人的孝亲之心。因而，完善的礼制自身不是目的，以此来实现仁道，安顿内心才是圣人制礼作乐的意图所在。这正是对仁与礼关系的精准刻画。

孟子在另一段文字中对安葬亲人的心理诉求做了细致的刻画。《滕文公上》载：

> 墨者夷之因徐辟而求见孟子。孟子曰："吾固愿见，今吾尚病，病愈，我且往见，夷子不来!"
>
> 他日，又求见孟子。孟子曰："吾今则可以见矣。不直，则道不见；我且直之。吾闻夷子墨者，墨之治丧也，以薄为其道也。夷子思以易天下，岂以为非是而不贵也；然而夷子葬其亲厚，则是以所贱事亲也。"
>
> 徐子以告夷子。
>
> 夷子曰："儒者之道，古之人若保赤子，此言何谓也？之则以为爱无差等，施由亲始。"
>
> 徐子以告孟子。
>
> 孟子曰："夫夷子信以为人之亲其兄之子为若亲其邻之赤子乎？彼有取尔也。赤子匍匐将入井，非赤子之罪也。且天之生物也，使之一本，而夷子二本故也。盖上世尝有不葬其亲者，其亲死，则举而委之于壑。他日过之，狐狸食之，蝇蚋姑嘬之。其颡有泚，睨而不视。夫泚也，非为人泚，中心达于面目，盖归反虆梩而掩之。掩之诚是也，则孝子仁人之掩其亲，亦必有道矣。"
>
> 徐子以告夷子。夷子怃然为间曰："命之矣!"③

在本段中，孟子与墨家弟子夷之关于"兼爱"和"节葬"两个儒墨分歧极大的问题展开辩论。孟子质疑夷之厚葬其亲的行为背离了墨家的一贯原则，且认为墨家视亲人与路人一般无二，应予以同等对待的主张是"二本"，不合乎人情真正的发展过程。这里我们需要注意的是孟子假设的上古之世的人们葬亲的例子。在他看来，上古之人无礼法之

① ［宋］朱熹：《四书章句集注》，中华书局1983年版，第245页。
② ［清］焦循：《孟子正义》，中华书局1987年版，第277页。
③ 《孟子·滕文公上》，［清］焦循：《孟子正义》，中华书局1987年版，第401—407页。

约束，却有不忍之仁心，这就是他作为人与禽兽的根本区别之处。因此，即便他起初没有意识到安葬双亲的必要性，而是按照本能"举而委之于壑"（即抛入沟壑之中），只要他从过世的亲人身边路过，亲眼目睹了亲人的尸首被蚊、蝇、狐狸等啃食撕咬的场景，内心就无法平复，就会头上冒汗而不忍直视。对此，朱子的解释是：

> 泚，泚然汗出之貌。睨，邪视也。视，正视也。不能不视，而又不忍正视，哀痛迫切，不能为心之甚也。非为人泚，言非为他人见之而然也。所谓一本者，于此见之，尤为亲切。盖惟至亲故如此，在他人，则虽有不忍之心，而其哀痛迫切，不至若此之甚矣。[1]

正如朱子所言，上古之人所表现出的冒汗与斜视的举动正反映出他内心中极为痛苦哀伤的情感。这种情感表现有两个特点：一是真诚无妄，不是装出来给别人看的；二是只可能发生在自己的至亲身上，人们对路人遭此境遇虽然也会有同情不忍之感，但不至于哀痛如此之深。这一解释完美地展现了不忍之心与内在之仁道作用于人的方式。孟子进一步认为，这种不忍之情就会形成一种内在的道德冲动，迫使此人回家取来相应的工具，将父母安葬好。只有完成了这一过程，此人的内心才能重新平复，不忍之心才能得到安顿。在孟子看来，这种"不容已"的情感冲动便是丧祭之礼得以产生的心理根源，而具体的节文只是将埋葬父母的过程仪式化而已。

进一步，孟子不仅自己做到厚葬其亲，而且还以此教导他人特别是君主。《滕文公上》载：

> 滕定公薨，世子谓然友曰："昔者孟子尝与我言于宋，于心终不忘。今也不幸至于大故，吾欲使子问于孟子，然后行事。"
>
> 然友之邹问于孟子。
>
> 孟子曰："不亦善乎！亲丧，固所自尽也。曾子曰：'生，事之以礼；死，葬之以礼，祭之以礼，可谓孝矣。'诸侯之礼，吾未之学也；虽然，吾尝闻之矣。三年之丧，齐疏之服，飦粥之食，自天子达于庶人，三代共之。"
>
> 然友反命，定为三年之丧。父兄百官皆不欲，曰："吾宗国鲁先君莫之行，吾先君亦莫之行也，至于子之身而反之，不可。且《志》曰：'丧祭从先祖。'曰：'吾有所受之也。'"
>
> 谓然友曰："吾他日未尝学问，好驰马试剑。今也父兄百官不我足也，恐其不能尽于大事，子为我问孟子。"
>
> 然友复之邹问孟子。
>
> 孟子曰："然，不可以他求者也。孔子曰：'君薨，听于冢宰，歠粥，面深墨，即位而哭，百官有司莫敢不哀，先之也。'上有好者，下必有甚焉者矣。君子之德，风也；小人之德，草也。草尚之风，必偃。是在世子。"
>
> 然友反命。

---

① ［宋］朱熹：《四书章句集注》，中华书局1983年版，第263页。

世子曰："然，是诚在我。"

五月居庐，未有命戒。百官族人可，谓曰知。及至葬，四方来观之，颜色之戚，哭泣之哀，吊者大悦。[①]

孟子在此教导当时还是世子的滕文公以三年之丧的礼节来安葬滕定公。与言说自己的孝道不同，孟子在教化人君行孝时主要从三方面着手。其一，三年之丧以及相关的仪节规定乃是天下之通例，自天子以至于庶民皆应行其道。因此，滕文公只有遵循三年之丧的要求才是正确的，不能因此时礼节几乎已经荒废就放弃对自己的要求。其二，行礼只问对错，不用去理睬左右及百官的态度。因为滕文公作为人主理应有自己的判断力，应该知道衡量一事是否正确的标准当为礼仪规范而非世人的意见。其三，由于地位尊崇，因而君主的行为对百官父兄有示范效应，只要他的所作所为合乎礼制，群臣自然会效仿之。这意味着地位高的人既要注意自己的行止，以免不当的举动为人所仿效，又要有意识地利用自己的地位，用合乎礼制的行为主动地教化百姓，引导更多的人趋向善道。

可见，孟子非常重视仁与礼的统一关系，认为礼教的作用就在于展现内心之仁，但这只是问题的一个方面。另一方面，在现实的伦理实践中人们常常会遇到道德原则与现实状况相抵牾的情形，此时孟子强调不能拘泥于礼法的束缚，一定要通过权变找到处理特定问题的最优解。

二、行权与变通：孟子论仁道对礼法的突破

与孔子相同，孟子在强调仁与礼的统一性的同时亦强调，在两者的关系中，仁占主导地位。在他看来，仁的实质是爱人，它代表了儒家对于他者的根本态度，且表现为一种适用于一切状况的普遍道德原则，是内在而主观的，因而具有最大的普适性。相反，礼则是外在而具体的规范，是对人们言行举止的具体限制，其适用的范围相比于仁要小很多。并且，由于现实状况千差万别，而礼很难穷尽现实生活中可能遇到的一切状况，因此总会出现礼法要求与现实不符的情景。此时孟子要求人们要发挥主观能动性，秉承仁道的原则适当地突破礼的限制，他将此称为"行权"。《尽心上》载：

孟子曰："杨子取为我，拔一毛而利天下，不为也。墨子兼爱，摩顶放踵利天下，为之。子莫执中，执中为近之。执中无权，犹执一也。所恶执一者，为其贼道也，举一而废百也。"[②]

孟子在此比较了三种价值观。在他看来，杨子即杨朱的问题是"为我"，即只为自己考虑，完全不顾及他人的感受，这与儒家的"仁道"相矛盾。墨子主张兼爱，反对儒家的"爱有差等"，因而完全不考虑自身，只是一味地奉献。孟子认为这不合乎人之常情，不可持续，因此同样持反对态度。鲁国的贤者子莫持守中道，力图调和杨墨，孟子是赞

---

① 《孟子·滕文公上》，[清] 焦循：《孟子正义》，中华书局 1987 年版，第 322—332 页。
② 《孟子·尽心上》，[清] 焦循：《孟子正义》，中华书局 1987 年版，第 915—919 页。

同的，因为"孔子称尧咨舜执中，孟子称汤执中"①，执中是儒家一直秉承的行事原则。更准确地说，执中就是以道行事。但道本身只有确定的原则，而无一成不变的举措，因而秉道行事的前提是人们能够在不同状况下清楚地把握合道之举究竟是什么，这就是"权"。"权"之本义是称锤，是"称物之轻重而往来以取中者也"②，其中包含主体利用主观能动性衡量事物，称取事物重量之义。孟子正是看到了这一点并加以引申，提出了"执中无权犹执一也"的观点，认为没有权变地定死在"中"上的行为本身就违背了中道。对此，朱子引用程子的话解释道，"中字最难识，须是默识心通。且试言一厅，则中央为中；一家，则厅非中而堂为中；一国，则堂非中而国之中为中，推此类可见矣。"③这意味着不同事物的"中"是由其自身决定的，没有一定之规。而儒家的"执中"是在权衡了事物方方面面的情况后选择一个最为恰当的状态，即"圣人之道，善与人同，执两端以用其中，故执中而非执一"④。孟子特别强调"权"的重要性，在他看来，所谓"权"就是人们以仁道为原则，基于主体性的活动而对事物加以裁定的过程。这一过程既不偏离"仁"这一最高准则，又能根据具体情况灵活地调整处事的方式，实现了原则性与灵活性的统一，达到了"中庸"或"时中"的境界。朱子在评价本章时指出，"为我害仁，兼爱害义，执中者害于时中，皆举一而废百者也"，认为子莫式的"执中"损害的是道的灵活性，而杨墨损害的是道的原则性，但本质上三者都与圣人之道相距甚远，唯有"执中而有权"才符合儒家的的要求，这一理解是合乎孟子本义的。

在确立了"行权"在应事接物中的作用后，孟子便将其带入现实中，来讨论当礼制不能适应某些情形时人们应当如何做出行为选择。《离娄上》载：

> 淳于髡曰："男女授受不亲，礼与？"
> 孟子曰："礼也。"
> 曰："嫂溺，则援之以手乎？"
> 曰："嫂溺不援，是豺狼也。男女授受不亲，礼也；嫂溺，援之以手者，权也。"
> 曰："今天下溺矣，夫子之不援，何也？"
> 曰："天下溺，援之以道；嫂溺，援之以手——子欲手援天下乎？"⑤

本段是孟子论经权关系的经典段落。面对淳于髡的疑问，孟子强调"男女授受不亲"是礼制的要求，在正常状况下应当且必须遵守。但当嫂子溺水时，救人成了第一要务，这时再拘泥于既定的礼法而不伸出援手就如同豺狼了。这里的关键在于支撑孟子突破现有礼法的根据是仁德以及由之而产生的对他人发自内心的关爱。在孟子看来，这才是衡量儒者一切行为的至高准则。当这一准则与礼法相冲突时，需要通过权变来突破礼法的限制，以此来实现仁道。有鉴于此，焦循将权解释为"反经而善"（经乃是常道之义），并认为能够行权的情况是很有限的，"权之所设，舍死亡无所设。行权有道，自贬损以行

---

① ［清］焦循：《孟子正义》，中华书局1987年版，第917页。
② ［宋］朱熹：《四书章句集注》，中华书局1983年版，第284页。
③ ［宋］朱熹：《四书章句集注》，中华书局1983年版，第357页。
④ ［清］焦循：《孟子正义》，中华书局1987年版，第920页。
⑤ 《孟子·离娄上》，［清］焦循：《孟子正义》，中华书局1987年版，第520—522页。

权，不害人以行权"；"权之设，所以扶危济弱，舍死亡无所设也"①。可见，以孟子为代表的儒家认为行权有着严格的条件限制，不可任意行之。严格地说，行权的基本要求是利他而非利己，且通常只有需要拯救他人的生命时，行权才是合理的，即"事有缓急，理有大小，这样处皆须以权称之"②。这意味着，儒家的仁道首先表现为对他人之生命的尊重和关爱，它反映了儒家是一种重生的哲学。总之，孟子用"行权"来处理礼制与仁道相矛盾的情境，一方面肯定了礼在大部分情况下的合理性，承认它是人们应当遵守的行为规范，另一方面又为人们预留了处置特殊情况的正确原则，实现了儒家的"中庸之道"。

除了行权以外，孟子还强调为人须"变通"，即以恰当的方式，在不违背礼制的前提下达成自己的目的。《滕文公下》载：

> 公孙丑问曰："不见诸侯何义？"
> 孟子曰："古者不为臣不见。段干木逾垣而辟之，泄柳闭门而不内，是皆已甚，迫，斯可以见矣。阳货欲见孔子而恶无礼，大夫有赐于士，不得受于其家，则往拜其门。阳货瞰孔子之亡也，而馈孔子蒸豚；孔子亦瞰其亡也，而往拜之。当是时，阳货先，岂得不见？曾子曰：'胁肩谄笑，病于夏畦。'子路曰：'未同而言，观其色赧赧然，非由之所知也。'由是观之，则君子之所养可知已矣。"③

孟子讨论本段的总基调是批判（包括本段中所引的曾子与子路的话亦是取二人的抨击之义），但对孔子的变通之举是赞许的。孟子认为，虽然礼法允许士人在不做官时不用拜见诸侯，但像段木干和泄柳这样跳墙锁门的行为的确有些过分，因此他默认可以迫使二人与君主相见。但孔子与二人不同，他面对的情况是大夫阳货既欲召见孔子又担心失礼，因而特意选择在孔子不在家之时馈赠小猪，其本义是希望孔子按照礼节来回拜自己。这样既达到了让孔子拜见自己的目的，又不至于失礼，对阳货而言可谓两全其美，即"阳货视孔子亡而馈之者，欲使孔子来答，恐其便答拜使人也"④。孔子亦深知阳货之意，故同样选定阳货不在家之时登门道谢。这样既不违背礼制，又避免与阳货相见，使后者的盘算未能得逞，即"孔子瞰其亡者，心不欲见阳货也"⑤。显然，孔子此举是对礼的合理变通，其结果是在礼制允许的范围内达到了自己的目的，使得内心的诉求与外在的规范得以两全。这充分体现了孔子"时中"的本性，也是对以变通的方式处理仁礼矛盾的最好注解。对此，朱子评论道，"此章言圣人礼义之中正，过之者伤于迫切而不洪，不及者沦于污贱而可耻。"⑥

综上所述，孟子对礼在个人修养和道德教化方面的作用有着清醒的认识。一方面，他强调仁与礼的统一关系，在仁义并称的同时亦将仁与礼相并称作为儒家的核心原则，

---

① ［清］焦循：《孟子正义》，中华书局 1987 年版，第 521—522 页。
② ［宋］朱熹：《朱子语类》，黎靖德编，中华书局 1986 年版，第 1331 页。
③ 《孟子·滕文公下》，［清］焦循：《孟子正义》，中华书局 1987 年版，第 441—445 页。
④ ［清］焦循：《孟子正义》，中华书局 1987 年版，第 442 页。
⑤ ［清］焦循：《孟子正义》，中华书局 1987 年版，第 442 页。
⑥ ［宋］朱熹：《四书章句集注》，中华书局 1983 年版，第 270 页。

并要求人们以礼行事以安顿仁心。另一方面，他又意识到在两者中仁处于更为重要的地位，因而在不可兼得时，人们应通过行权和变通的方式突破礼的束缚来实现仁道，并将此同样作为礼教的另一侧面。这表明，孟子对礼的作用和局限把握得都很到位，而这一认识又被他带入到政治领域，去探寻礼在治国理政中作用。

第三节　仁政的实施手段：孟子礼学的政治意义

对于礼的政治意义，孟子认为此举乃行仁政的重要举措。准确地说，重礼是仁政得以推行的方式，而仁政又是尧舜之道能够成行的手段。通过行礼，可以保证落实仁政的要求，从而实现圣王之道。《离娄上》载：

> 孟子曰："离娄之明、公输子之巧，不以规矩，不能成方圆；师旷之聪，不以六律，不能正五音；尧舜之道，不以仁政，不能平治天下。今有仁心仁闻而民不被其泽，不可法于后世者，不行先王之道也。故曰：徒善不足以为政，徒法不能以自行。《诗》云：'不愆不忘，率由旧章。'遵先王之法而过者，未之有也。圣人既竭目力焉，继之以规矩准绳，以为方圆平直，不可胜用也；既竭耳力焉，继之以六律正五音，不可胜用也；既竭心思焉，继之以不忍人之政，而仁覆天下矣。故曰，为高必因丘陵，为下必因川泽，为政不因先王之道，可谓智乎？是以惟仁者宜在高位。不仁而在高位，是播其恶于众也。上无道揆也，下无法守也，朝不信道，工不信度，君子犯义，小人犯刑，国之所存者幸也。故曰，城郭不完，兵甲不多，非国之灾也；田野不辟，货财不聚，非国之害也。上无礼，下无学，贼民兴，丧无日矣。《诗》云：'天之方蹶，无然泄泄。'泄泄犹沓沓也。事君无义，进退无礼，言则非先王之道者，犹沓沓也。故曰，责难于君谓之恭，陈善闭邪谓之敬，吾君不能谓之贼。"[1]

孟子在本段中提出了"徒善不足以为政，徒法不能以自行"的著名观点。朱子对此的解释是：

> 徒，犹空也。有其心，无其政，是谓徒善；有其政，无其心，是为徒法。程子尝曰："为政须要有纲纪文章，谨权、审量、读法、平价，皆不可阙。"而又曰，"必有《关雎》《麟趾》之意，然后可以行《周官》法度"，正谓此也。[2]

按照朱熹的理解，孟子这一名言意在说明为政既需要不忍人之心，又需要一系列措施，两者缺一不可。这一理解准确切中了孟子的本意。但需要注意的是，根据孟子在段首所举的离娄、师旷和公输班的例子我们可以判断出，在不忍之心与善政中，孟子更关

---

① 《孟子·离娄上》，[清]焦循：《孟子正义》，中华书局1987年版，第475—489页。

② [宋]朱熹：《四书章句集注》，中华书局1983年版，第275页。

注后者，更为强调正确的举措对于实现尧舜之道的重要意义。孟子认为，正确的举措就是"法古"，即一切以先王的法度为准则。因为在孟子看来，圣人已经充分运用了自身的精神思虑，将治国理政的措施都擘画好了，后人只要继承并施行即可。而在先王的种种法度中，最重要的就是"上有礼，下有学"，而此处的"礼"是礼教，因此"下有学"同样要以"上有礼"为基础。孟子明确指出，君主在整个国家的政治运行中居于主导地位，是施行仁政的关键环节，而先王法度对君主的要求就是"依礼行事"。以此便能教化百姓，使上下和睦。朱子十分赞成这一点，认为"惟上无教，下无学，所以不好之人并起而居高位，执进退黜陟之权，尽做出不好事来，则国之丧亡无日矣，所以谓之'贼民'。蠹国害民，非贼而何！"①

在此基础上，孟子进一步指出，治国理政的灾难就在于，"不信仁贤，则国空虚；无礼义，则上下乱；无政事，则财用不足"②。实际上，按照我们后文中的分析，"不信仁贤"同样是"无礼义"的结果，因此归根结底，治国理政还是需要"行礼义"。

在明确了"礼"在治国理政中的地位，孟子进一步澄清了礼的具体作用，即"礼遇"是"重士"的主要措施。在前文中我们指出，孟子的仁政思想的关键是"民本"，而这里的"民"既包括百姓也包括有才华而非世卿世禄的"士人"。孟子特别指出，尊重与重视两者的举措并不相同：百姓的核心诉求是温饱，因而关爱百姓就是要使其拥有足够的财产；士人则"尚志"，有志向操守，因而"重士"就是要礼遇士人，尊重其人格，而非单纯地给予财物。在孟子看来，真正的士人除非生活拮据到食不果腹、衣不蔽体的地步，否则是不会为了金钱而去做官，他们把君主用高官厚禄招揽自己的行为看作对自身的侮辱。《告子下》载：

> 陈子曰："古之君子何如则仕？"
> 孟子曰："所就三，所去三。迎之致敬以有礼，言，将行其言也，则就之。礼貌未衰，言弗行也，则去之。其次，虽未行其言也，迎之致敬以有礼，则就之。礼貌衰，则去之。其下，朝不食，夕不食，饥饿不能出门户，君闻之曰：'吾大者不能行其道，又不能从其言也，使饥饿于我土地，吾耻之。'周之，亦可受也，免死而已矣。"③

孟子在此认为，士人做官与否都有三种情况。值得注意的是第三种情况，这证明了我们上文中所提到的，孟子认为士人在生活维持不下去的情况下可以接受君主的馈赠，但这不过是"免死而已"，并不能作为士人做官的常态。正如朱子所言，"君之于民，固有周之之义，况此又有悔过之言，所以可受。然未至于饥饿不能出门户，则犹不受也。其曰免死而已，则其所受亦有节矣。"④ 孟子真正向往的是第一种做官的情形，即君主不仅能礼遇士人，而且还能实行士人的主张。在他看来，这才是士人实现自身价值的方式。

---

① ［宋］朱熹：《朱子语类》，黎靖德编，中华书局 1986 年版，第 1323—1324 页。
② 《孟子·尽心下》，［清］焦循：《孟子正义》，中华书局 1987 年版，第 972 页。
③ 《孟子·告子下》，［清］焦循：《孟子正义》，中华书局 1987 年版，第 863—864 页。
④ ［宋］朱熹：《四书章句集注》，中华书局 1983 年版，第 275 页。

其次便是君主虽不用士人之言，但至少能够礼遇士人。在孟子看来，这起码尊重了士人的人格，与"士尚志"的要求也是吻合的。纵观本章，我们可以看出，孟子认为士人所追求的无非是三样东西：实现才华、尊重人格与谋生，三者的重要性逐步递减。正如焦循在总结本章宗旨时指出的，"仕虽正道，亦有量宜。听言为上，礼貌次之，困而免死，斯为下矣。"[①] 并且，由于单纯地谋生很难体现士人的价值，因而孟子对其有严格的限制，即只能在生命实在无法维系的情况下才能接受君主施舍性的馈赠。从另一方面看，孟子认为在大多数情况下，士人做官的底线是君主对自己人格的尊重，而其表现方式即"以礼待之"。这就意味着，无礼则不能重士，而无士便不能治国，因此礼在孟子的政治思想中占有举足轻重的地位。

孟子对礼遇士人的论述便以上引的《告子下》段落为基础而展开。例如，作为对士人做官之第三层次的延伸，孟子强调，士人在没有正当原因时不可接受赏赐，否则就会有被收买的危险。《公孙丑下》载：

> 陈臻问曰："前日于齐，王馈兼金一百，而不受；于宋，馈七十镒而受；于薛，馈五十镒而受。前日之不受是，则今日之受非也；今日之受是，则前日之不受非也。夫子必居一于此矣。"
>
> 孟子曰："皆是也。当在宋也，予将有远行。行者必以赆；辞曰'馈赆'，予何为不受？当在薛也，予有戒心；辞曰：'闻戒，故为兵馈之。'予何为不受？若于齐，则未有处也。无处而馈之，是货之也。焉有君子而可以货取乎？"[②]

孟子在本章中表现出的核心意旨即辞受取与皆合于道，皆能尽礼。正如焦循所言，"取与之道，必得其礼。于其可也，虽少不辞；义之无处，兼金不顾。"[③] 然而在笔者看来，孟子之所以能做到这一点，关键在于他对自身的人格尊严看得极重。在他看来，君主或贵族无缘无故地赐予士人各种财物便是企图收买士人，而其背后体现出的则是当权者欲以自身的权势和财富为依托，在人格上凌驾于士人之上，也是前者有意凸显自己在权势和财富上与士人的不平等地位。因而在孟子看来，如果士人此时收下馈赠，便等于默认了这种不平等，并且还希望仰人鼻息以换取好处。用孟子的话讲，这是典型的"妾妇之道"，是士人绝对要拒斥的。可见，不合礼的赠予背后反映的是当权者的傲慢对士人人格的贬损，这与孟子对士人的要求即"富贵不能淫，贫贱不能移，威武不能屈"正相反，因而理所应当为孟子所排斥。

进一步，孟子在与万章的对话中进一步说明了正是由于君主不能尊重士人，因而士人应与其保持距离。《万章下》载：

> 万章曰："敢问不见诸侯，何义也？"
> 孟子曰："在国曰市井之臣，在野曰草莽之臣，皆谓庶人。庶人不传质为臣，不

① [清] 焦循：《孟子正义》，中华书局 1987 年版，第 864 页。
② 《孟子·公孙丑下》，[清] 焦循：《孟子正义》，中华书局 1987 年版，第 261—263 页。
③ [清] 焦循：《孟子正义》，中华书局 1987 年版，第 263 页。

敢见于诸侯，礼也。"

万章曰："庶人，召之役，则往役；君欲见之，召之，则不往见之，何也？"

曰："往役，义也；往见，不义也。且君之欲见之也，何为也哉？"

曰："为其多闻也，为其贤也。"

曰："为其多闻也，则天子不召师，而况诸侯乎？为其贤也，则吾未闻欲见贤而召之也。缪公亟见于子思，曰：'古千乘之国以友士，何如？'子思不悦，曰：'古之人有言：曰事之云乎，岂曰友之云乎？'子思之不悦也，岂不曰：'以位，则子，君也；我，臣也。何敢与君友也？以德，则子事我者也。奚可以与我友？'千乘之君求与之友，而不可得也，而况可召与？齐景公田，招虞人以旌，不至，将杀之。志士不忘在沟壑，勇士不忘丧其元。孔子奚取焉？取非其招不往也。"

曰："敢问招虞人何以？"

曰："以皮冠。庶人以旃，士以旂，大夫以旌。以大夫之招招虞人，虞人死不敢往。以士之招招庶人，庶人岂敢往哉？况乎以不贤人之招招贤人乎？欲见贤人而不以其道，犹欲其入而闭之门也。夫义，路也；礼，门也。惟君子能由是路，出入是门也。《诗》云：'周道如底⑧，其直如矢；君子所履，小人所视。'"

万章曰："孔子，君命召，不俟驾而行。然则孔子非与？"

曰："孔子当仕有官职，而以其官召之也。"①

孟子在此分析了士人不见诸侯之礼的深意。首先，孟子指出，未做官的士人不当见君主，这是礼制的要求，也是士人应当遵守的行为准则。其次，孟子认为，这一要求无论从君主还是士人的角度看都有合理性。从士人的角度看，当他没有官职时，他没有面见君主的必要和义务。这与士人去服役不同，后者是士人作为国民为国家应尽的义务，是应当去的，即"庶人法当给役，故往役，义也；庶人非臣也，不当见君，故往见，不义也……往役为庶人之分，往见则失士之节，故有义不义之分也。"②在孟子看来，如果士人在野而君主一召便往，那就是谄媚。因为借用后文中子思与鲁缪公的对话中所表达的意思，士人的地位与财富都不及君主，唯一能够自立的就是独立的人格。若君主一召便往，就等于士人将自己最后也是最宝贵的东西一并放弃了，这样他就没有任何东西可以对抗君主的权势，只能任其驱使。第三，正如万章所言，君主召士是看重并试图使用其才华，这意味着君主对士人持肯定的态度。而对君主来说，肯定不能口惠而实不至，必须有实际的举措。更准确地说，君主须知晓士人最看重的乃是道义、德行与人格尊严，因此就应该从这些方面入手尊重士人。而实际情况则是，君主无论是召见士人还是要与士人为友，都不能让后者体会到真诚的尊重，这就使得两者间始终未能达成正常的交往方式。以子思与鲁缪公为例，在前者看来，两人的地位与德行才学均不一致，不可能平等地交友。若鲁君确实有意结交自己，便应该承认自己在德才上的长处，放弃自身的优越地位，诚心实意地师事之，唯有此举才能真正赢得士人的内心。焦循有鉴于此而评价道，"鲁缪公欲友子思，子思不悦而称曰，古人曰见贤人当事之，岂云友之邪。孟子云，

---

① 《孟子·万章下》，［清］焦循：《孟子正义》，中华书局 1987 年版，第 719—724 页。

② ［清］焦循：《孟子正义》，中华书局 1987 年版，第 720 页。

子思所以不悦者，岂不谓臣不可友君，弟子不可友师也。若子思之意，亦不可友，况乎可召之。"① 最后，正是因为以上种种情况，孟子才特别指出，欲见贤人必以其道，而道便是"义为路，礼为门"，以礼义为门径才是君主与士人正确的相接之道，正所谓"君子之志，志于行道，不得其礼，亦不苟往"②。可见，孟子在此进一步凸显了礼的政治作用，强调它是君主与士人相交往的唯一正确途径，因而也是达成仁政的重要手段。

而对于前面提到的"交友"问题，孟子也做了专门的说明。《万章下》载：

> 万章问曰："敢问友。"
>
> 孟子曰："不挟长，不挟贵，不挟兄弟而友。友也者，友其德也，不可以有挟也。孟献子，百乘之家也，有友五人焉：乐正裘、牧仲，其三人，则予忘之矣。献子之与此五人者友也，无献子之家者也。此五人者，亦有献子之家，则不与之友矣。非惟百乘之家为然也，虽小国之君亦有之。费惠公曰：'吾于子思，则师之矣；吾于颜般，则友之矣；王顺、长息则事我者也。'非惟小国之君为然也，虽大国之君亦有之。晋平公之于亥唐也，入云则入，坐云则坐，食云则食，虽蔬食菜羹，未尝不饱，盖不敢不饱也。然终于此而已矣。弗与共天位也，弗与治天职也，弗与食天禄也，士之尊贤者也，非王公之尊贤也。舜尚见帝，帝馆甥于贰室，亦飨舜，迭为宾主，是天子而友匹夫也。用下敬上，谓之贵贵；用上敬下，谓之尊贤。贵贵、尊贤，其义一也。"③

交友须"友其德"而不能"挟长、挟贵、挟兄弟"意味着交友看重的是人的品行，结交的是其德行，这些都是一个人内在本有的品格，而非年齿、地位与关系这些外在的东西。所以无论是孟献子、费惠公、晋平公还是尧帝，当他们与贤人结交时都绝不以其权势和地位压人，而必须平等地交往。这种交往所秉承的原则就是"敬"，敬的基础是君主、贵族与士人在人格上的平等性，而敬要表现的则是对他人人格的充分尊重。梁涛教授认为，"他（孟子）特别强调人格的平等，反对依仗任何外在的条件去交友。"④ 这样，性善、人格平等与友其德就从内到外，从人性论到态度方面构成了一整套规范君子交友的原则。这正如朱子所言，"此言朋友人伦之一，所以辅仁，故以天子友匹夫而不为诎，以匹夫友天子而不为僭。此尧舜所以为人伦之至，而孟子言必称之也。"⑤

同样是因为士人与君主的地位不平等，孟子也反对"士人托于诸侯"之举。《万章下》载：

---

① ［清］焦循：《孟子正义》，中华书局1987年版，第721页。

② ［清］焦循：《孟子正义》，中华书局1987年版，第725页。

③ 《孟子·万章下》，［清］焦循：《孟子正义》，中华书局1987年版，第690—695页。

④ 梁涛编著：《孟子解读》，中国人民大学出版社2010年版，第264页。

⑤ ［宋］朱熹：《四书章句集注》，中华书局1983年版，第275页。这里需要注意的是，本段与上一段提到的子思不满鲁缪公问"千乘之国如何友士"的说法并不矛盾。因为本段的前提是天子"友其德"而不"挟其贵"，是在人格平等的基础上的真诚交友，也是对士人的才华与德性抱有极大的敬意。在君主从不向士人展现自己在权势和财富上的优越性的前提下，两者是可以为友的。相反，子思不满鲁缪公之处正在于鲁缪公摆不正自己的位置。在子思看来，鲁缪公德与才皆不足以与己为友，应当师事自己。鲁君不但意识不到这一点，而且在向子思提问时还特别突出了"千乘之国"，即凸显自己的显赫地位，这就进一步凸显了两者地位的不平等，破坏了交友的根基，因而遭到了子思的拒斥。

万章曰："士之不托诸侯，何也？"

孟子曰："不敢也。诸侯失国，而后托于诸侯，礼也；士之托于诸侯，非礼也。"

万章曰："君馈之粟，则受之乎？"

曰："受之。"

"受之何义也？"

曰："君之于氓也，固周之。"

曰："周之则受，赐之则不受，何也？"

曰："不敢也。"

曰："敢问其不敢何也？"

曰："抱关击柝者，皆有常职以食于上。无常职而赐于上者，以为不恭也。"

众所周知，在战国时期，"托于诸侯"即作为食客寄居在贵族家中是极为普遍的现象，闻名天下的"战国四君子"人人在家中赡养着千余名食客，大多数人也将其看作是理所应当的行为。但在孟子看来，此举却是非礼的。他认为，失去自己国家的诸侯可以寄居在其他诸侯家中，因为两人的身份地位是相当的；士人则由于与诸侯地位悬绝，因而没有资格享受这种优待，否则就相当于诸侯收买士人的人格。正如朱子所言，"古者诸侯出奔他国，食其廪饩，谓之寄公。士无爵士，不得比诸侯。不仕而食禄，则非礼也。"[1]但孟子不是一味地拒斥诸侯为士人提供衣食，而是认为当君主将士人视作自己治下的黎民百姓而周济的时候，这样的馈赠是可以接受的。对君主而言，救济其境内的百姓使之不至于冻饿而死乃是其职责，也是仁政的题中应有之义；对士人而言，没有做官就是平民百姓，接受君主的接济并非乞食于诸侯，不会丧失自己的人格。因此，周济士人的行为于诸侯和士人都不是失礼的举动，两者都可以接受之。反之，赏赐则意味着诸侯与士人的关系变成了君臣关系，但此时士人是无官职、无职守的在野之臣，因而赏赐就变成君主结交士人的一种手段。但在孟子看来，这种结交方式是一种恩赐，一种侮辱人格的施舍，因此有节操的士人不能接受。总之，"周之"体现的是君主对治下子民的赡养义务，未出仕的士人接受是合礼的；"赐之"则是君主收买士人听命于己的勾当，士人接受便不合礼。这再次证明孟子对辞受取予之事要求甚严，一切以礼为标准判断正确与否，背后则反映的是孟子极为珍视并严格持守自身的人格尊严，杜绝一切有可能自我侮辱的行为。

孟子还认为，以礼行事立身在于能够让士人任何时候都能够行得正、立得直，不用刻意去讨好人，保持自身的独立性。《离娄下》载：

公行子有子之丧，右师往吊。入门，有进而与右师言者，有就右师之位而与右师言者。孟子不与右师言，右师不悦曰："诸君子皆与驩言，孟子独不与驩言，是简驩也。"

孟子闻之，曰："礼，朝廷不历位而相与言，不逾阶而相揖也。我欲行礼，子教

以我为简，不亦异乎？"

齐国大夫公行子的儿子去世，右师也是齐国的权臣王驩秉承王命前来吊丧。多数前来吊唁的官员都将此视作与王驩攀附关系的良机，争先恐后地与右师大人攀谈，以至于不顾朝廷的礼仪，只有孟子除外。这让习惯于别人巴结奉承的王驩很不适应。但在孟子看来，行事的准则是礼节而非权贵的好恶，否则就是谄媚之举，将丧失了自己的独立人格。而按照礼制的要求，"右师未就位而进与之言，则右师历己之位矣；右师已就位而就与之言，则己历右师之位矣。孟子右师之位又不同阶，孟子不敢失此礼，故不与右师言也。"① 也就是说，只要孟子与右师的地位有差别、位置不相接，则无论右师就位与否，孟子与之言都是失礼的行为，这是孟子所不能接受的。因此，他选择持守礼制而与右师保持适当距离。而面对右师"简驩"的质疑，孟子充分体现了由"浩然之气"赋予他的顶天立地，"居天下之广居，立天下之正位，行天下之大道"的大丈夫气概。这种气概源自于他"居仁由义""以礼为门"而获得的行为正当性，这使得他只遵循内心的正道，完全不在乎外人的看法。

综上所述，礼在孟子的思想中作为开显善性、实现仁政的手段同样具有重要意义。孟子的性善论从人性的角度拓展了孔子的"仁学"，而其礼学思想则继承了孔子对仁礼关系的基本理解，以仁为主，力求实现仁与礼的统一。而在两者出现不一致时，孟子允许人们以实现仁道为目的，合理适当地突破既定礼仪的规制。同时孟子还指出，礼制还是仁政的实现方法，"礼贤下士"是君主贵族尊重士人人格的表现，也是前者与士人结交的合适方式。

---

① ［宋］朱熹：《四书章句集注》，中华书局 1983 年版，第 298 页。

第五章 礼乐化性

——荀子的礼乐教化思想

在孟子之后，先秦儒学的另一位代表人物就是荀子。与孟子不同，荀子提出性恶论，将人的自然本能视作人性。很明显，这样的人性并不具有先天的道德属性，与人类社会的普遍要求亦相去甚远。因此，荀子比孟子更为强调后天的礼乐教化在纠正人性之偏颇、塑造理想人格方面的重要作用。他提出了著名的"化性起伪"说来概括后天教化对先天人性的纠偏与范导作用。而在众多教化手段中，荀子最看重的就是礼乐。为此，他专门撰写了《礼论》与《乐论》两篇文章来阐述礼乐对教化百姓和治理国家的重要作用。基于此，本章我们将围绕《荀子》一书中的《性恶》《礼论》和《乐论》三篇文献，同时吸收《荀子》中其他篇目的相关思想，以"化性起伪"为主线，考证荀子的性恶论及其礼乐教化思想。

第一节 荀子的人性论和成圣途径

与孟子的"性善论"类似，荀子的性恶论也流传甚广，而且由于荀子将自身论性的文章直接命名为《性恶》，因而给人们留下的印象更为深刻，"性恶论"成为了人们对荀子人性思想的第一印象。正如廖名春教授指出，"荀子的人性学说以性恶论最为著名。荀子不但多次宣传'人之性恶'，而且还以'性恶'作为他的人性专论的篇名。"[①] 然而，与孟子相同，荀子的"性恶论"受制于其表述方法同样会给人以误解。准确地说，"荀子性恶论的内容是什么，性恶是不是荀子所谓人性的全部内容，《性恶》篇是不是就只讲性恶"，[②] 这些问题是了解荀子人性论所必须回答的。在笔者看来，荀子有关人性的论述大致包含四个方面的问题：1. 性的界定；2. "性恶"的涵义；3. 化性起伪；4. 涂之人可以为禹。

一、荀子论性

任何哲学讨论首先都需要对概念加以清楚地界定，而荀子又是中国哲学史上少有的

---

① 廖名春：《〈荀子〉新探》，中国人民大学出版社 2014 年版，第 72—73 页。
② 廖名春：《〈荀子〉新探》，中国人民大学出版社 2014 年版，第 73 页。

特别重视概念与逻辑的哲学家，因此他尤为重视对"性"的界定。《正名》载：

> 后王之成名：刑名从商，爵名从周，文名从礼。散名之加于万物者，则从诸夏之成俗曲期，远方异俗之乡则因之而为通。散名之在人者：生之所以然者谓之性。性之和所生，精合感应，不事而自然谓之性。性之好、恶、喜、怒、哀、乐谓之情。情然而心为之择谓之虑。心虑而能为之动谓之伪。虑积焉、能习焉而后成谓之伪。正利而为谓之事。正义而为谓之行。所以知之在人者谓之知。知有所合谓之智。智所以能之在人者谓之能。能有所合谓之能。性伤谓之病。节遇谓之命。是散名之在人者也，是后王之成名也。①

在《正名》第一段，荀子介绍了后世的圣王命名万物的原则，其中他最为看重的是"散名"，而其命名方式是"成俗曲期"。所谓"散名"，刘念亲认为"犹杂名也"②，即与上述之社会政治性的名称相区别（刑名、爵名、文名），用来指涉具体事物的名称。至于"成俗曲期"，梁启超先生的胞弟梁启雄的解释是"成俗，言习俗之既成者，曲期，言要约之周遍者"③，即用已有的名称来说明特定种类的大量事物；唐代的荀子注疏大家杨倞认为，"成俗，旧俗方言也，期，会也，曲期，谓委曲期会物之名者也"④，也是指用通用已久的名称去尽可能说明事物。换言之，"成俗曲期"即"约定俗成"之义。这意味着，"散名"即指代事物的名称多是约定俗成，而非像刑名、爵名、文名那样是人们刻意做的命名。

在解释了"散名"的内涵后，荀子转而讨论有关人的诸多名称。在此，他一共讨论了性、情、虑、伪、事、行、知、智、能、病、命共计十一个与人相关的"散名"，且这些名称之间有着严密的逻辑关系，基本上是用前一个概念来界定后一个概念，这体现了荀子极强的逻辑思维能力。在这十一个概念中，"性"位居首位，是一切概念的基础。荀子对它也十分重视，对它下了两重定义：一者是"生之所以然者谓之性"，另一者是"性之和所生，精合感应，不事而自然谓之性"。对于这两个定义，学者们做了充分的解说。例如，梁启雄先生认为，前者"指天赋的本质，生理学上的性"；后者"指天赋的本能，心理学上的性"⑤。杨倞认为，前者是"人生善恶，故有必然之理，是所受于天之性也"；后者是"和，阴阳冲和之气也；事，任使也；言人之性，和气所生，精合感应，不使而自然；言其天性如此也"⑥。清儒王先谦甚至认为这里还存在着文字上的错误：

> 先谦案："性之和所生"，当作"生之和所生"。此"生"字与上"生之"同，亦谓人生也。两"谓之性"相俪，生之所以然者谓之性，生之不事而自然者谓之性，

---

① 《荀子·正名》，梁启雄：《荀子简释》，中华书局1983年版，第309—310页。
② 梁启雄：《荀子简释》，中华书局1983年版，第309页。
③ 梁启雄：《荀子简释》，中华书局1983年版，第309页。
④ ［清］王先谦：《荀子集解》，中华书局2013年版，第486页。
⑤ 梁启雄：《荀子简释》，中华书局1983年版，第309—310页
⑥ ［清］王先谦：《荀子集解》，中华书局2013年版，第487页。

文义甚明。若云"性之不事而自然者谓之性",则不词矣。此传写者缘下文"性之"而误。①

　　王先谦认为"性之和所生"中的"性"应为"生"字,其原因是他认为这两句对人性的理解是"相俪"即相对应、相一致的,既然"生之所以然者谓之性"的句首是"生"字,那么"性之和所生,精合感应,不事而自然谓之性"的句首也应是生字。

　　徐复观先生对荀子这段文字做了详尽的疏解,他不同意王先谦将两个"性"字看成同一层次的观点,认为两者有明显的区别。

　　　首先,一般人忽略了荀子言性,有两面的意义;更忽略了荀子言性的两面的意义,同时即含有两层的意义。此处"生之所以然者,谓之性"的"生之所以然",乃是求生的根据,这是从生理现象推进一层的说法。此一说法,与孔子的"性与天道"及孟子"尽其心者,知其性也"的性,在同一个层次,这是孔子以来,新传统的最根本的说法。若立足于这一说法,则在理论上,人性即应通于天道。因为生之所以然,最低限度,在当时不是从生理现象可以了解的,而必从生理现象向上推,以上推于天,所以荀子也只有说"性者天之就也";虽然荀子的所谓天,只不过是尚未被人能够了解的自然物,但究竟是比人高一个层次。不过,荀子的思想,是纯经验的性格。他只愿把握现实性的现象,而不肯探究现象之所以然,所以他说"愿于物之所以生,孰与有无之所以成"。因此,他不着重在"生之所以然"的层次上论性;这一层次的性,在他整个的性论中,并没有地位。但是,人性论的成立,到荀子时代已有百年以上的历史,这是人类对自身长期反映,而要从生理现象进一层去求一个"所以然"的结果。荀子既正面提到人性问题,便非从"所以然"这里提出不可。不过,他的人性论,都是以在经验中可以直接把握到的一层,即是较之"生之所以然"更落下一层的东西为主;这即是他所说的"性之和所生,精合感应,不事而自然,谓之性"。"性之和所生"一句的"性"字,正直承上面所说的"生之所以然"的"性"字而言,这指的是上一层次的、最根本的性。这也可以说是先天的性。由此先天的性,与生理相和所产生的官能之精灵,与外物相合,外物接触于官能所引起的反映如饥欲食,及目辨色等,都是不必经过人为的构想,而自然如此,这也是谓之性,这是下一层次的,在经验中可以直接把握得到的性。这也同于告子所说的"生之谓性"。这是荀子人性论的主体。王先谦谓"性之和所生,当作生之和所生",盖不明荀子人性论中的性,本有这两层的意义。若不承认荀子人性论中的性,本有这两层的意义,则"生之所以然"的"所以然"三字,将于义无著。此处所说的"生之所以然",正同于上面所引《天论》的"物之所以生"同义,不可做"生之谓性"来解释。"所以生","所以然",有形上的意义;"生之",生而即有,则完全是经验中的现象。②

---

① ［清］王先谦:《荀子集解》,中华书局 2013 年版,第 487 页。
② 徐复观:《中国人性论史·先秦篇》,湖北人民出版社 2002 年版,第 212—213 页。

概括来讲，徐复观强调荀子这里所说的两个"性"字分别指两个层次："生之所以然"是生的根本、根据，在徐复观看来这是比生高一层次的概念，因而不能在生理现象层面来找寻，必须向上推测到天道层面，是形上学的概念。但徐复观又认为荀子是一个经验主义者，只对经验事物感兴趣而拒斥形上反思，因此这一层面对于荀子来说只是虚设，不具有实在意义。而"性之和所生，精合感应，不事而自然谓之性"是形上之性在形下层面与外部事物感应而形成的性，也是经验性的性。根据荀子思想的特点，徐复观先生断定此乃荀子论性的主体。

王博教授则认为，"生之所以然的意思，乃是指向生的根据，说得明白一些，就是生而如此的根据。'所以'一词的用法，一般而言，总是和理由与根据有关。如《庄子》中提到的迹和所以迹的区分，是很有代表性的"；① 而"荀子《正名篇》关于性的后一个说法，重点是放在'不事而自然'的一面，即突出性非人为或后天所成就者。这个说法，很显然是承继着其关于天和人的理论，突出人的生命中有天有人，不可混为一谈。由此来体会'性之和所生，精合感应'的意义，乃是强调性为生命中天然的一面，而非生命的全体"②。

以上我们引用了诸多学者关于荀子《正名》中对性的两种言说的理解。在笔者看来，这些理解大致可分为两类：一类以王先谦为代表，认为这两句话是相应的、一致的，是对"性"的重复说明，为此他不惜改字作解；另一类则是王博、徐复观和梁启雄的观点，认为荀子这里表达的是两个层次的涵义，至于是哪两个层次，不同学者的理解并不一致。因此，为了澄清《正名》中"性"的内涵，我们需要进一步加以分析。

首先，笔者认为，王先谦的观点可能与荀子原意相距最远。虽然"性"字确由"生"字派生而来，在战国时期这两个字也确实经常混用，但王先谦认为"性之和所生"应改为"生之和所生"的说法是难以成立。廖名春教授指出，这一理解有两大问题：其一，"'性之和所生'，应该是另外一种东西，如果还是这种没有变化的'性'，就不能不说是循环论证"；③ 其二，王先谦改字的理论依据是对性的两句解释是"相俪"的，而事实上，"荀子对同一个名词所辖的两个定义，它们并非意思平列的'相俪'之句，而是意义相承的递进句；以此来看荀子对'性'所下的两个定义，我们就可知它们并非两个并列句，它们所界定的两个'性'字，也并非同一概念"④。这一判断实为洞见。正如王博教授指出的，在古汉语中，"然"与"所以然"构成的是一个递进结构，"所以然"意在指出具体事物背后用以支撑其存在的本性与依据，而"精合感应，不事而自然"显然是指具体的、形而下的"性"，因此两者显然分属两个层次，不可混为一谈。

其次，作为"生之所以然"的性究竟是什么，是不是像徐复观先生所说的是"人性是出于天道的"。从学理上讲，"生之所以然"之性的确需要有形上本体的支撑，因而其与上天之间存在关联是理所应当的。但是，基于荀子对其性的价值性的判断我们可以认为，他的性所贯通的"天"应该与"天道"保持距离，或者应当用"上天"来说明之。

① 王博：《中国儒学史·先秦卷》，北京大学出版社 2011 年版，第 571 页。
② 王博：《中国儒学史·先秦卷》，北京大学出版社 2011 年版，第 572 页。
③ 廖名春：《〈荀子〉新探》，中国人民大学出版社 2014 年版，第 66 页。
④ 廖名春：《〈荀子〉新探》，中国人民大学出版社 2014 年版，第 67 页。

至于徐复观先生所说的，荀子的天道与孟子"尽心知性知天"相通的观点，则存在着较为严重的误读。因为孟子的观点意味着"心－性－天"之间具有贯通性，而正如我们前文中所指出的，孟子是以心善言性善，所以他的心与性的概念都内涵正面的、善的价值，因而我们进一步推断可知，孟子的天也应具有终极的至善性。因此，如果荀子之性所源出的天与孟子的天道是一致的，那么这不啻意味着荀子的人性论也将是性善论，这将迥异于我们通常对荀子人性的理解。[①] 正如廖名春教授所言，徐复观"以为'生之所以然者谓之性'，也就是'所以生之理谓之性'，此性即理、即道。这样，人的天性就是理之和所生，自然就成了善性了。真的如此，那荀子的人性论，一定要全部改观了。"[②]

客观地说，梁启雄先生将第一个性理解为"天赋的本质，生理学上的性"应当是较为准确的。所谓"生之所以然"，就是能够支撑人的生命存续的东西，即生命的物质载体。更直接地说，就是人的肉体存在，即人的各个器官及其相互关系与作用。这样的性毫无疑问是"生理学的性"，那它能否是"天赋的本质"呢？答案是肯定的。因为先秦时期的"天"在很多时候并不具有至善的意味，并没有价值属性，因而"天赋的本质"可以不带有价值性，亦可以指人的肉体存在。正如我们在讨论《性自命出》时指出的，其中的"性"是"喜怒哀悲之气"，它是情感得以产生的内在根源，同样不带有价值属性。然而，其来源却是"性自命出，命自天降"，即亦是通于上天的。这意味着在先秦哲学中，天与性善论并无必然联系，因而指涉人的肉体存在的"生之所以然"之性，其来源也可以是上天。

第三，所谓"性之和所生，精合感应，不事而自然谓之性"，梁启雄先生认为是"指天赋的本能，心理学上的性"，这一认识突出了第二层次的性是一种主观能力，也是有道理的。这里的关键是"精合感应"与"不事而自然"：前者说明这种性的产生方式，后者界定这种性的根本特点。所谓"精合感应"，王先谦的解释是，"精合，谓若耳目之精灵与见闻之物合也；感应，谓外物感心而来应也。"[③] 应该说，这一解释是较为准确的，它突出了"精合"和"感应"各自的特点：前者强调这种性是由耳目感官的感知能力与外界事物相结合的产物，因而其包含有外物的成分，并不是完全来源于人的；后者则指出这种性是外物通过作用感官而引起的心理活动，类似现代心理学所讲的感觉与知觉。因此，"精合感应"是说第二层级的性是外界事物作用于感官而引发的心理活动。"不事而自然"则是说这种性的产生是自然而然的，而非人们有意识、有目的的行为。而这种心理活动进一步的具体表现就是好、恶、喜、怒、哀、乐等具体情感，因此在荀子对属人之散名的解说过程中，紧接着性而提出的概念就是"情"。换言之，性的第二层次是与情密不可分的。

通过上面的分析我们可以发现，荀子所说的性包含两个层次：其一是人之生命的"所以然根据"，也就是人的物质构成，即人的各种器官及其内在的紧密联系（"性之和而生"的"和"所彰显的就是这种整体性）；其二则是外物通过作用于感官而形成的自然而然的心理活动，即"人的感官本能与外界事物相接触而产生反应；这种反映，通过心，

[①] 荀子的人性论是不是性恶论可以进一步讨论，但无论如何不可能是孟子式的性善论。甚至从某种意义上来讲，荀子与孟子对人性的理解处于对立的两极，其差别是非常显著的。

[②] 廖名春：《〈荀子〉新探》，中国人民大学出版社 2014 年版，第 67－68 页。

[③] ［清］王先谦：《荀子集解》，中华书局 2013 年版，第 487 页。

表现为人的喜、怒、哀、乐，表现为人的情、欲，这就是人性"①。对于荀子的性，廖名春教授总结了四个基本特点：1. 人性是以人的生物组织和肉体结构作为其物质基础的；2. 人性并不是人身某一器官的产物，而是人身生理组织的综合作用所生；3. 人性的形成离不开客观外物，人性不但由"形"而生，而且也必须感于物而后生；4. 人性是一种不经过后天的人为努力，人天生就具有的本能。② 应当讲，这四重理解都从不同侧面切中了荀子之性的根本属性，是很有见地的判断。

在澄清了荀子在《正名》中对人性的二重定义后，我们可以进一步考察荀子对人性的其他说明。荀子曾在多篇文献中对人性做了多方位、多角度的说明，而在笔者看来，这些说明都基于《正名》中对人性的两层定义，都是对这两者特别是后一层涵义的发展。例如，在《荣辱》中，荀子指出：

> 饥而欲食，寒而欲暖，劳而欲息，好利而恶害——是人之所生而有也，是无待而然者也，是禹桀之所同也。目辨白黑美恶，耳辨音声清浊，口辨酸咸甘苦，鼻辨芬芳腥臊，骨体肤理辨寒暑疾养，是又人之所常生而有也，是无待而然者也，是禹桀之所同也。可以为尧禹，可以为桀跖，可以为工匠，可以为农贾，在势注错习俗之所积耳，是又人之所生而有也，是无待而然者也，是禹桀之所同也。③

所谓"人之所生而有也"与"无待而然者也"，就是"生之所以然者"和"不事而自然"之义，因此本段正是荀子对人性的进一步诠释。他在此说明了人性的三方面内容：其一是生理欲望，它始于人的感知能力，是感觉、情感和心的选择能力即思虑三者相结合的产物；其二是感觉能力本身，即不同的感官以各自的方式与外物相接触而形成的对事物的感知能力；其三是人格的可塑性，也就是荀子"化性起伪"说中"伪"所施加的对象。另外，荀子还特别强调了一点，即人性具有普遍必然性，人人皆同，没有差异，按他的话说即"禹桀之所同也"。同样的表述还出现在《非相》中，"人之所以为人者何已也？饥而欲食，寒而欲暖，劳而欲息，好利而恶害，是人之所生而有也，是无待而然者也，是禹桀之所同也。"④ 而在《王霸》中，荀子指出，"夫人之情，目欲綦色，耳欲綦声，口欲綦味，鼻欲綦臭，心欲綦佚，——此五綦，人情之所必不免也。"⑤ 这里的"綦"字是极端之义，因此荀子这里是说人情的自然诉求就是追求耳目声色之欲，这也是人性的题中应有之义。

在《性恶》中，荀子为了批判孟子的"性善论"，从"性伪对立"的角度澄清了性的特点：

> 孟子曰："人之学者，其性善。"曰：是不然。是不及知人之性，而不察乎人之性伪之分者也。凡性者，天之就也，不可学，不可事。礼义者，圣人之所生也，人

---

① 廖名春：《〈荀子〉新探》，中国人民大学出版社 2014 年版，第 72 页。
② 参见廖名春：《〈荀子〉新探》，中国人民大学出版社 2014 年版，第 70—72 页。
③ 《荀子·荣辱》，梁启雄：《荀子简释》，中华书局 1983 年版，第 41 页。
④ 《荀子·非相》，梁启雄：《荀子简释》，中华书局 1983 年版，第 51 页。
⑤ 《荀子·王霸》，梁启雄：《荀子简释》，中华书局 1983 年版，第 145 页。

之所学而能，所事而成者也。不可学、不可事而在人者，谓之性；可学而能、可事而成之在人者，谓之伪；是性伪之分也。今人之性，目可以见，耳可以听。夫可以见之明不离目，可以听之聪不离耳，目明而耳聪，不可学明矣。[①]

荀子在此以"伪"为对境，充分说明了《正名》中指出的性之第二层意义，即性的自然而然之特性。按照他这里的说法，就是"天之就，不可学，不可事"。这一说法强调了人性是先天而成的，后天的教化与积习只能作用于人性中的某些部分，而不能改变或决定人性由哪些内容所构成。在荀子看来，目之能视、耳之能听的能力就属于人性。

这里需要指出的是，按照荀子在《正名》篇中对于属人之散名的说明，他对于性的很多解释实际上超越了性的范围，是包含着性、情、虑的三者综合体。荀子认为，这样的人性是自然而然，它多数时候表现为人类感知外部的能力和感性欲求。

二、性朴向恶论：一种理解荀子人性论的新模式

有关荀子人性论的一个最为重要，也是最为知名的问题就是他的人性论是不是"性恶论"。之所以会有这样的问题，是由于传统上人们普遍对荀子的性恶论持普遍赞同的态度——从学术史看，这一观点最早可以追溯到西汉的刘向。然而，同样有不少学者对此持反对意见，其中较为知名的是周炽成教授和廖名春教授。前者坚持荀子的人性论是"性朴论"，认为《性恶》不是荀子本人的作品，而是荀子后学中不同观点的集合，并且强调"性朴论"与"性恶论"不可并存。[②] 后者荀子的性是恶与朴的混杂，既有恶的情欲之性和无所谓善恶的知能之性，因此一味地强调性恶会导致在理解荀子人性论时陷入一偏之见。[③]

在笔者看来，简单地将荀子的人性论定为"性恶论"固然有不当之处，但周炽成和廖名春二位教授的观点亦有偏颇之处。笔者综合了前人的研究基础，认为将荀子的人性论概括为"性朴向恶论"似乎更为妥当。

众所周知，荀子的人性论之所以被很多人认为是"性恶论"，乃是因为《荀子》一书中有《性恶》这篇文献，且此文应是荀子有关人性问题的最集中的论断。并且，荀子在《性恶》开篇出就提出了"人之性恶，其善者伪也"的说法，这就使得"性恶论"似乎成为了荀子对人性的基本判断。因此，我们要反思荀子的人性论，必然绕不开《性恶》一文。

> 人之性恶；其善者伪也。
> 今人之性，生而有好利焉，顺是，故争夺生而辞让亡焉；生而有疾恶焉，顺是，故残贼生而忠信亡焉；生而有耳目之欲，有好声色焉，顺是，故淫乱生而礼义文理亡焉。然则从人之性，顺人之情，必出于争夺，合于犯分乱理而归于暴。故必将有师法之化，礼义之道，然后出于辞让，合于文理，而归于治。用此观之，然则人之

① 《荀子·性恶》，梁启雄：《荀子简释》，中华书局 1983 年版，第 328—329 页。
② 参见周炽成：《荀子人性论：性恶论还是性朴论》，《江淮论坛》，2016 年第 5 期。
③ 参见廖名春：《〈荀子〉新探》，中国人民大学出版社 2014 年版，第 72—86 页。

性恶明矣，其善者伪也。①

同样，认为荀子的人性论是"性朴论"的学者也有自己的明证，最明显的当属荀子在《礼论》中对"性"与"伪"的说明。

> 故曰：性者，本始材朴也；伪者，文理隆盛也。无性则伪之无所加，无伪则性不能自美。性伪合，然后成圣人之名，一天下之功于是就也。故曰：天地合而万物生，阴阳接而变化起，性伪合而天下治。②

上述两段文字中蕴含着荀子对于人性的诸多解读，需要一并加以说明。首先需要澄清的是，当我们用善恶来判断人性时，善恶自身当如何界定。换言之，究竟怎样的行为和意识可谓之善，哪种举动与欲念当视作恶。笔者认为，虽然《性恶》一篇旨在抨击孟子的性善论，但在确定善恶的标准上，两者的看法是一致的，即都是将违背礼法制度，不合乎社会秩序的行为判定为恶。这一点在《孟子》中集中体现在《告子下》中孟子对任人问屋庐子的回应上。如上文所述，孟子在回应任人"礼与食色孰重"的问题时指出，真正错误的行为并不是"食"与"色"，而是"紾兄之臂得食"与"逾东家墙搂其处子得妻"，因为后者违背了兄弟之义与男女之别，将人降格为禽兽。同样，在上面所引的《性恶》文段中我们可以清晰地看到，真正被荀子视为恶的行为乃是"争夺生而辞让亡""残贼生而忠信亡"和"淫乱生而礼义文理亡"。因为辞让、忠信和礼义文理都是礼法道德的内容，都彰显了人与禽兽的根本区别，所以三者的丧失将意味着人类重新坠入到禽兽状态。可见，无论是孟子还是荀子，他们都是把合乎人的社会性、道德性和礼法制度的行为视作善，而把违背这些要求的举动看成恶。在这一点上两人并无区别。

其次，最关键的问题是，这些错误的行径与人性特别是人的自然欲求之间是什么关系，由行为的错误能否认定人性存在问题。笔者认为，这两者之间没有必然联系。根据上面所引的《性恶》中的说法可以看出，真正导致邪恶之行的原因是"顺是"，即"从人之性""顺人之情"。这意味着对荀子而言，好利、疾恶与耳目之欲、好声色作为人的自然欲求并不是"恶"，它们在价值上是中立的。恶产生于人们对自身的自然欲求不加节制，放任其发展，从而越过了伦理、礼法制度和政治能够允许的界限而变异为恶。也就是说，恶只是人的自然本性不加控制的恶果，而不能人性本身是恶。笔者认为，这样的认识可能比廖名春教授的看法更合理，且能更好地与荀子在其他作品中关于人性的理解相协调。廖明春教授认为，"'争夺'、'残贼'、'淫乱'这些大家公认的恶行，在荀子看来，并非是人性辨异后的现象，而是'从人之性，顺人之情'的结果。既然是'顺'是'从'，人的情欲之性并没有异化，所以荀子认为'人之性恶'。"③这里的问题在于对由"顺从"人性到恶之产生的内在理论把握得不准确。如前所述，善恶是一个社会性的概念，某种行为只有超越了社会设定的界限才会被认为是恶的。按照这一逻辑，我们完全

---

① 《荀子·性恶》，梁启雄：《荀子简释》，中华书局1983年版，第327页。
② 《荀子·礼论》，梁启雄：《荀子简释》，中华书局1983年版，第266页。
③ 参见廖名春：《〈荀子〉新探》，中国人民大学出版社2014年版，第85页。

可以认为，人的自然欲求本身无所谓善恶，但由于人们缺乏对它的管控，任其发展而使之迈过了社会允许的界限，从而变成了恶。借用马克思主义哲学的观点，这是一个由"量变"到"质变"的过程。而在质量互变的过程中，当量变的积累没有达到临界点，从而未发生质变之时，事物并不会具有质变后新质的属性。因此，当人对自然欲望的追求未超出社会允许的范围时，这些行为并非是恶的，那么导致行为产生的根源——自然欲望本身也就谈不上恶。

第三，由《礼论》中"性伪合"的思想可以推之，荀子的人性论中一定存在着一个部分作为"伪"的施加对象，是后天教化的载体。那么，这一部分究竟是什么，是否就是人的自然欲求呢。答案显然是否定的。正如在前文中所提到的，荀子在《荣辱》中指出，"可以为尧禹，可以为桀跖，可以为工匠，可以为农贾，在势注错习俗之所积耳，是又人之所生而有也，是无待而然者也，是禹桀之所同也。"这里说的正是可以通过后天的"在势注错习俗之所积"而改变的人性内容，陈来先生称之为"人格的可塑性，可以成就某种人格"①。荀子本人则将其称为"知能"，认为"材性知能，君子小人一也"②。需要注意的是，在《荣辱》中这一部分是与"饥而欲食，寒而欲暖，劳而欲息，好利而恶害"的自然欲求相并列，同属于人性中的不同部分，两者显然不可混淆。

第四，既然荀子的人性论中既包括自然欲求，又包括认识与实践"仁义法正"的相关能力，那么两者的关系是怎样的，荀子又为何要以"性恶"来概括自己的人性论呢？笔者认为，抛开对孟子"性善论"的批判不谈，荀子自身对人性的理解确实也有导向"性恶论"的倾向。其原因在于，在荀子的人性论体系中，自然欲求与认知实践潜能所发挥的作用是不同的：前者很容易会受到外物的影响和引诱而越过社会允许的底线，后者则是得不到圣王的影响和教化便不能主动趋向仁义法正。也就是说，由满足自然欲求而滑向恶远比接受教化而趋向善要容易得多。因此，虽然荀子的人性在价值上是中立的，但它其中的两个部分分别指向为善和为恶，而后者现实化的可能性要远大于前者。这导致了荀子的人性在整体上趋向于恶，因而荀子用"性恶"来言说其人性也是合理的。但笔者认为，荀子的人性论最好应称为"性朴向恶论"，即它自身的价值属性是质朴的、中性的，但其中趋向于恶的成分更明显，更容易转化为现实。正如陈来老师所指出的，"荀子的人性论，严格地说不是性恶论，而是情欲可恶论。正如前面所说（按：即前文所引之《荣辱》段落），荀子认为人性有三个方面：一是口目身体之欲；二是知觉能力，耳聪目明；三是人格之可能。后二者明显不能归之于恶。三个方面中，其二是无善无恶，其三是可善可恶，即使第一方面，也不是说欲望完全是恶，而是说顺从和放任欲望、无所规范则为恶。"③很显然，这与我们的理解是很一致的。

荀子论性的许多段落都可从"性朴向恶论"中得以解释。其中最具代表性的段落仍出自《性恶》：

> 孟子曰："今人之性善，将皆失丧其性故（恶）也。"曰：若是则过矣；今人之

---

① 陈来：《孔子·孟子·荀子——先秦儒学讲稿》，生活·读书·新知三联书店 2017 年版，第 230 页。
② 《荀子·荣辱》，梁启雄：《荀子简释》，中华书局 1983 年版，第 39 页。
③ 陈来：《孔子·孟子·荀子——先秦儒学讲稿》，生活·读书·新知三联书店 2017 年版，第 239 页。

性，生而离其朴，离其资，必失而丧之。用此观之，然则人之性恶明矣。

所谓性善者，不离其朴而美之，不离其资而利之也；使夫资朴之于美，心意之于善，若夫可以见之明不离目，可以听之聪不离耳。故曰：目明而耳聪也。今人之性，饥而欲饱，寒而欲暖，劳而欲休，此人之情性也。今人饥，见长而不敢先食者，将有所让也；劳而不敢求息者，将有所代也。夫子之让乎父，弟之让乎兄，子之代乎父，弟之代乎兄，此二行者，皆反于性而悖于情也；然而孝子之道，礼义之文理也。故顺情性则不辞让矣，辞让则悖于情性矣。用此观之，然则人之性恶明矣，其善者伪也。[①]

孟子基于其性善论的主张，认为恶乃是人之善性丧失后的结果，荀子明确表示反对。在他看来，恶产生的原因是人性"离其朴，离其资"。对于这一句，王先谦的解释是"言人若生而任其性，则离其质朴而偷薄，离其资材而愚恶，其失丧必也。"[②] 这一解释十分明确地揭示出荀子"性朴向恶"的人性论预设，即人性本身是质朴的，无所谓善恶，然而若任其发展，则会脱离其质朴状态而逐渐沦于偷薄和愚蠢。因此，荀子给出的教养方法是"不离其朴而美之，不离其资而利之"，就是以人性中质朴的材质为基础，通过后天的教化和养育助其成长，以实现仁义法正。另外荀子还指出，这种基于质朴材质的教化作用与人的自然性情是相抵牾的，即"顺情性则不辞让矣，辞让则悖于情性矣"。这说明人性中"性情"与"知能"是对立的作用，而教化的目的就是用后者来克制前者。

三、化性起伪——荀子对人性的纠偏

荀子关于人性有两个观念最为人熟知，一个是"性恶论"，另一个则是"化性起伪"。后者作为荀子纠正人性的向恶倾向，使之合乎仁义法正的方法，与"性恶论"一道构成了荀子对人性问题的完整理解。《性恶》载：

今人之性恶，必将待师法然后正，得礼义然后治。今人无师法则偏险而不正，无礼义则悖乱而不治。古者圣王以人之性恶，以为偏险而不正，悖乱而不治，是以为之起礼义、制法度，以矫饰人之情性而正之，以扰化人之情性而导之也。始皆出于治，合于道者也。今之人，化师法，积文学，道礼义者为君子；纵性情，安恣睢，而违礼义者为小人。用此观之，然则人之性恶明矣，其善者，伪也。[③]

荀子在此指出，人性中的弊端只能通过后天的师法教化和礼义整治才能得到纠正，而礼义师法的源头要追溯到圣王。在荀子看来，正是由于洞察到人性存在向恶的可能性，圣人才通过制礼作乐为人们提供一整套行为规范，以限制人之情欲的蔓延，并将人类的行为控制在社会秩序允许的范围内，这便是"化性起伪"的过程（虽然此处还未明确出现这一观点）。在荀子看来，圣王已经将为善的途径擘画好了，后人只需遵照执行即可成

---

① 《荀子·性恶》，梁启雄：《荀子简释》，中华书局1983年版，第329页。
② ［清］王先谦：《荀子集解》，中华书局2013年版，第515页。
③ 《荀子·性恶》，梁启雄：《荀子简释》，中华书局1983年版，第328页。

为君子，如果拒不改正则只能沦为小人。可见，荀子将人们向善的可能性归结为圣王师法的教化和礼仪制度的规约，是一种外在式的理解。

进一步，荀子将礼义的产生完全归结为圣人的制作，明确提出了"圣人化性起伪"的主张。《性恶》载：

> 问者曰："人之性恶，则礼义恶生？"应之曰：凡礼义者，是生于圣人之伪，非故生于人之性也。故陶人埏埴而为器，然则器生于陶人之伪，非故生于人之性也。故工人斫木而成器，然则器生于工人之伪，非故生于人之性也。圣人积思虑，习伪故，以生礼义而起法度，然则礼义法度者，是生于圣人之伪，非故生于人之性也。若夫目好色，耳好声，口好味，心好利，骨体肤理好愉佚，是皆生于人之情性者也；感而自然，不待事而后生之者也。夫感而不能然，必且待事而后然者，谓之生于伪。是性伪之所生，其不同之征也。故圣人化性而起伪，伪起而生礼义，礼义生而制法度；然则礼义法度者，是圣人之所生也。故圣人之所以同于众其不异于众者，性也；所以异而过众者，伪也。夫好利而欲得者，此人之情性也。假之人有弟兄资财而分者，且顺情性——好利而欲得，若是则兄弟相拂夺矣；且化礼义之文理，若是则让乎国人矣。故顺情性则弟兄争矣，化礼义则让乎国人矣。①

首先需要明确的是，"化性起伪"是专门针对圣人而言，它是指圣人利用先天本有的"知"与"能"，通过主动地思考与实践来创设礼义法度的过程。据此我们可以说，普通人虽然有着与圣人一样的人性，特别是有着同样的"知"与"能"的能力，因而可以"化师法，积文学，道礼义"而为君子，但这一过程本身并不能称为"化性起伪"。因为这只是对圣王所创设的礼仪法度的学习、吸收和内化，而非礼法的创设过程。

同样的说法还存在于《荣辱》中，"尧禹者，非生而具者也，夫起于变故，成乎修修之为，待尽而后备者也。"② 王先谦对这句话的解释是：

> 变故，患难事故也。言尧、禹起于忧患，成于修饰，由于待尽物理，然后乃能备之。《孟子》曰："天将降大任于是人也，必先苦其心志，劳其筋骨，穷恶其体肤，空乏其身，行拂乱其所为，所以动心忍性，增益其所不能"也。③

这一解释是说，尧和禹面对艰难困苦的社会现实，动心忍性，借助自身本有的思考和实践能力勉力自修，并竭尽全力以臻至善之境。在王先谦看来，这一过程与孟子所说的"天将降大任于是人也"一段颇有异曲同工之妙，两者都强调，有道之人面对困境不会怨天尤人，而是会激发自身的潜能，主动迎击并战胜困难。而在荀子看来，这是圣王与普通人的根本区别。这就意味着，荀子并不是单纯只强调圣人与百姓在人性方面的共同点，他同样注重两者的差异。在荀子看来，圣人与百姓在人性方面是共同的，但在

---

① 《荀子·性恶》，梁启雄：《荀子简释》，中华书局1983年版，第329—331页。
② 《荀子·荣辱》，梁启雄：《荀子简释》，中华书局1983年版，第41页。
③ ［清］王先谦：《荀子集解》，中华书局2013年版，第74—75页。

"伪"的方式方法上则有明显差异：圣人不会甘于顺性堕落，而是会主动地"化性起伪"，发挥自身的主观能动性来克服现实中的种种困难，磨砺自己的心性，以达成至善之境；众人则缺乏主动性，既不能自觉抵制对性情的顺从，更不能主动运用自己的认知能力"化性起伪"，因而必须借助外力即师法的教化和礼义的规范才能革除人性中的不当之处而成为君子。这意味着众人的修道之路必须建立在圣人"化性起伪"的基础上，使其进一步地展开。荀子在《性恶》中专门对此做了详细地说明。

> 孟子曰："人之性善。"曰：是不然。凡古今天下之所谓善者，正理平治也；所谓恶者，偏险悖乱也。是善恶之分也已。今诚以人之性固正理平治邪？则有恶用圣王，恶用礼义矣哉！虽有圣王礼义，将曷加于正理平治也哉！今不然，人之性恶；故古者圣人以人之性恶，以为偏险而不正，悖乱而不治，故为之立君上之埶以临之，明礼义以化之，起法正以治之，重刑罚以禁之，使天下皆出于治，合于善也；是圣王之治而礼义之化也。今当试去君上之埶，无礼义之化，去法正之治，无刑罚之禁，倚而观天下民人之相与也；若是，则夫强者害弱而夺之，众者暴寡而哗之，天下之悖乱而相亡不待顷矣。用此观之，然则人之性恶明矣，其善者伪也。①

为了批判孟子的性善论，荀子在此明确界定了善恶的内容。很显然，无论是"正理平治"还是"偏险悖乱"，都是以行为对社会的影响为评价标准。这也证明了我们在本节的第二部分所做的分析，即荀子对善与恶的理解也是社会性，人们的自然本能和自然欲求谈不上善恶，但有导向恶的可能性。这会使得常人无法自觉地实现"正理平治"，必须依赖于圣王的管制才能趋向善道。而"立君上之埶以临之，明礼义以化之，起法正以治之，重刑罚以禁之"则充分地体现了这种管制的特点，即充满外在的强制性。应当讲，在这四个环节中，除了"明礼义以化之"外，其余三者都侧重于用外在的强制力钳制百姓，属于孔子所说的"道之以政，齐之以刑"的途径。对此，徐复观先生明确指出，荀子"似乎也意识到，以性恶之人去积善，并非出于人情之自然，所以荀子的教育精神，带有强烈的强制性质；与孟子的'乐得天下而教育之'的乐，及'有如时雨化之者'，'七十子之服孔子，心悦而诚服也'的精神，同样可以作一明显地对照。"②荀子还进一步认为，缺少了圣王的礼义法正的管制，人们的恶将会充分暴露出来，其结果就是社会上的所有人都秉承"丛林法则"行事，将他人视为地狱而为非作歹，社会秩序荡然无存。因此荀子认为，无论从哪个方面看，对于不能自觉"化性起伪"的众人而言，圣王的裁制与师法的教化都是不可或缺的。

具体而言，荀子认为普通人接受教化的方法主要有两种，即"师"和"积"。前者是指君主与师长的教导，后者则是环境的熏习。在《儒效》中，他分别对这两者做了说明。对于前者，荀子指出：

> 故人无师无法而知，则必为盗；勇，则必为贼，云能，则必为乱；察，则必为

---

① 《荀子·性恶》，梁启雄：《荀子简释》，中华书局1983年版，第331—332页。
② 徐复观：《中国人性论史·先秦篇》，湖北人民出版社2002年版，第229页。

怪；辩，则必为诞。人有师有法而知，则速通，勇，则速威；云能，则速成；察，则速尽；辩，则速论。故有师法者，人之大宝也；无师法者，人之大殃也。人无师法，则隆性矣；有师法，则隆积矣；而师法者，所得乎情，非所受乎性；不足以独立而治。性也者，吾所不能为也，然而可化也。情也者，非吾所有也，然而可为也。[①]

在荀子看来，在缺少师法教化的情况下，即便是一般意义上我们认为较好的品行也会因缺乏正确的引导而在情欲作用下滑向作恶的深渊。反之，只要有师长的正确引导，则不仅人们的潜能都会得到有效的开发，使得人们能够成就一番事业，而且这个过程简易直接，有着事半功倍的效果。因此荀子认为，有无师法教化对普通人的人格成就有着举足轻重的意义。荀子进而将师法的作用归结为"隆积"，并与"隆性"相对。梁启雄先生对此解释道，"隆性，谓扩大其本然之性；隆积，谓扩大其积习之学"[②]。正是基于两者的分别，荀子又特别强调，师法乃是"得乎情"，而非"受乎性"。对此，王先谦的解释是"情，谓喜怒爱恶，外物所感者也。言师法之于人，得于外情，非天性所受，既非天性，则不可独立而治，必在因外情而化之。或曰：'情'当为'积'。所得乎积习，非受于天性，既非天性，则性不可独立而治，必在化之也。"[③] 这里的情作为内心与外物相感的产物意在强调它的外部属性，即情的产生必然需要外物的感应作用，而不是指情感的内心依据。这一理解虽在字义上与"积"有所不同，但两者的思想倾向是一致的，即认为师法的教化是一股由外而内改变人性的力量，常人受到这股力量的推动便可以克服人性中的不良倾向而成为君子。

荀子进一步强调，师法的作用不是一蹴而就的，它需要一个长期的积累过程，这就是"积"的作用。《儒效》载：

> 注错习俗，所以化性也。并一而不二，所以成积也。习俗移志，安久移质，并一而不二则通于神明，参于天地矣。故积土而为山，积水而为海，旦暮积谓之岁。至高谓之天，至下谓之地，宇中六指谓之极；涂之人——百姓，积善而全尽谓之圣人。彼求之而后得，为之而后成，积之而后高，尽之而后圣。故圣人也者，人之所积也。人积耨耕而为农夫，积斫削而为工匠，积反货而为商贾，积礼义而为君子。工匠之子莫不继事，而都国之民安习其服，居楚而楚，居越而越，居夏而夏，是非天性也，积靡使然也。故人知谨注错，慎习俗，大积靡，则为君子矣；纵情性而不足问学，则为小人矣。为君子则常安荣矣，为小人则常危辱矣。凡人莫不欲安荣而恶危辱，故唯君子为能得其所好，小人则日徼其所恶。[④]

荀子在此围绕"积"的概念，表达了两层涵义。其一，积的内容很重要。正所谓

---

① 《荀子·儒效》，梁启雄：《荀子简释》，中华书局1983年版，第95页。
② 梁启雄：《荀子简释》，中华书局1983年版，第95页。
③ ［清］王先谦：《荀子集解》，中华书局2013年版，第170页。
④ 《荀子·儒效》，梁启雄：《荀子简释》，中华书局1983年版，第95—96页。

"居楚而楚，居越而越，居夏而夏"，具有相同或相似本性的人们由于不同环境的影响，人格的发展逐渐分道扬镳。荀子此论意在强调正确的"积"是积累师法教化、礼仪法度，而非由人的自然本能衍生出的种种欲念。对于学者而言，这一点须区分清楚，否则必定南辕北辙、事倍功半。徐复观先生由此指出，"师在荀子的教育思想中，居于中心的地位。"① 其二，在有了师长的教导和可供学习的礼法制度后，"积"的工作便十分重要。在荀子看来，万事万物的生长变化都不是顷刻间可以完成的，都需要一个漫长的积累过程。无论山川大海、日月星辰，都是积累所成，而"涂之人"即普通百姓要成圣成贤，就更需要长期坚持不懈地积习。"知谨注错，慎习俗，大积靡"，如此方能成为圣人。陈来先生对此评价道，"荀子则立足于社会大众，所以强调大众的向善必须依据制度和规范的引导。"②

由此可见，在荀子眼中，"涂之人"要成为圣人绝非易事。然而，这只是荀子对众人修道的一方面看法。另一方面，他又提出了"涂之人可以为禹"的命题，说明了普通人摆脱人性的桎梏而成圣成贤的原因与条件。

四、涂之人可以为禹：众人成德的可能性说明

作为荀子人性论的终章，"涂之人可以为禹"既为普通人描绘了成圣成贤的美好前景，也为其指明了其中的困难。对于前者，荀子指出：

> "涂之人可以为禹。"曷谓也？曰：凡禹之所以为禹者，以其为仁义法正也。然则仁义法正有可知可能之理，然而涂之人也，皆有可以知仁义法正之质，皆有可以能仁义法正之具；然则其可以为禹明矣。今以仁义法正为固无可知可能之理邪？然则唯禹不知仁义法正，不能仁义法正也。将使涂之人固无可以知仁义法正之质，而固无可以能仁义法正之具邪？然则涂之人也，且内不可以知父子之义，外不可以知君臣之正。今不然：涂之人者，皆内可以知父子之义，外可以知君臣之正，然则其可以知之质，可以能之具，其在涂之人明矣。今使涂之人者，以其可以知之质，可以能之具，本夫仁义之可知之理，可能之具，然则其可以为禹明矣。今使涂之人伏术为学，专心一志，思索孰察，加日县久，积善而不息，则通于神明，参于天地矣。故圣人者，人之所积而致矣。③

为了证明"涂之人可以为禹"，荀子引入了"能所对应"的理论结构，认为禹之所以为禹在于他能够认识并践行"仁义法正"，以此纠正欲求所引发的恶念恶行。而"涂之人"同样具备这样的能力，因而他们与禹在成德的可能性上是一致的。之所以"涂之人"亦能理解与掌握"仁义法正"，是因为从客观上看，仁义法正是存在的，且具有能够为所有人所认识的基本原则即"理"。在荀子看来，与"涂之人"相同，禹能够理解和践行"仁义法正"的前提同样是"仁义法正"之理的客观存在。因此，若不存在"仁义法正"

---

① 徐复观：《中国人性论史·先秦篇》，湖北人民出版社 2002 年版，第 228 页。
② 陈来：《孔子·孟子·荀子——先秦儒学讲稿》，生活·读书·新知三联书店 2017 年版，第 238 页。
③ 《荀子·性恶》，梁启雄：《荀子简释》，中华书局 1983 年版，第 334 页。

之理，则不惟"涂之人"不能把握"仁义法正"，作为圣王的大禹同样无从下手。也就是说，既然荀子把成圣的依据归结为外在的礼仪法度，那么按照他的逻辑，这一切都必然是客观存在的，是能够被从圣王到百姓的一切人所普遍知晓与把握的，它们构成了"涂之人可以为禹"的客观条件。

从主观上讲，任何人都具备认识仁义法正之理的认知能力和践行仁义法正之要求的实践能力。在荀子看来，这两种能力人人皆有，它是"途之人可以为禹"的主观条件。显然，这里说的知与能就是"材性知能"中的后两者，荀子认为它们普遍存在于一切人身上，并且是先天而成，是一切人的普遍本质。这再次证明了"知"与"能"是荀子人性论中与自然欲求不同的、不可或缺的重要组成部分。在荀子看来，如果"涂之人"不具备"知"与"能"，那么他们将不可能认识任何形式的外在之理，其行为将完全与禽兽等同，不会表现出任何德性及对权威的尊重。显然，这与事实不符。"涂之人"即便不经过仁义法正的教化，也能或多或少地表现出合德性的一面。因而，荀子从外在的行为便推之人们是具备"知"与"能"的主观能力。那么，在把握和运用"仁义法正"的主客观条件都具备的情况下，"涂之人"接下来的任务便是发挥主观能动性，实现两者的长期结合，这便是"积习"的过程。可见，通过"能所对应"的结果，荀子清晰地解释了"涂之人可以为禹"的可能性，为人们勾画了成就理想人格的美好前景。

然而另一方面，荀子又清醒地意识到，"涂之人为禹"的可能性并不等于现实性，二者间存在着不小的鸿沟。

> 曰："圣可积而致，然而皆不可积，何也？"曰：可以而不可使也。故小人可以为君子而不肯为君子，君子可以为小人而不肯为小人。小人君子者，未尝不可以相为也；然而不相为者，可以而不可使也。故涂之人可以为禹，则然；涂之人能为禹，未必然也。虽不能为禹，无害可以为禹。足可以遍行天下，然而未尝有能遍行天下者也。夫工匠农贾，未尝不可以相为事也，然而未尝能相为事也。用此观之，然则可以为，未必能也；虽不能，无害可以为。然则能不能之与可不可，其不同远矣，其不可以相为明矣。①

面对"圣可积而致，然而皆不可积"的疑问，荀子的回答是"可以而不可使也"。王先谦对此句的解释是，"可以为而不可使为，以其性恶"②，也就是说，人性的向恶性成为了阻碍人们成圣的主要障碍。正因如此，荀子一方面严格区分了成圣的可能性与现实性，强调人们天生具备的只是成圣的可能性，而非成圣的现实性，而由可能性向现实性的转化则需要"涂之人"克服人性中的阻力。另一方面，荀子强调，"涂之人"即便没有真的成圣，也并不损害他成圣的可能性，因为支撑这种可能性的"知"与"能"作为人性的一部分是天生的，并不会消亡。

荀子针对"涂之人可以为禹"的分析表明他对人性与道德修养的认识既基于现实主义原则，又包含着对理想人格的憧憬，达成了现实性与超越性的平衡。荀子反复强调，

---

① 《荀子·性恶》，梁启雄：《荀子简释》，中华书局 1983 年版，第 335 页。
② ［清］王先谦：《荀子集解》，中华书局 2013 年版，第 524 页。

由成圣的可能性转变为现实性的途径就是"师法"和"积习",这两者最终又都归结于对于礼乐的学习、体会和内化。因此,礼乐在荀子的成圣途径中占有举足轻重的地位,是其教化思想的核心。

第二节 隆礼重法——荀子的礼教思想

众所周知,礼在荀子思想中占有极为重要的地位,被其视作纠正人性中的偏狭因素的核心方法。荀子对"礼"的论述极为丰富,"《荀子》一书中,提到礼的地方达三百多处"[①]。概括起来,大致可以分为礼的起源与作用、礼的具体内涵、礼教的实施方式与礼法关系四个部分。

一、礼的起源与作用

荀子基于其严格的逻辑思想,建构了完整的礼学体系。这一体系的首要环节就是对礼的起源的揭示。在荀子看来,礼源自于对欲望的节制与平衡,这是礼的社会起源。《礼论》载:

> 礼起于何也?曰:人生而有欲,欲而不得,则不能无求;求而无度量分界,则不能不争。争则乱,乱则穷。先王恶其乱也,故制礼义以分之,以养人之欲,给人之求。使欲必不穷乎物,物必不屈于欲,两者相持而长,是礼之所起也。[②]

简而言之,产生礼的根源乃是人之欲望的无限扩张所造成的矛盾,即欲望膨胀的速度远远超过物质财富积累的速度。这使得现存的物质财富根本无法满足所有人的欲求,此举必然带来争夺和混乱,危害社会的稳定与发展。圣人正是基于这一点,才制定礼仪以求将人们欲望的膨胀限制在合理的范围内,使其能与物质财富的增长相匹配,使人们不至于为了满足一己私欲而不择手段,最终危害了共同体的安全。王博教授评论道,"可以看出,这种对礼的起源的解释是以欲望为其逻辑前提的,正是欲望的存在才使得礼的出现成为必要的事情。"[③] 这一认识显然是正确的。然而,他继续说道,"我们可以从另外一个方面来假设,如果人从根本上是无欲的,那么礼是不是就失去了存在的基础?老子也许可以成为一个思想实验的例证。"[④] 笔者则认为,这一说法诚然是合理的,但却构不成对荀子的批判。因为荀子此论是与其人性论密不可分的,其人性论中容易导向恶的部分正是人的自然本性以及衍生出的种种欲望,所以他通过礼义来节制欲望便成为了很自然的选择。因此,荀子和老子对人之本性的把握本身即存在着根本的不同,两人对礼这

---

① 廖名春:《〈荀子〉新探》,中国人民大学出版社 2014 年版,第 101 页。
② 《荀子·礼论》,梁启雄:《荀子简释》,中华书局 1983 年版,第 253 页。
③ 王博:《中国儒学史·先秦卷》,北京大学出版社 2011 年版,第 550 页。
④ 王博:《中国儒学史·先秦卷》,北京大学出版社 2011 年版,第 550 页。

一外在规范的态度自然也有着明显的差异。

同样在《礼论》中，荀子还从"质"与"文"的角度说明了礼的起源及理想状态。《礼论》载，"凡礼，始乎脱，成乎文，终乎税。故至备，情文俱尽；其次，情文代胜；其下复情以归太一也。"① 王先谦对引文之首句的解释是，"此言礼始乎收敛，成乎文饰，终乎悦快。"② 也就是说，礼的起点是人情的需要，例如对于人情的引导以及下文中我们将提到的，对于人的身份地位的区分，这是礼的内在基础；接下来需要通过"文饰"即外在的仪式与典章将人的情感表现出来，这是礼的外部显现；礼的最终目的是要达成内与外、情与文的协调。正因如此，荀子才认为，礼的最高境界是"情文俱尽"即孔子所说的"文质彬彬"，其次是情与闻偏重于某一方面。值得注意的是"复情以归大一"，王先谦的注释是"虽无文饰，但复情以归质素，是亦礼也"③。也就是说，真正的礼是人之情感的真实体现，因而在礼的仪制与意义中，后者更为重要，借用孔子的话说就是"吾从乎先进"。这表明荀子对礼的理解与孔子一脉相承，即强调需要实现内在情感与外在仪式的统一，而在达不到这一要求，应首重人的真实情感的自然流露。

而在《王制》篇中，荀子则将欲望与物质的矛盾关系投射到了政治领域，发现了礼制产生的政治根源，即通过礼来确立等级制和上下尊卑，以方便政治统治。

> 分均则不偏，势齐则不壹，众齐则不使。有天有地而上下有差，明王始立而处国有制。夫两贵之不能相事，两贱之不能相使，是天数也。势位齐而欲恶同，物不能澹则必争，争则必乱，乱则穷矣。先王恶其乱也，故制礼义以分之，使有贫富贵贱之等，足以相兼临者，是养天下之本也。《书》曰："维齐非齐。"此之谓也。④

所谓"分均"，"谓贵贱敌也"⑤，"篇"应为"遍"，而此句意为"言分既均，则所求于民者亦均，而物不足以给之，故不遍也"⑥。也就是说，如果贵贱敌体，则所求于百姓者将与所求于贵族者便一般无二，那么若不能迫使百姓纳税服役，国家便无法获得足够的物质财富来维持统治，这样的恩典也便维持不下去了。后面的"势齐则不壹，众齐则不使"，按照梁启雄先生引述杨倞的说法，"此皆名无差等，则不可相制也"⑦，都是在强调贵贱等同则无法相互制约，从而导致社会无法有效运行。正因为如此，荀子才提出"两贵之不能相事，两贱之不能相使"的观点，强调务必贵贱有等，才能使贵者使贱，贱者事贵，从而保证社会的基本秩序和有效运行。而标明贵贱的标志则是"礼义"，这里的礼义是指外在的礼仪节文，它是人们身份等级的象征。按照荀子的理解，礼之产生的政治根源即等级制度，而这与其对圣人与普通人的理解亦是相一致的。正如前文所言，在荀子看来，圣人与"涂之人"虽然本性一致，但前者可以自觉到放任本性的弊端而"化

① 《荀子·礼论》，梁启雄：《荀子简释》，中华书局1983年版，第259页。
② ［清］王先谦：《荀子集解》，中华书局2013年版，第420页。
③ ［清］王先谦：《荀子集解》，中华书局2013年版，第420页。
④ 《荀子·王制》，梁启雄：《荀子简释》，中华书局1983年版，第101－102页。
⑤ ［清］王先谦：《荀子集解》，中华书局2013年版，第179页。
⑥ ［清］王先谦：《荀子集解》，中华书局2013年版，第179页。
⑦ 梁启雄：《荀子简释》，中华书局1983年版，第102页。

性起伪"，后者则连接受师法的教化而成圣都不一定能做到。这足以证明二人的能力有着明显的区别，而这种区别就被荀子视作等级制存在的人性根源。这意味着荀子由人与人的能力差异确定了等级差异，将个人禀赋的差别政治化。它体现了荀子思想中的阶级性成分，表明其是为统治阶级的服务，这一点我们今天应当注意辨别。

按照荀子的逻辑，礼的起源决定着礼的作用。由于起源有社会起源与政治起源之分，因而相应地礼的作用也分为社会作用和政治作用。荀子认为，礼的社会作用主要是"养"和"别"。对于前者，《礼论》载：

> 故礼者养也。刍豢稻粱，五味调香，所以养口也；椒兰芬苾，所以养鼻也；雕琢、刻镂、黼黻、文章，所以养目也；钟鼓、管磬，琴瑟、竽笙，所以养耳也；疏房、檖貌、越席、床笫、几筵，所以养体也。故礼者养也。①

这里的"疏房"乃"通明之房"；"貌"为"庙"，"檖庙"乃"宫室尊严之名"；"越席"乃是"翦蒲之席"。② 显然，本段所记述的都是供人享受之物。因此，所谓"礼者养也"，就是以合礼的方式追求舒适的生活，满足人的感性欲望。王博教授认为，"在这个叙述中，我们发现了礼和欲的交汇点。从表面上看，礼仅仅是对于欲望的节制。但更深层次地来思考，正是礼才从最根本的意义上保证了欲望的合理满足。"③ 这一认识显然是很准确的。更进一步地说，"礼者养也"本身就意味着荀子对物质欲望采取的是肯定的态度，认为舒适华美的生活乃人之常情，应当且值得追求。这再次证明，儒家从来不是禁欲主义，而是节欲主义。

但是根据前文的分析，按照当时的生产力发展水平，要满足所有人的刍豢稻粱、黼黻文章与钟鼓管磬之欲是不现实的，上述"养欲"之礼只能惠及少数人，因而就需要明确享受这一切的资格，这就是礼之"别"。《礼论》载：

> 君子既得其养，又好其别。曷谓别？曰：贵贱有等，长幼有差，贫富轻重皆有称者也。故天子大路越席，所以养体也；侧载睪芷，所以养鼻也；前有错衡，所以养目也；和鸾之声，步中《武》《象》，趋中《韶》《护》，所以养耳也；龙旗九斿，所以养信也；寝兕、持虎、蛟韅、丝末、弥龙，所以养威也；故大路之马必倍至教顺，然后乘之，所以养安也。④

荀子在此指明了"别"的涵义，即"贵贱有等，长幼有差"，也就是以身份地位为标准对人们加以区分，而将前面所说的"以礼养欲"局限在少部分人之中。因此，后文中所记述的一切物件与乐曲都是天子专用。天子一方面用此来彰显与其他人在身份地位上的巨大差异，另一方面也以此来"养体"，享受其带来的舒适生活，满足自身的生理欲

---

① 《荀子·礼论》，梁启雄：《荀子简释》，中华书局 1983 年版，第 253—254 页。
② 参见［清］王先谦：《荀子集解》，中华书局 2013 年版，第 410 页。
③ 王博：《中国儒学史·先秦卷》，北京大学出版社 2011 年版，第 555 页。
④ 《荀子·礼论》，梁启雄：《荀子简释》，中华书局 1983 年版，第 254—255 页。

求。可见，在荀子这里，"养"和"别"是密不可分的，前者建立在后者的基础上。更准确地说，只有先区分了贵贱长幼，才能用有限的"物"来养"欲"，实现两者的"相待而长"。

礼的"养"与"别"的作用也构成了"礼"在政治层面运用的基础。也就是说，君主践行礼制，强化社会成员的区分是社会繁荣稳定的前提，因而礼有着重要的政治作用。《强国》载：

> 故人之命在天，国之命在礼。人君者，隆礼尊贤而王，重法爱民而霸，好利多诈而危，权谋倾覆幽险而亡。①
>
> 古者禹汤本义务信而天下治；桀纣弃义背信而天下乱。故为人上者，必将慎礼义务忠信然后可。此君人者之大本也。②

荀子将礼视为"国之命脉"，看作治国理政的根本原则。同时，他又强调须礼法并重，提出了"隆礼重法"政治主张。从中我们可以看出，荀子一方面是礼法并重，这一点与战国时期各国普遍变法，法家在很多国家都占有主导地位的政治局面是一致的。然而另一方面，"荀子并非法家，荀子的思想亦非法治主义，其礼治主义思想仍然以儒家为主导，提倡礼义忠信。"③因而荀子用"隆礼"对应"王道"，而用"重法"对应"霸道"，其中表现出了鲜明的价值倾向，即王道高于霸道，仁义与礼制作为政治原则优于刑罚暴力。这凸显了荀子思想的儒家底色。

在《强国》中荀子还解释了礼为"国之命脉"的意义，即只有以礼为治才能保证国家的长治久安，而这样才合乎所有人特别是君主的根本利益。

> 故人莫贵乎生，莫乐乎安；所以养生安乐者莫大乎礼义。人知贵生乐安而弃礼义，辟之是犹欲寿而刭颈也，愚莫大焉。故君人者，爱民而安，好士而荣，两者无一焉而亡。④

所谓"莫贵乎生""莫乐乎安"应是所有人的共同期盼，但获利最大的莫过于人主。而要实现人人都渴望的"生"与"安"，统治者便要"以礼治国"，使得"贵贱有等，长幼有序"，使得上下高低有别且人人都能各安其位，不生非分之想，更不行残贼欺凌狡诈之举。只有这样，国家才不会发生混乱，才能保证长治久安。因此在荀子看来，以礼治国才能合乎君主的根本利益，因而是君主应当也必须采纳的政治原则。

综合礼产生的社会经济根源与政治根源，荀子认为"礼"有三本，即天地、先祖与君师。《礼论》载：

---

① 《荀子·强国》，梁启雄：《荀子简释》，中华书局1983年版，第208页。
② 《荀子·强国》，梁启雄：《荀子简释》，中华书局1983年版，第219页。
③ 陈来：《孔子·孟子·荀子——先秦儒学讲稿》，生活·读书·新知三联书店2017年版，第224页。
④ 《荀子·强国》，梁启雄：《荀子简释》，中华书局1983年版，第214页。

礼有三本：天地者，生之本也；先祖者，类之本也；君师者，治之本也。无天地，恶生？无先祖，恶出？无君师，恶治？三者偏亡，焉无安人。故礼，上事天，下事地，尊先祖，而隆君师，是礼之三本也。[1]

在礼之"三本"当中，"天地"作为"生之本"是指天地孕育了人的生命，而礼归根结底是人之礼，缺少了活生生的人，礼制本身毫无意义。"先祖"为"类之本"乃是强调礼所彰显的人类存在的独特性，毕竟礼制凸显的是人之存在的独特性（即"明分使群"的思想），借用马克思的话说就是人的"类本质"。因此，祖先在礼制中的价值就是使得人与其他物种相区别，从而奠定礼制产生人类性基础。而君师则是"制礼作乐"之人及以礼乐教化百姓的参与人，是礼的具体创造者和现实执行者，是治道的具体体现。因此，荀子以此三者来概括礼教的本源是相当贴切的。

二、礼的具体内容

众所周知，"礼"在荀子的思想中是一个涵义十分丰富的概念，因此要全面了解荀子的礼教思想，我们首先要澄清礼在其理论中的内涵。笔者认为，荀子之礼主要包括政治原则之礼、等级制度之礼、礼仪文章之礼、道德教化与仁义外化之礼四个方面。

首先，礼的政治意义在前文中已经多有论及，这里再做一说明。在荀子看来，"礼者，政之輓也；为政不以礼，政不行矣。"[2] 礼不仅起源于政治，还是重要的政治原则（非根本政治原则，根本政治原则是王道）。因为人类之所以能够超越并运用其他物种，关键在于能够有效地组织起来，即"能群"，而礼义则是实现"群"的重要条件。正如王博教授所言，"礼的存在和群体生活不可分割，而人，在荀子看来，就正是能群的生命。"[3] 《王制》载

水火有气而无生，草木有生而无知，禽兽有知而无义；人有气有生有知亦且有义，故最为天下贵也。力不若牛，走不若马，而牛马为用，何也？曰：人能群，彼不能群也。人何以能群。曰：分。分何以能行？曰：义。故义以分则和，和则一，一则多力，多力则强，强则胜物；故宫室可得而居也。故序四时，裁万物，兼利天下，无它故焉，得之分义也。故人生不能无群，群而无分则争，争则乱，乱则离，离则弱，弱则不能胜物。故宫室不可得而居也，不可少顷舍礼义之谓也。能以事亲谓之孝，能以事兄谓之悌，能以事上谓之顺，能以使下谓之君。君者，善群也。群道当则万物皆得其宜，六畜皆得其长，群生皆得其命。故养长时，则六畜育，杀生时，则草木殖。政令时，则百姓一，贤良服。[4]

荀子认为，人高于禽兽之处在于有"义"，而义的作用在于让"群"与"分"能够施

---

① 《荀子·礼论》，梁启雄：《荀子简释》，中华书局 1983 年版，第 256 页。
② 《荀子·大略》，梁启雄：《荀子简释》，中华书局 1983 年版，第 368 页。
③ 王博：《中国儒学史·先秦卷》，北京大学出版社 2011 年版，第 555 页。
④ 《荀子·王制》，梁启雄：《荀子简释》，中华书局 1983 年版，第 109－110 页。

行，也就是说能够将按照社会等级和职业相区分的各色人等有效地组织起来，形成团结的人类社会并产生合力，以此来战胜生存斗争中的一切困难。而实现上述的这一切则正是政治存在的意义，即"君者，善群也"。具体说来，政治的目标是既要分而各安其位，保证"贵贱有等，长幼有序"，维持社会的基本秩序；又要和以形成合力，使牛马能为人所用。而在荀子看来，这两者的实现都离不开礼，因此礼是政治统治的基本原则。

在《王制》中，荀子比较了历史上数位统治者不同的政治原则，认为唯有行礼治乃为王道。

> 成侯、嗣公，聚敛计数之君也，未及取民也；子产，取民者也，未及为政也；管仲，为政者也，未及修礼也。故修礼者王，为政者强，取民者安，聚敛者亡。故王者富民，霸者富士，仅存之国富大夫，亡国富筐箧，实府库。筐箧已富，府库已实，而百姓贫，夫是之谓上溢而下漏。入不可以守，出不可以战，则倾覆灭亡可立而待也。故我聚之以亡，敌得之以强。聚敛者，召寇、肥敌、亡国、危身之道也，故明君不蹈也。[①]

《大略》则云：

> 礼者，人之所履也，失所履，必颠蹶陷溺。所失微而其为乱大者，礼也。[②]
> 礼之于正国家也，如权衡之于轻重也，如绳墨之于曲直也。故人无礼不生，事无礼不成，国家无礼不宁。君臣不得不尊，父子不得不亲，兄弟不得不顺，夫妇不得不欢；少者以长老者以养。故天地生之，圣人成之。和鸾之声，步中《武》《象》，趋中《韶》《护》。君子听律习容而后士。[③]

在荀子这里，"修礼而富民"乃是王道政治的总原则，也是国家能够长治久安而使四方归服的不二法门，更是君主为政必须遵守的大本大道。这里的总原则与大本大道，也就是衡量治国好坏与否的根本标准，如权衡之于轻重，如绳墨之于曲直。荀子认为，治国不依礼意味着偏离了正道，会带来一系列问题，因而必不可长久，必须得到纠正。

荀子之礼的第二层涵义乃是等级制度之礼，也就是前文中提及的"贵贱有等，长幼有序"，以此来保证"分"与"群"的顺利实施。《富国》载：

> 礼者，贵贱有等，长幼有差，贫富轻重皆有称者也。故天子袾裷衣冕，诸侯玄裷衣冕，大夫裨冕，士皮弁服。德必称位，位必称禄，禄必称用。由士以上则必以礼乐节之，众庶百姓则必以法数制之。量地而立国，计利而畜民，度人力而授事；使民必胜事，事必出利，利足以生民，皆使衣食百用出入相揜，必时臧余，谓之称数。故自天子通于庶人，事无大小多少，由是推之。故曰：朝无幸位，民无幸生。

---

① 《荀子·王制》，梁启雄：《荀子简释》，中华书局1983年版，第103页。
② 《荀子·大略》，梁启雄：《荀子简释》，中华书局1983年版，第371页。
③ 《荀子·大略》，梁启雄：《荀子简释》，中华书局1983年版，第371页。

此之谓也。①

　　人之生，不能无群，群而无分则争，争则乱，乱则穷矣。故无分者，人之大害也；有分者，天下之本利也；而人君者，所以管分之枢要也。故美之者，是美天下之本也；安之者，是安天下之本也；贵之者，是贵天下之本也。古者先王分割而等异之也，故使或美或恶，或厚或薄，或佚或乐，或勤或劳，非特以为淫泰夸丽之声，将以明仁之文，通仁之顺也。故为之雕琢、刻镂、黼黻、文章，使足以辨贵贱而已，不求其观；为之钟鼓、管磬、琴瑟、竽笙，使足以辨吉凶、合欢定和而已，不求其余；为之宫室台榭，使足以避燥湿养德、辨轻重而已，不求其外。《诗》曰："雕琢其章，金玉其相。亹亹我王，纲纪四方。"此之谓也。②

　　在后一段文字中，荀子首先再一次说明了"明分使群"的重要性；其次，君主的任务就是"管分"，这是政治的枢要之地。这样特殊的地位一方面赋予了人君使用最高的仪节、享用最好之生活的权利，因此来与君主的地位相匹配。另一方面，荀子特别指出，君主通过制礼作乐来区分社会等级的目的是"明仁之文，通仁之顺"，即推行仁道。这是由于儒家之仁是亲亲尊尊、爱有差等之仁，等级制是仁的题中应有之义，因此区分长幼贵贱是行差等之仁的前提。这意味着，礼在荀子这里仍然是为仁服务的，礼的一项重要目的是区分等级制度以行差等之爱，因而礼之节文并非根本，而只是手段。所以，无论是君主的雕琢、刻镂、黼黻、文章，还是钟鼓、管磬、琴瑟、竽笙，亦或是宫室台榭，都不是为了满足其欲望，而是为了彰显君主的权柄以"纲纪四方"，即王先谦所云，"言雕琢为文章，又以金玉为质，勉力为善，所以纲纪四方也"③。而在前一段文字中，荀子沿着"贵贱有等，长幼有差，贫富轻重皆有称者"的思路指出了以礼区分贵贱等级的另一重要作用，即"由士以上则必以礼乐节之，众庶百姓则必以法数制之"。王先谦对此的解释十分直接，就是"君子用德，小人用刑"④。也就是说，等级制伴随着的是君子与小人在政治治理方式、社会分工及财富分配等方面的全方位差异。所谓"使衣食百用出入相揜"，就是要满足百姓的物质要求，而根据《礼论》中物与欲"相待而长"的思想，可以想见满足的标准不会很高，这是与百姓的社会身份相适应的。

　　荀子之礼的第三层涵义就是仪制之礼，即礼乐典章制度。它既是礼的具体表现形式，又是政治统治原则与等级制度的载体。《王制》载：

　　王者之制——道不过三代，法不贰后王。道过三代谓之荡，法贰后王谓之不雅。衣服有制，宫室有度，人徒有数，丧祭械用，皆有等宜，声则凡非雅声者举废，色则凡非旧文者举息，械用则凡非旧器者举毁。夫是之谓复古。是王者之制也。⑤

　　在荀子看来，"王者之制"就是以三代之王道为根本政治原则，具体的治道则以近古

---

① 《荀子·富国》，梁启雄：《荀子简释》，中华书局1983年版，第120—121页。
② 《荀子·富国》，梁启雄：《荀子简释》，中华书局1983年版，第122页。
③ ［清］王先谦：《荀子集解》，中华书局2013年版，第213页。
④ ［清］王先谦：《荀子集解》，中华书局2013年版，第211页。
⑤ 《荀子·王制》，梁启雄：《荀子简释》，中华书局1983年版，第106页。

之圣王（以武王周公为代表）制定的仪制为准。准确地说，就是一切外在的制度都以周礼为准，凡不合周礼的乐曲、服饰宫殿及器械一律废止。至于何为荀子认可的、合乎周礼的仪制，他在《大略》中有较为详细的描述。

> 天子山冕，诸侯玄冠，大夫裨冕，士韦弁，礼也。
> 天子御珽，诸侯御荼，大夫服笏，礼也。
> 天子雕弓，诸侯彤弓，大夫黑弓，礼也。
> 聘人以珪，问士以璧，召人以瑗，绝人以玦，反绝以环。[①]

可见，按照周礼的要求，不同身份等级的人在冠冕、持玉、用弓及用器方面都有着明确且严格的区别。周礼正是以此来凸显不同身份等级之人之间的尊卑之别，在此基础上形成一整套完善的社会统治秩序。

荀子之礼的第四层涵义也是最重要的一层是道德教化与仁义外化之礼，即具体实施礼教的礼，它也是礼落实于人的环节。众所周知，无论礼的作用有多么关键，礼的价值有多么重要，只有当礼切实作用于人，这一切才能得到发挥。荀子同样深知这一点，因而他十分重视礼的教化意义，而这种教化意义又是围绕礼与仁义的关系展开的，因此道德教化与仁义外化是一体两面的。《大略》载：

> 夫行也者，行礼之谓也。礼也者，贵者敬焉，老者孝焉，长者弟焉，幼者慈焉，贱者惠焉。
> 礼以顺人心为本，故亡于《礼经》而顺人心者，皆礼也。
> 亲亲、故故、庸庸、劳劳，仁之杀也。贵贵、尊尊、贤贤、老老、长长，义之伦也。行之得其节，礼之序也。仁，爱也，故亲。义，理也，故行。礼，节也，故成。仁有里，义有门。仁，非其里而虚之，非礼也。义，非其门而由之，非义也。推恩而不理，不成仁；遂理而不敢，不成义；审节而不知，不成礼；和而不发，不成乐。故曰：仁、义、礼、乐，其致一也。君子处仁以义，然后仁也；行义以礼，然后义也；制礼反本成末，然后礼也。三者皆通，然后道也。[②]

荀子在此指出，仁义与礼相互决定，相互制约，共同构成了儒家之道。仁义对礼的决定作用体现在它们赋予了行礼的目的，即"顺乎人心"，也就是将人心中的情感妥帖地表现于外。据此我们便能理解，为何荀子认为礼就是"贵者敬焉，老者孝焉，长者弟焉，幼者慈焉，贱者惠焉"，因为亲亲尊尊而使所有人都得到安顿本身就是仁义的中心内容，礼只不过是这一信念的实施途径。也正因如此，荀子才认为"亡于《礼经》而顺人心者，皆礼也"。在他看来，"顺乎人心"已经达到了行礼的目的，也完成了教化的过程，再执着于礼的虚文便没有意义了。而所谓"制礼反本成末，然后礼也"，也体现了这个意思，

① 《荀子·大略》，梁启雄：《荀子简释》，中华书局1983年版，第365页。
② 《荀子·大略》，梁启雄：《荀子简释》，中华书局1983年版，第367—368页。

· 175 ·

即"以仁义为本，终成于礼节也"①。至于礼对仁义的规定体现在"仁有里，义有门；仁，非其里而虚之，非礼也。义，非其门而由之，非义也"之中，王先谦对它的解释是"里与门，皆谓礼也；里所以安居，门所以出入也……仁非其里，义非其门，皆谓有仁义而无礼也"。②里与门是能够安放仁义之处所，缺少了里与门，仁义便无法以合适的方式表现出来。由此可见，荀子对于仁义和礼之关系的理解与孔子如出一辙，即一方面从根本上讲，内重于外，仁义重于礼，内心的情感和道德要求重于外在的礼节仪式；另一方面，仁义与礼不可偏废，缺少了礼的外在显现，仁义也是不完善的。因此，礼的道德教化作用在于引导内心情感充分显现，彰显仁义，达成仁义与礼的充分结合，证成儒家的道体。对荀子而言，无论是政治原则之礼还是等级制度之礼，本质上都是仁义之道的不同侧面，因而两者若要发挥"明分使群"的作用，必须依赖礼的教化功能使之为人们所接受。因此，礼的教化意义作为落实环节在荀子的礼学体系中占有枢纽地位。

荀子在《礼论》中以丧祭之礼为例，专门阐释了礼的教化作用以及礼与仁爱之情的紧密联系。

> 礼者，谨于治生死者也。生，人之始也；死，人之终也。终始俱善，人道毕矣。故君子敬始而慎终。终始如一，是君子之道，礼义之文也。夫厚其生而薄其死，是敬其有知而慢其无知也，是奸人之道而倍叛之心也。君子以倍叛之心接臧谷，犹且羞之，而况以事其所隆亲乎！故死之为道也，一而不可得再复也，臣之所以致重其君，子之所以致重其亲，于是尽矣。故事生不忠厚、不敬文，谓之野；送死不忠厚、不敬文，谓之瘠。君子贱野而羞瘠，故天子棺椁十重，诸侯五重，大夫三重，士再重，然后皆有衣衾多少厚薄之数，皆有翣菨文章之等以敬饰之，使生死终始若一；一足以为人愿，是先王之道，忠臣孝子之极也。天子之丧动四海，属诸侯。诸侯之丧动通国，属大夫。大夫之丧动一国，属修士。修士之丧动一乡，属朋友。庶人之丧，合族党，动州里。刑余罪人之丧，不得合族党，独属妻子，棺椁三寸，衣衾三领，不得饰棺，不得昼行，以昏殣，凡缘而往埋之，反无哭泣之节，无衰麻之服，无亲疏月数之等，各反其平，各复其始，已葬埋，若无丧者而止，夫是之谓至辱。③

生与死共同作为人之生命的两端，共同构成了人之生命的全过程。因此，"终始俱善"意味着谨慎地对待生命的全过程，因而"对生死的敬重乃是对生命和人道本身的敬重"④。相反，重生不重死与重死不重生所反映的都是对生命之意义缺乏理解。特别是作为生命终点的死亡，它考验的不仅是死者，更是生者对生命的理解。按照王博教授的说法就是，"死亡并不仅仅是一个物理或生理的时间，它更是一个心理的事件，对于生者而言的心理事件。简单地说，生者需要在心里接受君亲的死亡。"⑤因此荀子认为，无论是事生还是送死都不可不慎，否则非野即瘠，都非君子之道。值得注意的是荀子对于"野"

① ［清］王先谦：《荀子集解》，中华书局 2013 年版，第 581 页。
② ［清］王先谦：《荀子集解》，中华书局 2013 年版，第 580 页。
③ 《荀子·礼论》，梁启雄：《荀子简释》，中华书局 1983 年版，第 262—263 页。
④ 王博：《中国儒学史·先秦卷》，北京大学出版社 2011 年版，第 563 页。
⑤ 王博：《中国儒学史·先秦卷》，北京大学出版社 2011 年版，第 564 页。

和"瘠"的界定是"不忠厚"和"不敬文",前者指涉的是内心对亲人长上的态度,后者则是指外在的仪节,而前者是更根本的。换言之,正是由于内心的"不忠厚"才会表现出"不敬文"的行为。同样,也正由于内心对生命的敬畏和对他人由衷地仁爱之情,君子才非常看重葬礼,制定了一系列异常繁复的仪节来彰显对逝去之亲人与君长的哀思,同时以此来彰显不同人的身份等级之别。

进一步,荀子通过对"殡久不过七十日,速不过五十日"的解释,凸显丧葬之礼中所表现出的对生命的敬畏和关爱之情。《礼论》云:

> 礼者,谨于吉凶不相厌者也。紸纩听息之时,则夫忠臣孝子亦知其闵已,然而殡殓之具,未有求也;垂涕恐惧,然而幸生之心未已,持生之事未辍也;卒矣,然后作具之。故虽备家必踰日然后能殡,三日而成服,然后告远者出矣,备物者作矣。故殡,久不过七十日,速不损五十日。是何也?曰:远者可以至矣,百求可以得矣,百事可以成矣;其忠至矣,其节大矣,其文备矣。然后月朝卜日,月夕卜宅,然后葬也。当是时也,其义止,谁得行之!其义行,谁得止之!故三月之葬,其以生设饰死者也,殆非直留死者以安生也;是致隆思慕之义也。[1]

所谓"吉凶不相厌",王先谦认为是"不使相侵掩"[2],即两者不可相互混杂之义。因此即便到了紸纩听息的地步,所有人都知道病人已命不久矣,但不到最后一刻,丧礼的各项措施均不可提前预备。这里所反映的则是对生命的珍重,即不到生命结束之时决不放弃病人,一定要给他生的希望。但是,一旦人死不可复生,则要立即着手操办丧礼的各项事宜,其时间最少也须五十日,因为要将所有的细节都考虑完善并照顾周全。毕竟这是死者生命的最后一程,要将其安排得妥妥帖帖方可。在荀子看来,葬礼之所以需要繁复细致的细节,其目的一方面是安顿死者的在天之灵,另一方面也是以此来教化生者,使生者进一步体会亲情的美好与可贵,告诫自己不可忘却死者对自己的恩德,借此来进一步强化生者心中的仁道。

正因如此,荀子才认为,"先王之道,仁之隆也,比中而行之。何谓中?曰:礼义是也。"[3] 这里明确承认了仁之中道就是依礼行之,同时也肯定了礼的另一项重要价值就在于彰显仁道,而这又是礼的教化活动的基础。

三、礼教的具体过程

通过上文的分析我们可知,道德教化是荀子之礼的重要内涵,那么接下来的问题就是如何实现具体的教化过程。对此,荀子特别强调"学"的作用,认为对于"涂之人"而言,师长的教化和自己主动的学习是掌握礼制的主要途径。《劝学》载:

> 学恶乎始?恶乎终?曰:其数则始乎诵经,终乎读礼;其义则始乎为士,终乎

---

[1] 《荀子·礼论》,梁启雄:《荀子简释》,中华书局 1983 年版,第 263—264 页。

[2] [清] 王先谦:《荀子集解》,中华书局 2013 年版,第 427 页。

[3] 《荀子·儒效》,梁启雄:《荀子简释》,中华书局 1983 年版,第 82 页。

为圣人。真积力久则入，学至乎没而后止也。故学数有终，若其义则不可须臾舍也。为之，人也；舍之，禽兽也。故《书》者，政事之纪也；《诗》者，中声之所止也；《礼》者，法之大分，类之纲纪也，故学至乎《礼》而止矣。夫是之谓道德之极。①

在荀子看来，为学的最终环节是"读礼"，因为它是"类之纲纪"，也就是人的一切行止的根本要求，体现人之为人的根本特性。值得注意的是，荀子在论学之始终时认为，为学的途径"始乎诵经，终乎读礼"，其目的"则始乎为士，终乎为圣人"。这一对举结构意味着礼教是成圣不可或缺的关键环节，在儒家的教化体系中占有最高的地位。因此荀子认为，学礼是为学的终点，践行礼教则是德性的完成。

进一步，荀子强调真正的儒者善于就教于名师，依礼行事，这也是判断儒者见识高低的核心标准。《劝学》载：

学莫便乎近其人。《礼》《乐》法而不说，《诗》《书》故而不切，《春秋》约而不速。方其人之习君子之说，则尊以遍矣，周于世矣。故曰学莫便乎近其人。

学之经莫速乎好其人，隆礼次之。上不能好其人，下不能隆礼，安特将学杂识志顺《诗》《书》而已耳，则末世穷年，不免为陋儒而已。将原先王，本仁义，则礼正其经纬蹊径也。若挈裘领，诎五指而顿之，顺者不可胜数也。不道礼宪，以《诗》《书》为之，譬之犹以指测河也，以戈舂黍也，以锥飡壶也，不可以得之矣。故隆礼，虽未明，法士也；不隆礼，虽察辩，散儒也。

孔子曾经告诫子夏，"汝为君子儒，无为小人儒"②，按照孔颖达的注释，"君子为儒，将以明道；小人为儒，则矜其名"③。而在荀子这里，君子儒与小人儒被称为"法士"和"散儒"，两者的分野在于是否能够"好其人"与"隆礼"。这表明荀子十分重视成为真儒的工夫路径，认为若方法错误，则无法成为真正之儒者。在他看来，由于《礼》、《乐》"有大法而不曲说也"，《诗》、《书》"但论先王故事而不委曲切近于人"，《春秋》"文义隐约，褒贬难明，不能使人速晓其意也"，④ 因而若不得名师辟解，大多数人特别是"涂之人"便难以把握其意涵，更不能使之为己所用。正是在这个意义上，荀子认为"近其人"比读诗书更为重要。

除了亲师友，另一重要的为学之方就是"隆礼"。这意味着在儒家的经典中荀子特别看重《礼》的作用，认为其地位与作用均高于《诗》《书》，因为在他看来，后者往往不切实用。所谓"学杂识志"，梁启雄先生认为当作"学杂志"，意为"指记诵教条或盲目地乱学"；顺《诗》《书》"则是"指搬弄教条，或'贩卖式'地教导学生"⑤；显然，二者的问题都在于脱离现实。在荀子看来，《诗》《书》本身就存在迂阔疏远之弊，以此教人必使儒者知古而不知今，更谈不上应事接物了，而这是背离先王之本意的。毕竟，上

---

① 《荀子·劝学》，梁启雄：《荀子简释》，中华书局1983年版，第7—8页。
② 《论语·雍也》，[清] 刘宝楠：《论语正义》，中华书局1990年版，第228页。
③ [清] 刘宝楠：《论语正义》，中华书局1990年版，第228页。
④ [清] 王先谦：《荀子集解》，中华书局2013年版，第16页。
⑤ 梁启雄：《荀子简释》，中华书局1983年版，第10页。

至尧舜，下迄周公，儒家的圣王从来都不是热衷于坐而论道，而是以治国安民为己任。因此荀子认为，后世儒者要"原先王"即"追溯先王之原"就必须同样以实现内圣外王之道作为自身的目标，而达成这一点的最好途径便是"以礼行事"。因为礼作为圣王治国安邦的大本大原，本身就带有很强的可操作性，所以以此为依据来处事便能提纲挈领，直接把握到圣王的精髓。可见，荀子这里从儒者的责任出发，阐明了"以礼为教"的必要性和最终结果，同时也指明了亲近师友乃是完成礼教的最有效途径，从而从意义和手段两方面说明了礼教的价值。

在《修身》中，荀子对"学礼"与"亲师友"的关系做了更细致的分析。

> 礼者，所以正身也；师者，所以正礼也。无礼何以正身？无师，吾安知礼之为是也？礼然而然，则是情安礼也；师云而云，则是知若师也。情安礼，知若师，则是圣人也。故非礼，是无法也；非师，是无师也。不是师法而好自用，譬之是犹以盲辨色，以聋辨声也，舍乱妄无为也。故学也者，礼法也。夫师，以身为正仪而贵自安者也。《诗》云："不识不知，顺帝之则。"此之谓也。①

在荀子看来，礼的作用是端正言行举止，师长的作用是帮助学者确立对礼的正确理解。因此，"亲师友"与"习礼仪"是荀子道德教化思想的核心，也是荀子礼教全过程中两个联系紧密的环节。在具体的教化方法上，"礼然而然"与"师云而云"体现了荀子教化思想的特点，即要求学者对外在的礼制与师法教化完全而无条件地接受和服从。这与荀子对人性的理解是一致的：既然"涂之人"不能自主地"化性起伪"，那么他就必须接受外来的引导和教育，不能对此有反抗之情。因此，他将"师"界定为"以身为正仪而贵自安者也"。对此，王先谦解释道，"效师之礼法以为正仪，如性之所安，斯为贵也"②，即要求学者全身心地效法师长，以此为修养的最高标准。

荀子认为，学者在接受了师长的教化而习得礼仪典章后，最关键的是通过行礼体会礼教对人情的引导作用，把握圣王制礼作乐的深意。他在《礼论》中以祭祀之礼为例，说明了礼调适人情的基本模式。

> 祭者，志意思慕之情也。愠悷、啽儴而不能无时至焉。故人之欢欣和合之时，则夫忠臣孝子亦愠悷而有所至矣。彼其所至者甚大动也，案屈然已，则其于志意之情者惆然不嗛，其于礼节者阙然不具。故先王案为之立文，尊尊亲亲之义至矣。故曰：祭者，志意思慕之情也，忠信爱敬之至矣，礼节文貌之盛矣，苟非圣人，莫之能知也。圣人明知之，士君子安行之，官人以为守，百姓以成俗。其在君子，以为人道也；其在百姓，以为鬼事也。故钟鼓、管磬、琴瑟、竽笙，《韶》、《夏》、《护》、《武》、《汋》、《桓》、《箾》、简《象》，是君子之所以为愠悷其所喜乐之文也。齐衰、苴杖、居庐、食粥、席薪、枕块，是君子之所以为愠悷其所哀痛之文也。师旅有制，刑法有等，莫不称罪，是君子之所以为愠悷其所敦恶之文也。卜筮视日，斋戒修涂，

---

①　《荀子·修身》，梁启雄：《荀子简释》，中华书局1983年版，第21页。

②　［清］王先谦：《荀子集解》，中华书局2013年版，第40页。

几筵、馈荐、告祝，如或飨之；物取而皆祭之，如或尝之；毋利举爵，主人有尊，如或觞之；宾出，主人拜送，反易服，即位而哭，如或去之。哀夫！敬夫！事死如事生，事亡如事存，状乎无形影，然而成文。[①]

在荀子看来，先王制定祭祀之礼的目的是安顿忠臣孝子思念逝去的亲人长上之情。这里的"惝诡"是指"变异感动之貌"，"喝僾"则是指"气不舒，愤郁之貌"[②]，二者都是较为特殊的情感。荀子强调，即便是对于忠臣孝子来说，类似的情感也不会无缘无故地产生，而只会在自己感到欢愉之时触景生情，念及逝去的君长已无缘再享受这样的欢乐之时才一瞬间涌上心头。这意味着即便君长已经逝去，他们与生者的情感纽带依然割舍不断，生者对逝者的思念追慕之情亦是自然而然的。因此，圣王制定祭礼的目的就是要安顿这一思慕之情，而后世学者在通过师长的教诲和个人的学习掌握了祭礼之后更关键的便是严格遵照执行，通过从"卜筮视日"到"反易服，即位而哭"的全过程完整地践行祭礼，营造逝者与生者同处一地的在场状态，使得生者的思念之情在祭祀的过程中得以充分释放，并以恭敬严谨的态度对待逝去的亲人和死亡本身，从而实现祭祀的教化目的。

四、礼法关系

荀子在治国教民的过程中不仅强调礼制，而且还充分肯定了法令的作用。在荀子看来，治国不可一味地施恩，而须恩威并重，对违法乱纪的行为必须给予严惩。《王制》载：

听政之大分，以善至者待之以礼，以不善至者待之以刑。两者分别，则贤不肖不杂，是非不乱。贤不肖不杂则英杰至，是非不乱则国家治。若是名声日闻，天下愿，令行禁止，王者之事毕矣。[③]

这里荀子明确赞成礼法并用，以礼赞善，以法惩恶。在他看来，此举可使善恶不相混淆而皆得到合适的对待，同时也能为国家树立正确的价值标准来引导人们改过迁善。这样便能群贤毕至，为国家的发展储备足够的人才；同时还能实现举国令行禁止，使君主声名远播；这些都能够帮助君主成就王者之大业。可见，礼制是国家基本的政治原则，礼法并举则是国家大治的关键举措，因此荀子又将其称之为"礼法之枢要""礼法之大分"。冯友兰先生对此评论道，所谓"礼法并举"，"荀况的意思是说，礼和法有相同的中心思想和主要原则（枢要），那就是规定贵贱、上下等社会秩序。"[④]

虽然荀子强调"礼法并举"，但事实上二者在其思想中的地位并不平等，礼明显重于法。荀子不仅将礼制视为治国的基本原则，而且特别指出，唯有守礼的君子才能运用法

---

① 《荀子·礼论》，梁启雄：《荀子简释》，中华书局1983年版，第274—276页。
② ［清］王先谦：《荀子集解》，中华书局2013年版，第444页。
③ 《荀子·王制》，梁启雄：《荀子简释》，中华书局1983年版，第100页。
④ 冯友兰：《中国哲学史新编（上）》，人民出版社2007年版，第536页。

令来禁暴除恶。也就是说，只有行礼之人才能行法治，因而礼教是法治有效实施的前提。按照王博教授的说法，"在先秦时期有关治道的讨论中，我们明显可以看出有两种很不同的倾向，一种是重法而轻人，法家以及黄老学派可以作为代表。……另一种是主张人重于法，主要以儒家和墨家为代表。……荀子显然是继承了儒家的思路，他一方面强调治道有法和人两个方面，另一方面又强调人是最关键的因素。"①《王制》载：

> 故法而不议，则法之所不至者必废；职而不通，则职之所不及者必坠。故法而议，职而通，无隐谋，无遗善，而百事无过，非君子莫能。故公平者，职之衡也；中和者，听之绳也。其有法者以法行，无法者以类举，听之尽也；偏党而无经，听之辟也。故有良法而乱者有之矣；有君子而乱者，自古及今，未尝闻也。传曰："治生乎君子，乱生乎小人。"此之谓也。②

前文中我们提到过，孟子有"徒法不足以自行"的观点。事实上，荀子亦有类似的主张，只不过他所强调的是法令须由君子执行才能充分发挥其效用。所谓"法而不议"，王先谦的解释是"虽有法度而不能讲论，则不周洽，故法所不至者必废也"；同样，"职而不通"是指"虽举当其职，而不能通明其类，则职所不及者必坠"③。二者的共同问题均是只能按照既定的规范和要求行事，而不能针对具体的情况，特别是圣王在制定法令职责时不曾意识到的情形来变通处理。也就是说，若治国理政时只会墨守成规则远不足以应对当时国家所面临的复杂政治局面。在他看来，只有有德之君子才能随机应变，在坚持原则的基础上把握圣王制礼作乐的根本意图，并切实地运用在治国实践中。因而荀子强调，"治生乎君子"，执掌权柄以行法治的必须是治礼守礼的君子。

而在《君道》中，荀子开宗明义地提出了"有治人，无治法"、"君子者法之原也"的观点，强调统治者的自身素质对法治的根本影响。

> 有乱君，无乱国。有治人，无治法。羿之法非亡也，而羿不世中。禹之法犹存，而夏不世王。故法不能独立，类不能自行。得其人则存，失其人则亡。法者治之端也，君子者法之原也。故有君子，则法虽省，足以遍矣。无君子，则法虽具，失先后之施，不能应事之变，足以乱矣。不知法之义而正法之数者，虽博临事必乱。故明主急得其人，而暗主急得其执。急得其人，则身佚而国治，功大而名美，上可以王，下可以霸；不急得其人，而急得其执，则身劳而国乱，功废而名辱，社稷必危。故君人者，劳于索之，而休于使之。《书》曰："惟文王敬忌，一人以择。"此之谓也。④

在荀子看来，法令制度是确定的因而也是相对稳定的，而执行法令的人却有着不小

---

① 王博：《中国儒学史·先秦卷》，北京大学出版社 2011 年版，第 590 页。
② 《荀子·王制》，梁启雄：《荀子简释》，中华书局 1983 年版，第 101 页。
③ ［清］王先谦：《荀子集解》，中华书局 2013 年版，第 179 页。
④ 《荀子·君道》，梁启雄：《荀子简释》，中华书局 1983 年版，第 158 页。

的差异。这意味着即便一件法令本身是合理的，也很可能因为执行者自身素质较低而得不到有效贯彻。因此荀子认为，"得其人则存，失其人则亡"，强调君主自身的素质必须过硬，而这又离不开礼教的作用。王博教授指出，"荀子强调法和人的结合，这可以看作是对于早期法家传统的直接回应。"[①] 这是说，相对于法家一味地强调严刑峻法，荀子站在儒家的立场上认为良法必须由有道之君主来驾驭才能发挥应有的效果。很明显，在对国家治理的理解方面，荀子远比法家深刻。荀子进一步认为，有了德才兼备的君子作为统治者，甚至法令本身都不是必需的，反之则不然。因此，君子是"法之原"也就是法的本源。当然，这里的本原是法治意义上而非立法意义上的本原，是法令执行层面的本原。但即便如此，我们也足以看出荀子对执法者个人素质的高度重视。也正是由于这一原因，他特别强调贤明的君主治国理政时首重简拔人才而非揽权。因为治国要涉及的事物千头万绪，其中还有很多专业性极强的工作，单靠君主事必躬亲的日夜操劳完全无法应付，而若将专业的工作交付专业人才来做，君主只负责居中统筹协调，则自然能垂拱而治。可见，无论如何，荀子都强调法治须由君子来实行，而培养君子依靠的则是礼制，因而他在肯定礼法并重的基础上更为强调礼制的教化作用。

第三节　圣王化情之方——荀子论乐教

荀子不仅极为看重礼法的教化规约作用，同样也承认乐教对"涂之人为禹"的助益。面对墨家"非乐"说对乐教的质疑和抨击，荀子特别撰写了《乐论》一文，集中阐释雅乐在圣王教化百姓过程中的重要作用。

在《乐论》的开篇之处，荀子从人的自然情感与社会规范角度分析了圣王"作雅乐"的目的。

> 夫乐者，乐也，人情之所必不免也。故人不能无乐；乐则必发于声音，形于动静，而人之道，声音动静，性术之变尽是矣。故人不能不乐；乐则不能无形，形而不为道，则不能无乱。先王恶其乱也，故制《雅》《颂》之声以道之，使其声足以乐而不流，使其文足以辨而不諰，使其曲直、繁省、廉肉、节奏足以感动人之善心，使夫邪污之气无由得接焉；是先王立乐之方也，而墨子非之，奈何！[②]

在荀子看来，雅乐有两个来源：一是人情，二是圣王的教化。一方面，荀子指出，雅乐是音乐的一种，而音乐本身即是人的欢乐之情最为自然的表达途径。追求快乐是人的天性，而人表达快乐最为常见的方式就是"手之舞之，足之蹈之"，因此荀子才会感慨，"人之道，声音动静，性术之变尽是矣"。对此，梁启雄先生的解释是，"人之道，谓人之所以为人。这是说，人之所以为人，外的声音动静，内的性术之变，都表

---

①　王博：《中国儒学史·先秦卷》，北京大学出版社 2011 年版，第 591 页。

②　《荀子·乐论》，梁启雄：《荀子简释》，中华书局 1983 年版，第 277 页。

现在这音乐上了！"① 另一方面，音乐毕竟是人的性情的表征，而正如我们在前文中反复说明的，荀子认为性情本身虽然在价值上是中立的，但具有导向恶的可能。因此，若对形之于外的音乐放任自流而不加范导，则其很容易流于邪恶而发展为靡靡之音。圣人有鉴于此，故制作雅乐以为范导，从而既允许人情的自然流露，又保证其不至造成问题。正如王博教授所指出的，"我们可以从两方面来理解这段话的意义，第一，乐出于人情；第二，乐是对于人情的节制和引导。这两方面的逻辑联系异常紧密，既然乐是不可避免的，那么为了防止其混乱，树立一个标准就是应该而且必须的事情。这个标准不是别的，就是雅、颂之声。此雅颂之声导善去邪，从而达到感动人心、移风易俗的效果。"②

基于此，荀子认定雅乐对人而言是不可或缺的，因而对墨子"非乐"的思想感到困惑与不解。在笔者看来，这里所反映的仍然是儒墨两家基于各自阶级立场而形成的根本对立：儒家是站在统治阶级的立场上，注重雅乐对人之性情的引导作用，而不考虑奏乐的成本；墨家则是劳动阶级的代言人，因而认为过多的文化生活会妨碍物质生产，且奏乐本身亦是一个耗费钱财之事，这些都与劳动阶级的利益不相符合。

荀子认为，乐有两大作用，一是圣王教化百姓的方式，二是君子自修的途径。关于乐为圣王教化百姓的方式，荀子指出：

> 故乐在宗庙之中，君臣上下同听之，则莫不和敬；闺门之内，父子兄弟同听之，则莫不和亲；乡里族长之中，长少同听之，则莫不和顺。故乐者，审一以定和者也，比物以饰节者也，合奏以成文者也；足以率一道，足以治万变；是先王立乐之术也，而墨子非之，奈何！③

可见，荀子对乐教之作用的理解同样是"乐统同"，这一点与《乐记》完全一致（后文中我们将提到，荀子对此的说法是"乐合同"）。在他看来，乐的作用对象是人们共有的情感，因而无论是宗庙之乐、闺门之乐还是闾巷之乐，都能使得身份地位有着显著差异的各色人等产生相同的恭敬、亲爱与和谐等积极正面的情感体验，从而拉近彼此的心理距离，增进了人们的理解和认同。这对于一向偏重用"礼义法正"以强制性的方式匡正人性的荀子来说是一个重要的补充。也就是说，这意味着荀子的教化思想不是仅仅关注人性的向恶倾向，不止有冷冰冰的礼仪规范和刑罚惩戒，他同样承认人的情感有着美好的一面，并认为用雅乐来塑造人的积极情感，以此来达成社会的和谐同样是道德教化和人格培养的题中应有之义。

至于乐教对人的具体教化效果，荀子的看法是：

> 故听其《雅》《颂》之声，而志意得广焉；执其干戚，习其俯仰屈伸，而容貌得庄焉；行其缀兆，要其节奏，而行列得正焉，进退得齐焉。故乐者，出所以征诛也，

---

① 梁启雄：《荀子简释》，中华书局 1983 年版，第 277 页。

② 王博：《中国儒学史·先秦卷》，北京大学出版社 2011 年版，第 568—569 页。

③ 《荀子·乐论》，梁启雄：《荀子简释》，中华书局 1983 年版，第 278 页。

入所以揖让也。征诛揖让，其义一也。出所以征诛，则莫不听从；入所以揖让，则莫不从服。故乐者，天下之大齐也，中和之纪也，人情之所必不免也；是先王立乐之术也，而墨子非之，奈何！①

也就是说，练习雅乐可以由内而外地全面调适和改变人的性情，使得人的心志、仪容和举止都归于正途。而人们完成了道德修养之后，无论从事怎样的事务，都能够处置妥当。荀子认为，人们通过乐教可以实现情感的中和状态。众所周知，"中和"是《中庸》的重要概念，因而王博教授对此评论道，"如《中庸》所说'喜怒哀乐之未发，谓之中；发而皆中节，谓之和'，这是乐的真精神，也是乐的灵魂"②。

荀子进一步指出，圣王通过乐教使人之性情归于正轨还能带来显著的政治效果。《乐论》载：

夫声乐之入人也深，其化人也速，故先王谨为之文；乐中平则民和而不流，乐肃庄则民齐而不乱。民和齐则兵劲城固，敌国不敢婴也。如是，则百姓莫不安其处，乐其乡，以至足其上矣。然后名声于是白，光辉于是大，四海之民莫不愿得以为师。是王者之始也。乐姚冶以险，则民流僈鄙贱矣。流僈则乱，鄙贱则争。乱争则兵弱城犯，敌国危之。如是，则百姓不安其处，不乐其乡，不足其上矣。故礼乐废而邪音起者，危削侮辱之本也。故先王贵礼乐而贱邪音。其在序官也，曰："修宪命，审诛赏，禁淫声，以时顺修，使夷俗邪音不敢乱雅，太师之事也。"③

作为圣王教化手段，乐教的最终目的不仅是实现情感的中和状态，更重要的是实现上下一心，团结一致。在荀子看来，人民的团结胜过一切坚兵利甲，是列国在战国这样一个乱世能够生存壮大的不二法门。反之，类似于"郑卫之音"那样的"姚冶以险"的曲调不仅会激发人们内心中的种种淫邪之念，更会促使人们为非作歹，相互争夺和欺凌，从而破坏国家的团结与统一，给敌国以可乘之机。因此，荀子特别指出，"礼乐废而邪音起者，危削侮辱之本也"，认为礼乐教化的废弃不仅会造成人们道德水准的滑坡，还会衍生出一系列的社会性问题。

另一方面，荀子认为，雅乐不仅是圣王教化百姓的方式，也是君子自修的途径，其目的是实现"以道制欲"。

君子以钟鼓道志，以琴瑟乐心，动以干戚，饰以羽旄，从以磬管；故其清明象天，其广大象地，其俯仰周旋有似于四时。故乐行而志清，礼修而行成，耳目聪明，血气和平，移风易俗，天下皆宁，美善相乐。故曰：乐者乐也。君子乐得其道，小人乐得其欲。以道制欲，则乐而不乱；以欲忘道，则惑而不乐。故乐者，所以道乐

---

① 《荀子·乐论》，梁启雄：《荀子简释》，中华书局1983年版，第270页。
② 王博：《中国儒学史·先秦卷》，北京大学出版社2011年版，第569页。
③ 《荀子·乐论》，梁启雄：《荀子简释》，中华书局1983年版，第279—280页。

也。金石丝竹，所以道德也；乐行而民乡方矣。故乐者，治人之盛者也，而墨子非之！①

很明显，荀子在此对君子以乐自修的描述与《乐记》如出一辙。他同样认为，君子在演奏钟鼓琴瑟，以干戚羽旄为舞时，不仅血气运行得十分平顺，而且其灵台更能时时清明。换言之，身心实现了高度和谐。荀子将这一切归结"以道制欲"，即"道（导）乐"。这表明他与先秦时期的其他儒者一样，并未一味地否定欲望，而是主张"节欲主义"，这也是儒家与墨家的根本区别（墨家主张禁欲主义）。在他看来，通过礼乐自觉地引导和控制欲求，使之能够以合乎道德的形式表现出来正是君子修身的关键，也是圣人之道的精髓。正如王博教授所言，"乐所代表的乐的精神只有在道的主导之下才能真正实现，从这个意义上说，乐不过是德的载体，由此引导百姓归之于道的载体。"②

最后，荀子提出了"乐合同，礼别异"的观点来说明礼乐在道德教化体系中的作用。

且乐也者，和之不可变者也；礼也者，理之不可易者也。乐合同，礼别异，礼乐之统，管乎人心矣。穷本极变，乐之情也；著诚去伪，礼之经也。墨子非之，几遇刑也。明王已没，莫之正也。愚者学之，危其身也。君子明乐，乃其德也。乱世恶善，不此听也。於乎哀哉！不得成也。弟子勉学，无所营也。③

乐主同而礼主异，乐强调引导情感的共通性，礼注重差异的规范性，这一理解同样与《乐记》中"乐统同，礼辨异"如出一辙。正如我们反复强调的，它反映了荀子对礼乐关系的辩证理解。但是，通观前文的分析我们可以发现：一方面，在荀子的思想中，礼乐的重要性并不一致：礼是纠正人性，引导人们践行圣王之道的主要途径，乐只是调和情绪的辅助手段。另一方面，乐作为辅助手段并不是可有可无的，而是一个完整的道德教化体系所必备的内容。在荀子的教化体系中，两者相辅相成，共同完成引导"涂之人"成为圣人君子的重任。

综上所述，荀子的礼乐教化思想建立在"性朴向恶"的人性论基础上，主张利用礼制限制和引导人们对外物的自然欲求，使之能与物质财物的增长相匹配，不至引发混乱；同时将礼作为区分长幼尊卑的标准和政治统治的原则，以此来维护社会的长治久安。对于乐教，荀子认为它可以用来激发和节制人心中的共同情感，使之能够合乎社会规范。此外，荀子还突出了法的作用，认为治国应该并用礼法，双管齐下，法令主要的目的是"禁暴止乱"。礼、乐、法并举，针对人性中的不同面向，共同组成了荀子教化思想的基本架构。

---

①　《荀子·乐论》，梁启雄：《荀子简释》，中华书局1983年版，第281页。
②　王博：《中国儒学史·先秦卷》，北京大学出版社2011年版，第570页。
③　《荀子·乐论》，梁启雄：《荀子简释》，中华书局1983年版，第281—282页。

第六章　礼乐教化思想与当代德性教育结合的内在理路

在前面的内容中，我们全面地分析了先秦时期儒家礼乐教化思想的主要内容，勾勒出由孔子到荀子这一先秦儒学礼乐思想发展的完整理论。从本章开始，我们要从历史考察逐步转向对现实的分析，说明儒家礼乐教化思想作用于当代德性教育的主要途径，揭示儒家的礼乐思想如何以及在哪些方面能推动当今的道德教育，从而发现儒家传统文化创造性转化与创新性发展的可能路径，助力培育和弘扬社会主义价值观。

第一节　儒家礼乐教化思想的主旨

在分析儒家礼乐教化思想与当代德性教育相结合的内在理路之前，我们首先要总结先秦儒家思想发展的全过程，提炼其中蕴涵的儒家礼乐教化思想的主旨，以此作为与当代德性教育相结合的立足点。笔者认为，其主旨主要包括对人性的理解、仁与礼的关系、礼制对人之行为的规约和社会秩序的确定、雅乐对积极情感的开显以及礼乐教育的实施方式五个方面。

一、对人性的理解

如同我们在前文中反复看到的一样，儒家的礼乐教化思想建立在其对于人性问题的深入思考基础上，这些思考在今天对于我们认识人，认识人性以及开展道德教育仍具有极强的启示性意义。毕竟，道德教育着眼的正是对人之善性发掘、培养与塑造，而这离不开对人性本身的理解。因此，对儒家礼乐教化思想的总结的第一个方面应当是对其人性问题的回顾。概括地讲，儒家内部不同的思想家对人性的理解切中了人性的不同侧面，而将这些内容结合起来便能构成对人性的整全理解。

如前所述，孔子对人性并没有充分的说明，《论语》中提及"性"字的只有两处，即"性相近，习相远"与"性与天道不可得而闻矣"。这意味着人性在孔子思想中并不占有重要地位，孔子还未能意识到人性与仁道及礼乐的内在关联。但是，他对仁的理解中已经包含了儒家人性论特别是性善论的萌芽。孔子明确承认，仁是人的本质属性，所谓"人而不仁，如礼乐何"就是将时人极为看重的礼乐思想的源头与根据归结为仁道，而

《中庸》中"仁者，人也，亲亲为大"则更是表明孔子已经将仁直接视为了人之为人的根本特性。显然，孔子的这些思想为孟子性善论的提出做了理论上的铺垫。

孔子之后，以郭店楚简的《性自命出》为代表，儒家进入了自然人性论的阶段。这一阶段的特点是明确提出人性的观念，且将其界定为"喜怒哀悲之气"，也就是情感产生的内在根源，而其内容则是先天的材质，而其来源则是"性自命出，命自天降"，也就是从根本上讲来源于上天。这种材质有两大特点，一方面是它有向外发展，与外界的刺激相结合而形成感性认识的能力和趋向，另一方面它是可塑的，可以通过后天的教育引导使得基于其而产生的情感合乎社会的要求。可见，孔孟之间的儒家自然人性论已经有了相对完整的理论架构：它开始明确地将人之根本特征称为人性，并承认它由于是天赋的，因而具有普遍性，人人相同；同时它又指出，人性与动物性不同，它可以且应当进行后天培养。这些对人性问题的论断成为了人性论领域的普遍主张，为之后的儒者所继承。

在自然人性论之后登场的是孟子的性善论。其理论价值在于，首先它凸显了人性作为人与动物根本区别之处，缩小并明确了人性的范围，从而更加有利于通过人性揭示道德性这一人的根本特征。其次，它明确提出了"性善论"，超越了之前在儒家内部占主流的自然人性论观点，肯定了人的德性有着内在依据，因而人们可以也必须成为一个有道德的人，这是人的使命与职责；第三，它提供了以心善言性善的言说方式，为后人探究无法显露于外的人性问题找到了合适的路径；最后它强调，人的本性之善并不完满，还需要"扩而充之"的修养工夫才能使自己真正成为合乎德性之人。这说明后天的修养方法对道德的形成十分重要，因而为礼乐教化的作用提供了有力支撑。

荀子作为先秦儒家的最后一位代表人物同样有着十分深刻的人性论思想。正如前文所言，荀子的人性论应当被视为"性朴向恶论"。也就是说，从性质上讲，人性作为人的自然本能本身无所谓善恶，然而任由本能的发展而不加以必要的限制最终会导致人的言行违背社会秩序和道德规范，从而滑落到恶的深渊之中。因此，节制人性对人而言是必要的。另一方面，荀子提出了"化性起伪"的重要思想，认为人们可以通过后天礼乐教化掌握由圣王所制定的礼乐典章制度，以此来限制人性的野蛮生长，将其约束在能够保持社会安定与秩序的范围内。

通过以上分析我们可以发现，儒家对人性的理解至少在以下方面对于今天的人们仍然有借鉴意义：首先，儒家强调，人性作为人的本质彰显了人的特殊性，标志着人有着与动物截然不同的特征，儒家将其视为道德能力。这意味着道德是决定一个人能够真正成人的关键环节，因而对人有着特殊的意义。换言之，遵循基本的道德要求，成为一个合乎社会规范的人是每一个人做人的底线。此举大大提升了道德对人的价值，为儒家强调道德修养奠定了基础。

其次，综合儒家各个代表人物的观点我们可以发现，人性的内涵十分复杂，包含多个面向。更准确地说，其中既有善端，亦有感性能力与自然本能这些非价值性的成分。并且，一些非价值性的成分在缺乏范导的情况下任其发展则会流于邪恶，因而人性中同样包括恶的萌芽。人性的多元混杂的存在状态要求我们在看待和处理有关人性的问题时要全面而慎重，既要肯定人性中所保有的善的成分，以此来坚定人们成就德性的信心；又要对人性中恶的内容及其可能造成的恶果保持充分的警惕，避免对人性之恶放任自流而造成不良的影响。

第三，无论对人性持怎样的观点，儒家都认为由天赋的人性无法直接导向成熟的道德人格，必须要依赖后天的教化培养。无论是孟子的"扩而充之"还是荀子的"化性起伪"，都是其各自人性论中不可或缺的部分。儒家对后天教化在德性成就与人格塑造过程中的重要性的充分重视使得与之相关的礼乐教化思想成为了儒学不可分割的重要组成部分。

二、仁与礼的关系

如前所述，孔子之前儒学业已存在，其核心观念是"礼"，即周公制定的一整套礼乐典章制度；孔子面对东周时期"礼崩乐坏"的社会政治局面，为了解决血亲宗法制与等级制无力支撑周礼的问题，提出"仁"的概念重新充实"礼"的内涵，将周礼改造为彰显仁道的外部途径。自此以后，"仁"与"礼"的关系问题就成为了儒家另一重要问题，而这一问题的实质则是对人而言，如何看待内在的天赋善性与彰显善性的外部手段的关系。

儒家对这一问题的回答有着一以贯之的思路，即一方面强调仁与礼的统一关系，指出两者缺一不可；另一方面认为，在两者的关系中，"仁"是占主导地位的环节，对两者的关系起到支配性作用。

对后一方面的认识集中体现了孔子以来儒家的思想创新。对于孔子来说，"礼"并不是一个新鲜的概念，早在西周初年便已由周公创立，以此为基础的周代制度支撑了西周数百年的国祚。然而，进入春秋以来，原有的政治秩序已经遭到严重的破坏。由于周礼与政治的关系极为密切，因而"皮之不存毛将焉附"，在政治格局濒临瓦解的情况下，周礼原有的存在合理性亦遭到了严重解构。因此，重新寻找能够支撑礼制的思想依据就成了儒家面对礼崩乐坏之局面的当务之急。对此，孔子的回答是改变寻找的方向，从政治领域转变至道德和人格修养领域，以人内在本有的德性即仁道来替换原有的宗法等级制作为周礼的内在依据。事实上根据前文的分析，规范行为与道德教化亦是周礼在西周时期就已具备的内涵，但是在孔子之前，儒家仅仅将礼视为对人的外在约束，并未意识到人性深处本身就有着依礼行事以与动物相区别的内在要求。孔子明确意识到了这一点，将其称为仁，并指出"人而不仁，如礼乐何"，从而将仁道规定为礼乐之意义得以成立的内在基础。同时，春秋时期层出不穷的"僭越"行为也让孔子明确地意识到，如果不能为礼乐寻找到坚实的基础，则它们不仅不能保障政治秩序的稳定和规范贵族的言行，相反会成为了人们做恶的帮凶和粉饰其不当行为的工具。这一点在孔子对"八佾舞于庭"和"三家者以《雍》彻"的批判中表现得最为突出。在孔子看来，三家对礼制及其背后的等级制度都是很熟悉的，即便如此他们仍然选择明知故犯。这显然不是无知的问题，反映的是三者德性的底下，因而对周礼缺乏起码的敬畏。孔子的这一认识奠定了他乃至后世整个儒家把握仁礼关系的基本架构，即仁道是根本和前提，它是礼乐能够成立的保障。

而对前一方面的认识则反映了孔子思想的全面性和完整性。无论是接续传统还是向外界展现仁道，都要求春秋战国时期的儒者不能一味地偏重于仁，而必须实现仁与礼的有机统一。孔子对此有着深刻地认识，"克己复礼为仁"就明确地界定了两者的关系。众所周知，这里的"克"字有两种解释，一者为"克制"之义，即克制自身的私欲而合乎礼仪规范；另一者为"能"之义，即主动要求自身的行为合乎礼仪规范。在笔者看来，前者是从反面说明仁与礼的关系，意在强调合礼的行为表现为对人之私欲的主动限制；后者则是从正面说明二者的关联，即人们能够将依礼行事作为自己自觉主动的要求。进一步，这两者都与仁道密切相关。众所周知，仁者爱人，而私欲所导致的根本问题正在于爱己胜过爱人，一己之私压倒了对他者的普遍之爱，这显然妨碍了仁道的实现，因而必须要去除。同样，孔子强调"为仁由己"，认为仁道是自我修养，需要依靠学者自己的努力来实现，这正是"能己"之义。可见，无论是"克制私欲"还是"为仁由己"，"克己"一词都与仁道有密切关联，都是仁道的具体实现方式。而它与"复礼"并称则进一步明确了仁与礼的一致性。

儒家对"仁"与"礼"关系的思考透露出两点。其一，孔子以后儒家强调"内圣外王之学"，其中"内圣"是核心，发明天赋的仁道与善性以成就理想人格是儒家最为看重的为学目的，而这也是儒家特别看重道德教化的根本原因。其二，儒家很早就意识到，内在的心性无法透露于外，必须依靠特定的手段，这就是礼乐。同时，内外是相互作用的，长期按照礼乐的要求约束自己的行为便自然能够实现仁道。应当讲，儒家的礼乐与仁的关系具有很强的辩证性，有助于我们正确地认识外在的教化途径与人的内心的心理成长之间的有机联系。

三、礼制的价值与局限

如前所述，对于礼的作用的认识，孔子以来的儒家基本上沿着两条路径展开，一者是从个人修养的角度，强调礼制对人之行为的约束，并结合儒家对人性的理解，将其视作对人性之恶的限制和对善性的开显过程；另一者则是基于社会与政治领域的角度，说明礼制所确立的一整套仪制规范具有区别长幼尊卑、明确等级制度，从而使社会实现长治久安的重要作用。显然，这两种认识中虽然均有一部分不合时宜的内容，然而其总体精神仍未过时，仍然有助于我们理解当代德性教育作用机理。

关于礼在个人修养中的作用，原有理论的问题在于受制于时代，礼制对人的言行举止规定得过细过严，在一定程度上束缚了人的生命，不利于人的本性的自由开显。实际上，这一点在传统社会中已有体现。虽然儒家十分强调礼制对人的限制，然而从最根本的意义上讲，儒家仍然向往自由洒落的人生境界，这一点集中体现在孔子对"曾点之乐"的肯定之中。《论语》载：

> 子路、曾晳、冉有、公西华侍坐。子曰："以吾一日长乎尔，毋吾以也。居则曰：'不吾知也。'如或知尔，则何以哉？"
>
> 子路率尔而对曰："千乘之国，摄乎大国之间，加之以师旅，因之以饥馑；由也为之，比及三年，可使有勇，且知方也。"
>
> 夫子哂之。
>
> "求，尔何如？"
>
> 对曰："方六七十，如五六十，求也为之，比及三年，可使足民。如其礼乐，以

侯君子。"

"赤，尔何如？"

对曰："非曰能之，愿学焉。宗庙之事，如会同，端章甫，愿为小相焉。"

"点，尔何如？"

鼓瑟希，铿尔，舍瑟而作，对曰："异乎三子者之撰。"

子曰："何伤乎？亦各言其志也！"曰："暮春者，春服既成，冠者五六人，童子六七人，浴乎沂，风乎舞雩，咏而归。"

夫子喟然叹曰："吾与点也。"

三子者出，曾皙后。曾皙曰："夫三子者之言何如？"

子曰："亦各言其志也已矣！"

曰："夫子何哂由也？"

曰："为国以礼，其言不让，是故哂之。唯求则非邦也与？安见方六七十，如五六十而非邦也者？唯赤则非邦也与？宗庙会同，非诸侯而何？赤也为之小，孰能为之大？"①

面对子路、冉有、公西华和曾点所阐述的个人理想，孔子最赞许的并不是志在安邦定国的子路与冉有，亦非以行礼乐为终身志向的公西华，而是向往"浴乎沂，风乎舞雩，咏而归"的曾点。这一观点说明儒家在注重行礼作乐、治国平天下这些更加外向性的人格目标的同时，从未放弃过对内心自由洒落、无拘无束之状态的追寻。对此，朱子的评价是，"曾点之志，如凤凰翔于千仞之上，故其言曰'异乎三子者之撰'"②；"夫子与点，以其无所系著，无所作为，皆天理流行"③。这意味着"曾点之乐"象征着天地间最高的本体即天理自然流行，随处充满的至高境界，犹如凤凰在高山上无拘无束地自由飞翔，而这正反映了包括孔子在内的儒家对精神自由孜孜不倦的追求。显然，这样的追求从学理上便与强调规约行为的礼教不相一致。更准确地说，对于"曾点之乐"的追求必然要突破礼教的限制，这是儒家思想的内在逻辑。古人尚且如此，那么在今天的现代社会中，我们在引入礼教开展道德教育时，就更不能一味地强调对人的束缚而损害了人类对精神自由与生俱来的向往和追求。具体地说，如果礼教把人特别是青少年变成了千篇一律，没有自身特色的"木偶"，那么显然就偏离了道德教育的本来目的，也与党的十九大报告中提出的"社会充满活力又和谐有序"的社会发展目标不相一致。

然而，硬币的另一面则是，如果缺少必要的约束，对精神自由的追求很容易演变为"小人无忌惮"的乱象，因而礼教对人的约束又是不可或缺的。对于追求精神自由而可能引发的问题，儒家一直有着清醒的认识。孔子就在《中庸》中明确指出，"君子中庸，小人反中庸。君子之中庸也，君子而时中；小人之（反）中庸也，小人而无忌惮也。"④ 对此，朱子的解释是：

---

① 《论语·先进》，[清] 刘宝楠：《论语正义》，中华书局 1990 年版，第 466 页—482 页。

② [宋] 朱熹：《朱子语类》，黎靖德编，中华书局 1986 年版，第 1026 页。

③ [宋] 朱熹：《朱子语类》，黎靖德编，中华书局 1986 年版，第 1032 页。

④ [宋] 朱熹：《四书章句集注》，中华书局 1983 年版，第 18—19 页。

君子之所以为中庸者，以其有君子之德，而又能随时以处中也。小人之所以反中庸者，以其有小人之心，而又无所忌惮也。盖中无定体，随时而在，是乃平常之理也。君子知其在我，故能戒谨不睹、恐惧不闻，而无时不中。小人不知有此，则肆欲妄行，而无所忌惮矣。①

这就是说，中庸的中是平衡适中之理，其实质仍然是天理。因此，"君子之中庸"是指君子能够把握到中道之理，凡事均依理行事；而"小人之反中庸"则是说小人背离中庸之理而肆意地放纵自己的欲望，无所不为。可见，实现"中庸之道"的前提是以自身的良心善性去体会并遵照事物之中的中和之理，那么如果人们的内心无法体会到中和之理，则所谓的中庸很容易流于"小人无忌惮"之举。此时，礼制的裁制就显得尤为重要。同样，面对"曾点之乐"，朱子在肯定其彰显得自然洒落之精神的同时亦指出，"曾点言志，当时夫子只是见他说几句索性话，令人快意，所以与之；其实细密工夫却多欠缺，便似庄列。"② 这说明朱子认为学者不可一味地学曾点的自然洒落而忽视了"细密工夫"即具体的修养过程，而很明显，依礼而行正是"细密工夫"的关键，这再一次凸显了礼制对人们追求精神自由之举进行平衡与限制的理论意义。

儒家之礼在社会政治领域的价值和局限同样值得我们注意。如前所述，其局限便是渗透在传统礼学思想中十分明显的等级制，这种等级制内涵着君子与百姓人格上的不平等。这样的思想在人格平等已经深入人心的今天显然是错误的，需要彻底地扬弃。类似的观点在先秦儒家的思想中并不鲜见。例如，孔子认为惟有君子能行"中庸之道"，小人则只会肆意妄为而"反中庸"。这是将君子与小人在社会地位上的差别绝对化为德性与人格的区别，认为社会地位较低的普通民众在德性上同样是有瑕疵的，不可信任。又如，孟子的"无恒产而有恒心，惟士为能"的观点以及在此基础上认为"仁政"有着士人与百姓的区别：前者重在尊重其人格，给予其发挥才能的机遇与信任；后者则只需要保障充足的财产，使得百姓免于饥饿即可。这意味着要求君主公然对士人和百姓采取差异化的管理，对前者须尊重人格，对后者仅须重视其生命即可。再如，荀子强调，君主治国要礼法并用，以遵守礼制来获得士子的拥护，而以法制来惩治百姓的作奸犯科之举。显然，上述这些思想都带有明显的等级制和人格歧视的成分，这在今天显然是不合时宜的，也是儒家礼乐思想中应当扬弃的内容。

但另一方面，礼制所要求的对老师长辈的尊重心理与相应的处世态度却是我们今天应当继承的。正所谓"物之不齐，物之情也"，万事万物乃至人之中的差异原本就是客观存在的，同样是天道的内容。具体到人类社会而言，人与人之间在人格上的平等并不能否定人们在伦理关系和社会地位上的差别，因而同样需要有具体的手段来彰显这一差别，这同样是道德教育的重要一环。换言之，道德教育不仅要教导儿童具有独立平等的意识，也是让他们知道尊敬老师、敬老爱幼以及有礼貌而又不卑不亢地面对上级同样是健全人格的重要组成。在这一方面，儒家的礼教思想可以发挥出重要的作用。这便是礼教思想在社会政治领域的作用。

---

① ［宋］朱熹：《四书章句集注》，中华书局 1983 年版，第 19 页。
② ［宋］朱熹：《朱子语类》，黎靖德编，中华书局 1986 年版，第 1027 页。

通过上文的分析我们可以发现，在当今时代发扬礼教的作用时一方面要承认礼教对人的限制可能给人们追求精神自由造成的危害，另一方面也说明，对人而言必要的限制是帮助其成就德性的必可不少的重要条件。尤其对于青少年而言，一味地放纵往往导致的并不是人格的自由，而是人格的毁灭。

四、雅乐调适情感的意义

通过前面的分析我们可以看出，儒家不仅重视礼对言行的规约作用，还强调雅乐对人之情感的调适与引导，后者在今天的道德教育中同样具有十分重要的意义。它意味着在儒家看来，情感作为生活中的一个重要面向，必须要认真对待。更准确地说，儒家的一个重要特点就是听任情感的召唤而拒斥理智的算计。对此，梁漱溟先生有着精当地把握：

> 他（孔子）对这个问题（形而上学问题）就是告诉你最好不要操心。你根本错误就在找个道理打量计算着去走。若是打量计算着去走，就调和也不对，不调和也不对，无论怎样都不对；你不打量计算着去走，就通通对了。……遇事他便当下随感而应，这随感而应，通是对的，要于外求外，是没有的。我们人的生活便是流行之体，他自然走他那最对、最妥帖最适当的路。他那遇事而感而应，就是个变化，这个变化自要得中，自要调和，所以其所应无不恰好。[1]

所谓"打量计算着去走"是指凡事都依靠理智，通过算计利害得失来行事的行为原则。在儒家看来，此举并不能安排好人们的日常生活。因为很多时候我们应对生活的具体方式是随感而应，是下意识的，是一种"船到桥头自然直"的态度，所做出的选择即便恰到好处，往往也没有明确的意识，更谈不上通过理性的思考说明选择的原因。这意味着非理性的直觉和情感是我们应对日常生活的重要手段，因而在面对生活时，我们不能一味地高扬理性特别是理论理性的作用，而应时刻保持直觉的敏锐和情感的真诚。梁漱溟先生认为，"此敏锐的直觉，就是孔子所谓仁"[2]，而作用于情感和直觉的教化手段正是礼乐，特别是乐教。在他看来，"礼乐是孔教惟一重要的做法，礼乐一亡，就没有孔教了，墨子两眼只看外面物质，孔子两眼只看人的情感"[3]。由于墨子对生活完全采取一种计算的态度，凡事都要考虑是否会影响生产活动和加重老百姓的负担，因此他完全拒斥礼乐的作用，将其视作劳民伤财之举。而事实证明，墨子忽视人的情感需要，从功利的角度出发，一味强调"节葬""节用"和"非乐"的思想与大部分人对生活的要求背道而驰，这使得他的思想很难在常人中立足，更难被人们真正接受。相反，儒家重视人的情感世界，以礼乐来安顿人的情感，却切中了人类生命的常态，"礼乐不是别的，是专门作用于情感的，他从'直觉'作用于我们的生命"[4]。梁先生进一步强调，孔子的礼乐"不

---

① 梁漱溟：《东西文化及其哲学》，商务印书馆1997年版，第130页。
② 梁漱溟：《东西文化及其哲学》，商务印书馆1997年版，第131页。
③ 梁漱溟：《东西文化及其哲学》，商务印书馆1997年版，第145页。
④ 梁漱溟：《东西文化及其哲学》，商务印书馆1997年版，第146页。

但使人赋予情感，尤特别使人情感调和得中"[①]。而他为了说明这一点所选取的例子正是《乐记》，这说明在礼乐中注重调适情感的还是乐教。

强调乐教对情感的调适作用意味着儒家不仅重视情感在人的生命活动中所起的作用，而且认为要对情感加以必要的引导。作为与理性相对的存在方式，情感的存在状态本身就是非理性的，无法自我约束。因此为了避免情感流于放荡和走向邪恶，人们必须自觉而主动地控制情感的活动，不能听之任之。在儒家看来，对于美的追求是人类的共性，音乐作为人们重要的休闲方式和精神生活的重要一环也是不可缺少的，因此墨家提出禁绝一切音乐的主张与人性相背，并不能真正落到实处。道德教化必须在顺应人性的基础上引导人性，因而正确的举措是引导人们演奏与欣赏高雅音乐，将人们对美的追求和对音乐的渴望，以及背后所体现出的真实的情感活动导向和谐的社会秩序与高雅的精神追求当中，以实现满足个人的情感诉求与建构和谐的社会秩序之间的统一。

儒家的乐教思想为当今的德性教育提供了一条正确处理人之情感的途径，即不能回避人们天生的情感诉求，而需要通过弘扬高雅艺术、拒斥"三俗"文化的方式将人的情感引导至正路上来，使之与安定和谐的社会秩序保持一致，从而实现宣泄释放情感与遵守社会规范的统一。

五、实践性：儒家礼乐教化思想的方法论特点

在方法论上，儒家礼乐教化思想的突出特点是重视实践性，强调通过营造"在场状态"，让受教育者身临其境地体会特定各种具体仪节所带来的仪式感和其中蕴藏的人生意义，以及乐教所特有的共情和调适情感的作用。

在礼教方面，正如我们在前文中所揭示的，"礼者，履也"，礼教作用于人的根本方式就是实践，即通过繁复而细致的仪节规定人的言行举止，以此给人带来强烈的仪式感，并在这种仪式感中强化人们对特定的人生阶段之意义的理解，以及对特定的人际关系特别是伦理关系的把握。

我们在第二章中曾经专门分析了几种有代表性的人生之礼，包括冠礼、婚礼、丧祭之礼和乡饮酒礼等，其中前两者标志着人生进入新的阶段，后两者则体现的是特定的人际关系。对前两者而言，正如我们所看到的，无论是冠礼还是婚礼都有着极为繁复和细致的仪节。通过这些仪节，制礼作乐的古代圣王意在指出，冠与婚都代表着贵族子弟进入到了全新的人生阶段，具有了新的社会身份，需要肩负其之前所未曾经历的新的责任与义务。这种社会身份的转变和责任义务的确立是人格逐步走向成熟的重要标志，而这些内容单靠说教是无法内化于心的，必须通过践行礼仪制度让参与者自己体会。因为言说作为一种灌输性的教育方式所体现的是外在性的关系，言说者和受教者分居于教育过程的两端。对教育者来说，言说者及言说的内容总是异己的存在，因而总是会对道德教育带有抵触情绪。因此，只有通过礼教的方式，让受教育者亲身参与其中，通过"沉浸式体验"来加深对礼节背后的人生意义的理解，才能取得比较好的教育效果。以冠礼为例，它作为成年礼意味着贵族子弟已经长大成人，需要承担相应的社会责任。这一内涵

---

① 梁漱溟：《东西文化及其哲学》，商务印书馆1997年版，第146页。

是通过冠者给来宾敬酒，冠者拜见母兄、君主与乡长老，以及长子代替父亲作为一家之主主持接待客人的过程这一系列活动而体现出来的。通过这些以前不能从事、现今则需要由自己亲自承担的行为，冠者能够亲身感受到自身身份的变化。婚礼亦是同理，从纳彩一直到新妇送别客人，每一步骤都有详细的规定，并且其中一些步骤甚至要在宗庙中完成。这些都充分体现了古人对婚姻这一"合二姓之好，上事宗庙，下继后世"之礼节的高度重视，而新人也正是在行礼的全过程中完成从单一个体向丈夫或妻子的转变。例如，在新婚之日的仪式结束以后，新妇在第二天须向男方的舅姑敬酒，这是其作为女主人的直接表现，也是其体验自身身份转变的最佳途径。显然，这些过程不可能通过喋喋不休的道德灌输来实现，必须依靠具有极强操作性的礼仪实践而达成。

和礼教相同，乐教的有效实施同样离不开人们亲自演奏和欣赏雅乐的过程。甚至从某种意义上讲，实践性对乐教的意义比礼教更为突出。毕竟礼教的外在形式是客观的、可见的仪节，对仪节的学习和掌握还是一个理智活动，而雅乐本身就是无形无象的，它作用的对象又是非理智的情感，因此不可能通过对象化的学习，由教育者灌输给受教育者。受教育者能够习得的只是乐曲的演奏技法，而非乐教本身。无论是和畅优美还是庄严肃穆，蕴藏在乐曲中的意境只能由受教育者亲自体会。至于《乐记》中所言的"乐在宗庙之中，君臣上下同听之，则莫不和敬。在族长乡里之中，长幼同听之，则莫不和顺。在闺门之内，父子兄弟同听之，则莫不和亲"，也就是唤醒不同身份等级之人的共同情感的"乐统同"功能，以及雅乐的"移风易俗"即调节情感、改变风尚的教化作用，就更需要在切实音乐演奏和欣赏过程中完成，舍此别无他法。

总之，无论是礼制还是雅乐，其教化作用都必须通过实践来完成，因而其在方法论层面的意义就是进一步凸显了德育的实践性，以此来平衡过度的道德训诫给受教育者造成的对德育的抵触情绪。

第二节　当代德性教育的心理基础

无论是儒家礼乐教化思想还是当代德性教育，二者作用的对象都是人的精神世界。因此，要实现儒家礼乐教化思想的现代转化，我们需要在总结礼乐思想特质的基础上，分析当代青少年的心理基础，以找寻传统教化理论与当今青少年精神世界之间可能的沟通渠道，促进传统教育思想在当今时代发挥作用。

众所周知，当代心理学流派众多，与本论题相关的理论和思想也十分庞杂。受篇幅所限，我们不可能列举所有流派的思想，只能选取最具代表性、最能够帮助我们了解儿童的心理结构以及道德产生之内在基础的观点。在笔者看来，最符合上述要求的当代心理学是马斯洛和皮亚杰：前者提出了著名的"需求层次理论"，以此可以展现道德教育在理想人格中所占据的位置；后者作为著名的儿童心理学家，曾著有《儿童的道德发展》一书，详细地分析了儿童的心理结构与道德发展的各个主要阶段，说明了道德在各个阶段表现出的不同特点。因此，概述并分析两人的思想能够帮助我们找到儒家礼乐教化思想与当代德性教育相对接的心理学依据，看清礼乐思想作用于儿童道德教育的着力点。

一、马斯洛的"需求层次理论"与人的道德需要

亚伯拉罕·马斯洛是美国存在主义心理学家，著有《动机与人格》《需要与成长》和《存在心理学探索》等一大批经典著作。在《动机与人格》中，马斯洛提出了著名的"需求层次理论"。他认为，人们的行为是被欲望所驱动，后者即是行为的动机。在马斯洛看来，人的欲望无穷无尽，这使得人们永远受到动机的支配而永远无法感到满足，这构成了人的行为的源动力。

> 人是一种不断需求的动物，除短暂的时间外，极少达到完全满足的状态。一个欲望满足后，另一个迅速出现并取代它的位置，当这个被满足了，又会有一个站在突出位置上来。人总是在希望着什么，这是贯穿他整个一生的特点。①

在欲望的推动下，人们不断地打破并超越自身现实的存在状态，通过追求并满足新的需要来达成更完美、更圆满的自我，从而不断充实生命的内涵。在马斯洛看来，人的需要由低到高分为五个层次，分别是生理需要、安全需要、归属和爱需要、自尊的需要与自我实现的需要。这些需要彼此间并不是断裂的，而是连续甚至相互融合。他特别指出，"动机理论的创立者们对于以下两个事实从未给予过适当的尊重：第一，人类只能以相对或者递进的方式得到满足；第二，需求似乎按某种优势等级、层次自动排列。"② 当最低级的生理需要满足后，"其他（更高级的）需要会立即出现，这些需要（而不是生理上的饥饿）开始控制机体。当这些需要得到满足后，又有新的（更高级的）需要出现了，依次类推。"③ 另外，他还特别指出，需要由低到高不断满足的过程实际上标志着人的社会性的不断提升，也即人性不断得到开展，"在动机理论中，满足成为与匮乏同样重要的概念。因为它将机体从一个相对来说更强的生理需要的控制下解放出来，从而允许更加社会化的目标出现。"④

在五大需求中，具有首位的是生理需要，它主要是指维持体内平衡的需要，也包括人们对于口味的偏好。所谓体内平衡，"是身体维持血液的经常和正常状态的一种无意识的努力"⑤，具体包括血液中的水、盐、糖、蛋白质、脂肪、钙和氧的含量，血液的酸碱平衡度以及血液的温度。换言之，即是指人们维持生命的必要条件以及达成这些条件所必备的需要，即对食物的不间断的需求。马斯洛强调，生理需要在人们的需要体系中具有奠基性的地位，它指向的是人们的基本生存，因此"假如一个人在生活中所有需要都没有得到满足，那么是生理需要而不是其他需要最有可能成为他的主要动机"⑥。

在生理需要得到满足后，随之而来便是安全需要，其具体内容包括"安全、稳定、依赖、保护、免受恐吓、焦躁和混乱的折磨、对体制的需要、对秩序的需要、对法律的

---

① ［美］亚伯拉罕·马斯洛：《动机与人格》，徐金声等译，中国人民大学出版社 2012 年版，第 9 页。
② ［美］亚伯拉罕·马斯洛：《动机与人格》，徐金声等译，中国人民大学出版社 2012 年版，第 9 页。
③ ［美］亚伯拉罕·马斯洛：《动机与人格》，徐金声等译，中国人民大学出版社 2012 年版，第 22 页。
④ ［美］亚伯拉罕·马斯洛：《动机与人格》，徐金声等译，中国人民大学出版社 2012 年版，第 22 页。
⑤ ［美］亚伯拉罕·马斯洛：《动机与人格》，徐金声等译，中国人民大学出版社 2012 年版，第 19 页。
⑥ ［美］亚伯拉罕·马斯洛：《动机与人格》，徐金声等译，中国人民大学出版社 2012 年版，第 20 页。

需要、对界限的需要以及对保护者实力的要求等"①。马斯洛强调，与生理需要相同，安全需要亦是人们与生俱来的，且在幼儿身上表现得十分显著，

"我们可以通过观察幼儿和儿童来更有效地获得成年人的安全需要的理解……幼儿对于威胁或危险的反映更为明显，原因之一在于，他们根本不抑制这个反应"②。另外，"儿童的安全需要还表现为他喜欢一种安稳的程序或节奏，他似乎需要一个可以预见的有秩序的世界……也许可以这样更精确地来表达这一意思：儿童需要一种有组织、有结构的世界，而不是无组织、无结构的世界"③。

马斯洛对安全需要的理解为礼乐教化思想作用于当今道德教育的必要性做了充分的说明。从上文的分析我们可以看出，马斯洛认为，安全需要追求的是安全、稳定、依赖与保护，而这又需要借助体制、秩序和法律来实现。换言之，个体无法保证自身的真正安全，必须要诉诸于国家。只有国家才能营造出稳定的体制与秩序，保证法律的公平执行，从而为个人营造安全的环境，真正保证个人的安全需要。借助英国哲学家霍布斯的观点，只有国家才能真正保证个人安全。

> 如果要建立这样一种能抵御外来侵略和制止相互侵害的共同权力，以便保障大家能通过自己的辛劳和土地的丰产为生并生活得很满意，那就只有一条道路：——把大家所有的权力和力量托付给某一个人或一个能通过多数的意见把大家的意志化为一个意志的多人组成的集体。这就等于是说，制定一个人或一个由多人组成的集体来代表他们的人格，每一个人都承认授权于如此承当本身人格的人在有关公共和平或安全方面所采取的任何行为、或命令他人作出的行为，在这种行为中，大家都把自己的意志服从于他的意志，把自己的判断服从于他的判断。④

按照霍布斯的理解，国家的建立就意味着个人将"自然状态"中所掌握的自卫权移交给国家，由国家来保证大家的安全，个人需要服从国家订立的法律和规则，这实际上就是马斯洛所说的个体对秩序、体制和法律的需要。但要注意的是，秩序、体制和法律并非被制定或确立起来就能立即发挥作用，它还需要人们的普遍认同与遵守，即霍布斯所说的，"大家都把自己的意志服从于他的意志，把自己的判断服从于他的判断"。但是，作为心理学家的马斯洛并没有清楚地说明这一点，更未提供培养个人认同和遵守秩序、体制与法律的有效途径。而检视儒家的思想资源我们就能发现，礼教恰好具有这方面的作用。如前所述，儒家之礼的一个重要内涵就是政治秩序，即要求统治者以礼治国，百姓遵礼行事，从而使上下各安其位而不生争夺之心、不为祸乱之行。也就是说，作为政治和社会秩序的礼不仅是君主治国理政的准则，也是百姓规范自身言行的标准，而后者同样是个体接纳并遵守秩序与体制的过程。这意味着礼制正是强化人们的秩序和规则意识的有效手段，因而是对安全需要的必要补充。

---

① ［美］亚伯拉罕·马斯洛：《动机与人格》，徐金声等译，中国人民大学出版社 2012 年版，第 22 页。
② ［美］亚伯拉罕·马斯洛：《动机与人格》，徐金声等译，中国人民大学出版社 2012 年版，第 23 页。
③ ［美］亚伯拉罕·马斯洛：《动机与人格》，徐金声等译，中国人民大学出版社 2012 年版，第 23—24 页。
④ ［英］霍布斯：《利维坦》，黎思复、黎廷弼译，商务印书馆 1985 年版，第 131 页。

另外，马斯洛强调，安全需要是与生俱来的，并且相比于成年人，儿童对安全的需求更为强烈。因此，儿童更应成为礼制教化的对象。具体而言，德育工作者需要通过践行礼制来帮助少年儿童从小打下牢固的规则和秩序意识，使其认识到规则与自己并非是对立的，懂礼节、守规则有助于建立良好的社会秩序，最终获利的是包括自己在内的全体公民。换言之，按照马斯洛的逻辑，礼教可以帮助少年儿童意识到，懂礼守则更能满足他们的安全需要，符合他们的根本利益。总之，马斯洛对安全需要之内涵的说明意味着礼制是满足人们安全需要的重要途径，这是礼教在当今的德性教育中发挥作用的一个重要方面。

位于需求层次理论第三层的归属与爱的需要。在马斯洛看来，"如果这不能得到满足，个人会空前强烈地感到缺乏朋友、心爱的人、配偶或孩子。这样的一个人会渴望同人们建立一种关系，渴望在他的团体和家庭中有一个位置，他将为达到这个目标而做出努力。"① 马斯洛强调，人毕竟是一种社会性动物，在自身的生命安全得到保证的情况下，人的社会性需求就会浮现出来。在它的支配下，人们要求其他人以对待人的方式对待自己，要求他人给予必要的尊重与关爱。并且，"由于社会流动性增强、传统社群的瓦解、家庭活动的分散化、代沟和持续的城市化"② 而使得这种需求在当今社会变得更为突出。因为上述情况的不断深化使得社会充满了动荡和变化，人们在这样过程中越来越难以与他人开展深入交往，建立持久稳定的社会关系，这使得人的整个生命充满了不确定性。凡此种种，都与人与生俱来的社交要求和对确定关系的需要相背离，因而会使得人格外渴望满足这些人性的需要。

马斯洛对归属与爱的需要的说明为我们建构了礼乐教化思想作用于现代的合理性根据。如前所述，在孔子看来，支撑礼乐的内核是"仁道"，正所谓"克己复礼为仁"，"人而不仁，如礼乐何"。因此，以礼仪规范来要求儿童实际上是仁道的表现，是对孩子的真正关爱。毕竟，社会的存在和运行有着一套完整的要求，作为个人多数时候只能适应要求，不可能为所欲为。因此，只有要求儿童按照礼仪规范做事，遵守社会秩序，才能使其与其他社会成员之间建立其持久而稳定的社会关系，尽快地为社会所接纳，从而满足他对于归属和爱的渴望。在笔者看来，这是对儿童最大的关爱。相反，一味地溺爱儿童，纵容甚至鼓励其破坏社会规范，不遵守礼制的要求，会使得其难以与其他人建立起稳定的社会关系，无法融入社会，从而使得他对于归属和爱的需要难以得到满足。从长远来看，这显然会妨碍儿童的成长。

需求层次理论的第四层级是自尊的需要。在马斯洛看来，其内容是包括两方面，"第一，对实力、成就、权能、优势、胜任以及面对世界时的自信、独立和自由等的欲望。第二，对名誉或威信（来自他人对自己的尊敬或尊重）的欲望，对地位、声望、荣誉、支配、公认、注意、重要性、高贵或赞赏等的欲望。"③ 总而言之，就是自己对自身所具有的能力和成就的肯定。马斯洛进一步指出，"自尊需要的满足导致一种自信的感情，使

---

① ［美］亚伯拉罕·马斯洛：《动机与人格》，徐金声等译，中国人民大学出版社 2012 年版，第 27 页。
② ［美］亚伯拉罕·马斯洛：《动机与人格》，徐金声等译，中国人民大学出版社 2012 年版，第 28 页。
③ ［美］亚伯拉罕·马斯洛：《动机与人格》，徐金声等译，中国人民大学出版社 2012 年版，第 28 页。

人觉得自己在这个世界上有价值、有力量、有能力、有位置、有用处和必不可少。"① 也就是说，自尊使得人们对自己存在的意义深信不疑，认为其作为一个人存在于世界上是有价值的。而自尊的实现关键是他人的尊敬而非各种虚名，"我们越来越认识到基于他人的看法而不是基于自己真实的能力、潜力和对工作的胜任的自尊的危险性。最稳定和最健康的自尊是建立在当之无愧的来自于他人的尊敬之上，而不是建立在外在的名声、声望以及无根据的奉承上。"② 这意味着，对人而言，自尊与这些虚名有关系，但虚名不是自尊心产生的根本原因。真正的自尊来源于他人的尊敬，即他人对自身人格的肯定，而这种肯定是与本人的努力以及对社会的贡献密不可分的。从这个意义上讲，礼教能使人更好地融入社会，乐教则可以充实个体的人格，二者都能帮助个体获得他人的肯定，因而也能提升人们特别是儿童的自尊感。

马斯洛将第五层次的需要称为"自我实现的需要"，这是指个人实现自身价值的需要。在马斯洛看来：

> 即便所有这些需要都得到了满足，我们仍然可以（如果并非总是）预期：新的不满足和不安又将迅速地发展起来，除非个人正在从事着自己所适合干的事情。一位作曲家必须作曲，一位画家必须绘画，一位诗人必须写诗，否则他始终都无法安静。一个人能够成为什么，他就必须成为什么，他必须忠实于他自己的本性。这一需要我们可以称之为自我实现的需要。……它指的是人对于自我发挥和自我完成的欲望，也就是一种使人的潜力得以实现的倾向。这种倾向可以说成是一个人越来越成为独特的那个人，成为他所能够成为的一切。③

自我实现的需要与前面四者的不同之处在于：上述四种需要都是人向社会与他人索取的需要，其重点在于他人要满足自我的各种诉求；自我实现的需要却是个人为社会和他人奉献自身的需要，是给予社会的需要。由此可见，马斯洛将自我实现的需要视为人的最高需要，实际上透露出人对自身与他人及社会关系认识的转变，即由以索取为主变为以奉献为主。从这个角度上看，自我实现需要的产生与满足，正是一个人的道德人格确立的重要标志。它意味着，人们认识到自身作为社会的一员是离不开社会的，他与社会是共生关系。另外，某个人能够索取的前提是其他人能够满足其需要，这说明索取与给予是共生关系，因而一个人不能一味索取而不知奉献，否则社会作为共同体是无法存在的。而这一切都可以视作个体道德成熟的表现，因为它表明个体对他与共同体的关系有了整全的理解。这也标志着德性教育的完成。

马斯洛对需要的等级做了划分，将生理需要和安全需要划为低级需要，而将后三者划分为高级需要。在两者中他更为关注高级需要，因为高级需要更能彰显人性，"高级需要是一种较晚的种系的或进化发展的产物……越是高级的需要，就越为人类所特有。"④

① ［美］亚伯拉罕·马斯洛：《动机与人格》，徐金声等译，中国人民大学出版社 2012 年版，第 29 页。
② ［美］亚伯拉罕·马斯洛：《动机与人格》，徐金声等译，中国人民大学出版社 2012 年版，第 29 页。
③ ［美］亚伯拉罕·马斯洛：《动机与人格》，徐金声等译，中国人民大学出版社 2012 年版，第 29 页。
④ ［美］亚伯拉罕·马斯洛：《动机与人格》，徐金声等译，中国人民大学出版社 2012 年版，第 74 页。

因此他认为，通过分析高级需要的特点，我们可以更好地理解人的类本质，越能够对人性有准确的把握。而在马斯洛对于高级需要的种种描述中，最值得注意的是以下几点。

> 需要的层次越高，爱的趋同范围就越广，即受爱的趋同作用影响的人数就越多，爱的趋同的平均程度也就越高。
> 高级需要的追求与满足具有有益于公众和社会的效果。在一定程度上，需要越高级，就越少自私。饥饿是以我为中心的，它唯一的满足方式就是让自己得到满足，但是，对爱以及尊重的追求却必然涉及他人，而且涉及他人的满足。
> 高级需要的满足比低级需要的满足更接近于自我实现。
> 高级需要的追求与满足导致更伟大、更坚强以及更真实的个性。[①]

马斯洛以上的分析分别从范围、与他人的关系以及对自我的影响三个方面揭示了高级需要的特点。具体而言，与低级需要相比，高等级需要在范围上更广，要求将关爱之情推广至更多的受众；高级需要的社会性更强，更注重对他人的尊重和满足，能够很好地遏制人的私心；对个人而言，高等级需要的满足能够更好地彰显人性，使个体更强烈地意识到自身对人类社会的积极作用。很显然，这些对高等级需要的论述在儒家的仁学理念和礼乐思想中都能找到相对应的内容。例如，高等级需要对于爱的范围和程度的拓展与儒家仁爱思想中的"推己及人""爱人如己"的理念有着很好的相通性，后者同样强调要将始于亲人的孝悌之情推广到关爱他人。又如，高等级需要对社会性的推崇和对私欲的遏制，正是与荀子所理解的礼的社会管理和个人道德教育的功能相吻合，两者都强调在满足自我需求和维持社会基本秩序之间实现平衡。再如，高等级需要的满足能够更好地彰显人性，使人们意识到个体对社会的积极价值，而这更是礼乐的核心内涵。作为儒家文化的重要形式，礼乐与仁道是表与里、体与用的关系，而"仁者人也"，仁道被儒家特别是思孟学派视为人与禽兽的根本区别，也就是人的根本属性。这意味着，修习礼乐既是高等级需要的题中应有之义，也是帮助人们更好地实现其他高等级需要的重要方法。

更值得关注的是马斯洛下面的观点：

> 上述观点（按：即对高等级需要的解说）可以概括为两点：第一，高级需要和低级需要具有不同的性质；第二，这样的高级需要与低级需要一样必须归入基本的和给定的人性储备中（而不是不同或相反）。这一定会在心理学和哲学理论上引起许多革命后果。大多数文明同它们的政治、教育、宗教等理论一道，一直是建立在与这一信念正好对立的观点之上的。总的看来，它们假定人性原始的及动物方面严格地限制在对食物、性之类的生理需要上。追求真理、爱、美的高级冲动，被假定为在内在性质上不同于这些动物性需要。而且，这些兴趣被假定为相互对抗、排斥，为了优势地位而不断发生冲突。人们是从站在高级需要一边而反对低级需要这个角度来看待所有文化及其工具的。所以，文化必然是一种控制因素和阻挠因素，充其

---

① ［美］亚伯拉罕·马斯洛：《动机与人格》，徐金声等译，中国人民大学出版社 2012 年版，第 76 页。

量是一种不幸的必需品。①

在马斯洛看来，他的需求层次理论及对高等级需要的论述所具有的最重要的意义在于证明高等级的需要同样是人性不可或缺的一部分，这一理解与很多国家理解人的主导思想相矛盾。大多数文明对于人性的理解都很狭隘，它们一方面将人性局限在动物性领域，将马斯洛所说的高等级需要以及由此衍生出的人类的各种文化创造都视作与人性相对立的内容。但另一方面，这些内容又是最能彰显人之存在的独特性的领域，并不能加以否定。因此，对大多数文明而言，人性与人的高等级需要和文化创造之间便存在着极为矛盾的关系，甚至后者被视为"一种不幸的必需品"。很显然，这种理解对人的发展是十分不利的，它造成了人的先天本性与后天教化之间的深刻矛盾。

然而，回顾前文中分析我们就会发现，马斯洛所说的大多数文明对人性的理解在儒家思想中完全不存在。相反，先秦儒家特别是思孟一系特别重视挖掘人性中不同于动物性的部分，即"人之所以异于禽兽者"，并将其视作人性的核心意涵。有鉴于此，马斯洛所说的"追求真理、爱、美的高级冲动"与儒家的人性论不仅不冲突，而且正是后者努力追求并力图实现的核心内容。正因如此，我们可以认为相比于其他的传统人性观念，儒家的人性论更能达成与以马斯洛的需求层次理论为代表的现代心理学对人类本性的认识的沟通与融合。马斯洛对传统人性观的抨击不仅不适合儒家，而且这些解读恰好从另一个层面证明了儒家人性理念的先进之处，彰显了后者作为传统思想的现代价值。

进一步，马斯洛还指出，需求层次理论所揭示的对人性的全新认识促使人们全面反思传统的道德教育模式，发展能有效地引导人性之善的新的德育方法。

> 我们对心理治疗（以及教育、抚养孩子，一般意义上良好性格的塑造）的目标的理解必须有相当大的改变。对于许多人来说，它们仍然意味着要获得一整套对固有冲动的禁止和控制。纪律、控制、镇压就是这样一种管理制度的口号。但是，如果治疗意味着一种旨在打破控制和禁戒的力量，那么我们新的口号必须是自发性、释放、自然、自我接纳，对冲动的感知、满足、自我抉择。如果我们的本能冲动被理解为是值得赞美的，而不是令人憎恶的，我们当然希望给他们以充分表达的自由，而不是把它们禁锢起来。②

在马斯洛看来，引导人性的传统方法就是通过外在的力量对人的动物本能加以一味地限制，而不考虑这种限制对受教育者而言是否是异己的力量，是否会造成受众的反感与抵触。这当然源自于传统观念对人性的负面理解，它将人类的一切文化都视为人性的反面，因而在用文化规约个体时默认个体会反抗，而规约的目的也就是用纪律与控制来限制人性的冲动。很显然，这会导致受教育者与教化实施者之间深度地对抗。有鉴于此，马斯洛认为，如果承认人性中包含尊重与爱的成分，那么教育应是对人性之善的引导而非对人性之恶的一味限制。显然，这样的观点与儒家的礼乐思想十分吻合。不可否认，

① ［美］亚伯拉罕·马斯洛：《动机与人格》，徐金声等译，中国人民大学出版社 2012 年版，第 77 页。
② ［美］亚伯拉罕·马斯洛：《动机与人格》，徐金声等译，中国人民大学出版社 2012 年版，第 79—80 页。

在礼乐教化思想特别是礼制中确有对人的规约与控制的内容，但礼乐教化目的更多地是"导人向善"，即激发人性中的仁道，将人的情感导向合乎社会规范、遵守社会秩序的领域，并使得人们认识到遵守规范的重要价值，从而自觉地予以践行。这一点在乐教中体现得更为明显。正如我们在前文中所指出，乐教的目的是"移风易俗"，其效果是"情深而文明，气盛而化神，和顺积中而英华发外"，即用高雅音乐将人的情感"润物细无声"般地引向优美与崇高，进而由内而外地提升人的气质。很明显，这一过程中不存在激烈的限制与对抗，一切都是自然而然地完成，这正是马斯洛希望实现的教化效果。可见，儒家和马斯洛不仅在对人性的理解上，而且在引导人性的方式上都有着高度契合的看法，因而马斯洛的相关思想可以作为促进儒学创造性转化和创新性发展的重要支撑。

二、皮亚杰的"儿童道德四阶段理论"与道德的发展过程

让·皮亚杰是瑞士著名的儿童心理学家，日内瓦学派的代表人物。他从发生认识论的角度对儿童的认识活动和道德发展过程做了充分的研究，其中在道德领域的代表作是《儿童的道德发展》。在本书中，他通过观察和了解儿童打弹球的游戏发现了儿童认识并掌握规则的基本过程，通过"对偶故事法"发现了儿童道德发展过程的四个主要阶段，从而提出了著名的"道德发展四阶段"理论。在笔者看来，皮亚杰对人类道德发展过程的理解与儒家通过礼乐来培养道德的诉求同样有着可以沟通之处，因而我们可以通过把握皮亚杰的道德发展理论来进一步地认识礼乐教化思想作用于当代道德教育的心理基础。

皮亚杰对儿童的道德发展过程的研究始于儿童对规则的掌握，因为在他看来，"一切的道德都是一个包括有许多规则的系统，而一切道德的实质就在于个人学会去遵守这些规则。"[1] 他研究规则的方法是去观察儿童的游戏活动，因为一个游戏活动要顺利开展必须具有一定的规则，且活动的参与者既要认识规则，又要将其落实下来，而"在规则的时间与规则的意识之间的关系最能使我们说明道德现实的心理性质"[2]。

皮亚杰选择了在当时颇受儿童欢迎的弹球游戏作为研究对象。在他看来，儿童在选择进行弹子游戏时将会面对三个基本状况，这是研究的出发点。

> 首先，在某一代和某一地方（不管它是多么小）的儿童中，对于打弹子从没有一个单一的玩法，而总是有各种不同的许多方法。
> 其次，同一种游戏，如四方形游戏，在不同的时间和不同的地方，可能有相当重要的变化。
> 最后，而且显然由于各地或各时潮流互相聚集的结果，同一游戏（四方游戏）在同一学校的游戏场上是可以应用不同的规则的。[3]

这意味着规则以及儿童对于规则的认识对于顺利地开展游戏活动意义重大。而由于规则众多且彼此间可能存在着矛盾，因此儿童需要对规则在认识的基础上加以比较，并

---

[1] ［瑞士］让·皮亚杰：《儿童的道德判断》，傅统先、陆有铨译，山东教育出版社1984年版，第1页。
[2] ［瑞士］让·皮亚杰：《儿童的道德判断》，傅统先、陆有铨译，山东教育出版社1984年版，第3页。
[3] ［瑞士］让·皮亚杰：《儿童的道德判断》，傅统先、陆有铨译，山东教育出版社1984年版，第4—5页。

通过协商选出所有参与者都能接受的规则。在皮亚杰看来，儿童认识、遵循和探索游戏规则的过程与其掌握道德规范的过程高度一致，因而他认为我们可以以前者中介来探索对后者的掌握。

通过对弹球游戏的分析，皮亚杰认为，儿童对规则的实践可分为四个连续的阶段。

> 第一个阶段是具有纯粹运动性质和个人性质的阶段。在这个阶段，儿童是按照他的欲念和运动习惯玩弹球的。
>
> 根据下列理由，我们可以把第二阶段称为自我中心阶段。当儿童从外边接受规则典范的时候，这个阶段便开始了，时间大约在两岁和五岁。这时儿童虽然在模仿这种范例，但是他或者是继续独自游戏而不寻求游伴，或者是和别的儿童一起玩而不求胜利，因而也不试图把各种不同的玩法统一起来。
>
> 七岁和八岁之间便出现了第三个阶段，我们称之为刚出现的协作阶段。每个游戏者现在都试图去胜利，所以大家都开始考虑互相控制和统一规则的问题。虽然在游戏的过程中也许可以达成某种一致的意见，但对于一般规则的看法仍然是模糊的。
>
> 最后在十一岁和十二岁之间便是第四个阶段，这就是规则编集成典的阶段。这时不仅确定了游戏程序的每一个细节，而且整个社会都知道了应该遵守规则的实际准则。①

很明显，皮亚杰在这里呈现了一个儿童对于规则的认识不断加深，对规则的理解不断深入，对规则的运用不断娴熟的过程，同时也是儿童超越个体性而逐渐融入社会的过程。这意味着，规则是规范不同人行为的措施，因而它只有在社会化行为中才有意义，而对它的了解和认识也只有随着人们不断地融入社会才能加深和拓展。具体而言，皮亚杰认为第一阶段的儿童对弹球游戏的意义毫无认识，完全是按照自己的理解在玩游戏，因此"虽然这时已经有了规则性和惯例的图式，但是这些惯例乃是个人的工作，它们不能引起儿童对于超越自我的人物的顺从，而这种顺从乃是规则出现的特点。"② 换言之，这时的儿童完全沉浸在自我世界中，纯粹以自己制定的规则来决定他面对弹球时的玩法。

进入第二阶段后，儿童的社会性开始成长，因而"自我中心乃是在纯粹的个人行为和社会化行为之间的一种中间行为形式"③。这时儿童开始对外在的规则有了最初的感知和了解，开始模仿年长者，按照规则的要求进行游戏。但此时的儿童并不了解订立规则的主要目的是为了在多人游戏时规范所有参与者的行为，保证公平竞争来决出优胜者。也就是说，规则只有在多人同时参与同一件事时才是有价值的，对单独的一个人而言，他可以订立和执行任何一种规则，但这种规则只对其个人有意义，对其他人是无效的。皮亚杰正是看到了这一点，因而特别指出，第二阶段的儿童没有真正的社会化行为，即便他与其他儿童共同玩耍，其实也是"各玩各的"，没有统一规则和获得胜利的渴望。按照他的话说，"虽然他在模仿他所观察到的东西，并真诚地相信他是在和别人一样地玩

---

① ［瑞士］让·皮亚杰：《儿童的道德判断》，傅统先、陆有铨译，山东教育出版社1984年版，第18—19页。
② ［瑞士］让·皮亚杰：《儿童的道德判断》，傅统先、陆有铨译，山东教育出版社1984年版，第29页。
③ ［瑞士］让·皮亚杰：《儿童的道德判断》，傅统先、陆有铨译，山东教育出版社1984年版，第29页。

着，但这个儿童最初除了只是自己利用他学会的这些新的玩法之外，什么也没有想到。这种材料都是具有社会性的，但儿童却以一种个人的方式来玩弄这种材料，这就是自我中心"①。它与第一阶段的区别在于，第一阶段的儿童完全没有社会性成分，其行为的依据纯粹是个体性的，第二阶段则是以个体性的方式对待社会性规则，因而实际上履行的是无效的规则。

到了第三阶段即大致七八岁的年纪，儿童的社会性大大增强，因而"在游戏领域内便出现了一种互相了解的欲望（事实上在儿童之间的交谈中也是如此）。这种需要了解的感觉就是说明第三阶段的特点。"② 这使得游戏的目的发生了根本变化，"要赢得一盘游戏，儿童尤其是要在遵守共同规则的条件之下和他的同伴进行较量。因此，游戏的特殊愉快就不再是肌肉性质的和自我中心的，而成为社会性的了。"③ 这意味着，对七八岁的孩子来说，通过游戏获得自我快乐已经变得不重要了，真正的游戏体验已经变成了在规则允许的框架下战胜他人。此时，儿童开始有了明确的规则意识，知道只有按照规则行事才能保证游戏的公平，从而满足其战胜他人的愿望。但皮亚杰指出，第三阶段的孩子其兴趣在于按照规则行事，对规则本身则兴趣寥寥。第四阶段的孩子则更进一步，"在整个第四阶段，主要的兴趣是对规则本身的兴趣"④。也就是说，到了十一二岁，儿童在玩弹球游戏时的兴趣点已经不只是渴望在规则下通过玩游戏来战胜他人，他们还希望制定和修改规则。这表明其对于规则的意义有了更深的了解，认识到规则不仅可以保证游戏的社会性运行，而且可以促使游戏运行得更为顺利。反之，为了游戏的顺利进行，规则是可以进行调整的。换言之，他们对规则与游戏的同构关系有了更明确的认识，知道两者一荣俱荣，一损俱损，因而会去主动地调整规则。

总而言之，皮亚杰认为从实践角度看，儿童掌握规则的四个阶段其各自的特点是，"1. 简单个人的规则性；2. 以一种自我中心的态度模仿长者；3. 协作；4. 对于规则本身感到兴趣"⑤。

与之相对应，儿童的规则意识从很小的时候就开始建立，并有三个重要的发展阶段。对于前者，皮亚杰指出，"从婴儿的最小年龄起，一切事物都要在规则性方面影响这个婴儿"⑥。也就是说，一切外在现象都会给孩子留下秩序与规则的印象。对于后者，在第一阶段，简单个人的规则性反应到意识领域就是以自身意识中的"规则"来规定游戏，认为自己厘定的规则就是规则本身。这说明一方面，这一阶段的儿童并非对"规则"完全没有概念，他知道要把弹球玩好需要一定的规矩。换言之，对儿童而言，一些明显不合理的玩法在他尝试过以后自己便会拒绝（例如把弹球含到嘴里，甚至试图咽下去）。但另一方面，第一阶段的儿童对规则的社会性完全没有意识，不仅不了解规则存在的目的是规范参与同一活动的众人的行为，甚至不清楚现有的规则本身就是通过众人的商讨与妥协制定出来的。因此，他便以自己的主观规定取代了游戏规则的普遍而客观的规定，即

---

① ［瑞士］让·皮亚杰：《儿童的道德判断》，傅统先、陆有铨译，山东教育出版社1984年版，第30页。
② ［瑞士］让·皮亚杰：《儿童的道德判断》，傅统先、陆有铨译，山东教育出版社1984年版，第37—38页。
③ ［瑞士］让·皮亚杰：《儿童的道德判断》，傅统先、陆有铨译，山东教育出版社1984年版，第38页。
④ ［瑞士］让·皮亚杰：《儿童的道德判断》，傅统先、陆有铨译，山东教育出版社1984年版，第49页。
⑤ ［瑞士］让·皮亚杰：《儿童的道德判断》，傅统先、陆有铨译，山东教育出版社1984年版，第49页。
⑥ ［瑞士］让·皮亚杰：《儿童的道德判断》，傅统先、陆有铨译，山东教育出版社1984年版，第51页。

按照自己的规范来玩弹球游戏。

而到了第二阶段，儿童开始产生真正的规则意识，学习并接受由长者教给他们的游戏规则。但是皮亚杰注意到了一个十分重要的现象，即该阶段的儿童对于规则的认识十分僵化，认为它是不可改易的。

> 当第二阶段一旦开始，即当儿童开始模仿别人的规则时，不管他的游戏在实践中是多么的自我中心，他就立刻认为这些游戏的规则是神圣而不可侵犯的；他不仅不肯改变这些规则，而且还宣称，对于规则的任何更改（即使这些更改取得了大家的同意）都是错误的。①

这意味这一阶段的儿童所具有很强的自我中心意识实际上是规则赋予他的。也就是说，他之所以自视甚高，是因为他坚持认为他的规则因为有着神圣的来源而具有了某种神圣性，是绝对真理，而他是真理的掌握者与捍卫者，是绝对正确的。也就是说，本阶段儿童认可规则的依据是他获知规则的外在的神圣性起源，而规则本身的意义并没有得以呈现。他进一步指出：

> 然而，正是同样这些儿童，对于规则却有一种近乎神秘的尊重：规则是永恒的，规则是由于父亲的权威，社区绅士的权威，甚至可能由于上帝的权威而确立的。他们禁止改变这些规则，甚至在全部公共舆论都支持这种变动时，这种普遍的意见也将是错误的。②
>
> 在道德规则方面，儿童几乎完全有意服从那种为他所制定的规则，但是这些规则始终是处于主体良知之外的，而没有真正转变成为他的行为。这就是为什么儿童虽然把规则视为神圣的东西，但他却并没有真正实行它们的道理。③

皮亚杰在这里再次强调，第二阶段的儿童对于游戏需要规则的原因和规则制定的程序都没有充分的认识，而是简单地将其视为来自于绝对的权威而具有神圣性。因此，尽管儿童对于规则十分敬重，但实际上他敬重的并非是规则本身，而只是使他知晓规则的权威的力量。换言之，这一阶段的儿童与规则的关系是外在性的，规则对其而言是一种异己的力量而在它的真实生命之外，他的精神和生命并没有能力真正地接纳规则，也就更谈不上发自内心地遵守规则。更进一步地讲，规则的制定和遵守有赖于人们的协作和妥协，其中透露的是民主的精神。然而第二阶段的儿童对待规则的方式却是专断的，集中体现为对他人意志的排斥，而这恰好与规则的本义相对立。

在皮亚杰看来，儿童成长到第三阶段即十岁以后，就会发展出协作能力，在此基础上形成对规则的正确认识。

---

① ［瑞士］让·皮亚杰：《儿童的道德判断》，傅统先、陆有铨译，山东教育出版社1984年版，第54页。
② ［瑞士］让·皮亚杰：《儿童的道德判断》，傅统先、陆有铨译，山东教育出版社1984年版，第63页。
③ ［瑞士］让·皮亚杰：《儿童的道德判断》，傅统先、陆有铨译，山东教育出版社1984年版，第64页。

在儿童看来，游戏规则已不再是外在的法则，已不再由于它为承认所制定而成为精神不可改变的东西；他们认为，规则是自由决定的结果，而且它已获得彼此的同意，因而是值得尊重的。①

"游戏规则不再是外在的法则"说明本阶段的儿童意识到规则游戏的一部分，是保证游戏顺利进行的必要条件，这是对于规则之目的的正确认识。"不承认规则是精神中不可改易的东西"则意味着儿童此时认识到了规则产生的来源并非外在的权威，而是由参与者共同协商来确定，这是对规则产生过程的准确把握。基于这两种正确的认识，皮亚杰认为，此时的儿童对于游戏活动和其中的规则终于有了与成人相一致的看法，即"原来弹球不过是一些圆的卵石，它是给儿童抛掷着玩以取乐的；规则远不是由成人所赋加给他的，它必须在儿童首创中逐渐制定出来。"②

在此基础上，儿童开始自觉地探索制定规则的方法。在皮亚杰看来，这促使儿童学会协作，并在此过程中确立自身的权利与义务，"自从这种自主的规则代替了强制的规则之时起，协作便变成了一种有效的道德法则"③。所谓"学会协作"实际上是指儿童开始加速其社会化进程，开始学习在同时尊重自身与他人的权利基础上与他人和谐相处。如前所述，制定规则的目的就是要处理一项活动中众人的关系，找到一种所有人都能认可，因而可以保证活动进行下去的方案和规范，这正需要通过协作来达成。因此，当儿童具有协作能力后，一方面，"我们发现这种新型的规则意识和对这些规则的真正遵守乃是同时出现的"④；另一方面，"在这个阶段所达到的自主性比上一阶段的纪律性更加肯定地会产生对规则的尊重"⑤。在皮亚杰看来，这时的儿童意识到，规则作为游戏能够顺利进行的制度保证，是从属于游戏的。因而它绝非是神圣而一成不变的，游戏的参与者可以根据自身的需要，在所有人一致同意的基础上修改游戏的规则。而这一过程需要合理的流程，以保证经过修正的规则能够得到全体参与者的一致赞同，因而"只有程序是具有强制性的，而意见则总是可以加以讨论的"⑥。这表明这一阶段的儿童开始能够以理性的态度处理公共事务，理解订立良好的规则能够促进社会活动的开展，标志着他们对于规则的理解和认识达到了相对成熟的阶段。

在探讨了儿童对规则的实践与认识的具体过程之后，皮亚杰通过观察儿童进行对偶故事的游戏来探寻儿童的道德成长过程，从而提出了著名的儿童道德发展"四阶段"理论。在这一理论中，皮亚杰把儿童道德的成长过程描绘为由他律转变为自律，由接受外在约束和以自我为中心的心理矛盾状态转变为通过协作实现对规则的自觉认同和遵守的协调状态。

在儿童的道德判断和我们所知道的儿童相应的实际行为的比较中，我们将力图

---

① ［瑞士］让·皮亚杰：《儿童的道德判断》，傅统先、陆有铨译，山东教育出版社1984年版，第68页。
② ［瑞士］让·皮亚杰：《儿童的道德判断》，傅统先、陆有铨译，山东教育出版社1984年版，第69页。
③ ［瑞士］让·皮亚杰：《儿童的道德判断》，傅统先、陆有铨译，山东教育出版社1984年版，第76页。
④ ［瑞士］让·皮亚杰：《儿童的道德判断》，傅统先、陆有铨译，山东教育出版社1984年版，第76页。
⑤ ［瑞士］让·皮亚杰：《儿童的道德判断》，傅统先、陆有铨译，山东教育出版社1984年版，第77页。
⑥ ［瑞士］让·皮亚杰：《儿童的道德判断》，傅统先、陆有铨译，山东教育出版社1984年版，第77页。

表明，儿童责任感最早期的形式实质上是他律的形式，这与我们研究儿童游戏规则所得出的结论是相同的。在这方面，我们将回复到有关他律和自我中心关系的假设上来。诚如我们所知，他律绝不足以引起内心的变化，而且，约束和自我中心是一对良好的伙伴。在研究成人约束的结果时，我们将发现，这或多或少地是成人约束的产物。最后我们看到，对于获得道德自律来说，必须要有协作。①

这意味着，从总体上看，儿童的道德发展呈现出由他律向自律转变的趋势，这与我们在前文中分析的，儿童对于游戏规则的认识呈现同一趋势。也就是说，对于低龄儿童来说，道德行为就是不做成人明确禁止的以及会遭受惩罚的行为，而对于年纪比较大的儿童来说，道德意味着自觉认识到某些行为对他人和社会造成的不便与伤害。为了说明这一点，皮亚杰采用了"对偶故事法"，即通过向被试儿童讲两个故事，让他们判断哪个故事更加合乎道德的要求来观察他们对道德的理解。通过这一方法，皮亚杰进一步将道德的发展过程分为四个阶段。

第一阶段被称为"自我中心阶段"或"前道德阶段"，是指二至三岁的阶段。其特点是儿童对道德规范还不能形成任何明确的意识，倾向于完全按照自己的主观意愿来处理外部事物，因而其行为表现出比较强的任意性。由于处在这一阶段的儿童还产生不了真正的道德意识，因此皮亚杰对此也着墨不多。

第二阶段称为"权威阶段"或者"他律道德阶段"，大致指儿童在六到八岁的阶段。本阶段是皮亚杰关注的焦点之一，是指儿童服从于外在的道德规范，将其视作具有权威性的、不可更易的行为要求，并以此来判断行为的道德属性。皮亚杰为了研究这一阶段儿童的道德特点，选取了两类故事让儿童进行对比，一类是"笨手笨脚和偷窃"，另一类是"说谎"。对于前者，皮亚杰要求儿童比较两种类型的笨手笨脚的故事，"一种类型完全是偶然的，甚或是出于好意的行为，但结果却造成了很大的物质破坏；另一种类型是出于恶意的行为，但所造成的破坏的后果却微不足道"②。在偷窃方面亦是如此，皮亚杰往往选择一则故事具有善意的行为，另一则故事则纯属自私自利之举，让儿童进行判断。这一比较的目的"是为了查明儿童更注意动机还是更注意物质后果"③，因为前者与儿童对于道德的自主认识密切相关，后者则是"客观责任"的反映，也就是儿童以外在的特别是成人的评价作为判断是非的依据。

皮亚杰发现，处于第二阶段的儿童对于是非的判断具有强烈的效果论特点，十分注重行为的后果。这一点特别体现在他举的"打碎杯子的故事"之中：有两个儿童，一个儿童在完全不知情的情况下由于开门而撞碎了门背后的十五只玻璃杯，另一个儿童为了去拿高处的零食而打碎了一个玻璃杯。面对这两个行为，六至八岁的儿童几乎都认为第一个儿童的错误更严重，更应受到惩罚。显然，这些儿童在判断行为时完全没有考虑到行为发生的内在动机，而纯粹是以行为酿成的结果来区分好坏。皮亚杰认为，这一情况源自于成人的约束和惩戒给儿童造成的印象。

① ［瑞士］让·皮亚杰：《儿童的道德判断》，傅统先、陆有铨译，山东教育出版社 1984 年版，第 124 页。
② ［瑞士］让·皮亚杰：《儿童的道德判断》，傅统先、陆有铨译，山东教育出版社 1984 年版，第 138 页。
③ ［瑞士］让·皮亚杰：《儿童的道德判断》，傅统先、陆有铨译，山东教育出版社 1984 年版，第 139 页。

所以，可以做进一步的设想，即仅仅根据物质损坏的程度进行评价是成人的约束通过儿童所特有的尊重发生折射的结果，而远不是儿童思想的自发的表现。一般说来，成人对待儿童笨手笨脚造成的过失往往是很严厉的。如果成人不了解情况，如果成人发脾气的程度与物质破坏的程度成比例，儿童就会用这种方式来看待事物，并从字面的意义上来运用如此强加于他们的规则，即是这些规则并没有完全明确地规定下来，情况也是如此。如果成人是公正的，特别是成长中的儿童有了与成人的反应相反的自己的情感，客观责任将丧失其重要性。①

这就是说，儿童对于客观责任的推崇和以行为结果的好坏来判断是非善恶的意识很大程度上来源于成人对后果的重视。正是由于成人参照事物遭到破坏的程度来决定惩罚儿童的程度，才使得儿童不断强化"造成重大损失的行为要受到严惩"这一意识，也才使得儿童经常将错误和不道德与造成严重损失的行为联系在一起，从而形成了"破坏严重的行为就是错误的"这样的观念。因此皮亚杰认为，"儿童客观责任的判断在范围和强度方面都超过了成人对儿童的所言所行"②，也就是说让成人意想不到的是，他评价是非善恶的标准会在儿童这里得到强化和放大，作为外在的权威而成为这一阶段的儿童心中神圣而不可改易的标准。

对于"说谎"的问题，皮亚杰基于研究同样发现，儿童的判断标准和结果与前述的"笨手笨脚和偷窃"是一样的，即同样是从谎言背离事实的程度而非说谎的动机来加以评判。为此，皮亚杰同样选取了三对谎话，"每对故事都包含二个谎话，一个谎话（或仅仅是一种错误）没有任何坏的意图，但明显地背离事实；另一个谎话的内容很可能是真的，但在说谎时带有明显的欺骗意图"③。儿童对此问题回应的结果是"我们所询问的相当多的年幼儿童评价谎话时不是根据说谎者意图，而是根据谎话陈述可能性的大小"，更准确地说，"陈述离事实越远，儿童认为谎话也就越大"④。显然，此时的儿童只是将谎言视作与事实不符合的言辞，而不会去深究人们撒谎的动机。这种对谎言的理解并不准确，但却与这一阶段儿童对行为意义的认识相适应。

面对这一阶段儿童的心理特点，皮亚杰给出的应对策略包含两个方面。其一，针对成年人在与儿童交往时具有的权威性，皮亚杰主张应该鼓励儿童多与同龄人相处，发展协作能力和社会性，促使其发展主观责任，向道德的下一阶段过渡。他指出，"如果儿童在他的兄弟姐妹或他游戏的伙伴之中发现一种能够发展写作和互相同情的交往形式，那么，他将产生一种新型的道德，一种互惠的而不是服从的道德。这才真正是意图的和主观责任的道德"⑤。

其二，皮亚杰强调，由于这一阶段的儿童对道德的自主认识能力还很有限，因而必要的道德约束是不可或缺的。他认为，"尽管人们可能反对在教育，特别是道德教育中使

---

① ［瑞士］让·皮亚杰：《儿童的道德判断》，傅统先、陆有铨译，山东教育出版社1984年版，第150页。
② ［瑞士］让·皮亚杰：《儿童的道德判断》，傅统先、陆有铨译，山东教育出版社1984年版，第155页。
③ ［瑞士］让·皮亚杰：《儿童的道德判断》，傅统先、陆有铨译，山东教育出版社1984年版，第172页。
④ ［瑞士］让·皮亚杰：《儿童的道德判断》，傅统先、陆有铨译，山东教育出版社1984年版，第175页。
⑤ ［瑞士］让·皮亚杰：《儿童的道德判断》，傅统先、陆有铨译，山东教育出版社1984年版，第159页。

用任何约束，然而，完全不给儿童下达难以理解的命令也是不可能的。"① 毕竟，这一阶段父母在儿童心目中的形象依然有神圣性和权威性，所以正确地引导能起到事半功倍的教化效果。

在皮亚杰的理论中，第三阶段和第四阶段的核心是自律道德的发展与成熟。其中，第三阶段也被称为"可逆性阶段"或"初步自律阶段"，大致是指8～10岁的阶段。此阶段中儿童的平等观念开始提升，"平等主义逐渐增强，并达到认为平等比任何其他的考虑都重要的地位；所以，在发生冲突的情况下，平等的公正总是对抗服从、对抗惩罚，甚至对抗那些在第三阶段仍然存在着的比较微妙的理由"②。第四阶段则是则被称为"公正阶段"或"自律道德阶段"，是指儿童处于10～12岁的阶段，这一阶段的儿童对于公正有了较为切实的把握，"纯粹的平等主义让位于我们称之为'公道'的比较微妙的公正的概念，而公道概念的定义绝不是不考虑每一个个人所处的地位"③。

在研究方法上，皮亚杰使用的仍然是"对偶故事法"，即选取特定领域的两个故事进行比较研究。这次他将关注的焦点放在有关"惩罚"和"公正"的问题上。在"惩罚"问题中，他区分了两种惩罚，即"抵罪式惩罚"与"回报式惩罚"：前者是指简单地诉诸于成人的权威，通过使用强有力的惩戒措施使之感受到痛苦，以此作为儿童犯错的代价；后者则是通过"以其人之道还治其人之身"的方法，通过让儿童了解作恶的后果来使得其明白自己的错误。前者对儿童来说是一种被动的、外在性的惩罚；后者则是作用于内心，诉诸于儿童的理性和道德感。显然，后者相比于前者，对儿童的综合素养要求更高，更符合年龄较大的儿童的心理状态。事实情况也的确如此。根据皮亚杰的研究，第三阶段的儿童选择回报式惩罚的比例明显高于抵罪式惩罚。④ 皮亚杰对这一变化的看法是，"这种演变只不过是从单方面尊重向互相尊重这个总的演变中的一个特殊情况。"⑤ 所谓"单方面尊重"，是指年幼儿童对权威的无条件服从，"互相尊重"则是指儿童与成人以及儿童之间通过协作建立的平等关系。因此，从"单方面尊重"向"互相尊重"的发展正体现了儿童道德意识和个体人格逐步展开并完善的过程。

皮亚杰以"公正"为切入点加以研究对儿童道德发展的第四阶段进行了研究，他通过对偶故事法区分了两种公正，即"惩罚的公正"和"平等的公正"。"惩罚的公正"是指针对儿童的过错给予直接的、儿童能够立时感知到的惩戒；"平等的公正"则是指儿童面对成人让自己多付出的不合理要求，以平等的原则为依据，坚决予以拒绝。按照他的研究，10～12岁的儿童基本上都能意识到平等的意义，因而都会选择后者而拒斥前者。更有甚者，有些十一二岁的儿童还能进一步意识到，所谓"平等"不是完全的等价，而是要考虑到具体情况后做出的最恰当的处置。例如，如果有的孩子本该轮到做家务而恰好身体不舒服，那么就应该由家庭内的其他孩子代劳。皮亚杰将这种内涵性的公正称之为"公道"，并将其视作儿童德性发展的最高阶段。

---

① ［瑞士］让·皮亚杰：《儿童的道德判断》，傅统先、陆有铨译，山东教育出版社1984年版，第210页。

② ［瑞士］让·皮亚杰：《儿童的道德判断》，傅统先、陆有铨译，山东教育出版社1984年版，第348页。

③ ［瑞士］让·皮亚杰：《儿童的道德判断》，傅统先、陆有铨译，山东教育出版社1984年版，第349页。

④ 参见［瑞士］让·皮亚杰：《儿童的道德判断》，傅统先、陆有铨译，山东教育出版社1984年版，第269—272页。

⑤ ［瑞士］让·皮亚杰：《儿童的道德判断》，傅统先、陆有铨译，山东教育出版社1984年版，第280页。

从十一二岁开始，我们看到，出现了一种新的态度，可以把这种新的态度的特征说成是公道感，而且，这种公道感只不过是平等主义在其相对性方向上的发展。儿童放弃了绝对的平等，除非某一特殊的情况下，他们也不再考虑个人同等的权利。同样地在惩罚公正的领域里，他们认为，不要对所有的人都处以同样的惩罚，而是要考虑到某些微妙的情况。在平等公正的领域里，公正不再意味着所有的人都完全服从于同一个规则，而是要考虑到每一个人的情况。这样的一种态度远没有造成特权，而是倾向于使平等比以前的情况更具有道德的效力。①

对皮亚杰而言，公道感的产生有赖于儿童对于自我和他人的人格平等的清醒认识，有赖于儿童对于公平内涵的准确理解（即应当追求实质而非形式的公平），更有赖于儿童能够突破个体的局限，形成真正的协作能力，产生真正的合作精神。显然，这需要儿童有对于道德较为全面的理解，对人性有一定的认识，年幼的儿童不可能达到这些要求，因此只有临近青春期的儿童才会有这些看法。这也标志着儿童道德教育的基本完成。

总而言之，皮亚杰认为儿童的道德发展是一个由他律向自律转变的过程，也是一个从被动地服从于外在规范到主动地创设和更改规范并自我服从的过程。因此，对于家长和教师而言，道德教育必须顺应儿童道德成长的基本规律，而不可简单地将个人意愿强加给儿童。具体而言，教育者既需要尊重儿童的内心特点和成长过程，引导其了解道德规范对社会生活的重要意义，又需要在幼年时期对儿童施加必要的规范和惩戒，使其明白社会有着不可逾越的界限。而这两点在礼乐教育中都有所体现，因此礼乐教化思想与当代的儿童德性教育相结合的空间是很大的。

第三节　礼乐教化思想与当代德性教育结合的理论机理

在概括了儒家礼乐教化思想的精神实质，了解了当代心理学对人的内在需求的分析以及对儿童道德成长过程的分析和描述之后，我们需要贯通历史与现实，立足于当代社会发展和个人成长的实际情况，探寻并揭示儒家礼乐教化思想与当代德性教育结合的理论机理。正如我们在前文中所指出的，任何一种在人类历史特别是思想史上占有一席之地的思想都兼具超时代性与时代性两大特征：前者意味着这些思想具有永恒的人类性意义，保证了这些思想对今天的人们仍有启发和借鉴价值；后者则意味着传统思想的某些内容是针对历史上的特定时代而提出，因而并不完全适用于当今社会。这意味着今天的我们在借鉴和吸收古圣先贤的智慧时必须有所取舍，必须进行创造性转化，以当今社会的需要与实际情况为基础，提炼传统思想的精髓来实现"古为今用"。同样，面对诞生于传统社会的儒家礼乐教化思想，我们在肯定其思想价值的同时也要通过理性的分析来说明，其中的哪些内容通过怎样的转化可以对我们今天的道德教育起到助益作用。

---

① ［瑞士］让·皮亚杰：《儿童的道德判断》，傅统先、陆有铨译，山东教育出版社 1984 年版，第 380—391 页。

一、个体与社会：当代德性教育目的的确证与礼乐的当代定位

我们在前文中曾经指出，道德的核心目的就在于调整人与人的关系。同样，有学者也提出，"道德教育从其根本旨归来说是成就人的德性的教育（德性是人性的自觉，它使人成为人）；道德教育与其他教育一样又总是在人与人的关系中进行的，是一种人与人的活动。"① 事实上，各种人与人的关系所形成的共同体就是社会，因此道德亦是调整人与社会的关系的重要手段。这在礼乐教化思想中体现得非常清楚。因此，在任何一个时代，道德教育要想发挥作用，都必须熟知特定时期和文化背景下人与人和人与社会关系的基本特性，从而发现其中蕴藏的问题，以便对症下药地予以解决。而在当今社会，个体与社会的关系相比于传统社会已经发生了根本性变化，这一变化又包含着东西方文明的深刻差异。因此，植根于中国传统文明，聚集特定时代和文化背景下个人与社会之关系的礼乐教化思想在今天这样一个社会快速演进、文明融合加剧的新时代还能否以及如何发挥作用就成为了我们必须面对的重要问题。只有揭示了当代社会中个体与社会关系的根本特点，我们才能有针对性地选取礼乐教化思想中可以与现实相沟通的内容来使后者恰当地作用于当代德性教育。

当代社会与传统社会在个体与社会关系上的重大差别就是个体的独立与发展，个性解放的进程持续推进，这使得个体从从属于社会、个性为社会所压制的状态中超越出来。换言之，个体不再是被共同体单方面主宰和压制的一分子，而是具有理性，可以自主和自觉地选择自身生活状态的独立的人，这促使个体与社会的关系发生根本转变。对此，有学者指出，"前工业社会，人结合成以血缘、地域为纽带的群体，这种人依赖人的共同体，是人存在的主要形式"② 。这意味着，在传统社会中，人与人的关系是限定而有限的，个人的价值由共同体所决定。在这样的社会中，个体只是共同体的一员，其与共同体的关系是共同体对个人的主宰和压制，个体谈不上有独立的人格和自由选择人生的权利。相反，"随着生产力的高度发展，个体独立人格的充分展现，个体的'类性''普遍性'的增长，个人之间平等关系的普遍建立"③ ，这些都促成了个体在与社会的关系中获得了更强的独立性，使得个体与社会的关系发生反转，个体成为了共同体存在与发展的决定性力量。对此，马克思和恩格斯有着极为深刻地认识，他们在《神圣家族》中明确指出：

> 历史什么事情也没有做，它"不拥有任何惊人的丰富性"，它"没有进行任何战斗"！其实，正是人，现实的、活生生的人在创造这一切，拥有这一切并且进行战斗。并不是"历史"把人当做手段来达到自己——仿佛历史是一个独具魅力的人——的目的。历史不过是追求着自己目的的人的活动而已。④

马克思和恩格斯明确指出，真正推动历史进步的是活生生的个人，历史的发展趋势

---

① 鲁洁：《当代德育基本理论探讨》，江苏教育出版社 2010 年版，第 60 页。
② 鲁洁：《当代德育基本理论探讨》，江苏教育出版社 2010 年版，第 36 页。
③ 鲁洁：《当代德育基本理论探讨》，江苏教育出版社 2010 年版，第 36 页。
④ 《马克思恩格斯文集（第 1 卷）》，人民出版社 2009 年版，第 295 页。

不过是每一个追求着自己目的的人的行动所汇聚而成的洪流。因此，是个人推动历史的发展和演进，而不是反过来，个人受到某种抽象原则的支配，被必然性推动和安排自身的行为。换言之，社会是由个体组成的，社会的存在和发展是被个体活动所决定，因此社会存在的目的是为每一个活生生具体的人而服务，促进其人性的全面发展，使其能够展开其生命的多个向度。这是历史唯物主义对个人与社会关系的普遍论断，适用于人类文明任何阶段，只不过这一特点在现当代社会中体现得更为明显。随着现代工商业的发展，人与人的交往在广度和深度上都大大加深，个体的人越来越有机会挣脱血缘和地域的束缚，依照自己的意愿行事，从而使得马克思与恩格斯所指出的个人与社会关系的普遍特点得到了最充分的展现。具体说来，马克思与恩格斯对个人与社会关系的判断内涵有以下几点内容：1. 人是社会发展的根本动因和动力。2. 社会是人发展的手段，因而一味地追求经济增长必然会产生马克思在《1844 年经济学哲学手稿》中重点批判的人与劳动产品、劳动本身以及人自身的全面异化，从而背离人的生存目标。3. 社会发展的规律以及社会的各项规范不是外在于人而与人的存在相异化的，而是由人的活动所塑造和形成的，因此它们不应成为戕害人性的桎梏，而应当是助益人的全面发展的有效工具。4. 社会发展的最终目标正是马克思所指出的，超越人的依赖关系以及在物的依赖性为基础的人的独立性存在，最终实现"自由人的联合体"。5. "自由人的联合体"指向的是人的整全性发展，是人格的充分体现。

　　个体自我意识的发展，个体与社会关系的转变使得每个人的独立自主性得到更为宽广的展示平台，对人之成长的积极意义是毋庸置疑的。然而，凡事都有两面，个性的解放在推动人的全面发展的同时也带来了严重的恶果，即过分强调个人自由的重要性，忽视个人所应当承担的社会责任。因此，如何正确处理个体与社会的关系，建构合理的模式以实现两者的可持续发展，就成为了今天的教育工作者必须思考的问题。正如联合国教科文组织在 20 世纪 90 年代思考 21 世纪全球教育的根本问题时所指出，新世纪教育的目的在于"培养完人"，即实现人的全面发展，"把一个人在体力、智力、情绪、伦理各方面的因素综合起来，使他成为一个完善的人，这就是对教育基本目的的一个广义的界说。"[①] 但这一理想与现实的距离是巨大的，"当然在大多数现代社会中，指望培养出这样一个完人，是不现实的，他在各方面都遇到分裂、紧张和不协调状态"；"目前教育青年人的方式，对于青年人的训练，人们接受的大量的信息——这一切都有助于人格的分裂[②]。所谓"人格分裂"，就是社会按照某些不合理的要求（通常是资本的逻辑），对人的整全人格进行裁剪，只去发展资本所需要的某一个或某几个方面，而对其余的部分则予以忽视，这种对待人的态度只能造就出"单子化个人"。"单子"是德国哲学家莱布尼茨的核心概念，是指彼此间完全独立、互不影响的个体，"单子化个人"则将人视为彼此完全孤立，不存在任何内在联系的独立存在。因而在其眼中，个人与社会的关系完全是外在化的，"单子式个体只把自身作为唯一的目的，其他人都是自我目的的手段，单子式

---

　　① 《学会生存——教育世界的今天和明天》，联合国教科文组织国际教育发展委员会编著，教育科学出版社 1996 年版，第 195 页。

　　② 《学会生存——教育世界的今天和明天》，联合国教科文组织国际教育发展委员会编著，教育科学出版社 1996 年版，第 193 页。

个体的生活运行原则是个人利益，这一运行原则是个人利益，这一运行原则表现于经济、政治、社会生活的方方面面"①。显然，"单子化个人"所带来的正是个人与社会关系的异化，而在这种异化过程中，道德教育往往是被忽视和牺牲的内容，个体的德性由于缺少经济价值而被否定。道德教育的缺失所造成的恶果是"形成自我与他人、与社会的对立与分离，个人之间所建立的是一种单向的目的手段关系，以一种制服与利用的心态来对待他人"②。此类个体与社会的关系是不可持续的，它从一个极端滑入了另一个极端，同样会造成共同体的解体。因而，个人与社会的正确相处模式既不能是个体性被社会完全压制的传统形态，也不能是个体性无限膨胀的"单子化个人"，而必须是个人与社会协调发展的"共生性存在"。对于"共生性存在"的内涵，有学者做了细致的说明：

> 共生性的存在是对单子式，同样也是对整体主义存在的超越，从而也是对长期以来处于两极对立之中的自我他人、个人社会、利己利他等等的超越，体现了一种辩证关系。
>
> 一方面，共生性存在以个体生命存在为前提，只有结合于个体生命才能作为一个活生生的人而存在，才赋予人的生命以价值与意义；另一方面，每个个体作为关系性的存在又是诸多个体生命的凝聚，他内在地统整了自我与他我、小我与大我、内存在与外存在等等诸种人的存在形态，将以往两极对立的诸种存在形态消弭于超越之中。③

现代社会个人与社会的复杂关系为中国的教育特别是道德教育提出了更高的要求，即必须处理好个人与社会的关系，塑造个人与社会的"共生性存在"。随着中国特色社会主义进入新时代，党和国家更加明确地指出，青年人的全面发展和成长是推动社会持续进步、实现中华民族伟大复兴的重要动力。而要将一代代青年人培养成中国特色社会主义的合格建设者和可靠接班人，必须依靠能够贯彻党的教育方针的高水平教育，其中的基础便是道德教育。因此，习近平总书记在党的十九大报告中明确指出，"建设教育强国是中华民族伟大复兴的基础工程，必须把教育事业放在优先位置，深化教育改革，加快教育现代化，办好人民满意的教育。"④ 而要做到高水准的教育，在德育方面就是要处理好个人与社会的关系。毕竟，无论是传统还是现实，我国的价值导向都偏向于后者，强调个人为家庭、社会和国家奉献和牺牲，由此形成了我国独特的集体主义价值观和家国情怀。毫无疑问，这种价值观具有十分重要且积极的意义，是凝聚人心，鼓舞中国人民万众一心，共同克服民族复兴征途上的种种困难的强大精神武器。并且，这种国家和民族的利益至上，舍小家为大家的集体主义精神也帮助我国能成功地抵御西方文化所推崇的，个体价值无限膨胀的个人主义所带来的种种灾祸。但同时我们还应当注意到，提倡集体主义和家国情怀不应与肯定人的个体价值和正当欲求相对立，后者同样是今天的道

---

① 鲁洁：《当代德育基本理论探讨》，江苏教育出版社 2010 年版，第 63 页。
② 鲁洁：《当代德育基本理论探讨》，江苏教育出版社 2010 年版，第 38 页。
③ 鲁洁：《当代德育基本理论探讨》，江苏教育出版社 2010 年版，第 70 页。
④ 习近平：《在中国共产党第十九次全国代表大会上的报告》，人民出版社 2017 年版，第 45 页。

德教育应当关注的内容。也就是说，"形成人的独立人格，充分肯定人的个体价值，不能不成为当今中国教育和价值教育的主要任务。教育应使中华民族成为其成员普遍具有独立人格的民族，人人都能展现其独特的价值，否则世界历史性个人发展的前提也就不存在。"① 这意味着，当代教育工作者必须在集体主义、家国情怀和个人价值实现两者间取得平衡，并引导青年形成对二者关系的正确认识，避免偏重一方而忽视、否定另一方的极端观点，使之能够既合理面对个人合理的诉求，又能坚持集体主义原则，在国家需要时全力为国奉献。

　　当代道德教育对个体与社会关系的关注赋予了礼乐教化思想在新时代的着力点。围绕对这一关系的思考，我们对礼乐教化思想的价值与局限性，以及它在与当代德性教育相结合时应当注意的内容都会有清醒的认识。在笔者看来，一方面，儒家的礼教思想重视对人的限制与规约，要求以礼来克治人性中恶的部分，强调约束人的言行举止以符合社会规范，这样的教育模式的价值不可否认。但此举的确凸显和放大了礼教与受教育者的对立关系，容易忽视甚至压制人们正常合理的欲求以及对实现自我的渴望，不利于个体开发和彰显自身的独立人格。说到底，这体现了传统礼教对人性乃至个体的不信任，即基于人性的问题而将其视为需要矫正的对象。另外，这样的礼教思想进一步放大了个体与社会的对立，要求个体单方面地服从社会规范，将其视作个体成长和融入社会的关键。如前所述，荀子的相关思想集中地体现了这一点。很明显，这样的观念在今天并不适用，它也不利于"培养完人"和达成与社会的"共生性存在"。相反，乐教则注重"情深而文明，气盛而化神"这种对人性潜移默化的影响与教化作用，重视并着力于个体真实的情感体验，通过参与式和沉浸式的教育体验追求"润物细无声"的教化效果。两者相比较，显然后者更能彰显对个体的尊重。因此，我们在今天推行礼乐教化思想时，既要坚持乐教重视用真情实感感动人的教育理念，又要适度调整礼教的教化原则。后者并不是要拒斥礼教，而是说在当代推行礼教时，不能一味地强调普遍原则相对于人的独立性和权威性，更不应营造个体应当无条件服从规范的思想与社会范围，而要注重挖掘社会规范与个体利益的一致性，引导公民特别是青少年认识到，服从必要的社会规范不仅不是对自身的限制，反而是自由的题中应有之义，它会使得个人与社会建立起"共生性存在"的良性关系。此举的目的是消解个体对礼教的抵触情绪，使其发自内心地接受并承认礼教的价值，从而保证礼教能够取得较好的效果。

　　另一方面，我们应当看到，礼乐教化对人的约束在现代社会中仍然是必要的，它有助于对冲个体性高扬所带来的恶果，避免极端个人主义的蔓延及随着而来的种种后果。正如我们已经看到的，个体性过度高扬的反面结果就是个体对社会以及社会规范的反叛，以及对社会管理的抗拒。在这种理念的主导下，个体将社会的一切规范都视作对自身主体性的限制和禁锢，因而要求拒斥一切主流的价值观，破除所有限制来追求绝对的、无条件的个人自由。很显然，这种极端的个人主义思潮既与我国基于马克思主义而形成的集体主义理念背道而驰，亦与基于儒家传统的家国情怀相违背，是必须加以遏制的。更值得我们警醒的是，在这一理念的影响下，西方社会已经暴露出了许多问题，例如个人权利至上所导致的社会整合和管理困难重重，族群对立加剧，各种腐朽颓废的主张和行

---

① 鲁洁：《当代德育基本理论探讨》，江苏教育出版社 2010 年版，第 57 页。

为泛滥等（例如吸食毒品、两性关系混乱等），这些都是我们需要明确拒绝的。换言之，我们没有必要，也不应当将西方的错误重新实践一遍。因此，对个人行为必要的规约在今天仍然是有价值的，它有助于构建与塑造个体与社会的正常关系，而礼教在这一过程中能够扮演十分重要的角色。毕竟正如荀子所言，人的自然本性虽然无关于善恶，然而若不加以必要的限制则很容易滑落到残贼、争夺和淫乱的罪恶之中。正因如此，荀子才特别强调礼教是治国的核心原则，要求统治者以礼治民，通过学礼、知礼、行礼和守礼的全过程革除人性中的可能导向邪恶的内容。这一理解在今天仍有意义。无论社会如何发展，人性是很难改变的，社会节奏的加快和生活的丰富多彩使得人们的欲求越发丰富，诱惑更多，更容易引人为恶，因此必要的限制是不可或缺的。但需要注意的是，在当代社会，传统礼教值得继承的是其规范众人行为、维持社会稳定的核心内涵，在具体仪节上则需要有所"损益"。以丧祭之礼为例，快节奏的生活使得现代人不可能做到"守孝三年"，因而我们真正需要继承的是"慎终追远，民德归厚"的礼教精神，形式上则必须变通以适应当代社会。至于传统礼教中所存在的人与人之间因为身份地位的不同而导致的人格不平等的现象以及种种戕害人性的行为，因为与当代社会的人格平等格格不入，故而必须彻底排除。

二、道德教育的心性结构与儒家人性论

如前所述，一个人道德人格的挺立与道德品格的完善过程实际上是一个由实然向应然转化发展的过程。这一过程包含有很多方面，包括践履道德行为，实现道德认识，获得道德情感等，但最重要的莫过于精神和心理状态的转变。正如英国学者约翰·威尔逊所指出的，"道德是关于精神状态的；或者，如果'精神'一词太不时髦的话，是关于我们基本的情感倾向和心理健康的。"[①] 这就是说，判断一个人是否具有道德观念，最重要的是判断其精神心理状态是否实现了转变，具备了明确的道德属性。因此，要促成这一转变，就需要我们先了解人的精神心理所具有的特点。在这一方面，儒家的人性论思想对我们的帮助很大，这主要体现在三个方面。

首先，正如我们前面所指出的，孟子的性善论认为人性本善，提出了"以善为性论"。这一观点本身合适与否固然可以进一步讨论，但它至少明确了一点，即人性之中具有善的成分，且这一成分是与生俱来的。因此，通过后天系统的道德训练来成就德性并不与人的真实生命相抵牾，而是人的内在需要。换言之，道德本身以及修养道德的系统方法对人来说并非相对立、相冲突的部分，而是人自身的主动要求，且彰显着人的根本特征。这一点已经为当代儿童心理学所证明。如前所述，皮亚杰的儿童道德发展理论将儿童的道德发展过程描绘为由"他律道德"向"自律道德"转化的完整过程，这表明儿童能够实现对道德发自内心的认同与接受。对此，英国学者彼得斯指出：

> 皮亚杰研究了儿童对弹子游戏规则和道德规则的态度，并发现了两者之间的相互关系。在"超验阶段"，规则呈现为某种客观的、不可改变的并且常常是神圣的东

① ［英］约翰·威尔逊：《道德教育新论》，蒋一之译，戚万学校，浙江教育出版社 2003 年版，第 81 页。

西。在自律阶段，规则被认为是可以改变的，是一种处于相互尊重而维持的约定俗成的惯例，如果得到他人的合作，它就可能被改变。强制将被互惠和合作取代。谎言不再仅仅是成人不准的"邪恶的"事，不再是一种强烈反对儿童的利己愿望的命令——这种命令的条文不得不遵守，但它的意图是难以理解的。在自律阶段，说谎变成了一种损害相互信任和感情的行为；讲真话由于可以提供自己的理由而被儿童当作自己的规则被接受。皮亚杰的贡献的主要特征概括如下：

（1）皮亚杰坚持认为，有某种康德描述为道德的东西，它不同于习俗和官方的规定。

（2）皮亚杰假设，似乎有某种成熟的过程。其中存在着从一种心理结构向另一种心理结构的逐步演变。

（3）他假设，儿童对待规则的态度的这一发展，是与他在其他领域的认知发展——例如，理解逻辑关系，及了解因果联系的认知发展平行的。[1]

在彼得斯看来，皮亚杰承认有康德描述为道德的东西，即是说明他认为道德绝不仅仅是世俗的教条与对人们的限制，而是承认道德真正改变和塑造的是人的内心世界，是人对于自身自觉的限制和对现实自觉的超越。进一步，皮亚杰揭示了儿童从"他律阶段"或"超验阶段"到"自律阶段"的过程是一种心理结构的演变过程，即从服从外在的、客观的、不可改易的神圣规范到服从自己为自己确立的规则。彼得斯的分析诚然是正确的，但笔者要指出的是，无论是彼得斯还是皮亚杰都没有意识到另一个问题，即人们之所以能够超越道德的他律阶段而进入到自律阶段，是因为内心中天生就本有德性，也即人性中有善的成分。惟其如此，我们才能理解为何儿童在十二三岁时能够不再将服从规则视为在外力压迫下的不得不遵从的要求，而是视作自己应当履行的使命。而在这一点上，孟子的性善论正可以作为重要参照弥补上西方心理学中缺失的一环。

其次，儒家的自然人性论认为人性是指人的自然本能，荀子则提出了"性朴向恶"的人性观，认为人的自然本能若不加节制则很容易将人引向恶念恶行。这提醒我们，对人的心性状态不能一味地抱有乐观态度，而须时刻警惕其中可能导向恶的因素，并须对其加以适当的限制。更准确地说，人们的心理结构中同样存在着与道德不一致乃至完全对立的内容，因此必要的规范、限制和惩戒是不可或缺的。其目的在于使得人们特别是儿童能够明白，个体不是生活在真空之中，而是与他人共在于社会大环境之下，因而当主观任意的行为与社会客观而普遍的秩序相矛盾时便不会被允许。换言之，通过带有权威性的外在规范的限制，人们可以且应当明晰自己行为的边界，并能够产生自我限制、自我约束的意识，从而推动自身实现由他律道德向自律道德而转变，从而达到康德对行为的要求，即"要这样行动，就好像你的行为的准则应当通过你的意志成为普遍的自然法则似的"[2]。可以说，康德仅仅指明了人的行为应该达成的要求，却未能从心理学角度指出人们如何能从现实的非普遍性状态进至普遍自由的状态。作为儒家人性论的另一重

---

① ［英］彼得斯：《道德发展与道德教育》，邬冬星译，李玢校，浙江教育出版社 2000 年版，第 2—3 页。

② ［德］康德：《道德形而上学的奠基》，《康德著作全集（第 4 卷）》，李秋零主编，中国人民大学出版社 2013 年版，第 429 页。

面向，自然人性论以及由此发展出的"性朴向恶"说则通过洞察和限制人性中的非道德因素回答了这一问题。

儒家对自然之性和由此产生的恶念的理解同样为当代心理学所证实。如前所述，皮亚杰认为儿童的道德发展是由他律向自律转化的过程，这就意味着他同样承认他律阶段是不可避免的。而在他律阶段，道德灌输和诉诸于权威的道德限制对于儿童道德意识的养成必不可少，皮亚杰同样肯定此举的意义。英国学者彼得斯将通过外部训练而产生的道德行为称为"习惯"，认为"我们出于习惯而习惯地做的事，往往是刻板不变而且被严格设定的事情，往往被熟悉的刺激所激起"[1]。这一认识是合理的，但他并未看到此举的意义，即这种刻板不变和严格设定的道德行为长期反复地发生，最终会影响儿童的认知，帮助其树立规则意识和界限意识，这是儿童走向自律道德的基础和前提。换言之，我们无法想象一个对规则与界限没有任何意识的人能够自觉地限制自身的行为。

第三，儒家的人性论为道德教育奠定了基本的修养途径，即以肯定与引导人之善性为主，辅以必要的外在限制。一方面，由于道德教育的最终目标是挺立的道德人格，实现道德自律，这些都需要主体内心完成道德转化，真正接受和认同道德要求，将其视为自身应当自觉遵守的规范。要达到这样的教化目标，肯定与引导人之善性，使之在事事物物上扩而充之就成为了修养的关键。因此，道德教化必须基于人们的天赋善性，必须将扩充善性作为主要的修养工夫。另一方面，人性中的问题亦是客观存在的，若不加限制，任其肆意妄为则必将人引入歧途。有鉴于此，人们在导人向善的同时，不能放松对人性之缺陷的警惕，须借助必要的外部规范，以此为辅助手段，节制和约束人性中趋向恶的倾向。

三、道德认识的德育意义与礼乐教化内涵

在考察了个人与社会的关系这一当代道德教育要面对的核心问题之后，我们接下来要思考的问题是德育如何实施，也就是通过怎样的手段可以使得人们特别是青少年自觉地树立起道德人格。毕竟，按照孔孟人性论的理解，人们先天所具有的是天赋的善性，它只是成就德性的基础和前提，而非现实的道德品格；荀子的"性朴向恶论"更是认为人性中并无善的因素，道德完全依赖后天的养成。而当代心理学的研究也为这种认识提供了支撑。这意味着，成熟稳定的德性必须依靠后天的教育培养，因此教育的作用方式和途径就值得我们认真思考。众所周知，理性和情感是人类接触世界的两种主要方式，而道德教育正是沿着这两条路径展开，分别形成了道德认识和道德情感两条路径。

道德认识是人的理性认识能力在道德领域的体现，它要把握的对象就是客观的行为规范和价值原则。对于人而言，对外在的、客观的道德知识加以认识是道德教育必不可少的基础性环节。其原因在于，首先，从主观角度看，正如我们所指出的，道德的总体原则和一系列细致的行为规范对人而言均非先天本有的内容，都必须依赖后天的学习。而众所周知，人们在面对成体系的、完整的知识结构时，最有效的把握方式仍然是理性而非情感。这里的区别在于，理性认识基于主客二元的存在结构，能够对认识对象加以

---

① ［英］彼得斯：《道德发展与道德教育》，邬冬星译，李玢校，浙江教育出版社 2000 年版，第 58 页。

客观的观察；情感则是人们自身主观体验的表现，即便涉及到外部事物也往往并不区分彼此，而是将主体与外物纳入到一个共在关系中，因而难以对以行为规范和价值原则为代表的道德知识进行对象化的观察和把握。这意味着，道德认识是人们理解并内化道德知识的基础性步骤，具有道德情感无法代替的作用。

其次，从客观角度看，人类文明数千年的道德实践已经积累了大量且种类齐全的道德知识，包括关于道德的元理论、各个文化背景下的具体道德要求和行为规范体系以及相应的道德修养方法。它们内容丰富且自成体系，这使得道德认识的对象十分明确。同时，这些内容既构成了当今社会的道德要求，深刻地影响着人们的行为，并与法律一道维持着社会的基本秩序，同时，它又作为人类文化的重要部分向今天的人们展示了人类在历史上思考道德问题的演进过程，人们通过了解和掌握这些道德知识可以"告诸往而知来者"，即可以启迪人们对于道德之本质的认识，有助于人类以今天为基准，面向未来去思考人类的道德出路，从而更好地了解和把握人性的根本特征，有针对性地查漏补缺，实现人的全面发展。这说明在今天能够保留下来的这些具体的道德知识既是可以认识的，又是应当认识的，这构成了开展道德认识的客观条件。

第三，从心理学角度讲，道德是人的内在需求的一分子，而道德认识又是儿童道德成长不可或缺的环节，所以道德认识本身既是必要的，又是可能的。按照马斯洛的需求层次理论，安全需要与归属和爱的需要分属人的需求体系的第二和第三层，属于人的基本需要，而这两者与道德都密切相关。正如我们所指出的，安全需要的满足离不开国家所提供的体制、秩序和法律，而这些内容要发挥作用，离不开个人的遵守和自觉，这本身就是道德教育的内涵。归属与爱的需要所追求的是个人与他者（首先是与自己关系最密切的亲人）之间建立一种稳定的关系，来帮助人们摆脱孤独感，使人们的内心有所依靠。而如前所述，道德要处理的正是人与他者以及人与社会的关系问题，即为人们确立一套可以使得个体与他者和谐相处、共生共存的行为模式和心理系统。也就是说，道德的一项重要目的可以理解为帮助人们更好地满足归属与爱的需要。以上两点意味着，道德是人的内生性需求，对人而言是不可或缺的。而按照皮亚杰的理论，儿童的道德发展是一个从他律道德向自律道德、从外部规范向自我约束的转变过程。皮亚杰特别指出，年纪较小的儿童并不具备自我约束的能力，更不可能自觉地服从道德律令，因此由其家长依靠其权威为儿童确立的道德规范是其道德发展过程无可超越的起点。对儿童来说，这种道德规范显然是外在于自身的，此时的儿童很难建立起对道德规范的好感，更不会因为执行了规范而产生崇高感。这意味着从情感的角度体认和接纳道德超越了该阶段儿童的心理水准，因此他们只能通过道德认识的方式强行接受，其中定然有与本人的心理状态相抵牾之处，但这是必须接受的现实。

综上所述，道德认识在道德教育中占有十分重要的地位，特别是对低龄儿童更是如此。有学者指出，"托儿所和幼儿园前期的儿童由于整体认识水平还很低，他们对道德概念和规则了解不多，操作的能力也很低。为了使儿童正常地生活和健康成长，成人不可避免地要把一些必要的简单的规则传授给儿童。"[①] 但必须注意的是，对于道德知识的传授乃至灌输不是最终目的，儿童的道德发展最终仍然需要依靠其自身对道德之意义的理

---

① 鲁洁、王逢贤著：《德育新论》，江苏教育出版社 2010 年版，第 64 页。

解和自觉。换言之，灌输的目的却是为了不灌输，教育者需要帮助儿童完成由他律道德向自律道德的转变，真正挺立起每个人的道德人格。正因如此，引导低龄儿童进行道德认识时，在内容上要选择儿童可以理解的部分，避免因过于抽象而给儿童的认识和内化造成困难；在方式方法上要尊重儿童的主体性，在讲授道德规范的同时注重启发引导，尽力培养儿童独立自主的道德意识。同时，家长和教师对自身的权威身份的使用亦须有度，在教育时不可过于诉诸权威而压制儿童的独立思考，以免使儿童养成一味服从的习惯，影响未来的德性成长。

当代德性教育对道德认识的重视与儒家礼乐教化思想中对"学"的重视高度一致。正如我们所提到的，孔子曾对其子孔鲤提出过"不学礼，无以立"的著名告诫。之前我们对这句名言的分析的落脚点主要在"礼"对于成就人格的重要作用，而在本章我们则将从"学"的角度来考察道德认识在礼乐教化中的作用。孔子这句话指出，"行礼"的基础在于"学礼"。皇侃对此的解释是，"礼是恭俭庄敬，立身之本，人有礼则安，无礼则危，若不学礼，则无以自立也"①。这意味着，一方面，礼是行事立身之本，是规范行止的基本原则，对人意义重大；另一方面，"不学礼则无以立身"意味着人们并不是先天地就能掌握礼仪规范，必待后天的学习方能明了，因此"学礼"是知礼行礼的前提，是必不可少的重要条件。刘宝楠则在《论语正义》中摘录了他人的解说，"孔子曰：'鲤，君子不可以不学，见人不可以不饰；不饰则无根，无根则失理，失理则不忠，不忠则失礼，失礼则不立'"②。这一解释认为，孔鲤作为君子不可不学礼，亦不可不行礼（以礼修饰自己）。所谓君子不可不学礼，我们可以从圣贤的区别处着手理解：按照儒家的解释传统，圣人是"生而知之者"，贤人是"学而知之者"，后者不像圣人那样天赋极高，先天便全知全能，必须依赖后天的学习。显然，与孔子相比，孔鲤算不上天赋极高的圣人，因而他对于礼乐也必须习而后得。上述解释准确地说明了孔子之义，即大部分人不可能先天掌握礼制的各种规范，礼与这些人的关系是外在的、陌生的，因而更谈不上自觉地践行礼仪制度。要改变这一状态，人们需要有一个对礼仪制度的认识过程，使礼乐能够被原先不熟悉它的个体所了解和掌握。显然，这一过程不可能诉诸于情感，而必须诉诸于理性，通过将具体成形的礼仪制度和规范作为认识客体，以对象化的认知方式方可实现。可见，在孔子的思想中，道德认识便已经占有很重要的地位。

而在荀子的思想中，向师长学习礼仪更是常人改变本性的关键手段。在荀子看来，圣人能够意识到天赋的自然本性的种种缺陷，从而自觉地"化性起伪"。普通人则没有这样的能力，必须在君主和师长的引导下，通过学习圣王流传下来的礼仪制度，以此作为为善去恶的依据，变革自身的行为。《荣辱》载：

> 尧禹者，非生而具者也，夫起于变故，成乎修为，待尽而后备者也。人之生固小人，无师无法则唯利之见耳。人之生固小人，又以遇乱世得乱俗，是以小重小也，以乱得乱也。君子非得执以临之，则无由得开内焉。今是人之口腹，安知礼义？安知辞让？安知廉耻隅积？亦呥呥而噍，乡乡而饱已矣。人无师无法，则其心正其口

① ［梁］皇侃：《论语义疏》，中华书局 2013 年版，第 438 页。
② ［清］刘宝楠：《论语正义》，中华书局 1990 年版，第 669 页。

腹也。今使人生而未尝睹刍豢稻粱也，惟菽藿糟糠之为睹，则以至足为在此也，俄而粲然有秉刍豢稻粱而至者，则瞯然视之曰：此何怪也！彼臭之而无嗛于鼻，尝之而甘于口，食之而安于体，则莫不弃此而取彼矣。今以夫先王之道，仁义之统，以相群居，以相持养，以相藩饰，以相安固邪？以夫桀、跖之道，是其为相县也，几直夫刍豢稻粱之县糟糠尔哉！然而人力为此而寡为彼，何也？曰：陋也。[①]

荀子在此指出，即便是尧禹，其德性礼仪亦非生而即有，而是其"化性起伪"，修道成德而得到的。普通人则更加等而下之。缺少了师法的教化，常人便只会追求一己之私，如再遇到乱世，则更是"以小重小，以乱得乱"，安于私心小我，乐得胡作非为，丝毫不知礼义、辞让与廉耻隅积，完全不可入道。在荀子看来，君子面对小人，只能通过"执以临之"即凌驾于其上，严格地管束他们，而管束的方法就是"施之以礼义"。既然人之口腹不知礼义，而无师法之教时其内心也只是一味地追求口腹之欲，那么师法教化的关键就在于帮助常人通过道德认识把握礼义。荀子对此颇有信心。他打了一个比方：一个人若从未见过刍豢稻粱这些美食，每天吃的都是糟糠的话，当他初次见到美食时会感到很奇怪，甚至会拒斥这些食材，但只要他亲自品尝之后，立刻会发现刍豢稻粱的味道远胜糟糠，因而必然会立即舍弃后者而追求前者。同样，对于未能把握礼义，未能体会到礼义之价值的普通人来说，起初可能对礼义的认识与实践有抵触情绪，但一旦君子以礼义加以教化，则人们便能舍弃歧途而回归正道。在荀子看来，人们虽然没有良善的本性，但却具备认识礼义的能力，也能够发现依照礼义行事的好处。因此荀子认为，以礼义为核心的道德教育和道德认识既是必要的，又是可能的。

综上所述，道德认识既是当代德性教育中重要一环，也是儒家礼乐教化思想中了解和认识礼乐，熟悉其教化思想的重要途径。因此，无论是在古代的德育过程还是在今天的道德教育体系里，道德认识都扮演着十分重要的角色，其价值值得我们充分重视。

四、道德情感：德育意义及礼乐价值

与在理性支配下的道德认识相对应的另一种重要的德育作用方式是道德情感，二者分别对应人们与外界相沟通的两种途径。对于道德情感的内涵，有学者认为，"道德情感是人对道德原则、规范在情绪上的认同、共鸣，又是人对道德理想、道德构建的向往之情。"[②] 也就是说，道德情感是从情绪这一非理性的角度实现对道德原则和规范的认同。相较于道德认识，道德情感作用人的方式更为简易直接，其与道德认识相辅相成，共同构成人们把握道德的两种路径。

道德情感的独特作用在于，首先，道德情感为道德认识的实施奠定了基础。这一结论主要依据的是心理学对人们精神成长过程的研究，它认为"婴幼儿成为社会的人，感情是一种有力的工具，婴儿在前语言阶段的学习是利用情绪信号进行的。"[③] 众所周知，道德认识的实现离不开语言和理性思维，而人们在婴幼儿时期不可能具备言说和思考的

① 《荀子·荣辱》，梁启雄：《荀子简释》，中华书局 1983 年版，第 41—42 页。
② 鲁洁、王逢贤著：《德育新论》，江苏教育出版社 2010 年版，第 77 页。
③ 鲁洁、王逢贤著：《德育新论》，江苏教育出版社 2010 年版，第 74 页。

能力，因此其接触世界和表达自身精神活动的方式便只有情感。根据心理学的研究，三个月的婴儿便已能够通过微笑表达个人的欢喜之情，六个月的婴儿开始表现对父母的依恋，在八个月左右婴儿即能表现高兴、愤怒及其他一些情感。可见，对人而言，情感是其早期与他人建立联系，进而开始社会化的有效工具。

其次，道德情感体现了人对于道德原则的内化，而其本身亦是内化过程的重要一环。这意味着，人们通过道德认识而形成的道德知识仅停留在"知"的层面，它与人的真实生命还未融入一体。换言之，道德认识并不保证人们能够发自内心地接受和认可道德规范，它只表明人们了解并熟悉道德知识。而道德的关键在于实践，因此人们对道德知识的掌握也与诸如历史、文学和科学知识有所不同：后者可以停留知的阶段，前者则必须由知进入行，由认识转入实践领域。作为人的自觉行为，实践活动的产生需要内在动力，即人们对道德的真正接纳和认同，也就是需要完成道德原则的内化。而道德情感本身即是道德原则内化重要表现，它标志着人们能够按照道德原则和规范的要求来判断是非善恶，并表现出相应的情绪。也就是说，道德情感是以情绪的方式证成了道德认识理性化为人们稳定和持续价值原则和是非标准，从而为道德实践奠定了基础。因此有学者认为，"仅仅是外部客观条件以及人在道德关系中占有的现实态势，对于人的道德发展并不是本质的东西，而人对道德关系的体验以及由体验所强化和过滤后的人格立场才是本质的。"[1]

第三，道德情感不仅能够证明人们实现了道德原则的内化从而可以自觉地进行道德实践，同时它自身还带有一种非理性的冲创力，它同样可以成为道德实践的内生性动力。按照宋明理学的说法，这种非理性的冲创力通常被称为"不容已"之力，形容"一种冲创与心中的道德意识，它不是理性的再创造，它是一种不得不然，不如此则不安帖的浑然的意识、情感。"[2] 在先秦儒学中，这种非理性的"不容已"之情最集中的表现当属孟子的"颡有泚"之说。正如我们在前文中所指出的，孟子在此假设了一种情况，即当任何人看到由于自己未能安葬逝去的父母，而只是将他们简单地抛尸野外，导致父母的尸首被蚊虫叮咬和狐狸啃食之时，都会感到由衷地痛心，头上都会不住地冒汗，即"颡有泚"。孟子特别指出，"夫泚者，非为人泚也，中心达于面目也"，即人们的这一反应不是装出来给外人看的，而是内心的真实反应，它展现了人们对自己之前的不当行为发自内心的懊悔，这种懊悔无法克制，必然以头上冒汗的形式表现于外，这就是我们所说的"不容已"的道德意识。更重要的是，孟子明确指出，这种道德意识会迫使人立即采取相应的行为来弥补之前的过失，即将自己的父母安葬好，并认为只有如此才能使自己的内心重新归于平静。打个比方，当人们看到父母尸首遭受破坏时，内心会产生一种类似河流落差的"心理落差"，这种心理落差是个体对之前错误之举发自内心的悔恨。进一步，要解决这一"心理落差"，单纯在精神和情感的层面是不够的，必须要通过道德实践在一定程度上挽回和弥补之前的过失才能使内心重归平静。正如焦循所言，"见其亲为兽虫所食，形体毁败，中心惭，故汗泚泚然处于额。非为他人而惭也，自出其心，圣人缘人心

---

① 鲁洁、王逢贤著：《德育新论》，江苏教育出版社 2010 年版，第 80 页。
② 张学智：《明代哲学史》，北京大学出版社 2000 年版，第 269 页。

而制礼也。……而掩之实是其道，则孝子仁人，掩其亲有以也。"① 这也是说明对人来说，内心的惭愧会不可遏制地表现于外，而要解决这种惭愧，必须诉诸于正确的、合乎大道的行为。因此有学者分析了道德情感与道德行为的关系，认为"情感使人的道德认识处于动力状态，从而在一定程度上保证道德认识和道德行为的统一。"②

最后，诉诸于道德情感的德育过程在教育方式上更加注重主体的参与性，通过营造"在场"状态给教育对象带来"沉浸式"教育体验，取得更好的教育效果。不同于道德认识的主客二元对立的教育模式，基于情感的道德教育并不刻意区分教育主体和教育对象，而是聚焦教育对象的情感体验，重视教育对象的参与性，选取感性的、非逻辑的教育内容（如参观访问、欣赏艺术作品、参与重大仪式等），使教育对象在感知和体验相关内容的过程中完成对教育内容的自觉认识，实现自我教育。与道德认识相比，这样的教育方式不会向教育对象强行灌输道德知识，不易引起对象的反感和拒斥，能够以"润物细无声"的方式使教育对象在不知不觉中获得教化和提高。

道德情感与儒家的德性学说特别是礼乐教化思想的联系十分紧密。正如我们所指出的，儒家的伦理思想最根本的特点就是"重情主义"，而其"仁学"的实质是"爱人"，即对他人发自内心的爱，这些都可被视为儒家重视道德情感的标志。按照李景林教授分析，儒家之"情"可分为三大类：一是"普泛的情感"，二是"亲亲敬长之情"，三是"'四端'或不忍恻隐之情"③。在这三类"情"中，"第一类普泛所谓情，无特定的道德或价值指向。第二类亲亲敬长之情，与第三类不忍恻隐或四端之情，皆有道德性的本然指向。因此，儒家亦以后两者来确立其道德伦理系统的内在基础。"④ 这意味着在儒家思想中，"情"这一概念在大多数语境下都具有道德涵义，它与道德的关系极为密切，因而以情感入手去证成德性便成为了儒家思想的重要特点。这一点集中体现在孔子与宰我关于"三年之丧"的讨论。当宰我意欲废除三年之丧而寻求短丧之时，孔子并没有通过论理的方式开导之，而是径直问他"汝安乎"，即问宰我的内心能不能心安理得地接受之。显而易见，这一教育方式诉诸于情感，可以直抵人的内心深处，使得人们对于行为的后果产生最为清醒直接的体会（即内心不安），进而生出"不容已"之义，主动拒斥和改正不当的举动。由此可见，儒家对道德情感十分重视，认为情感教育最能触动人的灵魂，掀起"灵魂深处的革命"，而道德教育最终要改变的正是人的精神世界，因此道德情感是德育的最佳途径。

然而，最能体现儒学对道德情感的重视的还是礼乐教化思想。对礼教而言，虽然其具体的仪节规制具有客观性，必须通过道德认识来获得，然而礼教的关键不在于"知"而在于"行"即实践环节，而真正的实践则须发自真心，远离虚妄之念。更准确地说，受教育对象须发自内心地认同礼仪规范的意义，将其视作自身善性的展开方式而非对自身的约束和限制，在此基础上按照礼仪制度的具体要求安排自己的行为。显然，这些涉及主体切实的生命体验的内容都不可能通过主客对立的理性训导的方式来达成，必须诉

---

① 《孟子·公孙丑上》，[清] 焦循：《孟子正义》，中华书局 1987 年版，第 405 页。
② 鲁洁、王逢贤著：《德育新论》，江苏教育出版社 2010 年版，第 77 页。
③ 李景林：《教化视域中的儒学》，中国社会科学出版社 2013 年版，第 152 页。
④ 李景林：《教化视域中的儒学》，中国社会科学出版社 2013 年版，第 154 页。

诸于情感，通过直达本心的作用手段使得人们心中对礼教的态度发生积极变化，真正地认同并接纳礼教。可见，礼教的真正实现离不开情感的支持。在儒家看来，"知、情、意"三者构成了人的意识活动的统一整体，在礼教领域单纯偏向"知"而忽视"情"与"意"的环节很容易造成道德认识与道德认同的分裂，进而产生出"满口仁义道德，满腹男盗女娼"的伪君子：人们不仅可能只是将礼教挂在嘴上，在行为中完全不加以遵行，更有可能以表面上合乎礼制的行为为幌子，掩盖自身的邪恶的本质。两者的共同的问题都在于"伪"，即知与行、内与外的分裂，而弥合这种分裂的最有效的工具正是发自真心的情感。这足以证明礼教与道德情感之间极为密切的关联。

相较于礼教，乐教与情感的关系更为密切，甚至可以说，道德情感是乐教作用于人的唯一途径。这体现在三个方面：首先，从内容上看，儒家的雅乐包括音乐和舞蹈两部分，两者都是艺术的主要门类，而艺术本身就属于人类非理性的精神表现形式。艺术的直接作用对象是人的感官，并通过感官直达人的内心世界，以唤起人类积极的情绪体验。艺术作为乐教的实际内容，与情感的联系一目了然。

其次，从表现形式上看，在礼教中，由于礼仪制度本身具有客观性，因而对于礼仪规范的认识和理解还要诉诸于理性，因而仍具有道德认识的成分。乐教则不然。无论是对乐曲演奏技法的学习还是对于舞蹈动作的掌握都是一个实践性活动，理性认识对其影响不大。一个人即便将演奏的技法和舞蹈动作记得再牢，不经过切实的实践过程仍难掌握表演的精髓。更重要的是，要真正将乐曲演奏到位，舞蹈的韵味演绎得淋漓尽致，单纯有技法是不够的，还必须能体会乐曲和舞蹈中蕴藏的意蕴和境界。按照宗白华先生的说法，"古代哲学家认识到乐的境界是极为丰富而又高尚的，它是文化的集中和提高的表现。……就像数学能够表示自然规律里的真那样，音乐表现生活里的真。"[①] 这表明对音乐和舞蹈来说，意蕴和境界是其作品的灵魂与生命，因此缺乏了这些内容的表演充其量只是模仿，只能学到形象，而无法触及作品的真精神。很明显，音乐与舞蹈的意蕴和境界更是不可言说的，它只内在于演奏和表演的过程之中，因而无法通过理性认识来把握，只能依靠表演者通过情感体验来触及创作者借助作品所要传达的意蕴、所要彰显的境界。

第三，从教化作用的实施方式上看，"乐统同"而"礼辨异"。礼教旨在彰显上下之间的尊卑等级之别，这种区别是外在的，可以通过经验认识去识取，通过理性思辨加以明晰化。乐教则不然，其所追求的上下情感和谐相通的"合亲""合敬"之状态，是一种情感的交流融通与心灵的高度契合，而非理性的清晰辨析。它不可能通过道德认识来达成，而必须在受教育者对雅乐的亲身体验中进入"在场"状态，体会到人们对美与崇高的共同感受，从而实现众人内心的和谐统一。显然，这里所依靠的同样是道德情感而非道德理性，由此可见，道德情感是乐教作用于人的核心乃至唯一途径。

五、道德实践与礼乐教化思想的实践意义

纵观前文对于道德教育的分析我们可以发现，道德教育具有非常明显的实践属性。虽然我们已经指出，道德教育成败的关键在于转变人们的精神，提升人们的思想境界，

---

① 宗白华：《美学散步》，上海人民出版社 1981 年版，第 198 页。

使之从自爱发展到对他人、社会乃至国家的关心，进而肩负起自身应当承担的责任，但这一切的最终落实仍然需要通过实践来完成。换言之，人们精神人格的道德提升固然重要，但仅有这一点是远远不够的：既不能让旁人真正信服，亦不能对社会与国家有真正的助益，这些目的的实现都有赖于道德实践的确证。而礼教与乐教本身就具有明显的道德实践属性，它们与道德实践之间有着天然的、不可割裂的联系，因此儒家礼乐教化思想在推动当代德性教育的实践落实方面有着独特的作用。

礼乐教化思想与实践的密切联系具体表现为，能够按照相关要求践行礼制和演奏雅乐既是礼乐教化的根本目的，又是加深对礼乐的理解的重要途径。所谓实践是礼乐教化的根本目的是说对掌握礼乐而言，关键不在于认知而在于践履，对礼乐单纯只有认知而不能贯穿于行为是没有意义的。这一点我们已经反复做了阐释，兹不多言。而所谓加深对礼乐的理解是指礼乐作为两种修养身心、强化德性的教育活动，实践性是其根本属性，因而对礼乐的认识、理解与把握必须回归实践本身，而不是仅仅停留在认识上。在主客二元对立的模式下，主体与礼乐的关系是外在而分裂的，主体对其只有认知，只能知道二者是什么。而礼乐并非一个客观认识对象，它是人们的道德修养方式，更是人的存在方式。也就是说，人与礼乐的关系主要不是认识性的，而是共生共在的存在性关系，因而以认知的方式架设人与礼乐的沟通桥梁本身就是对礼乐本性的违背。作为修养活动和存在方式，礼乐的教化意义与其现实操作是同构的，也是蕴藏在行礼作乐的真实过程之中。因此，人们若不参与具体的行礼作乐过程，其中意义便无法凸显出来，受教育者也就无从强化自身对礼乐意义的理解。总之，礼乐的教化意义以及受教育者对这一意义的理解与体会须从对礼乐的践行中得以强化，而不能仅从道德认识中得之，后者的作用主要是使得人们熟悉道德，使之建立对道德的初步印象。

礼乐教化自带的实践属性有助于其实现现代转化，向当代德性教育彰显道德实践的重要意义，同时也为当代德性教育的实践层面提供了具有可操作性的途径。换言之，礼乐教化思想在完成了现代性转化后仍然是当代德性教育在实践领域的重要内容。这一点源自礼乐教化思想在现代转化过程中的变与不变：变的是具体的礼仪制度和音乐作品，不变的是以礼乐为进路教化众人，开显德性的根本目的以及礼乐所蕴含的道德原则。变的方面较为明显，也较为容易理解。正如韩非子所言，"世异则事异……事异则备变"①，时代不同造成了人们所需要面对的情况、所需要解决的问题存在着差异，这必然会要求人们采取与之前不同的举措来应对新发生的问题，这一点在礼乐教化领域同样如此。作为诞生并服务于中国传统农业社会的思想体系，礼乐教化思想的很多具体内容的确并不适合今天的中国社会。中国传统社会以农业为主，社会的变化节奏很慢，在人际关系方面基本上属于熟人社会，以血亲伦理为连接众人的纽带，人际交往的范围十分有限。更重要的是，传统社会是一个等级制十分明显的社会，人与人之间在人格上并不平等。因此，作为古代社会意识形态的一部分，传统的礼教思想强调人与人之间的等级差距，意图凸显人与人在人格上的不平等性，这些内容在今天显然是不合时宜的。而礼教的一些具体要求，如守孝三年、完整而繁复的祭祀流程以及传统的婚礼习俗在当今社会同样缺少实施的可能性，这些内容同样需要被新的合乎当代社会特点的礼数所取代。乐教的情

---

① 《韩非子·五蠹》[清] 王先慎：《韩非子集解》，中华书局 2013 年版，第 486—487 页。

况与之类似，传统的雅乐具有很强的政治意义，其内容也十分有限，仅仅包括先秦时期圣王所作的乐舞（以《咸池》《韶》《武》为代表），其与现实社会的关系已经相当遥远，不仅演奏本身殊为不易，而且这些内容在当今社会已经很难激起观众的共鸣感，难以达到明显的教化效果，亟待被当今的高雅艺术所取代。

不变的方面则是礼乐教化思想对当代教育在实践落实环节的真正贡献，它主要体现在两个方面：其一，从基本原则上看，礼乐教化与实践的紧密关联及其对道德实践的高度重视可以为当代德性教育所借鉴和吸收，以进一步强化道德教育的实践性。也就是说，礼乐教化思想在漫长的中国传统社会中的成功实践向当代德性教育昭示了一个重要的经验，那就是道德实践在道德教育中具有十分重要的作用。这一点对今天的道德教育很有启发意义。在今天，学校是实施儿童教育的主要场所，而在学校教育中，课堂教育又占有核心地位。而受制于教育教学的基本形式，现今的课堂教育仍然是以教师与学生二元对立，教师教、学生学的传统方式为主，"满堂灌"的现象仍旧存在，学生亲身参与的教育活动还较为有限。这种教育方式的问题在智育上表现得还不突出，但在德育领域就会表现出较为严重的问题，因为这样的教育方式从根本上与德育的实践性相违背。有鉴于此，学校的道德教育就需要另辟蹊径，寻找和采取适合道德教育特点、注重实践的教育方式，礼乐思想恰好具备上述的要求。因此，当代德性教育仍然要合理地运用礼教和乐教的手段，突出其实践性特点，来弥补传统道德教育重认识轻实践的弊端。

其二，从思想内容上看，虽然传统礼乐教化思想的措施已然过时，其要传达和表现的道德规范也不能很好地适应当代社会的要求，然而其中蕴含的精神原则仍然有其意义，值得我们在今天通过新的礼仪制度和高雅音乐来挖掘、继承和呈现。所谓其中蕴含的精神原则，是指礼乐教化中所包含的，根植于人性而为人们打开通向人格成熟和自我实现之路的核心价值。例如，成人礼中所透露出的对于成年人社会身份以及相应的责任与使命的确证与彰显，婚礼中所包含的对夫妻双方身份关系发生变化的强调、夫妻双方家庭责任的确定以及新家庭诞生之意义的开显，乐教中所体现的通过高雅艺术的熏陶来培养人们的审美能力、建构中正平和的心理状态的教育追求。很明显，这些礼乐教化的实践性所要达成的核心价值与根本目的并未过时，在今天对于道德的建构和人格的成长仍然有着不可替代的作用。因此，这些同样构成了礼乐教化思想的实践性特征对当代德性教育的促进作用。

第七章　礼乐教化思想对当代德性教育的借鉴意义

在梳理了礼乐教化思想与当代德性教育相结合的内在理路之后，我们接下来将进一步探寻前者对后者的借鉴意义。也就是说，我们需要具体分析礼乐教化思想的哪些核心理念仍未过时，这些内容在经过现代转化之后，可以为当代德性教育提供哪些有价值的内容。在笔者看来，儒家礼乐教化思想的现实价值可以体现在教育原则和目的、教育者、教育对象和教育方法四个方面。

第一节　立足生活，关注现实：礼乐教化的现实性及其当代启示

从教育的原则和目的上看，笔者认为，儒家礼乐教化思想对当代德性教育最大的启示就在于道德教育必须与现实生活密切相关，必须立足于生活，关注人类现实要面对和亟待解决的问题。换言之，只有从现实的生活境遇出发，道德教育所渴望塑造的崇高人格、所希望达到的高尚境界以及所追求的人与社会的和谐关系才会具有坚实的基础，不至成为空中楼阁而遭到受教育者的反感乃至抵制。

众所周知，道德与道德教育要调整的人与社会或者说人与他人的关系。正如美国教育家和哲学家杜威在评价 20 世纪初期的美国学校的道德教育时所指出的，"在过去几年内，很可能没有一个问题像学校和社会生活相结合的问题在教育讨论中得到这么大的注意"，"目前情况的一个内在的因素，是学校的确跟随着，并反映现存的社会'秩序'"。[①]这说明，道德教育与现实社会之间存在着密不可分的紧密关系。而这种关系并不是抽象的，而是存在于活生生的现实生活之中，是通过具体的社会生活体现出来的。也就是说，道德必须建立在现实生活的基础上，而这一现实生活的起点则是生产劳动，这是马克思的历史唯物主义的基本观点。正如恩格斯在《在马克思墓前的讲话》中所指出的，马克思对人类的最大贡献就在于发现了一个简单而重要的事实，"人们首先必须吃、喝、住、穿，然后才能从事政治、科学、艺术、宗教等等；所以，直接的物质的生活资料的产生，从而一个民族或一个时代的一定的经济发展阶段，便构成基础，人们的国家设施、法的观点、艺术以至宗教观念，就是从这个基础上发展起来的，因而，也必须由这个基础来

---

① ［美］杜威：《道德教育原理》，王承绪等译，浙江教育出版社 2003 年版，第 329—330 页。

解释，而不是像过去那样做得相反。"① 恩格斯的这一著名论断提示我们，道德的来源是现实生活特别是劳动生产活动，因此若其内容不能反映某个特定时代人们对规范现实生活和自身行为的需要，则不具备推行的可能。同样，道德教育作为对人与社会之关系的适当引导，也必须面向人们的现实社会，从中寻找应当关注的真正问题、正确的引导方向与恰当的引导手段。而正是在这一方面，礼乐教化思想有其历久弥新的价值。

对于礼教而言，无论是具有政治性的礼节还是关于社会生活方面的理解都与现实生活密切相关，都是针对现实的社会生活中各种行为的规范要求而设定的，也都是为了解决人们所面对的具体社会问题。对于政治之礼，正如亚里士多德所言，"人是政治的动物"，政治活动是人类社会生活必不可少的面向之一。按照荀子所言，人优于禽兽之处正在于"人能群，彼不能群"，而伴随着人类由各自独立而分散的个体逐步走向能够分工协作的集体，直至最终形成社会的过程，人们也逐渐形成了一部分人统治、领导和管理另一部分人的社会现实，因此政治是人类的一项重要特征。由于中国古代的政治本质上是一种统治和管理的关系，因此为了让被统治者能够服从统治，势必需要一些手段和措施，礼乐就是其中的有效手段之一。而中国古代社会是一个等级制社会，人与人在人格上并不平等，这种等级制需要通过特定方式为人所了解、熟悉和遵循。同时，按照梁漱溟先生的说法，中国传统社会是一个以家庭伦理为核心的社会，与西方注重个人以及由陌生人所结成的团体的社会组织形式截然不同，"团体与个人，在西洋俨然两个实体，而家庭几若为虚位。中国人却从家庭关系推广发挥，而以伦理组织社会，消融了个体与团体这两端。"② 这意味着，在中国古代，社会关系是比照着伦理关系而建构和展开的。同样，作为社会联系方式的一种，中国古代的政治与家族伦理亦有着极为密切的关联。在古代有所谓"求忠臣于孝子之门"的说法，这就明确承认了政治关系与家族伦理关系的同构性，是将国家视作放大版的"家庭"，将君主视为全国范围的大家长。以此为基础，作为彰显政治秩序，维护政治统治的重要手段，政治之礼就要从衣食住行等现实生活的各个方面体现等级制度和伦理关系，以此来不断强化人们对于政治统治秩序的理解和认同。这是政治之礼对于现实的根本关切，也决定了政治之礼的意义与价值。

而社会生活性的礼节主要着眼于人生中具有特别意义的几个重要节点和重要的生活场景，它通过特定的礼数来向人们提示这些人生节点所具有的特别的人生意义，以及特殊的生活场景（乡饮酒礼等）在人的社会生活特别是社会交往中扮演的重要角色。其教育的目的是在特定的时间点和情形下，通过特定的方式，提醒正行走在人生旅途中的每一个具体的个体，自己不是存在于真空中，而是存在于社会网络之中，存在于与他人的密切关联之中，因而每个人生存的目标便不能仅仅为自己能够活好，而必须在处理好自身与他者的关系，必须谨记自身所肩负的对于自身、他人、家庭、社会乃至国家的责任和使命。简而言之，社会性礼节对现实的关注体现在它们对人自身成长及与他人在交往过程中所形成的种种关系的意义的确证之中，这些意义的确证支撑起了人生的意义。如前所述，人们天生就有自我成长和与他人交往的需要，但对人而言，这一需要往往是不自觉的，人们很难说明除了年岁的增长、相貌的改变以外，究竟何为真正的成长，也不

---

① 《马克思恩格斯选集》第 3 卷，人民出版社 2012 年版，第 1002 页。
② 梁漱溟：《中国文化要义》，上海世纪出版集团 2005 年版，第 70 页。

清楚怎样的社交是合适的，既尊重他人又不委屈自己。社会性礼节的诞生正是要解决这些问题：在个人成长方面，冠礼、婚礼及丧祭之礼都旨在使行礼者明白，个人成长的真正内涵在于个人不断深入地融入社会，与他人建立其共生共存的密切关系，并肩负起个人应当承担的家庭与社会责任。更准确地说，人们在儿童时期主要是受他人的照顾和帮扶，而成长则意味着人们对他者、家庭、社会和国家的回馈，是以自己的能力去助益他人。社会性礼节则将这一过程标准化、程序化，从而使人们有章可循，便于操作落实。

儒家传统的乐教同样植根于人们对于美与艺术的真实追求以及对中正平和之心理状态的渴望，进而通过雅乐将人们引向"和亲""和敬"的心性状态。也就是说，乐教的目的是以艺术的方式减弱和消除人们内心中的不良情绪，从而使人能够获得更加平和的心境来面对现实生活，正确地看待现实中的种种困境。艺术与美也是人们的生活特别是精神生活不可或缺的一部分，是人的现实需要。但不同的艺术作品所引发和作用的情感各不相同，有的品位高尚，能给个人带来精神的超越与境界的提升，有的则一味地迎合人的低级趣味，需要拒斥之。因此，面向公众演奏的乐曲需要有所选择，需要以能够激发正面情感的雅乐作为人们接触和欣赏艺术作品的主要途径。因为雅乐所带来的和谐、友爱、恭敬以及崇高、肃穆的情感有助于人们处理好人际关系，从而维护好现有的社会秩序。

当代德性教育的发展同样应当借鉴礼乐教化思想的经验，因而在当今时代实行礼仪教育和艺术教育同样需要紧密联系社会现实，回应人们在现实中的思想关切。更准确地说，今天的礼仪教育和高雅艺术教育必须在精神实质上符合社会主义核心价值观，这是当今社会道德教育的基本要求。当代中国是中国共产党领导下的社会主义国家，国家的权力属于人民，全体公民在法律上一律平等，这些都必须体现在当代的礼仪和艺术之中。因此，传统礼治中服务于等级制和君主专制的内容在今天显然是不合时宜的，必然要被摒弃。但这并不意味着礼治本身在今天丧失了价值，恰恰相反，我们可以且完全应当遵照社会主义核心价值观的精神，结合当今社会生活的实际情况，建构出与当代中国主流价值观念相一致，能够有效引导全体公民特别是青少年向上向善的现代礼仪。

例如，在国家的政治生活领域，围绕于核心价值观中个人部分的"爱国"这一重要价值，当代的德育工作者应当引导学生施行多种有针对性的礼节来强化学生的爱国信念，其中最典型的就是人们非常熟悉的升国旗仪式。学校的教育工作者不仅要做好校园内每周日常的升旗仪式，更应当组织学生在重大节假日参加集会，实际参与以天安门广场升旗为代表的具有更强的纪念意义和政治意义的升旗仪式。通过让少年儿童与各个年龄段的公民一同感受国旗冉冉升起的过程，一同高唱国歌的形式，从内心深处唤醒他们的爱国主义意识，激发他们作为一个中国人由衷的自豪感。不仅如此，当代道德教育还应当引导学生充分参与每年九月三十日"烈士纪念日"的相关纪念活动，教育青少年牢记革命传统，缅怀革命先烈，继承先烈遗志，为民族复兴尽自己的力量。

在社会生活领域，儒家传统的成人礼和祭祀之礼经过创造性转化与创新性发展后都能面向今天的社会生活并起到相应的教化作用。当代的成人礼一方面可以继承诸如"加冠"这样的形式，一方面赋予"成人"的意义以新的内涵，引导青少年将实现个人梦想与融入民族复兴的伟大洪流结合起来，在为"中国梦"拼搏奋进的过程中实现个人的青春理想。祭祀之礼亦是如此。由于环境和时代的改变，以及生态环保和森林防火方面的要求，今天祭祀先人已经不可能采用传统上繁复无比的礼节，但可以变通祭祀的形式，引导民众将祭祀的重点放在对逝去亲人的追思和怀念上，培养人们"慎终追远"的情感。同时，利用现代科学技术手段，推动"网上祭扫""云祭扫"等新兴祭祀手段，使得人们能够超越空间距离的阻碍，保持对逝者的诚敬追思之心。更重要的是，有关方面应当引导公众认识到，祭祀的核心目的是强化中国人特有的重视家庭的伦理观念，从而避免西方社会在现代化过程中由于家庭解体、亲人关系淡漠而给老年人带来的生活不便和精神痛苦。这些都是为了引导传统礼教积极融入现代社会，回应社会的关切，解决社会的问题。

乐教的情况与之类似。现代的雅乐主要是指高雅音乐，包括中国的民族音乐、民族戏曲和西方的交响乐。两者内容不同，风格各异，但都是人类艺术宝库中的杰出作品，都具有极高的审美和艺术价值，也都能引导和调适人们内心中的积极情感。因此，道德教育应当主动与艺术教育相结合，通过高雅音乐来陶冶人们的性情，培养和提升人们的艺术鉴赏力，由内而外地提升个人素质。从具体操作的角度上讲，这就是要求教育工作者一方面要选择适当的、能为人们所接受的高雅音乐作品，并引导人们特别是青少年多去接触、感受和欣赏高雅音乐，拒斥庸俗而无意义的音乐，使得青少年对高雅艺术至少不反感，进而能有一定兴趣去了解接受之。另一方面，教育工作者还要善于挖掘艺术作品中的道德内容，突出高雅音乐对人的内在心性情感的调适和对积极情绪的促进作用，以便真正发挥艺术的道德教育功效。

总之，在当代德性教育中，礼乐仍旧扮演着十分重要的角色。但要实现这一点，礼乐必须顺应时代发展，做出相应的改变，以回应社会现实的需要。

第二节　面向人的真实心理：礼乐教化的人性论基础与当代启示

如前所述，儒家礼乐教化思想通过礼乐要作用和改变的是人的心理状态，即引导人们向上向善，将人的内心修养和外在行为都导向应然的理想状态。这一点与当代德性教育要达成的目的是一致的。但是，不同的儒者对于道德教育的起点即人们现实的心理状态理解大相径庭，这使得他们对于教化方法的认识也各不相同，所采取的教化途径也有着明显的差异。因此，综合先秦儒家对人性问题的各种看法，从中提取出儒家对人性问题的一般看法来指导当代的德性教育就显得尤为必要。虽然当代社会在各个方面都与孔孟所面对的社会有了天壤之别，但是人的本性却未有大的变化，因而古圣先贤对人性的理解仍然对今天的人们很有参考意义。

纵观在前文中提及的儒家多种人性论思想，我们可以得出以下三方面的结论。首先，人性本身十分复杂，而不同的学者往往出于自身的理论需要，只关注于人性的某一方面，这使得他们之间经常爆发关于人性的争论。因此，后世学者若不能对人性加以整全的理解，辩证地看待人性中的不同面向及其关系，就不可能形成对人性的正确认识，当然更谈不上找到合理的教化途径。客观地讲，人性是善恶混杂的，既有道德性又有非道德的自然属性。因此，无论是孟子、自然人性论者还是荀子，他们都只基于个人的观点，夸大和凸显了其中的某一方面，这才导致了性善论、自然人性论与性恶论的种种纷争。具体而言，孟子将人性界定为人与禽兽的根本区别，因而采取了以善为性的观点，只将人性中作为道德禀赋的部分当作人性。正如梁涛教授所言，孟子“道性善”的真实内涵是“以内在的道德品质、道德禀赋为善，此道德品质、道德禀赋可以表现为具体的善性，因而是善，所以反映的是主体自主、自觉的内在标准，孟子的善可定义为：己之道德禀赋及己与他人适当关系的实现”①；“恻隐、羞恶、辞让、是非之心虽非人性之全部，但它们是人之异于禽兽者，是人之‘真性’所在，人当以此为性，人之为人就在于充分扩充、实现此善性。所以孟子性善论实际是以善为性论，孟子性善论的核心不在于性为什么是善的——因为‘把善看作是性’与‘性是善的’，二者是同义反复，实际是一致的，而在于为什么要把善看作是性，以及人是否有善性存在”②。相反，荀子则执着于“性”与“伪”的区别，并基于人的道德性都是后天的师法教化和礼义规训的产物这一观点，只将人的先天自然本能（包括认识能力）视作人性，且认为人性若不加限制则会向恶的方向展开。正如王博教授所指出的，荀子此举直接否定的当然是孟子将善与性相联系的主张，“孟子以性为善，善为性所固有，被荀子批评为不理解性和伪的区分；以礼义为代表的善是圣人的创造物，是人通过学与事可以获得的能力和品质，并非性所固有者”③。而荀子这样做的目的则有两点，“一方面可以解释生活中大量存在的恶的现象，另一方面又可以论证礼义法度的必要和重要”④。可见，无论是性善论还是性恶论，都只是彰显了人性的一个面向，也都存在着偏颇之处。如果不能综合不同学者的观点，我们将难以得到对人性的整全认识，对它的教育引导也就无从谈起。

其次，之所以不同思想家对人性的理解有着如此巨大的差异，源自于人的特殊性存在，即自然性与超自然性、应然与实然的结合，并且这种结合直接地表现在人性之中。一方面，作为万物中的一员，自然性是人的基本属性，这意味着满足动物性需要是人们首先要实现的目标。按照马斯洛的说法，动物性需要在人类的需求层次中占据着最为基础的地位，是其他一切需要得以满足的前提。这意味着我们必须正视人的自然欲求，避免将其污名化，陷入“天理－人欲”相对立的结构之中，一味地否定人们的正当欲求。正如我们所指出的，自然欲求在价值上处于中立状态，我们最多只能认为它将会导向恶，而不能直接将其界定为恶。既然如此，对于不会危害他人及社会的合理欲求，人们应当承认并设法满足之，这是对人的自然性的认可与尊重。

另一方面，作为万物之灵长，超越性或超自然性是人类的根本属性，它集中彰显了人之为人的独特性，包括理性认识能力和道德实践能力。其中后者的特点在于它为人们提示并指明了一个基于又高于现实世界的理想世界或“应然世界”，以此来观照现实。这使得人们能不安于当下的生存状态，去不断追寻并实现更加完满的生存境遇，从而推动人类社会的不断发展。对于道德的这种超越性特征，有学者指出：

---

① 梁涛：《郭店竹简与思孟学派》，中国人民大学出版社 2008 年版，第 342 页。
② 梁涛：《郭店竹简与思孟学派》，中国人民大学出版社 2008 年版，第 343 页。
③ 王博：《中国儒学史·先秦卷》，北京大学出版社 2011 年版，第 575 页。
④ 王博：《中国儒学史·先秦卷》，北京大学出版社 2011 年版，第 576 页。

道德作为人类的一种精神活动，它是对可能世界的一种把握。道德所反映的不是实是而是应是，它不是人们现实行为的写照，而是把这种现实行为放到可能的、应是的、理想的世界中去加以审视，用应是、理想的标准来对它作出善、恶的评价，并以此来引导人的行为。这种应是与实是、理想与现实的矛盾运动，构成了人类的道德活动，不断推动人类向至善方向前进，也使每个个体不断自我完善、自我升华。①

道德的这种超越性特征在儒家各主要思想家的人性论和修养方法中都有所体现。孟子的"以善为性"说将善性视作人性的主要内容，这意味着人们现实生活中产生的恶念恶行是与人性相违背的，因而是人们超越和克服的对象。如果人们安于当下的生存境遇，不能主动地克服自身种种问题，那么便会自甘堕落，将沦落至禽兽之境地。同样，荀子虽然认为人性天生就有向恶的倾向，但这只是他对于人性的事实判断，并不代表他真正认可这一状态。相反，他反复强调要通过"礼义法正"来克服人性的弊端，限制人在自然欲求的推动下作恶的冲动，从而达成长幼有序、贵贱有等的稳定的社会秩序，荀子将其称为"伪"。值得注意的是，荀子虽然认为"伪"与人性不同，是后天人为的产物，但他肯定圣王能够自主自觉地"化性起伪"，常人则通过运用天赋的认识和实践能力，在师法的教化下也能够习得礼乐而改变一味顺性的生活方式。这意味在荀子这里，无论是圣王还是常人都内在地具备超越现实状态，趋向理想之境的能力，这是其开展超越性的道德教化活动的人性论依据。可见，虽然先秦儒者所理解的超越性与我们今天的认识颇有不同，然而他们认为人们天生便具有超越现实，趋向理想之境的能力，同时他们也肯定建立在这一能力基础上的道德的超越性意义，这些与我们今天对人性和道德的理解是一致的。它为我们指明了道德教育的努力方向，即发掘、培养和开显人们的超越面向，以不断突破现实状态的限制，使得人们的存在更趋于理想状态。

第三，与儒家人性论密切相关的是儒家的教化思想，礼乐正是其中的重要环节。而儒家对教化的推崇意味着人性并非是一成不变的，它完全可以通过后天的教化和培养来改变，这就保证了实施道德教化的可能性。这一点在儒家思想中表现得十分清楚。孔子就提出了"性相近，习相远"的著名论断，充分肯定了后天的积习对人格成长的正面作用。由于孔子并未对人性的内容与性质做出任何界定，只承认人性具有相似性，因而人们日后能发展到怎样的程度、成为怎样的人完全取决于后天教化的结果。孟子虽然强调人性本善，但他同样认为由天赋善性而透露出的恻隐、羞恶、辞让、是非四心只是善性的端倪。也就是说，它们仅仅证明了人们有道德意识和为善的可能，并不能说明人们在现实生活中已经达到了，而要让这种可能转变为现实的善则必须要"扩而充之"，这正是"性善论"认可和推崇的教化途径。荀子基于其人性论的基本设定，更为强调后天教化的意义。由于在荀子这里，人性天生就具有"向恶"的倾向，因而"为善"便完全依赖师法的教化引导。

从哲学上看，人性可以通过后天的教化来改变的特点体现了人与动物的另一重要区别，即人的存在是"存在先于本质"，动物则是"本质先于存在"。后者意味着动物的普

---

① 鲁洁：《当代德育基本理论探讨》，江苏教育出版社 2010 年版，第 14 页。

遍本性是被预先决定的，与任何一个具体个体是否存在没有关系。相反，某一类动物中的任意一个个体都必须服从于物种的普遍要求。人类则不同，每一个个体之人既具备人的普遍特征，又有各自的存在特性。前者是先天的，后者则依赖后天的积习与养成，这便是教化发挥作用的空间。这意味着教化活动是构成每一个人现实人性的重要环节，决定了人们先天的善性能否和在多大程度上得以开显，以及由自然本性而衍生的恶念恶行能否得到消除和遏制，从而决定了每个人具体的现实本质。

由于迄今为止人性并未随着时代的改变而产生根本性的变化，因而儒家礼乐教化思想对人性的分析在今天仍然是适用的。而在笔者看来，它对于当代德性教育的启示意义同样体现在三个方面。其一，我们要坚信，人性可以通过教育来发生转变，从而要坚信教育本身对塑造青少年人格的重要作用。这意味着当我们在道德教育的实践中，遇到某些儿童抗拒道德教育，乃至做出道德规范所不允许之事时，一定要坚持对德育本身的信心，同时也要理解和接受类似情形的产生，不能因此而产生厌倦情绪，甚至萌生放弃对某人教育的念头。一方面，由于人类的存在是先于本质的，因而任何人特别是少年儿童的人性都处于未定状态，还有着无限的可能性，而通过道德教育可以在引导儿童在这些可能性中选取最能展现人生之超越性，最能实现本性之善的途径，这对于少年儿童的人格成长有着极为重要的意义。另一方面，放弃抗拒教育的青少年有可能使之无法获得师长和社会的有效帮助，从而在泥沼中越陷越深，最终无法自拔而酿成不可挽回的后果，这是所有德育工作者都应当避免的悲剧。

其二，在具体的教化过程中，德育工作者应当将肯定并引导人性中善的因素作为道德教育的主要方式。具体而言，它要求肯定人们特别是青少年天生对道德、对善的事物有所喜爱和追求，肯定他们具有围绕天赋的善性而实现自我认知、自我完善和自我超越的要求和能力，并以此出发来开展对儿童的道德教育。参考孟子的"四端"之说，我们需要擅于发现儿童在日常生活中不经意间透露出的点滴之善，并借助礼教和雅乐的手段循循善诱地扩而充之，使之能日渐趋向于道德的成熟之境。例如，我们可以从儿童幼年时期所表现出的对亲人的依恋和关爱关系着手，通过相应的礼节训练来帮助儿童建立和强化孝敬尊长的道德观念；从对祖国的壮美山河和多样的风土人情着手，引导儿童产生对祖国发自内心的热爱，并通过前文中所提及的各种礼仪来强化儿童的爱国主义信仰；在儿童成长的早期就注重高雅音乐的熏陶和影响，以此来启发儿童内心对美好事物的渴望和追求，在此基础上引导儿童对真善美统一性的认识和把握。

其三，我们需要对人性之中有可能导向恶的部分保持充分的警惕，对儿童基于此而产生的不当行为及时加以制止。正如古人所言，"勿以恶小而为之，勿以善小而不为"，帮助儿童改正小的过失，正是为了避免其恶念膨胀以致造成严重的后果。虽然我们已经指出，不能简单地将人的欲望视作恶而一味地加以限制，但是我们也要看到，荀子的担忧不无道理，人性中的欲望天生是反感约束而希望得到无休止的满足。如果我们一味地迁就欲望，甚至不择手段地满足欲望，那么就一定会在某一个阶段突破社会规范的要求，触及到社会底线，给社会和他人带来严重的伤害。因此，道德教育不仅要有对天赋善性的正面引导，还要有对人性之恶的必要限制。例如，在儿童与同龄人交往而产生矛盾时，家长和教师需要教育儿童妥善处理与同伴的争端，要学会尊重弱者，不可轻易地诉诸暴力，更不能以大欺小、恃强凌弱。又如，儿童外出游玩时长辈应教育儿童爱护环境，保护一草一木，不可无故摧折。在此基础上，师长还应告知儿童，花草树木、鸟兽虫鱼都是生命，作为万物之灵长，人类有善待生灵、关爱自然的责任。换言之，需要让儿童明白，生命本身最为宝贵，应当得到尊重和妥善对待。再如，儿童身处公共场合时，家长和教师需要从诸如不要大声喧哗、按照交通信号过马路以及礼貌对待服务人员等细节着手，教育儿童学会遵守社会公序良俗，掌握文明礼仪。在这些教育过程中，教育者要主动施为，强化道德教育对人性的纠偏作用，帮助儿童认清自身行为的不当之处，从而自觉自愿、诚心诚意地纠正自身错误，改邪归正。

第三节　真善美统一：礼乐教化思想对教育者的要求和当代意义

礼乐教化思想不仅从人性论上说明了面对教育对象应当采取的正确态度，还从真善美相统一的角度揭示了教育者应当具备的素质以及教育者在面对教育对象时应当采取的教育方法，这一点是通过礼乐并举体现出来的。如前所述，儒家学者在道德教化方面的一个突出特点就在于礼乐并重。虽然客观地说，礼与乐的地位并不是完全平等的，而是很明显礼重于乐，但乐教在儒家的整个教化体系中始终占有非常重要的地位，绝非可有可无的环节。在笔者看来，儒家此举的目的在于从教化角度实现真善美的统一：礼教为人们提供行为的规范，同时它也是社会乃至国家监督管理个人行止的标准，这便构成了"善"的环节。另外，具体的礼仪法度对人而言属于后天知识，人们先天并不熟悉，因而需要一个以知礼与懂礼为主的经验学习过程，以此来切实掌握礼的要求，搞清楚哪些是违背礼教的行为，这又赋予了礼教"真"的内涵。乐教则通过音乐作用于人的情感，提升人们的审美能力，这具有"美"的意义。因此，礼乐并重的教育原则背后所体现的是儒家对于真善美相统一的准确认识。在儒家看来，此举既是教化主体应有的素质，又是其应当秉承的教育原则和人才培养目标。

儒家对教育主体的真善美统一性的要求源自于人的精神存在的基本形态。众所周知，人的精神活动包括知、情、意三部分，分别对应人们的认知能力、道德实践能力和情绪感受及审美能力。三者分别是人类与外部世界相接触的三种重要方式，都标志着人的独特存在。对于任何一个个体而言，最理想也是最应当实现的状态当然是三方面齐头并进，共同发展，这样才能培养出人格健全的个体。而这一培养过程又必须立足于占有、掌握人类历史所积累的文明成果的基础上。在中国古代社会中，文明成果的主要表现形式即是礼乐，因而礼乐教育所指向的正是真善美的统一性，以及背后更高的目标——人的精神性存在的完整和统一。关于掌握人类文明成果与培养健全人格的关系，有学者指出：

> 人类所积累的文明成果中展示的人性具有十分丰富的内容，它内在地包含于科学、艺术、哲学、语言等众多的领域之中，由它们所构成的有机整体真正展现了人性的深度与广度。而每一个体人格也应当是由多种素质所构成的统一体，它与人类所营造的客观精神世界是同构的，在完整的客观精神世界围绕中才可能孕育出完整、

完美的主体人格。[①]

因此，只有通过尽可能全面而丰富地占据人类已有的文明成果，才能建立起针对整全人性的教化体系。在引文中所提及的各种文化领域中，科学作为西方人所特有的把握世界的知识形态，古代的中国人是不熟悉的，而其他门类均可以包含在礼乐这两种文化形态中，这就使得礼乐成为了古人构建完整人格的重要理论资源。

在此基础上，儒家进一步强调，教育者在培养他人完整人格之前，自己首先应当通过修习礼乐实现真善美统一。这一点在先秦思想家那里得到了普遍的表现。孔子"仁内礼外"的理论结构将礼视为仁道的表现形式，而仁道所反映的又是人们内心中的良善本性，也即人之为人的根本特征。从这个意义上讲，礼正是人之善性的集中体现，二者间的联系很密切。同时，孔子在教育孔鲤时提出了"不学礼，无以立"的著名论断。其中"无以立"体现的是礼的实践性，即礼是确立行为正误的标准；而"不学礼"则意味着即便对孔鲤这样的贤者而言，礼仪规范亦需要通过后天的学习才能获得之。可以说，这是一个求真礼、真求礼的过程，因而其与"真"的标准亦有不可分割的联系。另外，孔子本人十分注重音乐欣赏，曾在闻《韶》之后"三月不知肉味"，赞叹其达到了"尽善尽美"的至高境界。可见，真善美在孔子本人身上即实现了统一，这奠定了儒家追求三者一致性的基础。

在以《礼记》和《性自命出》为代表的儒家自然人性论中，真善美的统一性得到了进一步的发展。一方面，孔孟之间的儒者十分看重礼教明上下、别长幼、辨尊卑的社会作用，通过详细而具体的仪式制度，从细节着手，全方位规范人们在特殊场合的言行举止、出处语默，以此来端正人们的内心，使人们高度重视这些仪式，并通过践行礼仪的方式使得日常生活严肃化，消除内心中的随意与荒诞的成分。另外，繁复的仪式赋予这些礼节特有的伦理价值和秩序意义，为本具道德性的礼节赋予了政治内涵，使得其道德意义得到了进一步深化。礼教的善性在我们对冠礼、婚礼和乡饮酒礼的分析中已经一再得到呈现，它构成了孔孟之间的儒者所普遍提倡的礼的基本意义。另外，在前文中我们已经看到了，任何一项具体的礼节都包含有十分细密而繁复的步骤，而贯穿于这些步骤的是创制者赋予每一项礼节的深刻内涵，这些内容都需要学者逐一加以学习，这便构成了礼教的"求真"面向。更准确地说，礼教的求真环节不仅包括学者对仪式细节的掌握，还包括对每项礼节所赋予人生内容的体会。只有将这两者相结合，学者才能不仅准确地知礼、懂礼和行礼，而且将礼教的人文性内化于心，实现善与生命的真正结合。《礼记》中引述的子贡与孔子的对话可以为证，"子贡问丧。子曰：'敬为上，哀次之，瘠为下。颜色称其情，戚容称其服'。"[②]

另一方面，相较于孔子，自然人性论更为强调乐教在不知不觉中对情感的调适，突出美育在成德中的功效。这一点在《乐记》体现得尤为明显。《乐记》认为，相比于礼教，乐教的优点在于它瞄准的是人的快乐之情，因而其教化方式较为和缓，能够抚平人们躁动的心绪。正所谓"乐者，心之动也。声者，乐之象也。文采节奏，声之饰也。君

---

① 鲁洁：《当代德育基本理论探讨》，江苏教育出版社 2010 年版，第 197 页。
② 《礼记·杂记下》，[清] 孙希旦：《礼记集解》，中华书局 1989 年版，第 1088 页。

子动其本，乐其象，然后治其饰。是故先鼓以警戒，三步以见方，再始以著往，复乱以饬归，奋疾而不拔，极幽而不隐，独乐其志，不厌其道，备举其道，不私其欲。是故情见而义立，乐终而德尊，君子以好善，小人以听过。"① 同时，欣赏雅乐能使人在不知不觉中端正品行，收获礼教难以达成的效果，"故听其《雅》、《颂》，志意得广言。执其干戚，习其俯仰屈伸，容貌的庄焉。行其缀兆，要其节奏，行列得正焉，进退得齐焉。故乐者，天地之命，中和之纪，人情之所不能免也。"② 《乐记》作者对乐教方式的肯定意味着自然人性论同样重视美育在促进人格养成和维护精神整全中的作用，也意味着自然人性论同样以达成真善美之统一为教育主体和教育对象都应该达成的目标。

真善美三者的统一在荀子的思想里表现得更为明显，这与其人性论预设密切相关。由于荀子认为人性的特点是"性朴向恶"，强调在人性内部找不到善的因素，人性亦不具备判断是非善恶的能力，因此善的标准完全是外在的，准确地说是由先王制定的礼仪来提供。因此对荀子来说，礼仪法度是纠正人之行为，使其由恶转善的关键，其善性是毋庸置疑的。正所谓，"水行者表深，表不明则陷。治民者表道，表不明则乱。礼者表也；非礼，昏世也；昏世，大乱也。"③ 礼是圣王治国的大经大法的标志，也是圣王意志的显现，因而在价值上是纯善无恶的。同时，由于唯有圣人能够"化性起伪"而创制礼乐，常人则既无相应的天赋，又不能自觉地从欲念中超拔而出，因而他们若要行善便只剩下了唯一一条途径，即运用知与能，通过求师问友的方法，借助他人的帮助来掌握圣王流传下来的礼仪制度。正因为师友的扶持在众人成德的过程中起着关键性作用，荀子才反复强调，拜师求友须有辨别力，须交得真正的师友才能使学者日进乎德。反之，学者若交友不慎则会浸淫在邪恶之行中而去道愈远。

> 夫人虽有性质美而心辩知，必将求贤师而事之，择良友而友之。得贤师而事之，则所闻者尧舜禹汤之道也；得良友而友之，则所见者忠信敬让之行也。身日进于仁义而不自知也者，靡使然也。今与不善人处，则所闻者欺诬诈伪也，所见者污漫、淫邪、贪利之行也，身且加于刑戮而不自知者，靡使然也。④

可见，荀子之所以强调"求贤师""择良友"，正是因为唯有贤师良友才能给后进以正确的教诲和引导，保证其始终与善道相一致。这意味着，为善的基础是明白何为真正的善举，因而求真亦是行善的前提。

此外，荀子同样写有《乐论》一文，对乐教以美育促成德育的教化方式亦表示认可。在他看来，人们在快乐时"手之舞之，足之蹈之"同样是"人情所不可勉"。因此，乐教从这一方面引导人们由审美而实现德性，达成"美善一体"的境界是在顺应情欲的基础上导人向善，即"乐者，圣人之所乐也，而可以善民心，其感人深，其移风易俗，故先王导之以礼乐而民和睦"⑤。这一修养方法与礼教恰成互补，共同将荀子的教化导向"真

---

① 《礼记·乐记》，[清] 孙希旦：《礼记集解》，中华书局 1989 年版，第 1006—1007 页。
② 《礼记·乐记》，[清] 孙希旦：《礼记集解》，中华书局 1989 年版，第 1034 页。
③ 《荀子·天论》，梁启雄：《荀子简释》，中华书局 1983 年版，第 230 页。
④ 《荀子·性恶》，梁启雄：《荀子简释》，中华书局 1983 年版，第 337 页。
⑤ 《荀子·乐论》，梁启雄：《荀子简释》，中华书局 1983 年版，第 280 页。

善美"相统一的理想状态。

儒家礼乐教化思想在教育者层面对真善美的追求为当代教育者的修养提升指明了方向，即教育者必须着眼于精神的整全性，以此为自我提升和教育他人的基本前提，从知情意三方面同时着手来促进自我和教育对象的人格提升，不可偏废一方。换言之，教育工作者须将道德标准的获得、道德原则与精神存在的整合以及情感对道德的接受相结合，保证人类精神的理性与非理性两个方面都能合乎德性。而要达到这样的教育效果，一方面需要教育者能够实现个人道德在知情意方面的协调并进。在知情意三者，知是基础，意是关键，情是支撑，因此教育主体首先亦应当不断强化自身对于道德的认识与把握，要以社会主义核心价值观为基本准则，不断地深化对中国传统道德思想、我党在革命战争年代形成的革命道德以及新中国成立以后中国共产党团结带领全国人民在社会主义建设时期形成的社会主义道德的认识和领悟。其次，教育者需要在学习道德、拓展对道德的理解的基础上不断主动地促进道德原则与自身生命的结合，使外在的、客观的道德原则和规范不断内化为主体自身的道德意志和道德抉择。此举的目的是使得上述三种关键的道德真正占领教育者的心灵，真正与其深层次的价值观念相一致、相吻合，从而确保教育者在开展道德教育时能够做到"知行合一"，能够确保自身人格和品性的真实可靠，而不是以伪善的人格来引导下一代。这既是道德教育能够成功的关键，也是道德教育对教育者的基本要求。第三，教育者同样需要强化自身的审美能力和艺术鉴赏力，从而能够从情感角度达成"美善一致"的状态，获得以情感为途径感知和强化道德的方式。上述三方面的要求分别对应精神的知、情、意的三大状态，其目的是促使教育主体达成"真善美"的统一，这是实现高水准道德教育的基础。

另一方面，教育者需要将真善美相统一的原则贯穿于道德教育的全过程中。首先，教育者要以社会主义核心价值观为基准，重视对教育对象的道德传授以及必要的道德灌输，其目的在于将当前我国社会所普遍接受的主流价值观念传授给青少年，在其三观尚未定型的时候用社会主义核心价值观来塑造之，使其在思想深处建立起"社会主义核心价值观就是正确的、善的价值观"这一坚定的信念和稳定的关联。这正是对青少年进行道德教育特别是社会主义核心价值观教育的意义所在。相比于成年人，青少年的价值体系尚未定型，是一张容易描绘不同种图案的白纸。正因如此，德育工作者必须用核心价值观这一当代道德领域的"最美的图案"来描绘之，使其从小就在道德领域打下核心价值观的深刻烙印。其次，在认识和理解社会主义核心价值观主要意涵的基础上，德育工作者要进一步促进青少年对核心价值观的接受与内化，使其转变为指导青少年日常行为的确切意志和稳定心理品性。这一过程不能单纯依靠简单的道德灌输，而需要从小事入手、一点一滴地进行道德引导，其关键点在于青少年发自内心的接受。因此，它要求德育工作者须创新德育的形式，尽量采取互动式、参与式的教育手段，以避免道德认识和道德认同之间的断裂。第三，教育者要注重对青少年的高雅艺术教育和审美教育，注意引导学生体会善与美在哲学领域的根源统一性，从情感这一精神的另一向度开辟道德教育另一天地。总之，真善美相统一的原则不仅是道德教育者人格自我塑造的目标，也是其进行道德教育，培养下一代的出发点与归宿。

第四节　知行合一，以行为主：儒家教化思想的方法论意义

　　除了在教育原则、教育主体和教育对象之外，儒家礼乐教化思想对当代德性教育在教育过程或实施手段方面同样有很强的启示意义。具体而言，前者为后者指明了处理道德教育实施过程中所涉及到的知与行这对重要范畴之关系的基本框架，奠定了基本的教育范式，即知行合一，以行为主。这一思想在先秦儒学中已经有所体现，无论是孔子还是儒家的自然人性论者，亦或是孟子与荀子，都在不同程度上强调了道德实践相对道德认识更为重要的观点。但在整个儒家思想的发展历程中，对这一点阐释得最为清楚的当属明代大儒王阳明，由其提出的"知行合一"思想更是作为儒家知行观最为经典的表述而广为人所知。因此，本节我们将借用王阳明的视角来观察先秦儒学，从中发现儒家礼乐教化思想对于道德实践的方法论意义。

　　从哲学分析角度上看，礼乐教化思想在教育过程中所呈现的知行并重，以行为主的特点，这是由道德及道德教育本身的特点所决定的，它所反映的也是道德教育的基本要求。一方面，如前所述，道德的根本特点是实践性，这既是道德影响人类活动的根本途径，也是检验道德教育是否成功的核心标志。因此，行即道德实践必然在道德教育中居于核心地位，整个道德教育也必然围绕提升人们的道德实践水平这一根本目标来展开。因此在儒者特别是王阳明看来，一味地对受教育者加以灌输并不会有真正的效果，反而容易使得受教者阳奉阴违，导致言行不一、虚伪做作的恶果，与道德修养的要求背道而驰。在道德领域，真正的认识一定会也一定要转化为实践，这样才能反映出知行关系的本来面目。《传习录》载：

　　　　爱（按：王阳明的弟子徐爱）因未会先生"知行合一"之训，与宗贤，惟贤往复辩论，未能决，以问于先生。先生曰："试举看。"爱曰："如今人尽有知得父当孝、兄当悌者，却不能孝、不能悌，便是知与行分明是两件。"先生曰："此已被私欲隔断，不是知行的本体了。未有知而不行者。知而不行，只是未知。圣贤教人知行，正是要复那本体，不是着你只恁的便罢。故《大学》指个真知行与人看，说'如好好色，如恶恶臭'。见好色属知，好好色属行。只见那好色时已自好，不是见了后又立个心去好。闻恶臭属知，恶恶臭属行。只闻那恶臭时已自恶了，不是闻了后别立个心去恶。如鼻塞人虽见恶臭在前，鼻中不曾闻得，便亦不甚恶，亦只是不曾知臭。就如称某人知孝、某人知悌，必是其人已曾行孝行悌，方可称他知孝知悌，不成只是晓得说些孝悌的话，便可称之为知孝悌。又如知痛，必已自痛了方知痛；知寒，必已自寒了；知饥，必已自饥了：知行如何分得开？此便是知行的本体，不曾有私意隔断的。圣人教人，必要是如此，方可谓之知。不然，只是不曾知。此却是何等紧切着实的工夫！"[①]

――――――――――――――――

① ［明］王阳明：《传习录（上）》，《王阳明全集》，上海古籍出版社1992年版，第3—4页。

　　这里阳明说得非常清楚，即对于道德性知识如父当孝、兄当悌来说，知而不行只是未知。换言之，道德性知识的"知"的环节内在地就具有"行"的内涵，因而"知而不行"并未穷尽或充分实现道德之"知"的内容，单纯地认知对道德知识而言是不完整的，并不值得肯定。必须由知进一步落实为行的环节，才能完整呈现道德知识的全部意义。

　　另一方面，具体的道德知识既是行为的依据，又是判断行为是否合乎道德的标准，其在整个道德修养中所起到的作用是毋庸置疑的。而具体的行为方式作为道德知识对人而言并非先天本有，人们对它的获得必须依赖后天的学习。所以，道德认识和道德知识在道德教育的全过程中虽然是从属性的，但同样具有不可或缺的地位。总之，完整地道德教育过程中包括道德认识和道德实践两部分，其中后者是核心和关键，前者是支撑后者有效开展的重要辅助性因素。

　　对于道德认识与道德实践的关系，王阳明的"知行合一"说给出了清晰的回答。他有感于宋代儒者程颐和朱熹在知行关系领域提出的"知先行后""行重于知"的观念所造成的重知轻行、重读书讲习轻亲身践履的弊端，以及由此而造成的现实领域知行分裂、伪善充斥的情形，提出了"知行合一"的重要论断，以期重构儒家的知行观。王阳明虽然有多种关于"知行合一"的说明，例如"知是行的主意，行是知的工夫"，"知是行之始，行是知之成"，"知之真切笃实处即是行，行之明觉精察处即是知"，但其实他的主张始终是一贯的，即在道德领域知行是一个统一的整体，不存在"知而未行"的情况，"真知即所以为行，不行不足谓之知"①。因此，面对弟子徐爱的疑问，王阳明明确肯定两者不可分割，并认为"知先行后"的说法是对儒家知行关系的根本误解。

　　　　爱曰："古人说知行做两个，亦是要人见个分晓，一行做知的功夫，一行做行的功夫，即功夫始有下落。"先生曰："此却失了古人宗旨也。某尝说知是行的主意，行是知的功夫；知是行之始，行是知之成。若会得时，只说一个知已自有行在，只说一个行已自有知在。古人所以既说一个知又说一个行者，只为世间有一种人，懵懵懂懂的任意去做，全不解思维省察，也只是个冥行妄作，所以必说个知，方才行得是。又有一种人，茫茫荡荡悬空去思索，全不肯着实躬行，也只是个揣摩影响，所以必说一个行，方才知得真。此是古人不得已补偏救弊的说话，若见得这个意时，即一言而足，今人却就将知行分作两件去做，以为必先知了然后能行，我如今且去讲习讨论做知的工夫，待知得真了方去做行的工夫，故遂终身不行，亦遂终身不知。此不是小病痛，其来已非一日矣。某今说个知行合一，正是对病的药。又不是某凿空杜撰，知行本体原是如此。今若知得宗旨时，即说两个亦不妨，亦只是一个；若不会宗旨，便说一个，亦济得甚事？只是说闲话。"②

　　王阳明在此明确地批驳了知行分裂、先知后行的观点，认为古圣先贤之所以要将知行分开来说，纯是为了言说的方便，是"补偏救弊"的话，并不能反映二者的真正关系。

---

　　①　［明］王阳明：《传习录（上）》，《王阳明全集》，上海古籍出版社1992年版，第42页。
　　②　［明］王阳明：《传习录（上）》，《王阳明全集》，上海古籍出版社1992年版，第4—5页。

在王阳明看来，二者的真正关系是"知行本体"，即知是指导行为实践方向正确的理性依据，行则是将道德认识落在实处的实践支撑，两者你中有我，我中有你，绝不可截然分开。但王阳明认为，在道德领域更为根本的是实践，因此真正的道德知识必然包含着实践的要求，仅停留在"知"的层面，没有落实在具体行为上的道德认识是无效的。陈来先生对此解释道，"当'知'用于德性谓词'孝'、'悌'等时，不可能与'行'没有联系，只能对在伦理实践中从事过此类活动的人使用'知孝'、'知悌'。因此，当我们对人的道德意识水平使用'知'的时候，必然意味着这个知是与行联结的，这是'不行不足谓之知'的一个含义。"① 相反，多数人由于将知行分作两件，并认为只有获得了彻底的认识才能开展道德实践，而又因为全面而彻底的道德认识并不能实现，因而不少人便永远停留在知的层面，不曾进行任何道德践履。在王阳明看来，这违背了知行本体的统一关系：

> 又曰："知是心之本体，心自然会知：见父自然知孝，见兄自然知悌，见孺子入井自然知恻隐，此便是良知不假外求。若良知之发，更无私意障蔽，即所谓'充其恻隐之心，而仁不可胜用矣'。然在常人不能无私意障碍，所以须用致知格物之功胜私复理。即心之良知更无障碍，得以充塞流行，便是致其知。知致则意诚。"②

在阳明看来，真正的道德认识源自于内心，是心中德性的自然显现，这就是孟子所说的良知。这样的良知在面对父兄这些特定的对象时自觉地就会产生相应的道德责任，在这样的道德责任支配下人们自然就会产生相应的道德行为，从这样意义上讲知行本体原本即统一而不可分割。相反，出现分裂往往是因为心之本体或知行本体受到私欲障蔽的结果，因此学问的关键在于去除障蔽，使得心之本体重新得以恢复。

然而，这样的思想存在着一个问题，即似乎会忽视具体道德知识在成就德性过程中的重要作用。对此王阳明特别指出，道德认识的实践属性并非否认道德知识在德育中的重要意义，而是必须要分清主次，在道德本心的指导下，作为道德实践的方法与规则来源来开展道德学习。也就是说，在阳明这里，学习具体的道德知识是道德实践的一个不可或缺的环节，但其不具备独立的意义，而必须从属于道德实践的全过程。《传习录》载：

> 爱问："至善只求诸心，恐于天下事理有不能尽。"先生曰："心即理也。天下又有心外之事，心外之理乎？"爱曰："如事父之孝，事君之忠，交友之信，治民之仁，其间有许多理在，恐亦不可不察。"先生叹曰："此说之蔽久矣，岂一语所能悟！今姑就所问者言之：且如事父，不成去父上求个孝的理；事君，不成去君上求个忠的理；交友治民，不成去友上、民上求个信与仁的理：都只在此心，心即理也。此心无私欲之蔽，即是天理，不须外面添一分。以此纯乎天理之心，发之事父便是孝，发之事君便是忠，发之交友治民便是信与仁。只在此心去人欲、存天理上用功便

---

① 陈来：《有无之境——王阳明哲学的精神》，北京大学出版社 2005 年版，第 90 页。
② ［明］王阳明：《传习录（上）》，《王阳明全集》，上海古籍出版社 1992 年版，第 6 页。

是。"爱曰："闻先生如此说，爱已觉有省悟处。但旧说缠于胸中，尚有未脱然者。如事父一事，其间温凊定省之类有许多节目，不亦须讲求否？"先生曰："如何不讲求？只是有个头脑，只是就此心去人欲、存天理上讲求。就如讲求冬温，也只是要尽此心之孝，恐怕有一毫人欲间杂；讲求夏凊，也只是要尽此心之孝，恐怕有一毫人欲间杂：只是讲求得此心。此心若无人欲，纯是天理，是个诚于孝亲的心，冬时自然思量父母的寒，便自要去求个温的道理；夏时自然思量父母的热，便自要去求个凊的道理。这都是那诚孝的心发出来的条件。却是须有这诚孝的心，然后有着条件发出来。譬之树木，这诚孝的心便是根，许多发出来便是枝叶，须先有根然后有枝叶，不是先寻了枝叶，不是先寻了枝叶然后去种根。《礼记》言：'孝子之有深爱者，必有和气；有和气者，必有愉色；有愉色者，必有婉容。'须是有个深爱做根，便自然如此。"①

王阳明在此指出，事父之孝、事君之忠、交友之信以及治民之仁，这些具体的道德规范只是内心的善性在面对不同对象时的不同表现，因而关键在于保养内心的善性。同时，他肯定了人们为了践行孝道需要学习具体的道德知识，以保证正确的动机和意愿能够带来好的实践效果。但王阳明特别强调，对于道德知识的学习须在道德意志支配下进行，且这一过程本身就是道德本心落实为道德实践的必要环节。当人们具有真诚地爱亲敬长之心时，自然会要求将这样的念头落实为具体的道德行为，而此时人们便立刻会发现，从孝悌的观念转变为孝悌的行为是一个实践过程，而实践离不开理论的指导。换言之，人们必须确定哪些行为是社会普遍接受并认可的孝悌之举，哪些行为是与孝悌的内涵背道而驰，而这些知识并不是人们先天就有的，必须依赖后天的、客观的道德学习。这样，为了使得道德实践得以完成，人们便会自觉地产生进行道德学习的主观要求，并在此推动下主动地寻求相应的道德知识。由此可见，阳明绝非不重视道德学习，而是要求道德学习不能脱离道德实践乃至成为道德实践的反面，因为这样违背了与道德修养的根本目的。《传习录》载：

郑朝朔问："至善亦须有从事物上求者？"先生曰："至善只是此心纯乎天理之极便是，更与事物上怎生求？且试说几件看。"朝朔曰："且如事亲，如何而为温凊之节，如何而为奉养之宜，须求个适当，方是至善，所以有学问思辨之功。"先生曰："若只是温凊之节，奉养之宜，可一日二日讲之而尽，用得甚学问思辨？惟于温凊时，也只要此心纯乎天理之极；奉养时，也只要此心纯乎天理之极。此则非有学问思辨之功，将不免于毫厘千里之谬，所以虽在圣人犹加'精一'之训。若只是那些仪节求得适当，便谓至善，即如今扮戏子，扮得许多温凊奉养的仪节是当，亦可谓之至善矣。"爱于是日又有省。②

面对弟子郑朝朔关于是否需要讲求"温凊之节""奉养之宜"的疑问，王阳明的回答

---

① ［明］王阳明：《传习录（上）》，《王阳明全集》，上海古籍出版社1992年版，第2—3页。
② ［明］王阳明：《传习录（上）》，《王阳明全集》，上海古籍出版社1992年版，第3页。

是澄清"讲求"的内涵。在他看来,"讲求"的关键不是把握具体的道德条目——这一过程对修养者而言只需很短的时间便可掌握——而主要是如何在任何情况下保持内心与天理的一致性,以便在需要的时候顺利地展开为具体的道德行为。这里王阳明强调,真正的道德实践必须发自内心之善性,而不能只追求外在的行为适当,否则会像戏子扮演孝子一般缺乏真情实感而流于虚伪。可见,王阳明所追求的道德实践是主体发自内心的行为而非伪善之举,而这需要保养天赋的善性,并以此为根据开展道德学习和道德实践。总之,王阳明强调,道德认识与道德实践两者是一个整体,不可割裂,然而二者中更为根本的是道德实践,道德认识只不过是道德实践的一个环节,它不能脱离道德实践,更不能凌驾于道德实践之上,这是由实践是道德活动的根本属性而决定的。

王阳明的"知行合一"思想作为儒家礼乐教育在明代发展的新形式,其对于当代德性教育的启示意义在于它为后者提供了处理知行关系的正确而恰当的结构。它提示我们以知行并进而为整体作为把握知行关系的基础,在此基础上区分出整体中的主要方面与次要方面,即行主知次、行重于知、知为行的环节。在这样的结构中,我们可以为道德认识确定合适的位置。准确地说,道德认识是重要的,但其重要性是在它作为道德实践的环节中才能体现出来的,因而其意义是与道德实践密切绑定在一起的,它没有独立的价值。相反,脱离了道德实践,道德认识便会产生异化,偏离道德修养的根本目标,导致知行分裂的恶果,并且会极大地妨碍人们的道德水准的提升。换言之,在两者的关系中,道德实践是根本,道德认识是手段与支撑。这样,道德实践的意义就得到了凸显,它意味着在当今我们要进行的道德教育中一定要以道德实践为根本,通过多种手段为青少年创造亲身参与道德实践的机会,引导其将师长的道德教化转变为对社会切实有益的举动。另一方面,作为实现道德实践的不可或缺的环节,我们也要重视道德认识的作用,甚至须在一定程度上肯定道德灌输的必要性。但我们同样要清醒地认识到,道德认识不可喧宾夺主,影响到道德实践的中枢与核心地位。

第八章 当代礼乐教育探究

在讨论了儒家礼乐教化思想与当代德性教育发生联系的内在理路和方法论原则之后，我们需要将考察的视线由理论转向实践层面，去分析一下二者结合的具体产物，也就是当代礼乐教育的特点。我们将从具体的案例着手，来说明礼乐教育对培养当代人的道德有哪些具体的助益，以及我们还需要在哪些方面进行改进，以进一步引导礼乐教化思想来促进人们的道德完善，提升人们的道德水准。

第一节 当代礼仪教育的道德教化意义

在当今社会，礼仪教育作为道德教育的一个重要环节，已经越来越得到人们的重视，其注重实践、知行合一的教育特点被越来越多的人视作进行道德教育有效途径。而对于青少年而言，最有效、最直接的礼仪一是成人礼，二是爱国主义的礼节，特别是纪念革命先烈和因为各种原因而死难的同胞的礼节：前者是提醒青少年社会身份的转变以及社会责任的确立，即迈入了人生的新阶段；后者则是使得年轻人明白以史为鉴和尊重生命，帮助其能够以正确的态度面对人生。正因为这两种礼节对青少年成长有着特殊的作用，因而其接受度相对较高，在当今社会可以较为顺利地施行。但与此同时，二者在实践中均暴露出了一些问题，且对于二者的理论意义仍然有一些误解，需要我们进一步开显其理论与实践意义。

一、成人礼

毋庸置疑，当代社会的成人礼脱胎于古代的"冠礼"，但被赋予了新的时代意义。从历史上看，上海是当代中国推行成人礼较早的地区，在20世纪90年代初期就开始将"五四青年节"的相关纪念活动逐步引申为青年的成年仪式。1993年12月，上海市的共青团组织在外滩的人民英雄纪念塔前举办了"上海市第一届18岁成人仪式"，800余名青少年面对国旗，手持《宪法》，庄严宣誓，表达了自己融入成年社会、承担相应的责任与义务的愿望与决心。这一在当时颇为新颖的礼仪教育仪式甫一推出便得到了各方的关注与肯定，也得到了较为普遍的推广。从2006年元旦起，上海市教委每年均在东方绿舟举行成人仪式，并确定每年元旦为上海市成人节。目前，以北京、广州、南京、沈阳为代表的许多大中城市，均通过地方立法程序，分别确定了各自的成人节或成人宣誓日，将成人仪式作为青少年道德教育和人格形成的重要形式。

至于当代成人礼的形式，各地则具有较强的相似性。以广东汕头举行的成人礼为例，主要包括以下几个环节：（1）宣誓：升国旗、奏国歌、面对国旗宣誓；（2）接旗：请老前辈讲革命传统、向英雄纪念碑献花篮、新成人代表接过前辈代表手中的国旗；（3）举行一次有意义的活动，如种植"成人林"等；（4）颁赠"成人纪念册"，其中收录"成人赠言""个人档案"《中华人民共和国国旗法》《中华人民共和国国徽及说明》《中华人民共和国宪法·公民的基本权利和义务》"做一名合格的共青团员""入党须知""参军须知""广东省公民道德格言""汕头市市民信用公约""父母期望""师长赠言""青春赠言""成长日记"等为数众多的内容。其他一些地区的成人礼在内容上与之类似，一般都包括：（1）唱国歌；（2）党和国家对新的成年公民的良好祝愿（通常是党政领导致词）；（3）前辈的祝福（有可能是社区长辈或各行业精英、成功人士代表致词）；（4）父母的期望（家长代表致词）；（5）新成人代表致词；（6）面对国旗、左手持《宪法》，右手握拳宣誓，宣读成人誓词；（7）颁授成人纪念册（卡）、"成人证"；（8）开展某种形式的志愿者活动等。

当代成人礼的这些内容透露出成人礼作为道德教育的一环所重点关注和养成的青少年品性，即爱国、责任与奉献。首先，爱国主义是成人礼关注的核心内容，也是青年人所应具备的最重要的品质。中华民族自古以来就有强烈的家国情怀，有着"天下兴亡，匹夫有责"的国家担当，而在今天，面对国际竞争日趋激烈的现实，爱国主义仍然是团结每个中国人共同奋斗、共建中华民族伟大复兴的中国梦的精神力量。时至今日，"爱国"在社会主义核心价值观的个人层面中排在首位，爱国主义教育亦作为道德教育的核心环节贯穿于公民教育的始终。在这样的背景下，为何在成人礼中仍然要突出爱国主义教育呢？在笔者看来，这是由于不同时期的爱国主义教育的侧重点是不一样的，对于少年儿童来说，爱国主义教育的意义是在他们幼小的心灵中种下"热爱祖国"的精神种子，让他们逐步产生"国家"的概念，逐步认识到自身与国家间存在着密不可分的联系。但从另一个方面看，由于年龄的限制，少年儿童主要还是接受家庭、社会和国家的关怀与教育，不可能要求其为国家做出贡献。处于成年阶段的青年则不同。一方面，他们的心智已经较为成熟，已经能够对于个人与国家的相互依存、不可分割的紧密联系有了充分的认识，能够更为自觉地产生"为中华之崛起而读书"的坚定信念；另一方面，作为成年人，他们已经有能力在接受国家的关心与爱护的同时回馈国家，为国家做出自身的贡献。显然，对于即将成年的年轻人来说，由于其人生即将进入全新的阶段，因而爱国主义教育的侧重点也应发生相应的调整。因此，正如我们前面所分析的，在成人礼上突出爱国主义教育的意义，正是要利用礼仪教育特有的参与性特征，营造出特殊的"在场"环境，让年轻人切实体会到自身作为成年人的一员，作为中华人民共和国新的公民，应当具有的爱国主义品质和对国家的责任感与使命感。同时，成人礼也是一个很好的机会，让青年人做到理论联系实际，将在以往教育阶段习得的有关国家意识和国家责任的内容通过成人礼加以践行。通过聆听师长的教诲和期许以及亲身发表成年感言，青年人能够更加直接而清晰地意识到自身与国家的紧密联系，体会到自己作为国家的未来所肩负的历史使命，从而能更好地投身于国家发展的洪流之中，将个人理想的实现与国家和民族的复兴融为一体。

其次，责任感是成人礼所要传达青年人的重要价值原则。它意味着成年人与国家的关系不再是后者一味地关爱和照顾前者，前者亦需要为社会和国家的发展做出自己的贡献。更进一步说，责任感确立的背后是主人翁精神的挺立，亦是青年人对自身与国家间一体同构关系的认知和实践。以汕头的成人礼为例，长辈之所以要为青年人颁发包含有《宪法》、《入党须知》《参军须知》的《成人纪念册》，就是要提醒即将成年的青年人，使之意识到，他们融入成年人的世界的重要标志就是其能够承担作为公民对国家和社会应当肩负的责任，能够主动地参与社会与国家的治理进程。换言之，在成人礼中加入这些内容的目的是希望青年人认识到，自身与国家的关系更为内在化，更是一种共生共存的关系。并且，作为成年人，自己相比于过去既有了更多的担当，又有了更多的途径回馈国家。而根据道德教育知行合一，以行为主的总要求，这种道德认识的目的在于指导道德实践，使得青年人能够主动地参与到为国家做贡献的活动之中。

第三，奉献的品德亦是成人礼着意培养的内容。如前所言，人类是群体性和社会性的存在，任何个体的生存与发展都离不开他者的助益。但受制于各种限制，群体中不同的个体对他者、社会乃至国家的帮助并不相同。对于儿童和少年而言，由于其体力和智力的限制，他们多是接受他人、社会和国家的帮助，而他们帮助他人的活动相对较少。但成年人在享受了他人多年的帮助之后，已经有能力也有意愿去帮助他人，这是其履行作为成年人的社会义务的重要表现。而根据我们上面的介绍，各地的成人礼都很注重这一点，因而都安排了相应的公益活动或志愿者活动环节，包括植树造林、关爱和帮扶困难群众、参加义务劳动等。其目的主要是帮助向刚成年的青年人树立关爱他人、奉献社会的理念，使其能够正确地处理个人与集体、自我与他者的关系，从而明确意识到，自己作为个体是离不开他人和社会的关爱和帮助的，而成年就意味着自身具备了回馈社会的能力，因而理应帮助社会中其他需要帮助的人，建立起个人与社会之间的良性关系。

可见，现有的成人礼既突出了实践性，从而抓住了道德教育的关键环节，又切合青年人由未成年向成年转变的过程中最主要的道德和社会意涵，直接指向成年人最应当养成的品行，因而其教育过程具有很强的针对性，其总体意义是值得肯定的。但不可否认的是，现有的成人礼教育的实际效果仍然有很大的提升空间。根据《中国青年报》的调查数据，69.3％的人认为现有的成人礼在仪式上有很强的作秀成分，有铺张浪费之嫌；68.3％的人认为成人礼仍存在仪式大于内容的情况，形式主义严重，甚至就是走过场；67.7％的人认为成人礼中传承的传统文化较为有限，给人的总体观感是不土不洋，比较另类；54.2％人认为成人礼过于注重仪式本身，缺乏对仪式内涵的进一步解读，因而参与者受到的教育效果较为有限。[①] 这说明现有的成人礼在礼仪教育上还有进一步改进的必要，因此我们也应当思考在行成人礼的过程中还能通过采取哪些手段来提升人们对于成人礼的认知和接受程度。

在笔者看来，我们应当从三个方面提升成人礼的教育过程。首先，在形式上进一步向传统文化靠拢，增加传统礼仪的仪式感，使得成人礼成为青少年接触传统文化的有效载体。由于成人礼是我们传统礼仪体系中的重要一环，是传统文化的典型形式，有着厚

---

① 王聪聪：《82.8％的人希望强化中国人自己的仪式》，《中国青年报》，2011－04－21（7）。

重的文化积淀，因而在行礼的过程中应该进一步加强传统文化的内容，避免形式上的土洋结合、不东不西的弊端。客观地讲，无论是青少年还是成年人，我们在日常生活中所接触到的文化的主体是植根于工业文明和现代社会的当代文化，而以儒家为代表的传统文化由于其产生于中国传统的农业社会，因而与大多数人的日常生活的距离较远。特别是诸如传统礼节、服饰、举止等传统文化的外在层面的内容，实际上并不为大多数人所熟知。因此，以特定的礼节为契机，通过特定的仪式来强化人们特别是青少年对传统文化的认识，强化他们与祖先在文化上的纽带联系是实现传统文化创造性转化和创新性发展的题中应有之义。例如，应当推动青少年于成人礼上着汉服，行古礼，以加强对儒家的衣服制度的认识。虽然近年来汉服文化有复兴的趋势，各地与汉服相关的文化活动越来越丰富，且接受并主动穿着汉服的人数也日益增多，但客观地说，汉服的复兴还没有形成普遍趋势，不少人对汉服是陌生的，并不了解汉服的文化意义和服装所体现的仪制要求。因此，我们可以借助成人礼来推动传统服饰文化在大众中的普及，让更多的人了解古代服饰以及其中的文化内涵。对于很多人来说，之所以不接受汉服并非是因为其真正拒斥传统，而是缺乏相应的机会使其了解，而推广成人礼意味着对青年而言这将逐步成为其生命中不可或缺的一个环节，具有普遍性。那么，借助行成人礼的机会使得更多的青年人亲身穿着汉服，亲身体验传统礼制在修养身心以及促进人格养成方面的作用，可以使其改变对传统文化的态度，激发其了解认识乃至主动传承传统文化的意愿。毕竟，长期的爱国主义教育和历史文化教育使得绝大部分青少年都能够接受并传承。这些对于当代的道德教育工作者而言都是很有意义的，它有助于我们用传统文化来培育和弘扬社会主义核心价值观。

其次，在教化的内容选择上，应该进一步增强成人礼的实践因素，强化礼节的实践环节，以便更好地契合道德教育的特点。现有的成人礼中已经具备了以参加志愿活动为核心的道德实践环节，且实现的手段也多种多样，这已经奠定了成人礼的德性教育基础。下一步应当围绕志愿活动这一核心方式，进一步拓展成人礼中实践因素的方法。笔者认为，在成人礼中加入志愿活动的环节，有助于培养青年人的责任意识和奉献精神。志愿活动要求参与者不计报酬，无偿地帮助需要帮助之人，这里所反映的是对个人与他者以及社会之关系的正确认识，而这正是道德教育的重要目的。如前所述，儿童在其成长过程中，主要是接受外来的帮助和爱护，自身给予他人的关爱较少。这容易使得儿童形成自我中心主义的错误观念，甚至会误以为他人的关爱与奉献皆是理所应当的，从而对他人予取予求、颐指气使，在当今社会频频见诸各种媒体的"小皇帝""小公主"对亲人长辈的不尊敬态度正是这一点的真实写照。而志愿者活动和义务劳动的价值首先在于其形式，即要求惯于享受别人服务的青少年实际参与奉献爱心、服务社会的活动，亲身体验劳动过程的艰辛和获得劳动成果的快乐，同时切身体会社会困难群体生活的不易以及全民参与公共事务的必要性。其次，其价值可以由形式上升到内容领域，帮助青年建立互相尊重、互帮互助的多主体关系，在肯定自身价值的同时学会尊重他人的正当权利，并正确处理个人与社会、私利与公义的关系。这些活动对即将步入社会的青年人而言很有教育意义。

第三，我们应当进一步加强对成人礼的意义的说明工作，特别是明确其与社会主义核心价值观的内在联系。从上文所引述的调查结果来看，不少青年学生认为成人礼的教化作用较为有限的原因在于对礼仪的意义把握得不够准确。由于教师和家长都缺少对行成人礼的目的和作用的说明，因而导致不少青年有"知其然而不知其所以然"的感觉，只是按照学校和教育主管部门的统一要求全员参与成人礼的有关活动，对该活动的必要性和意义则认识不够到位。在笔者看来，对于成人礼意义的介绍应当沿着两条路线展开：一方面，从历史和文化的角度向学生介绍成人礼在古代社会的产生和演变进程，并说明古代冠礼的种种仪节所包含的对于成年人权利与责任的双重肯定。此举的目的是帮助学生理解成人礼作为中华优秀传统文化的历史意义，使其明白我们国家的文化自古以来就重视成年的仪式，强调成年作为人生的新阶段，其标志在于主动肩负家庭、社会和国家的责任，从而使其能够初步体会成人礼的教化意义。另一方面，为了避免单纯讲述冠礼的意义而让学生有脱离现实之感，我们对礼仪的解释的重点还应放在当代社会，即应该重点说明成人礼与当代社会的价值规范和道德要求的一致性，特别是其与社会主义核心价值观的同构关系。具体而言，教育者应当说明，成人礼对成年人社会责任的强调与社会主义核心价值观中个人层面的爱国与敬业两项的内在关联，使得学生明白，对每个人来说，真正的爱国最终需要落实于对自身责任的主动承担上。另外，我们还须说明成人礼中的志愿活动与社会主义核心价值观中友善的内在关联，使得学生明白，友善不仅仅是指与人相处时文明有礼、热情而不失庄重，更是指真诚地关爱他人特别是弱势群体的生活，并尽己所能来帮助他人。这些内容都是意在通过对成人礼之意义的解说来帮助青年正确认识成人礼的价值，并积极参与相关活动。

二、爱国主义的礼节

除了成人礼之外，另一对青少年道德教育颇有助益的礼节是具有爱国主义色彩和内涵的礼节，这既指青少年日常参与的具有爱国主义教育意义的仪式，例如每周一的升国旗仪式，也包括在特定的时间参与的爱国主义教育仪式，例如参加9月30日的"烈士纪念日"的相关活动，在每年的清明节为烈士扫墓等。通过参与这些具有爱国主义的礼仪活动，青少年可以进一步增强对于国家的认同感、责任感和使命感，以革命先烈和先进人物为榜样，激励自己不断地努力奋斗，承担起国家富强和民族复兴的光荣使命；同时，也可以进一步地认识到自身的成长与国家的兴旺发达有着极为密切的关联，从而帮助青少年将个人理想的实现与国家的发展统一起来，树立起为国家的富强而努力奋斗的坚定信念。由于爱国主义的相关仪式和礼节在青少年的道德教育和道德养成中占据十分重要的地位，可以有效地推动青少年道德教育的实施，因此关注和探究与爱国主义有关的仪式和礼节，就成为了我们探究礼教思想在现代发展作用的重要一环。

首先需要说明的是，由于中国古代是君主专制的国家，君主是国家的代表与象征，因而在古代社会中，"爱国"往往表现为"忠君"，"忠君爱国"的说法就集中体现二者的同构关系。而为了体现对君主的忠诚，古代社会制定了一整套礼仪制度来规定人们特别是臣子的言行举止，以此来凸显君主独一无二的至尊地位，同时来表现其他人对君主的恭敬和忠诚。而由于我们现在实行的是社会主义制度，因而这些凸显对君主忠诚的礼节显然在当今社会并没有意义，完全是过时的。但这些礼节背后的意蕴仍然有值得我们借鉴之处，即"尽忠"背后的共同体意识。古代社会强调尽忠于君主，乃是因为君主是国家的象征，是凝聚国民精神的符号，因而通过尽忠于君主可以将全体国民最大限度地凝聚起来。作为人民民主专政的社会主义国家，中华人民共和国本身就成为我们今天凝聚14亿中国人民的精神与力量的凝聚物，也是全体中国人民共同的身份符号。因而，我们在今天大力弘扬热爱祖国、忠于祖国的爱国主义精神，筑牢"中华民族共同体"意识的目的，就是要强化全体中国人民共同的价值认同，使我国的全体人民明确地认识到"我们究竟是谁""我们的努力究竟为的是什么"，从而在激烈而复杂的国际竞争中充分地团结起来，产生磅礴万钧的精神力量，同心协力为实现中华民族的伟大复兴而不懈奋斗。而要培养这种爱国主义的精神，必须要从青少年抓起，从娃娃抓起，因此教育工作者应当采取一切行之有效的手段来帮助青少年树立并强化爱国主义的观念，其中礼仪制度就是一种有效的方法。

在有关爱国主义的礼节中，最基本、最常见、最具有可操作性也最有效的就是升国旗仪式。这里的最常见和最具有可操作性是指它所要求的物质条件最为简单，其仪式的内容也不复杂，因而可以在任何地区长期实践。更准确地说，升国旗仪式的实施所受到的主客观限制很有限，因而在欠发达地区也可以顺利实施。所谓的最基本是指一个国家的标识物是这个国家最基础、最直接的象征，而国旗又是国家标识物中应用得最为广泛，最为人所熟悉的一种。因此，尊重和爱护国旗是一国公民应尽的基本义务，而参加升国旗仪式又是培养爱国主义情感、增进国家意识的有效方法。众所周知，人们最熟悉的国家标识物包括国旗、国徽和国歌，而国旗是人们在日常生活中接触最多、最为熟悉的标识物。另外，升国旗的仪式中还伴随有奏唱国歌的环节，这意味这项仪式可以使得参与者同时接触到两种重要的国家标识，具有双倍的教育效果。更重要的是，升旗仪式具有很强的情境性和参与性，目睹国旗升起、奏唱国歌以及在国旗下演讲等一系列形式构成了一整套道德教育的完整方法，可以为参与者营造出一种浓厚的爱国主义教育氛围，通过构建"在场"状态来使得学生在仪式中体验与国家融为一体的状态，从而激发他们的爱国情感，增进他们的国家认同，完成爱国主义的道德教育。最有效则是指由于升旗仪式作为道德教育的实践手段，不仅能够直接作用于受教育者的真实生活，少了灌输和认识的中介环节，因而有着简易直接的特点，而且更是指其作为最基本、最具可操作性的教育方法，能够较为频繁地重复使用，从而不断加深学生对国家的认同和尊重，不断强化学生的爱国意识。

然而，虽然升国旗仪式在德性教育领域的作用十分明显，因而十分值得我们认真推行，但是在现实中升国旗仪式的执行仍然有不尽如人意之处。例如，部分学生对升国旗的意义认识得不够到位，态度不够端正，导致其举止不够严肃认真，没有对国旗表现出应有的敬意。有的学生演讲内容空泛，缺乏真情实感，不能很好地表现自己对国家的情感。[①] 这些都是我们在日常的升国旗仪式中需要改进的内容。为此，笔者认为，我们应在以下三个方面做出改进。

其一，教师应当首先加强对于升国旗仪式之意义的认识，以便向学生说明升国旗的教育价值。现在大部分地区的升国旗仪式都是由学校组织，因而仪式能否起到教育作用，学校应当负有主要责任。为此，各地中小学应当加强对学校教师的道德教育，使得他们

---

① 参见孙会钧：《对抓好中小学升国旗仪式的思考》，《学校党建与思想教育》，2013 年第 1 期。

能够意识到，作为少年儿童从小就应当参加的爱国主义礼节，升旗仪式的参与性和可操作性是其他德育方式无法取代的，也是帮助少年儿童从小培养国家意识和爱国主义品德的不二法门。在具体方法上，应该从"爱国"和"仪式"两个方面着手。一方面，教师需要通过少年儿童能够理解的方法向少年儿童说明国家与个人之间休戚与共的紧密关系，并且通过介绍祖国的大好河山、风土人情和历史文化来使得儿童对于国家产生具体的印象。另一方面，教师亦须认识并向学生说明礼节仪式的意义和作用，告诉学生的目的在于营造出特定的场合与氛围让学生亲身参与爱国主义的活动，身临其境地体会其教育意义。

其二，学校与教师应当规范升旗仪式的流程和要求，使得仪式的每个环节均有章可循。具体而言，相关的要求既包括升旗过程本身的行为规范，也包括对仪式参与者行止的相关要求。对于前者，学校须制定升旗仪式的整个流程，包括迎国旗、升旗、奏唱国歌、演讲和讲评等各个方面，并要求全体学生严格遵照执行，使得每周一次的升旗仪式能够形成制度化的流程。对于后者，学校应对于学生在参与升国旗仪式中的衣着、言谈举止以及情感态度都做出明确规范，并以此来严格考评学生，将其作为全面评价学生个人素质的重要依据，因此来督促全体学生以严肃认真的态度、恭敬谨慎的心理和真挚饱满的情感参与到每周一次的升国旗仪式当中，使得自身的心灵不断得到净化，品格不断得到提升，从而产生越来越浓烈和持久的爱国情感。

其三，学校应当从领导出发，进一步加强升国旗仪式的组织管理。单纯有完善的规章制度而缺乏监督落实仍然不能达成良好的教育效果，因此，在制定升国旗仪式的相关流程和制度规范后，学校应当采取相应的组织管理方法来保证制度的落实。这其中最主要的就是学校领导的高度重视和积极参与，它是带动其他教职工与学生认真参加升旗仪式的基础。而为了做好相关工作，学校领导首先应当认真学习《宪法》和《国旗法》，从法律的高度理解做好升旗工作对加强学校的爱国主义教育的意义。其次，学校领导应当率先垂范，克服困难而按时参加每次升旗仪式，以实际行动为学生积极参加升旗仪式做好榜样。第三，学校领导应当不定期地对升旗仪式的组织实施加以必要的抽查，检查各项要求的具体落实情况，以保证制定的一系列规范要求能够不走样地得到落实实施。

除了基础的升国旗仪式之外，另一种重要的爱国主义礼节就是纪念性仪式，包括清明节期间的扫墓活动，烈士公祭日的祭祀活动以及对于南京大屠杀死难同胞的哀悼活动等。这些活动都有着特定的时间、地点和主题，专门性较强，这一点与升国旗仪式正好相反。在笔者看来，引导青少年在特定的场合，围绕特定的主题参与相应的纪念仪式，能够与常态化的升国旗仪式相配合，进一步加强青少年的爱国主义意识。

在笔者看来，要利用好这些纪念性仪式来做好爱国主义教育工作，我们应当从突出主题、创新方法以及做好引导三方面来实现。首先，突出主题是指我们要围绕纪念性仪式的特殊主题，深入挖掘其中蕴涵的爱国主义内容，把仪式的教育意义向广大青少年讲清楚。如前所述，纪念性仪式都是在特定的时间、围绕特定的议题展开的，因此要使得纪念仪式达到预期的教育效果，教育机构和教师必须向学生说明纪念仪式的内涵以及通过纪念仪式要达到的教化效果，而这都需要围绕纪念仪式的主题展开。只有如此，才能突出某一仪式的独特价值，才能让学生理解和领会参与仪式的意义。例如，对于清明扫墓的仪式，我们首先需要结合我国的传统文化，向学生说明祭扫先人的伦理意义，即孔子所说的"慎终追远，民德归厚矣"。这是说需要让青少年理解，祭祀先人的目的是为了让后辈在飞奔向前的过程中有机会能停下匆匆的脚步，回望一下过去，构建起自身与先人的联系，从而帮助青少年不忘本来，牢记历史和前辈的期许，更好地走好今后的个人道路。在这一基础上，教育工作者须进一步引导学生理解在这个慎终追远的节日里祭扫革命先烈的意义，即帮助青少年进一步意识到自身的幸福生活来源于先烈抛头颅、洒热血的牺牲和奉献，因而是来之不易的，从而帮助青少年树立正确的人生观和价值观，端正自己的初心，不忘共和国的过去，牢记来路，以便使其在未来的人生道路上确立正确的方向。在笔者看来，只有向青少年说明了这些内容，改变甚至重塑他们对于祭扫先烈的认识，才能真正推动他们发自内心的积极参与这一活动，全身心地投入其中并受到道德教育和精神的洗礼。

其次，在当今这个网络快速发展，信息技术高度繁荣的时代，我们需要创新纪念性礼节的开展方式，以青少年喜闻乐见的形式开展多样化的活动，以便更多的青少年能够参与其中，扩大通过纪念性仪式开展德性教育的规模和范围。如前所述，由于纪念性仪式在场地和时间方面受到的限制较多，很多青少年难以亲临现场，亲身参与相关活动，因而这些仪式的受众面是有限的，不利于借助仪式实现更多的人的道德教育和人格培养。因此，教育工作者应当有意识地、主动地运用信息技术的便捷性，开辟网上直播通道来使得更多的青少年能够参与纪念活动，扩大特定仪式的影响力。另外，教育者应该运用信息技术交互性强的优势，开发各种互动手段，同时有效使用和管理网络的留言平台，鼓励更多的青少年在参加了活动之后留言，畅谈自身的体会和感想。不仅如此，教育者要积极与青少年互动，倾听90后00后甚至10后的青少年从他们的视角对我国的革命传统和革命先烈的奉献精神的体会和认识，鼓励他们思考如何在新时代继承先烈的精神实质，从而使得我们的思政教育能够真正与当代青少年的心理特质和精神追求相适应，进而使他们不仅不排斥道德教育，反而积极地参与其中，主动地提升自己的爱国意识和道德水准。

第三，面对我国现阶段的舆论环境，教育工作者需要通过纪念性仪式来进一步掌握舆论的主动权，旗帜鲜明地弘扬主旋律，坚持用社会主义核心价值观来培育和塑造当代青年的精神世界，敢于和善于与一切不当言论做坚决斗争。众所周知，一段时间以来，一小部分敌对势力利用互联网平台散步不实言论，歪曲中国革命的历史，丑化革命先烈，造成了极为恶劣的社会影响。而青少年的世界观、人生观和价值观正处于形成阶段，还不够稳定，容易受到这些错误言论的影响而产生错误的观念。面对这一道德教育的新情况，教育工作者决不能掉以轻心，而必须旗帜鲜明地坚持培育和弘扬社会主义核心价值观，用积极正面的历史和革命先烈奋不顾身地投身民族解放运动的感人事例来教育下一代。同时，对于错误言论要敢于斗争，坚决批判。而引导青少年参加纪念性的仪式正是从正面引导教育青少年，塑造他们正确的三观的有效途径。这就要求教育工作者亲身参与到纪念性活动之中，进行全流程、全方位的管理，不仅向青少年介绍革命先烈的光辉业绩，阐述革命精神在今天的意义，而且更重要的是做好解释和说明工作。也就是说，对于社会上形形色色的言论以及其对于青少年的影响，教育工作者决不可放任不管，而是要积极主动地与青少年沟通，倾听他们对中国革命历史的理解和认识，主动回应他们的看法。在回应中，教育工作者要注意方式方法，对不同意见和观点不能简单地一棍子打死，而是要在坚持正确的价值导向的基础上，以理性的方式来加以说明。要从我国革命、建设和改革的全过程着眼，从新中国成立以来国家和民族发生的翻天覆地的变化着手，最终落实到青少年个人生活和成长环境的变化上，使得青少年更进一步地认识到，今天的幸福生活来之不易，是无数前辈不懈拼搏、破除了无数艰难险阻而换来，因而要倍加珍惜。同时，对于为我们今天的生活不懈奋斗的革命先烈，我们应当也必须心怀感激，从而使得正确的价值观在青少年的头脑中从小便生根发芽。在笔者看来，只要帮助青少年树立了正确的价值观，错误的言论便不会有发挥作用、造成影响的空间，而纪念性仪式正是塑造正确价值观的有效途径。

第二节　高雅艺术的道德教化意义

除了礼仪教育外，高雅艺术也有着很强的道德教化意义，值得我们深入挖掘。在笔者看来，我们在进行艺术教育时，一方面应当提升品位，另一方面应当注重内容。简而言之，即应当将高雅艺术以青少年喜闻乐见的形式向他们推广，从真善美相统一的角度，挖掘通过美育来实现道德教化的手段。

具体而言，我们应当注重通过高雅艺术，特别是源自于我国的艺术形式来影响青少年，使其以直观的方式感受到中华优秀传统文化悠久的历史、延绵不息的传承过程以及其中蕴涵的并融入我们血脉的价值观念。当然，像我们在前文中所分析的那种诞生于先秦时期，具有很强的政治意味的雅乐与当今青少年的现实生活确实距离过于遥远，很难为当今的青少年所真正地接受。但是，我们没有必要拘泥于传统意义上对于雅乐的政治性理解，而是可以扩展雅乐的内涵，创新雅乐的实现方式，从而找到既能反映中华优秀传统文化的基本特点，又能为当代青少年所接受的艺术文化形式，以此来施行道德教化。在笔者看来，有两类音乐最能符合这一要求，其一是通过民族乐器演奏的民族音乐，其二是古典诗词的吟唱艺术。

民族音乐是中华优秀传统文化的重要组成部分，它的乐曲、音调和演奏方法与西方音乐均有不同，具有自身的独特特点，代表了我们中国人对音乐艺术的独特理解。例如，与西方音乐的七个基准音的体系相区别，我国的音乐只有宫商角徵羽五个基本音，且这五音与五行之气有着紧密的关联。这意味着五音的来源不是任意的，而是中国人对于宇宙及天地万物的理解在音乐中的表现。又如，在乐器方面，不同于西方的乐器多用金属制成，声音较为尖锐，中国的乐器多是由植物如丝竹制成，声音清丽柔和，体现了中国人的审美品位。再如，传统的中国音乐偏好独奏，多是由演奏者独自完成，从某种意义上讲演奏是演奏者自己与自己的对话，而西方的音乐较为侧重由多种乐器共同演奏声部齐全、富有结构感的交响乐（当然今天民族音乐亦有交响乐的形式）。这些区别虽然都是具体的，但其中反映了中国人对宇宙人生的独特理解，也呈现出中国文化的独特性。因此，引导当代的青少年学习和欣赏民族音乐，有助于他们加深对中国文化之内涵的理解，进一步确立自身的民族身份，这在道德教育中有着非常重要的意义。

具体而言，通过演奏和欣赏民族音乐，我们可以领会其中体现的中国人的思想情怀。

例如，古琴曲中往往包含着古代士人面对人生中种种磨难和困顿而具有的乐观与豁达之情，即与天地精神独往来，"得即高歌失即休"的豁达人生态度。又如，著名的乐曲《二泉映月》《春江花月夜》《雨打芭蕉》等体现了中国人对优美的自然环境的追求，其中蕴涵着保护自然、人与自然和谐相处的天人关系。再如，以《梁祝》为代表的古典曲目反映了中国人对于美好爱情的真实向往。这些内容在今天仍然有意义，仍然与我们中国人的价值观念相吻合，值得年轻人了解、熟悉和接受。

而古典诗词吟唱则是古典音乐与古典文学在新时代的有机结合，是以新的形式传承和弘扬中华优秀传统文化，也是培养对祖国文化和风土人情的真挚情感的有效途径，具有很强的道德教化意义。需要指出的是，诗词本身就具有音乐属性，特别是词，其原初的用途就是供人吟唱的。因而从某种意义上讲，背诵并非理解和掌握诗词的最佳途径，吟唱才是。而吟唱古诗词之所以有着很强的教育效果，是由古诗词的内容与形式以及古典音乐的特质共同决定的。从古诗词的角度讲，其内容十分经典，是中华优秀传统文化的典范。众所周知，能够流传至今的古诗词都是中国古代文学中的传世经典，其中蕴涵着中国人的家国情怀、真挚情感、豁达心胸与对人与自然和谐共处的不懈追求。其中的不少名句，诸如"人生自古谁无死，留取丹心照汗青""大江东去，浪淘尽，千古风流人物""海上生明月，天涯共此时""独在异乡为异客，每逢佳节倍思亲""慈母手中线，游子身上衣""大漠孤烟直，长河落日圆"等，更是我们耳熟能详，从小便熟知的不朽经典，代表了我们中华文化的最辉煌、最璀璨和最宏大的气象。因此，让下一代尽早接触这些经典的诗句，有助于潜移默化地培养他们对于中华传统文化的热爱，建立清晰的民族文化意识，提升文化自信，以便从文化层面树立爱国主义的坚定信念。而从形式上来说，古诗词本身就富于韵律美和节奏感，朗朗上口，既易于朗诵，更利于吟唱。加之我们在前文中所指出的，古诗词原本就是用于吟唱的，因而配乐演唱古诗词是与古诗词自身的特点相吻合的。

而从古典音乐的角度上看，由于古典音乐是我国传统的音乐形式，也是传统文化中的有机组成，因而它与古典诗词有着天然的亲缘关系，两者很容易实现相互结合。且两者的结合可谓浑然天成，自然而然，可以充分地彰显两种优秀传统文化各自的优长之处。这意味着两者的结合不仅是必要的，而且是可能的。

在笔者看来，用吟唱的方式帮助儿童学习古诗词，可以在儿童成长的早期就帮助儿童接触两种历史悠久且博大精深的中华优秀传统文化。此举不仅能培养儿童的审美能力和艺术鉴赏力，使其在生命的早期便接受高雅艺术的熏陶，逐步养成平和沉静的心态，塑造健康的心理状态和理想的人格，而且还能使之感受到古典诗词中所蕴含的对家国的无限热爱、对真挚友情的追求和推崇、对父母妻儿等至亲的深切眷恋以及对人与自然和谐共生的不懈追求，从而有助于其从小树立热爱祖国、孝亲敬长、关爱他人和爱护生态环境等种种优秀品德。很显然，这些内容与社会主义核心价值观在内涵上是一致的，因而这种教育模式不仅能提升儿童的艺术鉴赏力和文化修养，还是对儿童进行核心价值观教育的有益方法，值得当代的教育工作者进一步推广发扬。

参考文献

一、马克思主义理论著作

1.《十九大党章修正案学习问答》，党建读物出版社 2017 年版。

2. 习近平：《习近平关于青少年和共青团工作论述摘编》，中央文献出版社 20173. 年版。

3. 习近平：《在中国共产党第十九次全国代表大会上的报告》，人民出版社 2017 年版。

4. 习近平：《习近平关于社会主义文化建设论述摘编》，中央文献出版社 2017 年版。

5. 习近平：《习近平谈治国理政（第二卷）》，外文出版社 2017 年版。

马克思、恩格斯：《共产党宣言》，人民出版社 2014 年版。

6.《马克思恩格斯选集》第 1 卷，人民出版社 2012 年版。

7.《马克思恩格斯选集》第 3 卷，人民出版社 2012 年版。

8.《马克思恩格斯全集》第 46 卷，人民出版社 1979 年版。

9. 列宁：《列宁专题文集 论无产阶级政党》，人民出版社 2009 年版。

10. 马克思：《1844 年经济学哲学手稿》，人民出版社 2000 年版。

11. 毛泽东：《毛泽东选集》第二卷，人民出版社 1991 年版。

12. 毛泽东：《毛泽东选集》第三卷，人民出版社 1991 年版。

13. 邓小平：《邓小平文选》第三卷，人民出版社 1993 年版。

二、古籍

1.［汉］司马迁：《史记》，中华书局 1982 年版。

2.［汉］赵歧著，［宋］孙奭疏：《孟子注疏》，李学勤主编，北京大学出版社 1999 年版。

3.［汉］郑玄注，［唐］贾公彦疏：《仪礼注疏》，上海古籍出版社 2008 年版。

4.［汉］郑玄注、［唐］孔颖达疏：《礼记正义》，李学勤主编，北京大学出版社 1999 年版。

5.［晋］杜预注，［唐］孔颖达正义：《春秋左传正义》，李学勤主编，北京大学出版社 1999 年版。

6. ［梁］皇侃：《论语义疏》，中华书局 2013 年版。

7. ［宋］程颢、程颐：《二程集》，中华书局 2004 年版。

8. ［宋］朱熹：《朱子全书》第六卷，上海古籍出版社、安徽教育出版社 2002 年版。

9. ［宋］朱熹：《四书章句集注》，中华书局 1983 年版。

10. ［宋］朱熹：《周易本义》，中华书局 2009 年版。

11. ［宋］朱熹：《朱子语类》，黎靖德编，中华书局 1986 年版。

12. ［明］王阳明：《传习录（上）》，《王阳明全集》，上海古籍出版社 1992 年版。

13. ［清］吴毓江：《墨子校注》，中华书局 2006 年版。

14. ［清］王先慎：《韩非子集解》，中华书局 2013 年版。

15. ［清］王先谦：《荀子集解》，中华书局 2013 年版。

16. ［清］王先谦、刘武：《庄子集解》，中华书局 2012 年版。

17. ［清］王先谦：《尚书孔传参证》，中华书局 2011 年版。

18. ［清］王先谦：《诗三家义集疏》，中华书局 1987 年版。

19. ［清］孙希旦：《礼记集解》，中华书局 1989 年版。

20. ［清］刘宝楠：《论语正义》，中华书局 1990 年版。

21. ［清］焦循：《孟子正义》，中华书局 1987 年版。

22. ［清］孙诒让：《周礼正义》，中华书局 2013 年版。

23. 朱谦之：《老子校释》，中华书局 1984 年版。

24. 梁启雄：《荀子简释》，中华书局 1983 年版。

25. 李零：《郭店楚简校读记》，中国人民大学出版社 2007 年版。

26. 《国语》，陈桐生译注，中华书局 2013 年版。

三、西方哲学、教育学及心理学著作

1. ［美］爱德华·萨义德：《文化与帝国主义》，李琨译，生活·读书·新知三联书店 2007 年版。

2. ［德］卡尔·雅思贝尔斯：《论历史的起源与目标》，李雪涛译，华东师范大学出版社 2018 年版。

3. ［德］海德格尔：《存在与时间》，陈嘉映、王庆解译，生活·读书·新知三联书店 2006 年版。

4. ［德］康德：《道德形而上学的奠基》，《康德著作全集（第 4 卷）》，李秋零主编，中国人民大学出版社 2013 年版。

5. ［英］霍布斯：《利维坦》，黎思复、黎廷弼译，商务印书馆 1985 年版。

6. ［瑞士］让·皮亚杰：《儿童的道德判断》，傅统先、陆有铨译，山东教育出版社 1984 年版。

7. ［瑞士］让·皮亚杰：《皮亚杰教育论著选》，卢濬选译，人民教育出版社 2015

年版。

8. 〔瑞士〕让·皮亚杰：《教育科学与儿童心理学》，杜一雄、钱心婷译，教育科学出版社 2018 年版。

9. 〔瑞士〕让·皮亚杰：《智力心理学》，严和来、姜余译，商务印书馆 2019 年版。

10. 〔德〕福禄培尔：《人的教育》，孙祖复译，人民教育出版社 2001 年版。

11. 〔英〕约翰·威尔逊：《道德教育新论》，蒋一之译，戚万学校，浙江教育出版社 2003 年版。

12. 〔英〕彼得斯：《道德发展与道德教育》，邬冬星译，李玢校，浙江教育出版社 2000 年版。

13. 〔美〕杜威：《道德教育原理》，王承绪等译，浙江教育出版社 2003 年版。

14. 〔美〕杜威：《学校与社会·明日之学校》，赵祥麟、任钟印、吴志宏译，人民教育出版社 2005 年版。

15. 〔美〕杜威：《我们怎样思维·经验与教育》，姜文闵译，人民教育出版社 2005 年版。

16. 〔美〕亚伯拉罕·马斯洛：《动机与人格》，徐金声等译，中国人民大学出版社 2012 年版。

17. 〔美〕亚伯拉罕·马斯洛：《需要与成长——存在心理学探索》，张晓玲、刘勇军译，重庆出版社 2018 年版。

18. 〔苏〕苏霍姆林斯基：《帕夫雷什中学》，赵玮、王义高、蔡兴文、纪强译，教育科学出版社 1983 年版。

19. 〔苏〕苏霍姆林斯基：《怎样培养真正的人》，蔡汀译，教育科学出版社 1992 年版。

四、研究专著

1. 马克思主义理论研究和建设工程《伦理学》编写组：。《伦理学》，高等教育出版社 2012 年版。

2. 王国维：《王国维集（第四册）》，周锡山编校，中国社会科学出版社 2008 年版。

3. 王国维：《观堂集林（卷六）》第 1 册，中华书局影印本 1991 年版。

4. 鲁迅：《鲁迅全集》第六卷，同心出版社 2014 年版。

5. 梁漱溟：《中国文化要义》，上海世纪出版集团 2005 年版。

6. 梁漱溟：《东西文化及其哲学》，商务印书馆 1997 年版。

7. 冯友兰：《中国哲学史（上）》，华东师范大学出版社 2011 年版。

8. 冯友兰：《中国哲学史新编（上）》，人民出版社 2007 年版。

9. 宗白华：《美学散步》，上海人民出版社 1981 年版，第 58 页。

10. 徐复观：《中国艺术精神》，春风文艺出版社 1987 年版。

11. 徐复观：《中国人性论史·先秦篇》，湖北人民出版社 2002 年版。

12. 张岱年：《中国哲学大纲（下）》，昆仑出版社 2010 年版。

13. 李泽厚：《由巫到礼、释礼归仁》，生活·读书·新知三联书店 2015 年版。

14. 鲁洁、王逢贤著：《德育新论》，江苏教育出版社 2010 年版。

15. 鲁洁：《鲁洁德育论著精要》，福建教育出版社 2016 年版。

16. 鲁洁：《当代德育基本理论探讨》，江苏教育出版社 2010 年版。

17. 《学会生存——教育世界的今天和明天》，联合国教科文组织国际教育发展委员会编著，教育科学出版社 1996 年版。

18. 孙正聿：《哲学通论》，复旦大学出版社 2014 年版。

19. 陈来：《古代宗教与伦理——儒家思想的根源》，北京大学出版社 2017 年版。

20. 陈来：《孔子·孟子·荀子——先秦儒学讲稿》，生活·读书·新知三联书店 2017 年版。

21. 陈来：《仁学本体论》，生活·读书·新知三联书店 2014 年版。

22. 陈来：《有无之境——王阳明哲学的精神》，北京大学出版社 2005 年版。

23. 崔大华：《儒学引论》，人民出版社 2001 年版。

24. 张秉楠辑注：《稷下钩沉》，上海古籍出版社 1991 年版。

25. 张学智：《明代哲学史》，北京大学出版社 2000 年版。

26. 王博：《中国儒学史·先秦卷》，北京大学出版社 2011 年版。

27. 李景林：《教化儒学论——李景林说儒》，孔学堂书局 2014 年版。

28. 李景林：《教化视域中的儒学》，中国社会科学出版社 2013 年版。

29. 梁涛：《郭店竹简与思孟学派》，中国人民大学出版社 2008 年版。

30. 梁涛编著：《孟子解读》，中国人民大学出版社 2010 年版。

31. 邹昌林：《中国古礼研究》，文津出版社 1992 年版。

32. 邹昌林：《中国礼文化与儒学研究》，社会科学文献出版社 2018 年版。

33. ［澳］陈慧、廖名春、李锐：《天、人、性——读郭店楚简与上博竹简》，上海古籍出版社 2014 年版。

34. 廖名春：《〈荀子〉新探》，中国人民大学出版社 2014 年版。

35. 何怀宏：《伦理学是什么》，北京大学出版社 2015 年版。

36. 刘国强：《全球化中儒家德育的资源》，台湾学生书局 2011 年版。

37. 檀传宝：《学校道德教育原理》，教育科学出版社 2003 年版。

38. 丁四新：《郭店楚墓竹简思想研究》，东方出版社 2000 年版。

39. 孙星群：《言志·咏声·冶情——〈乐记〉研究与解读》，人民出版社 2012 年版。

40. 王祎：《〈礼记·乐记〉研究论稿》，上海世纪出版集团 2011 年版。

41. 王中江：《简帛文明与古代思想世界》，北京大学出版社 2011 年版。

五、研究论文

1. 庞朴：《孔孟之间——郭店楚简中的儒家心性说》，《中国哲学（第二十辑）》，辽宁教育出版社 2000 年版。

2．陈来：《荆门楚简之〈性自命出〉初探》，《中国哲学（第二十辑）》，辽宁教育出版社 2000 年版，第 304 页。

3．周炽成：《荀子人性论：性恶论还是性朴论》，《江淮论坛》，2016 年第 5 期。

4．张斯珉、乔清举：《论儒家自然人性论与礼乐教育的关系》，《东北师大学报》2014 年第 1 期。

5．王聪聪：《82．8％的人希望强化中国人自己的仪式》，《中国青年报》，2011－04－21（7）。

6．孙会钧：《对抓好中小学升国旗仪式的思考》，《学校党建与思想教育》，2013 年第 1 期。